大宋真天子

Dasong Zhentianzi
Yidai Renjun Zhaokuangyin

一代仁君赵匡胤

江南提学 著

北京大学出版社
PEKING UNIVERSITY PRESS

图书在版编目(CIP)数据

大宋真天子/江南提学著. —北京：北京大学出版社，2016.3
ISBN 978-7-301-26602-1

Ⅰ. ①大… Ⅱ. ①江… Ⅲ. ①赵匡胤（927～976）—传记 Ⅳ. ①K827=441

中国版本图书馆 CIP 数据核字(2015)第 293199 号

书　　　名	大宋真天子——一代仁君赵匡胤 DASONG ZHEN TIANZI
著作责任者	江南提学　著
责 任 编 辑	舒　岚
标 准 书 号	ISBN 978-7-301-26602-1
出 版 发 行	北京大学出版社
地　　　址	北京市海淀区成府路 205 号　100871
网　　　址	http://www.pup.cn
电 子 信 箱	weidf02@sina.com
新 浪 微 博	@北京大学出版社
电　　　话	邮购部 62752015　发行部 62750672　编辑部 62750673
印 刷 者	北京大学印刷厂
经 销 者	新华书店
	730 毫米×980 毫米　16 开本　25.75 印张　383 千字 2016 年 3 月第 1 版　2016 年 3 月第 1 次印刷
定　　　价	58.00 元

未经许可，不得以任何方式复制或抄袭本书之部分或全部内容。
版权所有，侵权必究
举报电话: 010-62752024　电子信箱: fd@pup.pku.edu.cn
图书如有印装质量问题，请与出版部联系，电话: 010-62756370

序:宋太祖——中国历史的优秀值日生

把书名叫做"大宋真天子"是一个临机的想法。临机的原因虽然不能彻底说清,但还是可以讲出两点理由。

理由之一,就是历史上的帝王们都自称是天子,他们的臣民们也就不得不管他们叫天子。可是天子本来应该是"天之骄子"的意思,光是占据"九五至尊"的宝位,拥有至高无上权力,肯定不是真正的天之骄子。而所谓天,不仅包括时势所趋、机缘凑巧、民心所向等现实元素,也蕴含着仁德和智慧等更加深邃的内涵。

上天养育仁德,上天需要有智慧的贤能之人出来帮助他维护仁德,成就仁德。时势之所趋、民心之所向,其实正是上天需要仁德、养育仁德和成就仁德的一种直接或者曲折的客观征兆。那些真正的天子们可能是时代的宠儿,比如宋太祖;也可能是时代的弃儿,比如王莽。但他们肯定都是历史的精英,同时也是人类的精英。因为上天是善的,上天的目标也是善的,所以,只有那些尊天行善,助天成善,替上天除邪恶,代上天清腐臭的英明君主,才配称做天子。

理由之二,中国人相信天命,尽管这种相信不像基督教徒和伊斯兰教徒信奉他们的教义和教主那样张扬、那样露骨、那样不容置疑、那样督信痴迷,但在中国人的心底里,确实相信有一种叫做"天命"的存在。这种存在,从一开始就决定着,向后也始终跟随着自己。

相信天命,至少也有两重含义。一重是相信自然天命,好像生下来就如此,生死祸福、贵贱穷达,一开始就被上天给定了,无法改变,无法移易。停留在这种理解上,人只依赖上天的恩赐就行,自己也就不必作为了,因为努力是没用的。另外一重,是相信上天虽然"授命"于自己,给定了自己位置和条件,但还需要自己用心去领会、认真去完成。

就帝王而论,上天会"委托"可以信赖的人,帮助自己去经办人间事务。这重含义显然有"期待"人为努力的成份,承认人在命运面前主观努力的价值和意义。如果你不努力,或者努力程度不够,没有把上天交给你的事情办好、办妥,上天就会失去对你的信赖,会把已经发放给你的"委托书"收回去,转交给别人。如果一时找不到更合适的人选,上天还会把这份"任务书",暂时揣在手里,一直等到有更合适的人选的时候,再"密授"给他。

当宋太祖的时代,很多割据的军阀都认为天命降临到了自己的头上,但是他们所理解的,显然只是天命的第一重含义。只有宋太祖"领悟"和"体贴"出了天命的第二重含义。他为此而战战兢兢、如履薄冰;他为此而劳神劳心,寝食难安。通过他孜孜不懈的努力,出色地完成了上天交给他的任务。只有宋太祖,才没有辜负上天之父的殷勤嘱托和谆谆教诲。他才是真正的天之骄子!

这就是这本书叫做《大宋真天子——一代仁君赵匡胤》的理由。

"天子"一词,虽然高深难测,听起来也十分吓人,可一旦落到生活的实处,不过就是个值日生的意思。

在我的感觉中,任何一个王朝,任何一个帝王,都不过是替历史当班,他们都是中国历史的值日生。秦始皇、汉高帝、汉光武、唐太宗、宋太祖、元世祖、康熙皇帝;还有,夏桀、商纣、汉恒帝、汉灵帝、陈后主、隋炀帝、明嘉靖、明万历,同样也是替历史当班。无论是哪位帝王,替历史值日的效果好,历史就会表扬他,嘉奖他,赞美他;值日效果不好,不负责任的;态度恶劣,消极怠惰的;尤其是那些借着值日的机会和由头,徇私枉法,损公肥私,甚至残害生灵,作恶多端的,历史就会批评他,批判他,鄙视他,甚至还会把他钉在历史的耻辱柱上。

虽然不小心当了值日生的那些王者们,可能自视过高,以为自己掌握了绝对的权力,无人敢惹,从而放肆地为所欲为起来。说到底,都是因为不懂时间的无情。苏东坡的《赤壁赋》讲得很明白,只一句"而今安在哉?"就彻底道破了这个道理。

历史上所有的统治者和达官显贵们,其实也如舞台上的演员一样,都只能在特定的历史场合"表演一段时间",很快就会散场。就算当时很显赫、很不可一世,其实也只是像《庄子》书中的"朝菌"和"蟪蛄"一样,可能连一天或者一年都过不完整,就必须离开表演的舞台了。因此,真正有智慧的统治者,不炫耀一时的"唯我独尊",只是想着尽到当下的责任而已。至于身后能否给人们留下美好的历史记忆,那就全看当时的值日表现了。

我觉得宋太祖是个出色的值日生,他值日很认真,很负责,很为后世着想。我喜欢这位值日生,同时,也希望我们每一个处在不同岗位上的工作者们,无论工农商学兵,也无分官不官、长不长,都能向宋太祖学习,学习怎样当好值日生。据此,这本书也可以叫做《一位优秀值日生的故事》。

上过小学的人都知道,在班级里,所有人都得轮流值日,轮到谁,谁都应当尽心为大家服务。要不然,老师批评,同学也不会满意。如果把历史上的政治统治者看成值日生,那么老师是上天,同学就是平民百姓。帝王们"受命于天"做君主,其实就是老师选派你当值日生,值日生就得为同学和班级服务。我写宋太祖,就是想写一个值日生的故事。从他值日的过程中,大家可以学习到认真负责的精神、尊重历史文化的态度、爱护公共财物和公共资源的用心、仁爱天下苍生的情怀,还有勤勉工作的热忱。如此而已。

是为序

2015年12月6日,改定于不自量而自命之江南提学府邸

目 录

第一章　浊世烽烟 …………………………………… (001)
　　谶语漫天飞 ………………………………………… (001)
　　后梁的建立 ………………………………………… (006)
　　在乱世里攀爬 ……………………………………… (009)
　　千里送京娘 ………………………………………… (010)
　　漂泊不定 …………………………………………… (012)
　　神异传说 …………………………………………… (015)

第二章　黎明之前 …………………………………… (018)
　　劫窃皇陵 …………………………………………… (018)
　　各族皇帝的宰相 …………………………………… (023)
　　北汉的由来 ………………………………………… (025)
　　风云变幻的高平之战 ……………………………… (027)
　　一封意义深远的上疏 ……………………………… (029)
　　轰轰烈烈的毁佛运动 ……………………………… (030)
　　难啃的寿州城 ……………………………………… (032)
　　智取滁州 …………………………………………… (034)
　　忠勇不二 …………………………………………… (035)
　　村学究 ……………………………………………… (039)
　　龟头里的国君 ……………………………………… (040)
　　"点检做天子" ……………………………………… (042)

第三章　陈桥兵变 …………………………………… (047)
　　含着眼泪微笑 ……………………………………… (047)
　　有个南汉国 ………………………………………… (048)

两个太阳 ……………………………………………… (051)
酒醉了当皇帝 …………………………………………… (055)
韩瞠眼不及韩罗锅 ……………………………………… (058)
闲话陈桥兵变 …………………………………………… (060)
民所欲,天从之 ………………………………………… (063)
神仙怎么倒骑驴 ………………………………………… (065)
街市依旧太平 …………………………………………… (067)

第四章　平定叛乱 ……………………………………… (069)

北汉的蜡书 ……………………………………………… (070)
李筠疯了 ………………………………………………… (072)
"动物"联军 ……………………………………………… (073)
柴荣的表哥 ……………………………………………… (076)
铁券丹书 ………………………………………………… (078)
李重进昏头了 …………………………………………… (079)
失效的铁券 ……………………………………………… (081)
迁都南昌 ………………………………………………… (084)
真假难辨 ………………………………………………… (086)

第五章　当国之初 ……………………………………… (092)

焦头烂额 ………………………………………………… (092)
元宵灯会 ………………………………………………… (094)
长春节 …………………………………………………… (095)
错综复杂的国际形势 …………………………………… (098)
县令和检田使 …………………………………………… (100)
一条人命三十斤食盐 …………………………………… (102)
藏在军中的制假窝点 …………………………………… (104)

第六章　张冠李戴 ……………………………………… (107)

三佛齐国的贡品 ………………………………………… (107)
国都汴京城 ……………………………………………… (108)
"同桌的你"怎么了 ……………………………………… (111)
躁人之言多 ……………………………………………… (113)

杯酒释兵权 …………………………………………… (115)
第七章　楚地湘天 ……………………………………… (120)
　　两湖易主 ……………………………………………… (120)
　　不战而胜 ……………………………………………… (121)
　　整个湖南我做主 ……………………………………… (122)
　　马殷的儿孙们 ………………………………………… (125)
　　周行逢再据湖南 ……………………………………… (128)
　　张杨大战 ……………………………………………… (130)
　　不知算不算"鸿门宴" ………………………………… (131)
　　轻取湖南 ……………………………………………… (134)
第八章　两湖八闽 ……………………………………… (136)
　　午夜东京 ……………………………………………… (136)
　　知州和通判 …………………………………………… (138)
　　让有文化的人管理国家 ……………………………… (140)
　　赈灾救民 ……………………………………………… (142)
　　又是一出鸿门宴 ……………………………………… (143)
　　王氏据闽 ……………………………………………… (145)
　　虎父犬子 ……………………………………………… (147)
　　打留从效到陈洪进 …………………………………… (150)
第九章　大事小情 ……………………………………… (154)
　　负土成坟 ……………………………………………… (154)
　　梁周翰的奏章 ………………………………………… (155)
　　人命关天 ……………………………………………… (158)
　　将帅争端 ……………………………………………… (160)
　　鼻青脸肿的宰相 ……………………………………… (163)
　　改换年号 ……………………………………………… (166)
　　宰相的签署权力问题 ………………………………… (167)
　　陶谷诬人 ……………………………………………… (173)
第十章　虎视眈眈 ……………………………………… (178)
　　参知政事 ……………………………………………… (178)

割据一方的王者们 …… (179)
　　呼声：打北汉，夺幽燕 …… (183)
　　硌牙的獐子肉 …… (187)
　　一只想要撞死在木桩上的兔子 …… (190)
　　被俘和投降的王者们 …… (192)

第十一章　巴山蜀水 …… (198)
　　两路军团 …… (198)
　　又一个谯周 …… (203)
　　川中复乱 …… (207)
　　赏功罚罪 …… (212)

第十二章　铜镜春秋 …… (216)
　　后蜀李太后 …… (216)
　　欧阳炯和欧阳迥 …… (218)
　　孟昶的夜壶 …… (223)
　　宰相当用读书人 …… (226)
　　悄然之间 …… (229)

第十三章　改写记录 …… (233)
　　冯瓒被陷害了 …… (234)
　　赵普的另一个目标 …… (236)
　　宋延渥的女儿 …… (240)
　　围困太原 …… (242)
　　东方威尼斯 …… (247)
　　侥幸 …… (249)

第十四章　座右条幅 …… (252)
　　苏澄的养生秘诀 …… (252)
　　回京以后 …… (253)
　　雷德骧揭发赵普 …… (256)
　　王处士的格言 …… (259)
　　儒家、道家和佛家 …… (261)
　　薪俸 …… (263)

"我当救此一方民" ································· (266)
第十五章　春暖花开 ································· (268)
　　连下数州 ······································· (268)
　　三千破六万 ····································· (270)
　　长驱直进 ······································· (274)
　　岭南的春光 ····································· (277)
　　春天在哪里 ····································· (280)
　　一副马鞍一杯酒 ································· (282)
第十六章　水灾人患 ································· (286)
　　亏本生意 ······································· (286)
　　黄河决口 ······································· (289)
　　知州行医 ······································· (292)
　　可靠的小道消息 ································· (294)
　　七十五岁的新县长 ······························· (296)
　　计除林仁肇 ····································· (297)
　　媚川都和宫禁女 ································· (300)
　　尽扫岭南残敌 ··································· (303)
第十七章　罢免赵普 ································· (306)
　　云里雾里 ······································· (306)
　　后周末帝 ······································· (309)
　　科考 ··· (313)
　　建材风波 ······································· (319)
第十八章　征讨江南 ································· (325)
　　跳槽的书生 ····································· (326)
　　诚恳的使者 ····································· (328)
　　渡江战役 ······································· (330)
　　历史上的第一座长江大桥 ························· (332)
第十九章　围困金陵 ································· (342)
　　边境贸易 ······································· (342)
　　辽、宋议和 ····································· (344)

  保卫长江大桥 …………………………………（347）
  东线战斗 ……………………………………（348）
  虱子和尧舜 …………………………………（353）
  卧榻之侧岂容他人鼾睡 ……………………（356）
  太祖上当 ……………………………………（357）

第二十章 时光凝滞 ………………………………（360）
  最后一次演奏 ………………………………（360）
  火烧云天 ……………………………………（363）
  恩赦侯奚落违命侯 …………………………（365）
  曹彬和曹翰 …………………………………（368）
  李煜和钱俶的心情 …………………………（371）
  洛水红霞 ……………………………………（375）
  突如其来的龙卷风 …………………………（382）
  再也不能去战斗 ……………………………（384）

绪 余 ………………………………………………（387）

参照书目 ……………………………………………（393）

跋：沿着宋太祖当年的足迹 ………………………（395）

第一章
浊世烽烟

谶语漫天飞

公元 9 世纪末叶,神州大地,狼烟四起,江河失色,斗转星移,各路军阀,争权夺地,逐鹿叼羊的戏剧又在华夏神州全篇幅公开上映了。

随着李唐王朝统治的土崩瓦解,天下谣言纷起,谁将是未来世界的真正主宰,一时间云里雾里,迷得人眼花缭乱,志紊心疑。就在这样的时候,却从一个江南疯和尚的嘴里,说出了一句类似童谣的谶语:"狼虫虎豹遍地起,东海鲤鱼飞上天。"说是尽管出了那么多地方武装势力,像豺狼虎豹一样,各有盘踞之地,互相间杀来打去,但是最后得到天下的,却是东海里的一条鲤鱼,它一跃而起,跳过了龙门,变成一条巨龙,主宰了华夏神州的所有区域。

真命天子要下凡了!

一时间,那些自以为是的人,以为这个谶语中说的即将横空出世的真命天子就是自己。这样的人当时还真不少,像建立了前蜀的王建,建立了"大"燕的刘守光,还有控制着陕甘地区的李茂贞,以及两广、湖湘、荆楚、两浙、江东、八闽地区等等的那些割据军阀们。这些人中,绝大多数都跟东海没有关系,但他们还是觉得自己就是那条能够跳过龙门的鲤鱼,都想侥幸试试,看看自己到底能不能飞到天上去。把个禹夏九州,闹了个天天征战,日日流血,乌烟瘴气,人喊马嘶。个中较有代表性的,比如说李昪,就是窃据了江南地区,建立了齐国,后来又改称为南唐的那个角儿。

要说李昪这个人,还真够不容易的。原本连姓氏都没有,后来为了哄骗大众，硬说自己姓李，是李唐王朝的宗族后裔。有关这一点，谁也不知道真正的底细。别说别人不知道，这事儿在他自己的心里，一直都还是个谜。

李昇原本是个孤儿，六岁的时候就被人拐骗到濠州（今安徽凤阳东北）。这个拐骗他的人贩子，据说还是他的亲叔叔。到了濠州以后，这位叔叔就把自己的侄儿扔在了开元寺里，于是他就成了一名小沙弥。后来被淮南节度使、南吴政权的创立者杨行密在战斗中掠获。杨行密喜欢他的样貌，小孩儿长得俊，挺招人稀罕，杨行密就收他做了养子。但是杨行密的几个儿子，却像一群动物崽子一样，为了争夺父母的宠爱，把他看做天敌，联合起来欺辱他。杨行密制止不了，又转手把他送给了自己的重臣徐温。徐温就成了李昇的第二任干爹，还给他改了个名字，叫徐知诰。后来杨行密死了，儿子杨隆演继位，徐温开始专权。杨隆演死后，儿子杨溥继位，徐温也死了，朝政大权就落在了这位虽然不知道自己的亲爹究竟是谁，但却同时拥有两个干爹的徐知诰的手里。徐知诰不久逼迫杨溥让位，窃夺了南吴所占据的江南佳丽地，秦淮美妙都。

为了美化新政权，徐知诰首先创立了自己原本是唐朝宗室后裔的"科学假说"。紧接着，又说要恢复本来的姓氏，不能再叫徐知诰了。他给自己取了个新的名字，叫做李昇，昇的意思就是光亮盛大的样子。很多古代的皇帝，都给自己取了个上面带扁日的名字。意思是说自己就是红太阳。整个神州大地离开他的照耀，就会没了光亮，同时也没了温暖。就连朱温那副死出儿，不也给自己取个名字叫"晃"吗？不过他没有照亮别人，倒是把自己晃得晕头转向了。

既然说自己是唐朝的后裔，所以新建的政权也就顺势叫唐，因为主要占据江南一带，所以在历史上就被称做南唐。其实他究竟是谁家的崽，连历史都说不清楚。由于记载他出身来路的史书，是他当了皇帝以后，手下的大臣们写的，于是，就有鼻子有眼儿的，说他是李唐王朝宗室的后代了。

徐知诰不仅编造了自己是李唐宗族的瞎话，而且还把自己的出生描绘得神乎其神。好像这样就能证明他当皇帝，完全是君权神授，符合上天的旨意。

李昇是这样编辑这段故事的：说他家的院子里，长有一棵大梨树。

有一年,结下一个比篮球还要大出好几圈的梨子,还不是转基因。邻居们想把这个梨子剖开一起吃,却从里面钻出一条大蛇来。这下可真是大家一起分梨(分离)了,一时间被惊得四散奔逃,择地躲避。但是这条蛇没有理睬这些人,却爬到李昇家的屋里,躲在了他母亲的床下。等到夜深人静的时候,再爬到他老娘的床上去,就这样有了他。

李昇导演这出话剧,本来是想把自己装扮成龙崽,可是一不小心,却把自己描绘成了蛇蛋。

后来李昇死了,把位置传给了他的儿子李璟,这位,被后来的历史称为南唐中主。李璟接位以后,又有新的谶语在社会上流行起来,咱也不知道这个谶语原本是几句,反正传到宋初,就只剩下三句了:"有一真人在冀州,开口张弓向左边,子子孙孙万万年。"

这句谶语到底是什么意思?

谶语本来就含糊其辞。如果谁能把谶语的意思完全说清,那就不是谶语了。谶语的发明大约是为了开发人们的想象力,你就是胡乱猜测,那也没有关系。这个谶语一出,议论也就跟着蜂起了。有人猜测说:真人,也就是真正的主宰者,要出世了!这个人可能在冀州或者跟冀州的冀字有关的平原湖泊、江海山间、田垄地头什么地方。"开口张弓向左边",可能是这个人向西射箭,也可能这个人的名字里有个字,就像是张开口子的弓箭一样,方向朝向左边,或者还有别种可能性。反正这个人是真命天子,他的子孙将要得到万世的基业,世世代代当皇帝,永远幸福地享受下去。

于是,李璟就给自己的长子取了个名字,叫做李弘冀。

怎么取了这么个名字?"弘"就像"开口张弓向左边"说的那个字,后面是个开着的"口",左边张着"弓";"冀",就是冀州的"冀"。就这么一个名字,把"有一真人在冀州,开口张弓向左边"两句都给囊括了。你看绝不绝?如果真是这样,那"子子孙孙万万年",就是他们自己家里的事情了。

李璟父子在江南,跟冀州有什么关系?冀州不是指河北中部地区吗?唉,这您就有所不知了。冀州在古代,有时候被用来借指整个中国。既然冀州可以解释成中国,那么大凡九百六十万平方公里的土地上(那时没这么大),不管你生活在哪个旮旯胡同里,都有可能就是这句谶语中说的那个地点。偌大一个天底下,雨点儿说不准落到谁的头上。可是话说回来,这个李璟呢,还算比他爹有自知之明。他知道这位真人可能不是自己,他只希望是自己的儿子。所以,他就给儿子取了上面的名字。连"弘"带"冀",一起都装进了儿子的名字里,看这个真命天子,还能不能跑出我的手掌心!

可是他的儿子,就是这位叫做李弘冀的南唐太子,却比他的爷爷还不自量力,认定谶语中所说的真人就是自己。于是,在他成为太子之后,马上毒死了可能与自己争位,同时又掌握军权的叔叔李景遂。李弘冀的六弟李煜(没当皇帝以前叫李从嘉),一听哥哥把叔叔都杀了,差点吓尿了。心里想着:说不准哪一天,屠刀就可能落在自己头上。于是乎,赶紧躲到一个偏僻的角落里,作他的"云一緺,雨一梭,淡淡衫儿薄薄罗"去了。尽管李弘冀癞蛤蟆打立正—也还真有一小手,可是由于太过着急,十九岁上就把自己折腾死了。不仅没有成为统一天下的真人,就连南唐这个割据政权的继承人的小宝座,也都没有来得及坐上。而差点被他吓死的六弟李煜,却因为他的早死,顺畅地当上了南唐的第三任国主。用现在的话说,就是第三代领导人。他,就是历史上名噪天下的南唐后主。但是他们这一窝儿爷孙,作词还成,做皇帝,尤其是做真龙天子,实话实说,那可真是拎棒子叫狗—远去了!

这个"子子孙孙万万年"的谶语,也把南唐的一个邻"国"——吴越国的国君折腾得够呛。吴越国主要占据两浙一带,与占据江苏、安徽、江西,还有湖北、福建各一点儿地方的南唐是邻居。当时吴越国的国主叫钱元瓘,是吴越国的建立者钱镠的第五个儿子。

谁不想成为天下的主宰?谁不想让自己的子孙千秋万代永享安乐?于是他就把自己所有儿子的名字中,都加进了一个"弘"字。什么钱弘佐、钱弘倧、钱弘俶之类。钱元瓘虽然张开了十几张像弓箭一样的大口,把所有儿子的名字里都吞进了一个"弘"字,采取了像现在的有些年轻人谈恋爱一样的普遍撒网、重点捕捞的策略,终究还是没有把谶语中的这位"真人",网到自己家里。

不过还好,他的这几个儿子,虽然都没有碰巧成了这位真人,但还当了几天的吴越国王。在他死了以后,两个稍大的儿子,一个接一个,谁都没有垄断到最后,早死的早死,被废的被废,因此也就没得到机会,把这样一小块江山传给自己的儿子。这就使得他稍小的儿子钱弘俶，就是钱俶，也有机会，当了吴越国最后一任割据政权的主宰者。或许钱弘俶死了以后，钱元瓘的儿子们还会一个接一个地前来尝试，什么钱弘A，钱弘B，还有钱弘C，或许可以排到钱弘Z。反正他有的是儿子，慢慢试着玩呗，谁知道哪块云彩有雨？毛主席不是教导我们说了嘛："你要想知道梨子的滋味，就得亲口去尝一尝。"钱氏一家怀着对实验科学的忠诚心态，本打算把这项可以获得国家专利的实验做到底，只可惜大宋朝不给他们机会。这项"科研基金"的总负责人赵匡胤和赵匡义，已经没有耐性，再让他们这样无休止地试验下去。钱家的科学实验，也就只能到钱弘俶而止。课题没有最终完成，被取消了下次接着申报的资格，还要把所费的资金、机器，尤其是用地，统统都得还回去！

看来南唐的李璟和吴越国的钱元瓘，智商还真是不低，悟性也都还算可以。他们至少是比较"准确"地理解了这个谶语，认定这位真人的名字里有一个字，像一个"张"字，"弓"向左边，后面跟个开着的"口"字。

他们猜测的，或许还真有道理。因为据说这个谶语，最后应验到了赵匡胤的父亲身上。

赵匡胤的父亲叫赵弘殷，名字里本来就有一个像"开口张弓"一样的"弘"字。不过人家可不是故意取的，后来也没有改名，而且人家几代人原本就都是冀州人氏。至少从赵匡胤的高祖这一代开始，就一直生活在河北中部地区。

有关宋太祖的先人，《宋史》本纪说他的高祖赵朓，在唐朝时做过家乡附近三个县的县令；还说他的曾祖赵珽，当过藩镇的从事，后来做到御史中丞；他的祖父名字叫做赵敬，分别当过营州（河北迁西县东）、蓟州（今河北蓟县）和涿州（今河北涿州市）的刺史。这些情况，大体应该是属实的。但也有人表示怀疑，说是因为赵匡胤做了皇帝，后来人为了美化他的祖先，分别给他们编造了上面的官职。不过写宋太祖实录的时候，是在宋太宗和宋真宗的时代，距离不算太远，或许还有人知道他家的底细。乱编，让人笑话！所以，即便有美化的成分，跟事实也不会有太远的差距。何况这些官位，本来都不大，最多也只是县、市级的中、上层干部而已。没有必要为了编排杜撰，专门花费太多、太大的心思。

第一章　浊世烽烟

后梁的建立

　　于公元907年建立后梁王朝的那个角儿,本名叫做朱温,原本是安徽乡下的一个二流子,不安心种地生活,整日游手好闲,东蒙西骗。唐朝末年,黄巢领导农民起义,很快席卷全国各地。朱温就参加了黄巢的队伍,追随黄巢,不久成为黄巢手下的一员大将。由于长期积累的坑蒙拐骗的丰富人生经验,看到黄巢的前景不妙,灵机一动,迅速转身,背叛了黄巢,投降了唐朝,还帮助唐朝镇压了黄巢,被唐朝皇帝赐名朱全忠。就像李自成的部将郝摇旗,投降南明政权以后被赐名郝永忠一样。

　　其实这些"全忠"和"永忠"们,根本就没有忠心可言,他们的心中只有利益,从生下来开始,就没长出那种能够装载仁义礼智信的心脏。虽然当了皇帝以后,朱全忠给自己改了个名字,叫做朱晃,但他根本就不是太阳。因此,也就没有可能因为自己的光亮照耀大家了。

　　天复元年(904)八月,朱温派遣左、右武统军朱友恭和氏叔综等,率兵入宫杀死唐昭宗。之后,又故作震惊,放声大哭,说是这两个混蛋想要嫁祸于他,让他承担杀君的千古骂名。为了掩人耳目,朱温又把朱友恭和氏叔综都给宰了。

　　"用我们来当替罪羊,就算能堵住天下人的嘴,鬼神能受他的欺骗吗?"朱友恭和氏叔综临刑前大喊着揭发朱温说。他们还诅咒朱温:"这样做人做事,怎么会有好的结局,注定是要断子绝孙的!"狗咬狗,咬了各自一嘴毛。

　　朱温为了"纪念"这种掩耳盗铃的历史丑剧的原创人,在司马昭死去六百五十年之际,把当年杀死曹髦的经典历史剧,又重新回放了一次。就在唐昭宗的灵前,朱温又把昭宗的儿子、当时的辉王李柷立为新皇帝。这位唐哀帝更加可怜,更加悲哀,只当了两年多一点的傀儡,就被朱温逼迫禅位,然后又被暗杀了。照搬司马昭父子对待曹奂的做法,没有一点创新的痕迹。

　　朱温杀光了唐朝的所有王爷们之后,又把魔爪伸向了唐朝的大臣们。一时间高门大户的子弟、科举出身的名士,朝廷重臣的后代,如冰释雪解一般,都融化或蒸发得无影无踪。

李唐王朝历经二百八十九年,终于走到了尽头。

朱温要当皇帝了!

当朱温恶鬼般的笑声传遍全国各地的时候,他的哥哥朱昱实在忍不住了:"朱三儿,你原来只是安徽砀山县里一个下三烂的农夫,村里人都喊你'瘟三'。不好好在家耕田种地,却去跟着黄巢造反做贼。唐朝天子恕你无罪,还让你当上了宣武军、天平军、宣义军和护国军四镇的节度使。你还不知足,想要一下子毁掉人家三百年的江山,怎么忍得下心呢?将来杀身灭族,我们都得跟你吃瓜落儿!太不是玩意儿了,你个没良心的!"朱昱还没骂够,又跺着脚接着骂道:"再说了,就你这熊样儿,能当皇帝吗?你以为皇帝是猪仔、狗仔都能当的吗?猴头八相,偷驴盗马的,斗大字也识不了一升,也不撒泡尿照照自己!一个秃尾巴鸡,不小心飞到山梁上,还真把自己当凤凰了!"

像朱昱这样,好歹还能在太阳底下站着,总归是个人哪!不过朱温是不管这一套的,只要有利可图,就是天王老子,他也敢当。保不准哪一天,还要向玉皇大帝和释迦牟尼的头上拉屎撒尿。

利欲的魔鬼一旦附体夺魂,人就会变得狗胆包天,没什么不敢做的了。

朱温当时气急败坏,本想杀掉朱昱。可是想到当年自己带着另一个弟弟朱存一起出去做贼,家里的老娘全靠人家朱昱独自赡养了。要不是朱昱带着老娘藏来躲去的,他那可怜的老娘早就被唐朝的地方官员杀死了。造反,那是要祸灭九族的!想到这里,朱温忍住了,没有下手。还算有那么一丁点儿良心。

既然朱温不听,朱昱也没有办法。一气之下,回到老家种田谋生去了。他不想接受朱温的赏赐,也不想享用这份因为造孽暂时偷来的所谓"幸福"。干啥不活人哪?种地咋的?脸朝黄土背朝天,汗珠子掉地下摔八瓣儿,吃自己劳动换来的粗粮淡饭,不丧良心,不坏肚子。为啥非得做贼?为啥非得当强盗?咱他妈这辈子:不图荣华富贵,就图心安理得!

当上皇帝以后,朱温想着要扫平天下了。

当时号称晋王的山西军阀李克用,显然是朱温头号的死对头。

李克用本来是沙陀人,沙陀原本就是突厥。后来突厥内部分裂,分成了东西两部,每一部又分成很多别部。沙陀,就是西突厥别部中的一支。李克用的父亲本来复姓朱邪,双名赤心。因为给唐朝效命,被唐朝赐姓为李,名国昌。朱邪赤心的儿子李克用为镇压黄巢起义立了大功,被唐朝封为河东节度使。不久,李克用又逼迫唐朝封他作了晋王。

这个河东,在晚唐、五代时期,简直就是个"特别行政区"。该区以太原为中心,包括今天山西省的中部地区,还有和它临近的河北和陕西各一点点地方。河东在战国时是所谓的三晋之地,就是韩、赵、魏三国的领地。后来韩、赵、魏三家掌权的大夫,瓜分了春秋时期原属晋国的土地,所以这一带就被称为"三晋之地"了。李克用自称晋王,就是因为他占据了三晋之地上的河东地区。这个河东地区,自打李唐末世起,直到五代晚期,一直都是粮草丰厚,军卒强悍,马匹优良的所在。李克用就这样成了唐朝末年最有实力的割据藩镇之一。李克用不想让朱温独吞平灭黄巢的功劳,更不想屈膝给这样一个瘪三下跪,于是就与朱温展开了旷日持久的殊死搏斗。

就在朱温当上皇帝的第二年,李克用病死了。李克用死后,他的儿子李存勖承袭了晋王的爵位。

但是这个李存勖,比他爹更不含糊。朱温以为李克用一死,山西军阀可以一鼓荡平。马上发动大规模的军事攻势,包围了李存勖管辖的重镇潞州,也就是今天山西的长治。结果久攻不下,一时懈怠,被李存勖钻了空子,突然亲自带兵增援,把朱温的部队打了个稀里哗啦。李存勖乳名李亚子,朱温感慨地说:"生子当如李亚子,有这样的儿子,人家李克用就等于没死,他有好后代,有好传承人哪!您再看看我的这些儿子,个个都是些猪狗!"朱温这话还真没说错,龙生龙,凤生凤,老鼠生来只会打洞。老百姓的话语有时还是蛮有道理的。用现代科学的术语说,那就叫什么样的基因,造就什么样的娃崽呀!

朱温的这些儿子,打李存勖肯定不行,但是打爹骂娘却是以一当百。不久之后,朱温就死在了自己儿子的手上。朱友珪用一柄长剑,狠狠地,捅穿了朱温的胸膛。就像往墙上钉牲口皮一样,把朱温牢牢地钉在了床上。然后秘不发丧,又矫诏干掉了被指定为皇位继承人的哥哥朱友文。高高兴兴地杀死了亲爹和兄长之后,朱友珪快快乐乐地当上了皇帝。可是"不到半年,本儿就回来了"!朱友珪又死在了他的弟弟朱友贞的手上。这个朱友贞也没能撑持多久,又被李存勖攻灭。朱温一家,就这样被连根铲尽了。

在乱世里攀爬

赵匡胤的父亲赵弘殷，年轻时就在镇州军阀王镕的手下，从大兵开始，做到下级军官。镇州本来就是古代冀州的地面，统辖地区大约就在今天河北的正定县和石家庄市附近，恰好就是河北的中部地区。赵弘殷当兵的时候，正是五代初期。

赶上朱温和李存勖正在进行殊死拼斗，双方都想找些帮手。李存勖请求镇州节度使王镕出兵协助，王镕就派遣赵弘殷率领五百名精兵，去给李存勖帮忙。赵弘殷奉命前往，在战斗中表现英勇，微立小功，被李存勖看中了，让他留在身边听用。就这样，赵弘殷带去的五百人，被改编成了李存勖的部队。赵弘殷也因此成了李存勖身边的一名亲兵校尉。

一次，赵弘殷带队行军，经过安喜县一个很小的地方，叫做杜家庄。天上飘下鹅毛大雪来了，赵弘殷带领士兵在庄户房檐下避雪。庄户见他状貌魁伟，就告诉了庄主。庄主让庄丁赐食给赵弘殷。来往交接之际，庄主感到赵弘殷这个人非常和善，还谦恭谨慎，以礼待人，不像一个蛮横无理的武夫。于是，就把自己的第四个女儿嫁给了他，招他作了上门女婿。给他房子住不说，还可以无偿使用杜家的一切生活用品和设施。这种上门女婿，古代叫做"入赘"。

赵弘殷就在杜庄主家里，跟这位杜四小姐拜堂成亲了。

不久之后，这位杜四娘就给赵弘殷生下了两个儿子：一个叫赵匡胤；一个叫赵匡义。据说这个村庄前面有一个不大不小的水坑，这个小水坑儿还有一个挺吓人的名字，叫做"双龙池"。大家原本都不知道，就这么个小水坑儿，怎么会叫这么牛的一个名字？直到赵匡胤和赵匡义先后当了皇帝，人们才如梦方醒："啊，原来应在这儿了！"

赵弘殷眼见着朱温的后梁、李存勖的后唐，还有石敬瑭的后晋，昙花一现般地陨落，接着又是刘知远的后汉了。而自己却始终是一名侍卫亲军的低级将领，一直没有得到升迁，只是随着时代的沉浮而沉浮。天还是天，地还是地，人家还是人家，自己还是自己，只是多过了二十几个冬夏春秋。

后汉隐帝时,陕西凤翔节度使王景崇造反,投降了占据四川的后蜀。赵弘殷奉朝廷之命,跟随主将郭威前往征讨。尽管有后蜀两万多部队的增援,但是王景崇还是没能顶住,最后被后汉军队平灭了。在这次战斗中,赵弘殷表现异常勇敢,虽被射瞎了左眼,但他还是像《三国演义》中的夏侯惇那样,依然奋力击杀敌兵,立了很大功劳。赵弘殷因为军功,被提升为侍卫马军副都指挥使。可是这时,已经是公元949年了。

千里送京娘

就在赵弘殷刚刚升任侍卫马军副都指挥使的第二年末,后汉大将军郭威带兵进京,抢夺后汉政权,建立了后周。赵弘殷顺势被留下,成了后周的侍卫马军副都指挥使。公元954年,后周太祖郭威病逝,遗命养子柴荣继位,这位就是五代时期最有名的明君圣主周世宗。

公元956年和957年,也就是后周的显德三年和四年,后周世宗柴荣为了统一全国,三次亲征盘踞在淮河流域和长江以南最富裕繁华地区的南唐,赵弘殷都参加了战斗。可是尽管他依然很努力,在正阳与李重进、韩令坤共同击溃了后唐援军,但这次却没有自己的儿子所立的功劳大。他的儿子赵匡胤,斩杀、生擒敌军大将若干员,占领了滁州(今安徽滁县)、六和(今江苏六和县)等重要州县,击溃了敌军二十万众。

就在这次战斗刚刚结束的一天夜里,赵弘殷领兵来到赵匡胤驻扎的江苏六和县。赵匡胤却没有放他进城,说是父子虽亲,君命如山。害得这位老父亲硬是在城外的野地里露宿了一夜,直到第二天天亮,才被放进城里。因为这件事,赵弘殷更加相信自己的这个儿子将来一定能成大器。他满怀信心地跟随周世宗回驾还京,可是就在回京的路上,赵弘殷病死了。这个在乱世里浮沉了差不多整个一生的可怜武夫,只要再活两年多一点的时间,就能看到自己的儿子登上金銮宝殿。可是,他却没有这个福分了。赵匡胤呢,也因为那天没有陪父亲共同度过他人生中最后一个夜晚而伤心了很久,很久。

赵匡胤何时参加了后周的军队,怎么又和父亲在征讨南唐的战斗中通力合作,各显神通了呢?

这话要是说起来,就得稍费点时间了。

赵匡胤从小就不是一个温顺听话的孩子,跟他的弟弟赵匡义根本就是两类人。赵匡义从小就很听话,能说会道,讨人喜欢,读书也比较认真;而赵匡胤却像一位豪侠一样,读书只观大意,喜欢练习弓马,还经常四处游荡,伺机打抱不平。历史上盛传的"赵太祖千里送京娘",就是发生在赵匡胤年轻时候的一件事情。

这则故事说的是蒲州解梁县小祥村的一个十七岁的少女,叫做赵京娘,因为随父亲到北岳恒山烧香还愿,路上遭遇两个土匪:一个叫满天飞张广儿;一个叫着地滚周进。两个土匪把京娘掠入一个道观,准备再抢一个来,捉对成亲,各得压寨夫人。

京娘的哭声引来了赵匡胤,赵匡胤救出了京娘。

但这可怜的女子已经身处家乡千里之外,独自一人,怎能回到家乡?赵匡胤救人救到底,只身亲自送京娘回家。一对孤男寡女,夜住晓行,赵匡胤目不斜视,心不歪想,与京娘相伴而行,兄妹相称。一路上免不了翻山越岭,涉涧过溪。赵匡胤在路上还除掉了追赶上来的张广儿和周进。把个京娘喜的,感激涕零啊!

当京娘试图以身相谢时,赵匡胤却说出了如下一番话语:"贤妹差矣!俺与你萍水相逢,出手相救,只是同情你的遭遇,不是贪恋你的美色。不要乱说,惹人笑话。"京娘说:"我不是水性杨花的人,我真的是个好女孩儿!幸蒙英雄舍命相救,小女子实在无以报答,不求为妻匹配,只愿做个小妾,您就拿我当个丫鬟使,让我给您铺床叠被,在身边服侍您,就是我三生的造化,死也瞑目了。"赵匡胤听罢,厉声呵斥道:"赵某是个顶天立地的英雄,一生正直,不生邪念,你把我看成什么人了?一个施恩图报的小人?一个借着行善而心中藏着企图的坏蛋?你赶紧收起这个念头,要不然我就会把你放在半路,立马走人!"

京娘听罢,拜服于地,既感慨又惋惜,只得请求赵匡胤原谅自己,并说自己今生不能报答重生之恩,来世愿意"衔环结草",就是变成畜生,也要报答大恩。

赵匡胤身上没几个钱,一路护送京娘,逢店只能吃点土豆丝。深圳大学景海峰教授考证说:"千里送京娘,靠的就是土豆丝。"

就这样,太祖一直把京娘送回家中。

女儿失而复得,家人异常高兴。京娘的父亲打算把京娘许配赵匡胤,说这样也免得人家说三道四。毕竟是孤男寡女,在这样的乱世里,结伴同行了一月有余,谁知道期间究竟发生了什么事情?赵匡胤听罢勃然大怒:"真是狗眼看人低呀!"痛骂两声,愤然离去。家里人怀疑京娘路上可能与赵匡胤确实已经有了瓜葛,准备马上把她嫁人,也免得乡里乡亲们胡乱猜疑。京娘为了还赵匡胤一个清白,也表明自己的操节,慨然悬梁,上吊自杀了。这个可怜的美妙女子,虽然有过跟历史上最伟大的君主一路同行的际遇,但却就这么稀里糊涂的香消玉殒了。

当您看到这里的时候,千万不要以为是赵匡胤救死了京娘,其实是京娘的父母兄弟爱死了京娘。人间的事情就是这样奇怪,有些时候,爱是足以害死人的!当你被父母或者其他亲人过分呵护和怜爱的时候,你就一定要小心了!

据说赵匡胤当了皇帝之后,还特地派人来到这个小祥村,看望京娘,那毕竟是他流落天涯时的义妹呀!看来咱们这位太祖还真是位重情重义的人哪!

当赵匡胤得知这位曾经跟历史伟人擦肩而过的薄命女子,已经魂归黄泉了以后,欷歔感叹了良久。紧接着,就命人在小祥村给京娘立了一块贞节牌坊,以表达纪念之情。

漂泊不定

离开京娘家以后,赵匡胤一路胡乱行进,世道这样黑暗,人生又没有目标,到哪里去才好,干点什么才对呢?咳,管那么多干啥,骑毛驴看账簿,边走边瞧吧!

一路来到复州(今湖北云梦)地界,干脆去找父亲的朋友王彦超,看能不能谋个差事做做。这位王彦超,当时正在复州当节度使,安排个把人在身边,那还不是小事儿一桩!

但是王彦超没有留用赵匡胤,只是还算客气,给了他几百块钱,充作川资。若干年后,赵匡胤当了皇帝,王彦超时任陕西凤翔节度使。太祖设宴款待各路军官,也顺便让他们前来表报战功、勋劳。王彦超荣幸地受到了伟大领袖宋太祖的接见,但却无劳可表,无功可报。太祖问王彦超,当年我东游西逛,想找个差事安身,你为什么不收留我?王彦超吓得屁滚尿流,不敢仰视:"我那里的一小池子水,只能容个马蹄子,怎么能养得了神龙?"说吧,他偷看了一眼太祖,发现太祖面容亲切,才又壮着胆子说:"如果当年我收留了您,您可能就没有今天了。"太祖很高兴,让他继续担任凤翔节度使。王彦超就这样回到陕西,躲在被窝里偷笑去了。

从王彦超那里出来,赵匡胤又陷入了不知何去何从的境地。只得继续胡乱行进,身上的钱也用光了。怎么办?咱们这位中国历史上最伟大的皇帝,竟然走进了赌场!简直是奇了怪了,那些惯赌的,竟然不是赵匡胤的对手,一个个很快就掏空了自己的腰包。赌徒们愤怒了,群起攻之,夺回了赌资,赵匡胤还被扁了个鼻青脸肿。赌徒们差点没扒光他的衣服。如果那些赌徒们当时下手再狠点儿,这个世界上就不会有宋太祖了。

这回0了!带着受伤的心,拖着伤损的身体,漫无边际地行走在天地之间。赵匡胤满怀疲惫,眼里噙满酸楚的泪。

翻了一山又一山,过了一江又一江。一路上,赵匡胤看到无数的马队,耀武扬威地从身边飞驰而去。当滚滚的尘埃落定了之后,一具具尸体,就像马蹄踏碎的泥草一样,横躺竖卧地撂在了地上。惊悸、怜悯和慨叹交织在一起,无论谁胜谁负,还不都得平民百姓去流血牺牲?赵匡胤根本说不清心里究竟是什么滋味。在那样的乱世里,人命真是比土还贱,谁会把这些可怜的生灵真正放在心上!

赵匡胤又是一路山高水低,辗转来到了湖北随州,投靠了父亲的老朋友董宗本。董宗本当时任职后汉,担任随州刺史,掌管着一州的军政。赵匡胤总算暂时得到了安定。

赵匡胤从小就是孩子头儿,这种经历不仅证实了他的领袖才能,同时也激发了他做领袖的欲望。很快的,同僚们就认可并喜欢上了赵匡胤,赵匡胤又成了这个新圈圈里的核心人物。赵匡胤得宠于众人,却惹恼了董宗本的儿子董遵诲。在赵匡胤到来之前,董遵诲在这里的人望一直很高,而且是武将出身,能挽一手强弓,刀枪剑戟、斧钺钩叉、镋链桨棍、鞭锏锤挝,外带戈和耙,十八般武艺,样样精通,本领非同寻常。赵匡胤来到这里以后,董遵诲奇怪地发现,自己身边的这些人,怎么忽然间像被施了魔法一样,都跑到赵匡胤那里去了。打错针了,还是吃错药了?其实董遵诲虽然姓董,但是其实他真的不懂。这叫魅力,这是赵匡胤身上天生就有的魅力。这种魅力在杰出的人物身上,那真叫天生如此,而且还无法抗拒!失落,深深的失落严重地刺激了董遵诲的自尊,他开始嫉妒,开始厌烦,开始憎恨,开始找茬,闲着没事儿就拿话儿磕打赵匡胤。

一次,董遵诲奚落赵匡胤说:"自打你来到这里,我就经常看见城头上紫气环绕不散。就在刚才,你站在城墙上的时候,我就像做梦一样,看见城墙的高台上有一条黑蛇飞腾上天,变成了一条巨龙。"董遵诲的意思是说:"你以为你是谁呀?皇帝呀?"赵匡胤虽然没有直接反击,但却不想再待下去。这里毕竟是人家董氏父子的天下,自己跟着搅和什么?干脆走吧,赵匡胤就这样离开了随州。

后来赵匡胤当了皇帝,召见董遵诲,问他还记不记得当年"紫云、黑龙"的事儿?董遵诲羞惭恐惧,叩头请死。赵匡胤微微笑了笑说:"卿有本领,为我守西疆。"赵匡胤授予董遵诲一个官职,叫做通远军使,管辖当时的通远县,还包括周围的马渠、木波和石昌三个不小的市镇。大约就在今天甘肃的环县,还包括甘肃镇原县、宁夏固原的彭阳县的一些地方,相当于一个小州的军政长官。这个地方处在大宋朝西北面的少数部族与中原中央政权的中间地带,经常有少数部族通过这里侵扰中原。

董遵诲不辱使命,刚刚上任,马上把居住在附近的各个部族的酋长召集起来,热情款待,厚加犒赏。酋长们非常感激。感激归感激,没过几天,又来烧杀抢掠了。董遵诲亲自率兵,深入重地,把这些小酋长们,一个个打得抱头鼠窜。之后,董遵诲再请各位前来饮宴,以安抚为主,征伐为辅。将太祖的仁心仁德,像撒符水一样,布施到了各个酋长和部落之间。此后十四年间,这些小的部族,一直没再骚扰边疆。而且这些小酋长和小部落之间,也都因为受到董遵诲的教化,相安无事,不再互相征伐。西北边疆的民众,又重新获得了安定的生活。

一次董遵诲入朝面见太祖,太祖问起他母亲的情况,董遵诲说被北汉掠走好多年了。太祖赶紧派重臣花重金把董遵诲的母亲赎回来,交给董遵诲。直到这时,董遵诲千恩万谢,叩头如同捣蒜一般。《老子》说:"祸兮福所倚,福兮祸所伏。"有时候还不止这样,祸,就是福;福,反而是祸。人的这一生,究竟什么是福,什么是祸?谁能说得清楚!

赵匡胤既能大度容人,也有高超的识人本领。他与董遵诲相处半年多,虽然很不愉快,但却通过这种不愉快的交往,了解了董遵诲的为人和本领。知道他能干什么,相信他能安顿好边疆的事情。董遵诲也确有这种本领,加上太祖捐弃前嫌的无私信任,他能不尽心尽力,去努力效命吗? 因为某个人损害或者招惹了你,你就由此认定这个人一无是处,怀着这种心理,带着这种偏见,你就看不清人,也看不懂事儿。如果不努力克服自己的这种心态,不管是谁,要是能做成大事,那就怪了。

神异传说

离开随州以后,赵匡胤又是一路风餐露宿,饿得实在挺不住了。路上刚好见到一位奶孩子的中年妇女,赵匡胤几乎就想上前说:"大嫂,给咱也来两口儿吧,实在饿得不行了。"转念一想,这像什么话! 于是又打消了这个念头。终于看见前面出现一片菜地,这位后来的大宋朝开国皇帝,趿溜一下钻进了菜地,不管不顾地吃起了白菜。原来这是一家寺院的菜地,看菜园子的僧人正在做白日梦:梦见一条金龙降临到自己种的菜地里,瞬间就吃没了好几垄白菜。睁眼一看,好家伙! 一条大汉正蹲在自己的菜地里狼吞虎咽,再看白菜,早已被吃没了一大片。

吃饱了,赵匡胤来到寺院里面。本来就已经疲惫不堪,又加上刚刚吃饱,靠在寺院的墙壁上,睡着了!

藏经院里的一个老和尚刚好打这儿经过,不知是因为年纪大了老眼昏花看走了眼,还是他后来故意编造的神话来讨皇帝老子的欢心,反正他说当时他看见一条红色的长蛇,不断地在这个熟睡的旅人的鼻孔里进进出出。老僧感到非常惊异,就一直在旁边等候。直到赵匡胤睡醒,老和尚才走上前去,和他搭讪,问他要到哪里去。赵匡胤哪里知道自己要向何处去! 老和尚就告诉他说,不如向北走,去投靠一个叫做柴荣的人。说这个人是现在的后周皇帝郭威的养子,其人宏才大略,胆识过人,才智超群,前景无量。到他那里去,一定会有更加广阔的发展空间。赵匡胤说我已经身无分文了,怎么去呀。老和尚给了他一些钱,还送他一匹驴子,好骑着上路。

赵匡胤这才知道,天下已经不再姓刘,又改姓郭了。这些年,政权更迭、朝代变换得简直让人目不暇接。咳,管他姓张姓李,还不是这片天,还不是这块土地? 先去谋个差事,活命要紧。

就这样,赵匡胤转身向北,一路又朝山西走来。

满目疮痍的大地,一群接着一群逃荒避乱的人们,就像电影《1942》的镜头一样,不断在赵匡胤的眼前闪过。赵匡胤看着看着,忽然升起一种念头:我要是有了权力,一定要重整河山,让百姓过上安居乐业的生活!

赵匡胤再次来到山西的时候,正赶上后周刚刚建立,为了战争的需要,太祖郭威正在买马招兵。赵匡胤就这样加入了郭威的队伍,因为精明能干,不久就成了一名亲军小校。郭威派他到镇州办事,认识了刺史柴荣。柴荣原本是郭威的妻侄,郭威收柴荣做了养子。柴荣喜欢赵匡胤,就把他留在了自己的身边。后来就在这个位置上,赵匡胤不断攀升,最后成了大宋朝的开国皇帝。

说起赵匡胤当皇帝,传说真是很多很多,而且从他出生的时候就已经开始了。

赵匡胤于公元927年农历二月十六日,出生在当时后唐都城洛阳的一座军营里。这个军营当时叫做夹马营。据说红光满室,异香经宿不散。还有说赵匡胤出生前,他的母亲,就是后来的杜太后,梦见太阳钻到自己的肚子里面去了。其实这都是后来的人们,为了增添赵匡胤成为皇帝的神秘性,编出来的神异故事。这样的故事,只能听,不能信。

赵匡胤的出生地,就在当时后唐明宗的皇宫边上。赵匡胤的母亲要敢说太阳钻到自己的肚子里了,那不就等于率领全家当场自杀嘛!如果赵匡胤出生时真的红光满室,同样会走漏消息,惹来灭门之祸。异香经宿不散,也许可能,八成真有小孩子生出来时带着香味的。不过这件事后来越传越玄,把经"宿"不散,传成了经"月"不散了。这座夹马营,也因为这个传说,后来被改叫了"香孩儿院"。

这样的传说,在皇帝宝位朝不保夕的五代时期,罪行是不可饶恕的。谁家传出,谁家毁灭。赵匡胤当上皇帝之后,曾经说过这样一回事情:"当年周世宗做皇帝,见到大耳朵的人就杀。"当时的很多人,就是因为耳朵长得大了一些,就稀里糊涂地成了刀下的冤鬼。假使猪八戒当时在周世宗身边,吴承恩后来恐怕就写不成《西游记》了。连耳朵长大了一点都会被杀,何况太阳入怀、红光满室?

有关赵匡胤是真命天子下凡的传说还有很多,不过有一种说法,或许还算巧合。就是刚才说到的那位后唐明宗,他的名字叫李嗣源。李嗣源当了十来年的后唐皇帝,是五代时期一位小有作为的君主。他统治的那段时期,被后世的历史评价为"粗成小康"。李嗣源是李克用的养子,出身少数部族。他经常说自己是一个胡人,因为战乱被部下推戴,侥幸当了皇帝。他说他自己并不是一位合格的皇帝,他要祈祷上天,希望能为人间降下一位真命天子来,好拯救天下的百姓,让他们过上安定、幸福的生活。就在他向上天祈祷的时候,赵匡胤真的出生了!这一年的年号叫做天成二年,也就是公元 927 年。

不知是上天成就了李嗣源的梦想,还是上天借助李嗣源的祈祷,成就了赵匡胤成为皇帝的事实。

在赵匡胤和弟弟赵匡义的整个童年时期里,国家一直处在军阀纷争的战火之中,生灵涂炭,流离失所。据说在一次躲避战乱的时候,赵匡胤的母亲把兄弟俩前后各一地装在筐里,挑在肩上。不小心被华山道士陈抟看到了。这位能掐会算的未来预测学专家,当时连吟唱带咧咧地说:"莫道当今无天子,都将天子上担挑。"

很显然,这也是后来的好事者编造出来的神话。您想啊,赵匡胤比赵匡义大十二岁,就算赵匡义只有一岁,赵匡胤也已经十三岁了。担子的平衡问题,咱先忽略不计。哪有十三岁的大男孩儿,还让母亲放在担子里挑着走的?就算有,那也是白痴啥样他啥样。这样的孩子,能担当起开基建国、创业垂统的历史重任吗?

来到柴荣的军中,赵匡胤如鱼得水,从此走上了另外一条人生的途程。

第二章
黎明之前

劫窃皇陵

郭威还算是个说得过去的皇帝,尽管出身武夫,不学无术。

登基的第一天,他就当众销毁了从后汉宫中搜出来的宝器,把这些被后汉的皇帝和皇室们看重的珍珠、翡翠、玛瑙和金银器皿,统统砸了个稀巴烂。一边让人砸,还一边对身边的大臣们说:"别人都可以喜欢这些东西,就他妈皇帝老子不能!当了帝王,就千万不能眷恋这些东西!"自打他获得了至高无上的权力,就一连下了几道圣旨,降低赋税,减轻刑罚。郭威自己的生活,也一向节俭,做了皇帝,对自己要求更加严格。他经常对臣僚们说:"朕起身寒微,自幼就饱尝人世的艰辛。遭逢这样一个丧乱的时代,一夜之间作了帝王,怎么忍心搜刮百姓来奉养自己呢!"郭威下令:"从现在开始,禁止各地官员向皇帝送礼。同时,也禁绝各地官员,借各种机会,以各种名目,向皇室供奉各种珍器重宝和土特产品等生活物资。"

郭威还亲自到孔庙祭祀孔子,向孔子塑像行跪拜礼。跟在身边的大臣看到了,上前劝阻说:"孔子只不过是个陪臣,作为帝王,您不应该给他行礼,他不应享受这么高规格的礼遇。"郭威听了以后,感慨地说:"孔子是万世帝王的老师和楷模,我怎么敢不敬重这位伟大的圣人!"行礼过后,郭威还命人四处寻找孔子的直传后裔,任命为曲阜令。又找来了孔门大弟子颜回的后人,授予曲阜主簿的官职。让孔颜的后代,共同管理孔颜的家乡——曲阜的全部事宜。郭威还借着这个机会,说自己生长军旅,没有时间和心思读书,不懂得治理国家的根本道理。郭威诏令全国各地,只要能提出有利于国家和民众的方略,朝廷都愿意虚心接受。

公元954年正月,郭威病危,临终前告诫柴荣说:"前两年我带兵西征,看到唐朝十八个皇帝的陵墓,都被人盗伐了。你知道为什么吗?"不等柴荣回答,郭威就自己接着说:"就是因为下葬时放进了太多的珍宝。我死了以后,你要遵照我的遗嘱,给我穿纸做的衣服,用瓦片作棺材,尽早下葬,不要在宫中停放太长的时间。随便雇几个人,草草埋了就行了,不要搞大的仪式,劳民伤财。也不要搞什么石羊、石马、石狮子之类。你还要在我的陵墓前面刻一块石碑,碑上就写:'周天子平生好简约,遗命用纸衣、瓦棺,嗣天子不敢违命。'如果你违背了我的遗嘱,我在地下也不保佑你。"说罢,看了柴荣最后一眼就溘然长逝了。泪流满面的柴荣,就在郭威的遗体前,接过了后周的统治权。

郭威说他当年看到唐陵被盗,究竟是怎么一回事?

这是公元908年的事情。

有一个叫温韬的家伙,年轻时就不务正业,还东偷西摸的。后来领了一伙土匪,占据了陕西省的华原县。"土匪要想存活,一定要首先跟地方官府或者军阀勾结起来。"温韬摸索出了这样的一套道理。于是,就跟占据这一带的割据军阀李茂贞纠缠在一起,成了李茂贞的同伙。"官府要不勾结土匪,也难混得下去。"李茂贞同样相信这样的道理。于是就把自己占据的凤翔、雍州一带分出几个县来,建立了一个耀州,叫温韬做了节度使。过去不是有那么一句话嘛,叫做"不进窑子当不了太太,不当土匪做不了州官"。这话用在温韬身上,真是再合适不过了!

朱温建立后梁,改耀州为崇州。温韬早就听说唐朝十八位皇帝的陵墓,就在自己管辖的地界附近。心里痒痒的,就乘着朱温建国的第二年,李茂贞一时不好公开管辖崇州,天下大乱,无法无天的时机,带领自己的精兵强将们,开始了剜坟掘墓的伟大历史性工程。

他首先带人把自己管辖的三原县境内的唐高祖李渊的献陵、唐武宗李炎的端陵、唐敬宗李湛的庄陵,富平县境内唐中宗李显的定陵、唐代宗李豫的元陵、唐顺宗李诵的丰陵、唐文宗李昂的章陵、唐懿宗李漼的简陵等,一股脑地挖开。把里面的各色珍宝,无一遗漏地据为己有。

那些闪闪发光的金银珠宝,再度激发了他无限的盗墓热情。他又抓紧带兵出境,进入李茂贞管辖的雍州境内。把同州蒲城县境内唐睿宗李

第二章 黎明之前

亶的桥陵、唐玄宗李隆基的泰陵、唐宪宗李纯的景陵,还有唐僖宗李儇的靖陵,又都翻了个底朝天。

为了寻找唐太宗李世民的陵寝,他又带领"古代帝王陵寝所藏珍宝盗墓课题组"的全体成员,翻山越岭,费尽周折。这期间,这个具有创新精神的课题研究小组,还因为无知和好奇,一度把很多北朝皇帝、隋朝皇帝,还有汉朝皇帝、甚至西周帝王的坟墓,当成了唐朝皇帝的陵墓,错误地发掘了。温韬心里这个高兴:"西北地区真有货呀!"

终于,他们在雍州醴泉县西北六十里处的九嵏(读宗音)山,找到了唐太宗的昭陵。这里群山耸立,云雾缭绕,害得他们好生转悠了几天。

在唐朝十八位皇帝的陵墓中,唐太宗的昭陵规模最宏大,封口也最坚固,而且一要动手发掘,天就开始下雨,好像上天都在哭泣一样。连续几天,几乎没有进展。温韬这位挖掘祖宗坟墓的"课题组负责人",出于对工期负责的态度,亲自上阵,汗流浃背地战斗在挖掘工地的第一线上,没黑没白、夜以继日地努力工作。温韬还勉励手下将士们说:"有条件要挖,没有条件创造条件也要挖!"

温韬的豪言壮语,飘荡在雍州的上空,极大地激发了剜坟掘墓将士们的盗伐热情。他们用火药炸,拿石头砸,用锹铲挖,拿刀剑剜,甚至用手指抠,就差用牙齿啃,用嘴巴拱了。即使流血流汗,温韬和他的兵将们也全然不顾,在所不惜。表现了为完成课题舍生忘死的工作热忱,充分展现了他们对科学研究事业伟大的奉献精神。费了十几天的努力,终于把唐太宗的昭陵挖开了。

温韬擦了擦脸上的臭汗,高傲地抬起他那低贱的头颅,豪迈地向全世界宣称:"他妈的,老子还就不信了。这个世界,还有我挖不开的坟墓!"这个恶棍还亲自走到墓地里,上前一看,哇噻!那叫一个富丽堂皇。

温韬发现,唐太宗的这个地宫跟人间的皇宫几乎没什么两样。除了正宫、东宫、西宫以外,里面还放了很多大石头箱子。箱子里面又是铁匣子,铁匣子里面都是些绸布包包,包包里装的尽是古代名家的传世书画名作。包括王羲之《兰亭序》的原本,还有钟繇等的作品,应有尽有。大约是因为墓葬封闭特好,所以纸张和笔墨都还跟新的一样,一点都没陈旧。

温韬这个睁眼瞎,不知道这些书画的倾城倾国的价值,却看中了那些包裹书画的绸布,把那些华丽精美的绸布,像蝗虫吃庄稼一样,一股脑的,都给卷走了。之后,又把那些稀世的国宝,撕扯得粉碎,扔了一地。温韬把唐陵掘了个底朝天,残迹累累。扔下一地唐皇的头骨、肋骨、脊骨、指骨、髋骨、胯骨、臂骨、胫骨,扬长而去。

一时间,西北地区烟尘蔽日,人哭鬼嚎。

据说只有乾州奉天县境内(今陕西乾县)的唐高宗李治与武则天合葬的乾陵,因为一开挖就下大雨,一时没有开掘成功。正准备继续下手,听说朱温等军阀的部队已经开过来了,这才赶紧罢手,撤兵逃命。

可怜这些曾经不可一世的古代帝王,身后竟然连一个小混混都抵挡不住。别说名誉权和肖像权,就是全尸权,也保障不了了。他们的大臣们呢?有哇,就在这呢!唐太宗的昭陵边上,就有陪葬他的功臣哪。什么岑文本、马周、房玄龄、李靖,什么长孙无忌、魏征、尉迟敬德、李勣,还有高士廉、萧瑀、虞世南、唐俭等,不都在唐太宗身边吗?不过这回他们谁也没有保护圣上的能力喽,只有跟着倒霉的份儿。连带唐太宗的皇后、妃子、家人等共计一百六十六个附陵中的全部亡者,一起都被温韬搂草打兔子,捎带着全给撕扯得尸骨分离了。最惨的,恐怕要数李勣了。李勣也叫李世勣,最早叫徐世勣,就是《隋唐演义》里说的那位徐茂公。因为他的牙齿呈咬啮状,被温韬一脚踢了个劳燕分飞!要是徐茂公活着,肯定就得满地找牙了!

直到几十年以后,这里还是骸骨遍地,一片狼藉。郭威当年统领后汉兵将去平定李茂贞、赵思绾和王景崇的叛乱,打从这里经过,看到的依然是满目疮痍,实在不堪入目,记忆刻骨铭心。这时距离盗墓的时间,已经过了三十多年。

就是这位盗墓贼,于梁末帝贞明二年(916),投降后梁,后梁让他继续担任崇州的节度使。他又拿出这些用最缺德的方式弄来的金银财宝贿赂后梁,竟然一路攀升,做到了检校太尉、同中书门下平章事,除了不管宰相管的事情,级别跟宰相没有差别了。

这个世界,让人上哪说理去?

不久,李存勖灭掉了后梁。温韬又来了个脑筋急转弯,开始向新朝廷献媚。杀了一个后梁的将领,带着满身阴魂不散的鬼气,亲自把人头送到了朝廷。丞相郭崇韬一见:"这不是盗伐唐陵的窃国大盗吗?我还当是什么功臣呢！"马上上奏李存勖："不能让这个盗墓贼跑掉,应该就地正法,绝对不能饶恕他！"温韬一看,小命要丢,赶紧花重金收买李存勖的老婆刘皇后。刘皇后贪恋财宝,尽心尽力地替他求情,李存勖竟然把他给放了。但是两年多以后,李存勖就死了,李嗣源当了皇帝。他,就是前面提到的那个小有作为的君主后唐明宗。这时,又有人接续郭崇韬再度上言：温韬不仅不可重用,而且一定要杀掉,以正国法！以泄民愤！以平天怒！以为鬼申冤！

哇！大千世界,真是无奇不有哇。还有为鬼申冤的！您没听说过吧？作为中国人,活在这个世界上,长见识吧,您哪！连鬼都有人欺负,连鬼都敢去欺负！所以世界上最可怕的不是鬼,而是人。人连鬼都不如,人比鬼还蝎虎！鬼见了像温韬这样的恶人,那得哆嗦！

温韬这次再也逃不掉了,只是不知道他下了地狱之后,十八位唐代的先皇会怎么撕扯他。大约也用不着唐皇们动手,阎王老子比人间的统治者更加无私无畏,刚正不阿。他一定会秉公执法,绝不会轻饶了这个天底下最缺德的败类。保不准温韬真的会上刀山、下火海、踩炮烙、进油锅,然后还得千刀万剐、暴尸示众！

郭威借鉴唐朝皇陵被盗伐的历史教训,想用纸衣瓦棺,简单下葬。还让柴荣立碑说明,里面没有存放金银珠宝,以免死后不得安宁,被人掘墓毁尸。不过郭威想错了,谁会相信皇帝的墓地里没有高级的殉葬品？这不是此地无银三百两,欲盖而弥彰吗？要是不想被人盗伐,就不要当皇帝嘛！不过,话还得说回来,不当皇帝也没有用。碰上那种踢寡妇门、剜绝户坟的缺德的中国人,谁的坟墓他不挖呀？连普通百姓的坟墓都有人盗伐,郭威作为皇帝,还想躲避,能躲得开吗？

不过柴荣还真是按照郭威的指示办了。可是即便这样,还是没有办法保证郭威死后的安全问题。

后来金兵攻陷北宋都城,郭威的坟墓就被挖掘毁弃了。莫说郭威,宋太祖的坟墓不也被人给掘了吗？连腰上的皮带,都让一个叫朱黑脸的家伙给撸走了！

但是郭威临终前的嘱托,并不表示他愚蠢,只是表达了他的无奈而已。这不过是死者生前最后的挣扎,但是不管怎样挣扎,最终肯定是无效的。

各族皇帝的宰相

柴荣刚刚登上大位，火急军报就传到了朝廷：契丹出兵十万，北汉出兵六万，两家联手合作，准备乘着郭威新丧，共同打造一个没有后周的新世界。

柴荣是个有血性的人，一听军报，登时火起，决定御驾亲征。

大多数朝臣赶紧说"不可"，说是太祖新丧，国家正处哀戚之中。况且新皇刚刚登基，人心还没安定，不宜轻动。万一失利，动摇国家根基。尤其宰相冯道，更是竭力劝阻。

柴荣哪里能听得下这些话语，忿忿地说："刘崇这个杂种，赶上这样的时候出兵入侵，庆幸太祖过世，欺我年少登基。这次他亲自带兵前来，就是想乘此机会亡我大周，吞并天下。是可忍，孰不可忍也？朕要是不亲征，他会以为我胆小怕他，让他小瞧了咱！"众臣不再做声，只有冯道，依然坚持反对。

柴荣看了一眼冯道，不无感慨地说："当年唐太宗平定天下，不也经常御驾亲征吗？我怎么可以偷安一时，任凭敌人猖狂呢？朕这次定要亲自征伐，不打他个落花流水，他也不知道马王爷到底长了几只眼睛！"冯道一听，接住话茬说："您真以为自己可以和唐太宗相提并论吗？"世宗听了这话，心里很不高兴，强压心中火气，转移话题说："我们现在兵强马壮，击败刘崇，简直就像拿泰山压碎一个鸡蛋！"不料冯道接着又说出下面的一套话语："陛下真的以为自己就是泰山吗？"世宗再也听不下去啦，决计亲征，不许再谏。出征之前还把冯道赶出了朝廷，让他充当"山陵使"，去给郭威守墓，"即日启程，立刻上路"。

冯道无奈，只得启程，一月以后，还在通往陵墓的路上，就呜呼哀哉了。你看人家冯道，不愧是老臣，真听圣上的话，真照圣上的指示办事呀！这不，已经上路了！"一路走好哇，冯宰相您哪！"

要说柴荣这个人，咱得客观评价。后来上天不给他时间，如果上天给他时间，只要能再多活二十年，根本不用向天再借五百年，他就会成为历史上最优秀的君主之一，德行和业绩至少不会比唐太宗差。只是天不假年,用老百姓的话说,那叫"可惜了了"!

不管怎么说,柴荣已经是皇帝了,冯道怎么敢那样跟他讲话?这位冯道先生,到底是何许人也?有什么优越于别人的地方吗?

这位冯宰相,用一句东北的俗语说,那就叫"骑自行车扛炉筒子,不是一般炮!"要说人家,那可真不是个一般人物。打从后唐时代开始走向显达,历经后唐、后晋、契丹、后汉和后周五个统治时期,给十几个皇帝当过宰相,以持重老道著称于当时社会,名气大得很。要是那时就有媒体宣传,官场上所有的达人,演艺界所有的大腕儿,都得给人家当粉丝。

冯道晚年写了一篇影响很大的文字,叫《长乐老叙》。自称"长乐老",历数自己在各个不同种族、不同姓氏的王朝里,跟各种不同年龄、不同经历、不同性格的皇帝打交道,如鱼得水一样,在深浅不一,清浊不同的各种江河湖海里面,自由无碍地遨游,什么风浪没见过?人家把各种高等官位都当遍了,把各种爵禄都占尽了,各种荣崇也都享用透了,各种封赠也都拿尽拿够了:什么尚书令、中书令、仆射、枢密使;什么太师、太傅、太尉、太保;什么东王、西王、南王、北王。光是各个朝代和各个皇帝赏赐的高档礼品,还有各个朝廷和各个皇帝的奖励证书,一卡车都装不下。光是他自己,就可以开一个皇家敕诰、御制证书、赏赐珍玩等的珍贵历史博物馆。人家家里头,奖金和勋章是大大的有哇!在整个五代时期,那可真是出尽了风头,占尽了风流!

谁见过这种阵势?谁见过这么牛的角儿?

战国时代的苏秦,够牛的了吧?也只是身背六国的相印,又都是姬周王朝分封的诸侯,并且差不多都在同一个时期里。你再瞧人家这位冯老先生,伺候了三个种族、五个王朝里八个姓氏的十一位君王。如果再加上早年在僭越的北燕国刘守光那里担任过参军的履历,那就又多出了一位主子。不管阴晴圆缺,无论汉满蒙藏,更不要说赵钱孙李,周吴郑王,冯陈楚魏,蒋沈韩杨了。就是天塌地陷,沧海桑田,人家冯道还是宰相。无论是谁当皇帝,都得请人家冯道当宰相!人那才叫真牛!人家不仅是大腕儿,而且是铁腕儿,甚至是永不褪色、永不消损的金腕儿!

冯道还在《长乐老叙》中,盛赞自己"孝于亲,忠于国",说他自己无论做儿子、做弟弟、做大臣、做父亲、做老师,甚至包括做老公,各种角色扮演得都极其出色,干啥都不软弱!做得相当好,简直没得挑,真是棒极了！除了肚脐眼儿，身上没疤痕！

可是他终究不懂一点，那就是时代要变了！上天已经厌倦了这种无休止的战乱，也不再眷顾这种万金油、饶处粘的寄生虱和攀援藤。无操节、无筋骨的软体动物的生存时代就快过去，漫长的黑夜即将走到尽头了。再这样混下去，就仨字：不灵了！

不过冯道还真是个有福之人，要是让他再活几年，赶上大宋王朝的建立，不知他的荣崇还能不能继续下去？

五代那个时期，是一个标准的"卑鄙是卑鄙者的通行证"的时期。只要你手持一张写有"卑鄙"两字的证件，你就可以在那样的时代里，一路绿灯，畅行无碍，管保没有交警阻拦你。大宋王朝建立伊始，就把这个通行证给吊销了。换了一张叫做"高尚是高尚者的指路灯"的通关文书。冯道不知道，周世宗已经准备换卡了，只是还没有来得及。这件事情，后来就由赵匡胤彻底办好了。

不过这个冯道也够奇怪的了，从前在其他王朝里做事，从来没像这回这么认真过。可能是年纪大了，愈加猖狂，倚老卖老了。再不就是他希望契丹打过来，柴荣大位不保。那样的话，他又可以在"城头变幻大王旗"的老式游戏里，重新浑水摸鱼了。大概就是出于上面的两种考虑，他才拼命劝阻世宗御驾亲征，还对世宗说了那么多近于诋毁的话语。可偏偏遇上了柴荣那么个愣头青皇帝，一意孤行，刚直不悔。对此，咱们的这位长乐老，可真是有点始料未及呀！

柴荣的刚果明断，使得冯道从前"辉煌"的时日，瞬息间，就成了遥远的回忆。

冯道死的时候，刚好七十三岁。很多人都来给他做"喜丧"，羡慕他和孔子同寿！不晓得这些以阿谀逢迎为终身嗜好的人想过没有，冯道虽然意外地与孔子活了同样的年岁，但是两人身上还有很多不意外的不同。比如理想目标，比如价值追求，比如生活态度，比如处世原则，还有整个活法等等。

北汉的由来

刘崇是个什么人物？他为什么非要赶在郭威病故这样一个时候来

攻打后周？他和契丹又是什么关系？

这得容我慢慢地跟您说。

后周的太祖郭威，原本是后汉高祖刘知远手下最重要的将领，刘知远能够当皇上，有郭威的重要勋劳。刘知远当了不到两年皇帝就死了。临死的时候，把帝位传给了自己的儿子刘承祐，还给他选定了四个顾命大臣。其中杨邠、史弘肇、王章在朝中，分别负责总理政务、宿卫皇宫和财赋，相当于国务总理、卫戍区司令和财政部长。还有一个在外面，负责征伐，就是郭威，相当于国防军总司令。刘承祐就是历史上的后汉隐帝，当时只有十八岁。

大约没有哪个皇帝，希望身边总有几位顾命大臣唠唠叨叨。整天听他们说三道四，看他们指手画脚，多心烦哪！长期受这些人的"束缚"，皇帝肯定不愿意。刘承祐也一样，他想摆脱监控和束缚，就听信身边人的劝告，开始下手，要铲除顾命大臣了。很快，京城里的三位，就是杨邠、史弘肇和王章，都被设计暗杀了。本来隐帝是想干一件私密的活儿，但是消息走漏了。郭威被逼无奈，只得举兵造反。

郭威的部队攻进了京城，隐帝在乱战中不知被谁杀死了。郭威就鼓动当时的宰相冯道，去迎请当时担任徐州刺史的刘赟即位。刘赟本不是刘知远的儿子，是刘知远的堂弟刘崇的儿子。刘知远喜欢刘赟，刘崇就把这个儿子过继给了他这个当皇帝的堂兄，所以刘赟又成了刘知远的儿子。作为刘知远的堂弟，当时刘崇是后汉的中书令、枢密使（相当于国防委员会执行主席），还兼任着太原留守。当隐帝被杀的时候，刘崇正在太原。属下臣僚们劝刘崇立即登基，然后出兵讨伐郭威。但是刘崇当时犹豫不决，说是隐帝做得过火了，郭威未必就想自己当皇帝。

正在刘崇犹豫不决的时候，他收到了一封郭威的来信。

郭威在信里，说自己不想当皇帝，自己也当不了皇帝。还说自己的出身，不足以当皇帝。郭威诚恳地对刘崇说：小时候，自己家里很穷困，为了谋生，不得已整天跟下层社会的人鬼混，还加入了一个叫做什么"纹身会"之类的黑社会组织，在脖颈子后面刺了一只鸟雀。以至于人家都叫他"鸟人"，还送了他个外号，叫"郭雀儿"。哪有脖子上刺鸟的人当皇帝的，鸟人能坐金銮殿吗？

郭威的这个小品，尽管演技很高，却没有逗乐刘崇。刘崇当时正在闹心,没心思去观看春节联欢晚会。正在刘崇将信将疑之际,潜伏在朝廷的密探送来情报,说郭威派宰相冯道亲自出面,已经把刘赟请到朝廷当上皇帝了。

刘崇高兴得不得了:你看看,我儿子被郭威请出来当皇帝了吧!我就说郭威不会篡权嘛,还劝我立即登基,马上出兵。这不成心想让我们父子反目吗?娘的!哪个脑袋让驴踢了的蠢货给我出的主意!一气一急,就把劝他登基的太原府尹李骧给杀了。

可是没过几天,郭威就把刘赟废为"湘阴公",自己当了皇帝。

早在隐帝时期,刘崇看到朝政日乱,害怕隐帝对自己下手。于是就在暗地里召集亡命之徒,屯粮畜马,准备自保。这下又让郭威玩了——郭威就像赵本山忽悠范伟一样,差点把刘崇忽悠瘸喽,耍得刘崇恼羞成怒。到了这个时候,已经没有别的退路,只能撕破脸皮,冒着杀身灭族的危险,侥幸一逞了。

他要当皇帝了,他想另立中央。虽然条件还不成熟,但是刘崇发挥了有条件要当皇帝,没有条件创造条件也要当皇帝的革命精神,正式登基称帝。刘崇义愤而又庄严地向全世界宣告:后汉的三个皇帝,分别是我的哥哥、侄子和儿子。而他郭威,跟这些人什么关系都没有,连孙子也不是!只有我,才是后汉政权的唯一合法继承人。郭威是僭越,郭威的后周是不合法的伪政权!

刘崇也给自己改了个上面带扁日的名字,叫刘旻,还为李骧立碑,以纪念这位"忠臣"。

刘崇虽然也当了皇帝,自称汉帝,可历史上却都管他的小朝廷叫北汉。因为原本属于后汉的疆土,绝大部分都在人家后周太祖郭威的手中掌控着。刘崇仅有以太原为中心的山西省的一部分,没有办法跟郭威抗衡。于是就依附契丹,希望借助契丹的力量,打败郭威,夺回"他们刘家的"江山。当他听到郭威死了的时候,有一个词抑制不住地从他心里窜跳出来:高兴!

风云变幻的高平之战

刘崇以为机会来了,于是就请求契丹出兵援助,打算乘着后周内部混乱,就此灭掉后周,自己好能当上一个领地再大一点儿的后汉皇帝。

据说这次契丹原来准备出兵六万,诈称十万,其实只来了一万多骑兵。而刘崇也谎称倾国出动六七万人,实际只来了三万。由于契丹和北汉联军来势凶猛,后周边城将士阻挡不住,向南撤退,固守潞州,也就是今天山西的长治。刘崇和统领契丹援兵的将军杨衮一路追赶,来到潞州城下。

两天没有攻下潞州,刘崇心里着急,不想在潞州纠缠过久,想要加快进度,于是就绕过潞州城,继续向南挺进,迅速来到泽州附近。泽州就是今天山西的晋城,再向南,就进入河南地界,那里是后周政权的统治中心所在地。

在泽州东北约六七十里的高平县附近,双方军队遭遇了。其实这次周世宗也只带了两三万人马。

战斗刚刚开始,后周的右军统帅樊爱能和何徽,率先带领骑兵,撒腿就跑了,剩下的一千多步兵当场投降了刘崇。

一处军败之后,全军士气瞬间随之低迷。

情势万分危急,周世宗亲自统兵向前冲锋。当时南风大作,尘土飞扬,亲兵将领赵匡胤大呼一声:"姥姥的!圣上危险如此,都还愣着干什么?赶紧奋力杀贼呀!考验我们的时候到了,不怕死的跟我来!弟兄们,冲啊!"赵匡胤率领两千部下,奋身冲入敌阵。赵匡胤的喊声,在漫漫的沙尘中扩散。周兵士气大振,无不以一当百。后周大将张永德也跟赵匡胤配合作战,北汉正面军队被打得纷纷向后撤退。赵匡胤左臂挨了一箭,鲜血淋漓,全然不顾,继续冲杀。后周左军统帅李重进和白重赞,跟着奋力出击,加上南风帮忙,北汉兵大败,右军统帅骁将张元徽被杀。杨衮见势头不对,带领契丹兵转身逃跑了。

刘崇这次下了这么大的赌注,结果却输了个倾家荡产!翻山越岭,侥幸逃得一条性命。回到太原时,清点人数,身边就只剩下十几个人了。

一场恶战终于结束,世宗赏功罚罪,斩樊爱能、何徽等临阵脱逃将领七十余员,提升赵匡胤为殿前都虞侯。世宗英武,举国传扬。只可惜冯道死了,没能看到周世宗以山压卵的结局。

高平之战,给周世宗的心里带来了极大的触动,他原本不知道,后周的军队,竟是如此的庸劣无能。回到汴京以后,世宗决定整顿军队,委托殿前都虞侯赵匡胤负责筹办,淘汰冗兵,补充精壮之士。

在周世宗的亲自指导和赵匡胤的具体领导下,很快,一支像南京路上好八连一样的崭新部队,在后周建立起来。这支部队的成员,无论骑兵还是步兵,都是精挑细选出来的,真是人人勇敢,个个坚强。这支新军的名字,叫做殿前诸班。据说这是整个五代时期,战斗力最强的威武之师!从此以后,世宗带领这支由赵匡胤为他精心组建的部队,南征北战,东挡西杀,攻城守御,所向披靡。而北汉的主子刘崇,因为伤悔过度,惊悸之余,年底就死掉了。他的次子刘承钧嗣位,为了苟延残喘,只得对契丹称"男"。还羞羞答答的,契丹可不像他那么腼腆,直接就管他叫"儿皇帝"了。

一封意义深远的上疏

世宗决计统一天下,让大臣们上书献计。众人因为久在战乱中挣扎,又不断地在政权的快速轮替中旋转,就像还在游乐场里的过山车上一样,早被转得头晕目眩,一时间哪里有好的策略奉献呢?只有一个人的上书,让周世宗兴奋不已,这个人就是比部郎中王朴。

世宗躺在床上,反复翻看王朴的奏章,一时激动,不自觉地诵念起来:"中国之所以失掉大好河山,是因为统治者失道造成的。现在要想收复失地,重整河山,首先必须认清政治上的失道。这样才能正本清源,把政治统治的根本方向拉回到正确的轨道上来,这是最关紧要的事情。长期以来,君主暗昧无知,大臣包藏祸心,骄兵悍将自行其是,人民生活水深火热。小人们在朝廷里结党营私,节度使却在外面骄横跋扈。统治者只看到眼前利益,没有长远的眼光和大计。社会积冤成山,汇恶成海,大家习以为常,不思改变。整个国家、民族已经到了积重难返的程度,生死已到最后关头!"王朴在奏章中继续写道:"如果真想收复失地,重整河山,一定要走出一条与从前不同的崭新道路。"

世宗激动不已地看着:"首先一条,就是提拔道德品质优秀的人,把那些只知阿谀逢迎,只知苟且偷安的人换掉;这样才能真正收拢天下的人才。要不然,人家眼见国家政权掌握在这样的一些人手里,社会风气如此败坏,真正的人才,谁还会出来跟你蹚这池浑水?第二条,是要广布恩德,以诚信待人。这样才能真正得人心。得人心,才能得天下。第三一条,叫做赏功罚罪。有功要赏,有罪得罚,这样人家才能真正给国家效力。有功不赏,大家就会灰心丧气;有罪不罚,上下就会苟且偷安,跟着混日子。第四一条,要带头远离奢侈,提倡简朴的生活。这样才能避免没有意义的浪费,用有限的人、财、物力,支持国家统一的伟大战争。第五一条,要减省赋税,减轻人民负担,让老百姓过上幸福的生活。百姓富足了,国家也就富足了。为什么非要把财富都弄到国库里,才以为是国家富强了呢?"

王朴又继续写道:"只有把财富分散地保存在天下所有人的手里,才更安全些。天下和政权也是一样,只有把天下还给天下人,天下才不会有真正丢掉的那一天!"

王朴的这番话,世宗看得如堕五里雾中。长期沉浸在家天下观念中的周世宗,哪能通晓这样深刻的道理?一时间,不免丈二和尚,有些摸不着头脑了。

王朴在奏章的最后,显然使用了激动人心的话语:"如果能够这样,朝廷就会群贤毕集,政事就会通达畅顺,国家就会财用丰足,人民就会真心依附。然后举兵征伐无道,一定会战无不胜,攻无不取。破碎的山河,才有希望得以收拾;散乱的社会,才能得以重新治理。民心既归于我,天命也就跟着会来眷顾了!"

轰轰烈烈的毁佛运动

世宗读罢,有如醍醐灌顶,脑子被洗得清明澄澈了许多。

世宗兴奋得几乎一夜未眠,下决心接受王朴的建议。世宗准备逐条采纳实施,寄望国家与民族真正的复兴大业,成就在自己的手上。这样,自己就会名垂青史,传诵后代。就算不能,至少也不会辜负手中握有的至高无上的权力。

世宗立即着手国家重新统一的事业,显德二年(955)五月,首先遣将攻蜀。

由于战争中军费开支紧张,世宗一时间想出了增加国用财富的临时性办法,采取了果断但也稍显武断的整顿佛教的措施——拆减寺院,淘汰僧尼。辖境之内的寺院被毁掉了 30336 座,只剩下 2694 座。只留了 42444 个和尚,还有 18756 个尼姑,其余全都强迫还俗。这场突如其来的整顿佛教的社会运动,致使成百万的僧尼,一时间感到生活没了着落,社会怨愤情绪陡然日增。

世宗还下令收缴民间铜质佛像,一并销毁,铸钱以充军资。

世宗的本意,是不想使寺院成为国中之国。因为寺院越多,占地越多,国家的可耕地面积就越少。同时很多青壮年出家,致使国家的劳动力和兵源也大幅缩减。铜质佛像造多了,造钱和造兵器就缺少原料。而且,还有很多罪犯、叛乱分子、敌国奸细,以及一些地痞流氓、逃婚的、逃债的、逃避劳动的,还有社会各种闲杂人等,也都因为各自不同的种种原因,混杂在出家人中。满地秃头,谁是真僧?真假难辨,情况非常复杂。

世宗想要快刀斩乱麻,一声令下,全国各地同时行动起来。可能有些地方官员,采用的手段也太过火,激起了佛教界的广泛不满和愤怒。佛教徒们纷纷在各地扬言,说这是佛教的法难来了。后世也把周世宗这次的行政行动,和历史上的北魏太武帝拓跋焘(在位时间是 424—451)、北周武帝宇文邕(在位时间是 561—578),还有唐朝武宗皇帝李炎(在位时间是 841—846)等的三次毁佛运动相提并论,称为佛教的"三武一宗之难"。叫这样的名字,是因为前三位皇帝的庙号中都带"武"字,而后周的柴荣皇帝(在位时间是 954—959)的庙号里,则含有一个"宗"字。

其实周世宗这次的举动,按照他自己的想法,应该不是毁佛,而只是整顿佛教。因为当时的佛教系统太混乱了,也严重地影响了国家的经济建设和军事征伐。所以他才下了那么大的决心。

早在世宗准备策动这场运动的时候,朝臣中就有人想要劝阻他,对他讲了毁佛不好,会给自己带来厄运之类的话语。世宗却回答说:"佛陀本来就是用行善来救度众生的,如果致力于行善,那就是尊奉佛陀了。我这样做,完全出于拯救天下苍生于水深火热之中的考虑,并不出于怨憎佛教。佛徒们不是经常说嘛,只要行善就是对佛祖的最大尊重。供奉佛像,那算什么礼佛?再说了,铜像是佛吗?佛教徒们说,为了礼佛,连眼睛和脑袋都可以捐献出来。那好了,如果我因此遭到报应,就算是我把身体捐献给了佛陀,捐献给了救度苦难苍生的事业了,有什么值得可惜的呢!"

可惜世宗这样一篇豪言壮语,并没有得到佛教徒们的谅解。我想主要不是双方对佛陀和佛教理解上的分歧问题,而是世宗皇帝发动的这场政治运动,砸了很多人的饭碗。世宗在此后五年,因突发急症过世了。于是,佛教徒们就借此四处传扬,说是他毁佛遭到报应了,用这样的话语,来发泄他们对周世宗的怨恨和不满情绪。

难啃的寿州城

由于军资和经费的供应比较及时,到了这一年的九月份,后周的军队就顺利地占领了后蜀在陕西的秦、成、阶、凤四个州,把僭越的后蜀政权牢牢地圈在"蜀笼"之中。紧接着,世宗就把目光转向了东南。十一月,派遣李谷统领十二员将领,大举征伐南唐。

李谷等进军速度很快,不久就包围了南唐在淮北的重镇寿州。

寿州本来就易守难攻,要不然,三国时期的袁术怎么会选择在这样一个地方僭越称帝呢?加上南唐的寿州守将、清淮军节度使刘仁瞻有胆有识,忠心报主。所以,尽管周兵把寿州围得里三层外三层,还动用十余万民夫,日夜打造云梯,发起了一次更比一次猛烈的进攻。可是上去一拨儿,被打下来一拨儿;再上去一拨,又被打下来一拨儿。李谷等无计可施,急忙将战报发回汴京。周世宗一见,非常生气,决定御驾亲征南唐。

显德三年(956)正月,周世宗率兵出征,赵匡胤作为殿前都虞侯,紧紧跟在周世宗的身边。赵匡胤的父亲赵弘殷,也以马军副都指挥使的身份,带兵随驾征讨。

周主动用了全国最主要的力量前来攻打南唐,他就不怕北汉和后蜀在他的背后放烟点火,偷袭他的后方,甚至攻打他的老巢汴京,也就是河南开封吗?

咱们这份担心是多余的。

为什么?周世宗早已谋划好了。高平一战,北汉大亏,差点血本无归。短期内不会再有勇气,也没有力量再来招惹是非。后蜀呢?更不用担心,不是首先就把它在陕西的四个州都拿下了吗?它要想出陕西攻打河南,得首先过剑门关。对后蜀来说,这简直比登天还难!李白不是说了吗:"蜀道难,难于上青天。"别说这位后蜀的废物后主孟昶,就是大名鼎鼎的诸葛丞相,当年六出祁山,也都没有收到任何成效。后蜀自从丢掉陕西四州,就已经成了瓮中之鳖,而且连肝胆都被吓破了,再无张牙舞爪之势,只有等待到时候被擒的份儿了。所以,周世宗根本没有后顾之忧!

谁为世宗做了如此缜密的谋划?王朴。王朴在后周出兵攻伐南唐的战斗打响不久,就以谏议大夫和权知开封府事的身份,被世宗再度提升为左散骑常侍,充端明殿学士,并继续担任开封府尹。

世宗带领后周最精锐的部队,一路向寿州进发。

南唐见寿州危急,急忙派遣侍卫诸军都指挥使刘彦贞,率领十万大军前来救援。南唐援军水陆并进,很快到达寿州附近。李谷为躲避锋芒,暂时解除对寿州的围困,率兵向北退守正阳。周世宗在路上闻报,即命大将军李重进、韩令坤和赵弘殷火速赶到正阳,迎击陆上援军。刘彦贞看到周兵后退,以为周兵恐惧,立即要去追赶。刘仁瞻怕中了周军的埋伏,极力劝阻,刘彦贞不听,率兵急速追击。刚到正阳,就碰上了李重进等的大军,双方展开激战。李谷乘势出伏兵反击,斩杀南唐援军一万余人,援军中的很多将领都被当场杀死,刘彦贞也在一箭之下命丧九泉。这个刘彦贞,在南唐射箭的本领还算可以,人送外号"刘一箭"。这下正好被一箭射死,这个外号,总算没白起。

击垮了援军,周军乘势再度包围了寿州城。

周世宗坐在可以随意抬放的胡床上,亲冒矢石,近距离指挥战斗。周兵振奋,猛攻寿州。刘仁瞻找来几个箭法精准的将校,专门朝世宗发射。尽管这些高手们用尽了力气,箭镞到了周世宗的床前数尺远的距离,就都自然地落在了地上。周世宗不断地命令向靠近城墙的地方抬床,刘仁瞻也不断地命令神箭手们瞄准发射,自己还一箭接一箭的,不断向周世宗射来射去。真是奇了怪了,那些箭镞还是一到距离周世宗数尺远的地方,就轻飘飘地落在了地上,好像就连这些箭镞都害怕周世宗一样。刘仁瞻气恼地将自己的宝雕弓摔在了地上,无奈地说:"难道上天真的不再保佑南唐了吗?要是这样,我就只有一死而已了。"周世宗无所畏惧,还在向前移床,同时命令士兵向城上的刘仁瞻喊话:"周天子深知你的忠义,但是百姓是无辜的。你这样坚持下去,全城的百姓都会跟着遭殃。赶紧决断,速速出城受降,这才是唯一正确的出路!"刘仁瞻不予理睬，继续坚守防御，周军损失越来越重。世宗看看天已经快黑了，下令停止攻城。

回到军营，世宗一夜未眠，既感叹刘仁瞻忠勇难得，又明显地意识到寿州城一时间是难以攻下的。于是改变主意，决定绕过寿州，去攻打南唐在淮北的其他城镇。

智取滁州

战斗进行得越来越残酷，南唐中主李璟被形势所逼，提出也要御驾亲征。中书舍人乔匡舜说是周兵太强，我们根本不是对手。主上如果出战，万一有个三长两短怎么办？李璟很生气，倒不是因为乔匡舜反对亲征，而是因为这个家伙竟敢在众臣面前说自己不如人，太不给自己面子了。一气之下，李璟贬了乔匡舜的官职。其实他确实不敢上前线和周军对垒，说是御驾亲征，也不过是装装样子，给朝臣们看看而已。乔匡舜的劝谏，还是给了他台阶，他就着乔匡舜把他心情搅乱这个由头，借坡下驴，再不提亲自出征这回事了。

世宗为了分散南唐的注意力，又派遣一员大将去攻打南唐的鄂州，就是武汉。目的是使南唐军队无法集中到淮北来共同作战。与此同时，周军在淮北战场上迅速推进，殿前都虞侯赵匡胤首先在涡口镇大败南唐军队，斩其都监何廷锡，夺得战船五十余艘，首战击败南唐水路援军。后周的将领司超也在盛唐（今安徽六安）击败南唐部队，生擒了南唐的另外一个都监高弼。

占领涡口之后，赵匡胤奉命分兵攻打滁州。

赵匡胤率军来到滁州北面的要塞清流关，刚出山口，就遭到南唐大将军皇甫晖的伏击，皇甫晖和副将姚凤早已在这里等候多时了。

皇甫晖是北方逃到南方的战将，为人老道，作战经验丰富，他绝不会像刘彦贞那样轻率浮躁。打了胜仗之后，皇甫晖既不追击，也不恋战，一路退回到滁州去了。到了滁州才知道，滁州的守令王绍颜早就被周兵吓破了肝胆，两天前就弃城逃跑了。

皇甫晖以为敌兵刚被击败，不敢再来，就下令军士休息。可就在这时，赵匡胤突然率兵斩关夺门，冲进了滁州城。皇甫晖急忙穿上铠甲，呼唤兵将。因为一时慌乱，将领都不知了去向。皇甫晖赶紧披挂上马，带领数十个亲兵冲出了小巷。迎面刚好碰上赵匡胤，赵匡胤大喝一声："我只要生擒皇甫晖，你等不要白白送命！"还没等皇甫晖的亲兵们反应过来，赵匡胤快马先到，手起剑落，正砍在皇甫晖的脑门上。尽管隔着头盔，皇甫晖还是被砍得鲜血崩流，摔下马来。亲兵一见，立即跪地求饶，束手就擒。赵匡胤的兵将越战越勇，很快占领了滁州城，皇甫晖的副将姚凤也被生擒了。

这一战，赵匡胤仅以三四千兵力，打败了南唐三万多大军。当皇甫晖被押解到周世宗的面前时，伤势已经很重。他只说了佩服赵匡胤的勇敢，说自己曾经跟号称天下无敌的契丹兵将大战过无数次，"却没见过像您的赵匡胤将军这样英勇无敌的战将"。皇甫晖感叹上天有意保佑后周。世宗皇帝听得心里高兴，就让人把皇甫晖抬下去养伤。可惜，太祖当时那一剑虽然只是砸的，并没有用剑刃直接砍到血肉，但是由于用力过猛，皇甫晖剑伤过重，两天之后就死掉了。

赵匡胤不是被打败，而且撤退了吗？怎么又突然出现在滁州城里了？

赵匡胤在清流关首战失利，损失了好几百个弟兄，只得暂时退却。这次他手上只带了三四千人马，经不起正面消耗。

但是赵匡胤用兵，一向神出鬼没。这次虽然先败了一阵，心里却已经想好了取胜的办法："我军既败，敌军肯定不会想到我们马上就会再来。正好现在天色已黑，我就悄悄地跟在他的身后。他进入滁州，会稍事休息。我就乘此时机出其不意，突然发起攻击，在城里跟他巷战。这样的话，他的大军就发挥不出优势了。"赵匡胤就是按照这个计策行事，一战得手，攻取了滁州。

滁州既被攻破，一时间江南震慑，淮北很多城镇的南唐守令，未及交战，就都闻风归降了。

忠勇不二

南唐中主李璟听说滁州陷落了，赶紧派使臣来见世宗，说是愿意尊称后周为兄皇帝，自己只叫弟皇帝。还答应每年给后周供奉黄金、白银和各种土特产品,希望就此罢兵讲和。李璟的要求,遭到世宗的当场拒绝。李璟一看不行,再派重臣前来,不敢再以弟皇帝相称,干脆以称臣为条件,并且答应增加每年供奉,还顺便带来了两千两黄金、五千两白银和一千匹绫罗绸缎,再加上一些土特产品等见面礼,合计价值恐怕得超过一个亿人民币。还外加五百头牛,两千担酒,说是为了犒劳周师。

人家来打他,他还得犒劳人家?那当然。谁让你打不过人家了,要不然人家接着打。人家大老远来打你,多辛苦呀,容易吗!

周世宗虽然收留了南唐的全部贡品,还是没有答应南唐罢兵休战的请求。紧接着,后周又攻克了南唐在淮北的几座城镇,天长和泰州等,也都相继落在了周世宗的手上。

李璟无奈,派使节赶赴契丹辽国,请求出兵援助,同样答应了很多条件。可是赶赴契丹的南唐使者,中途被后周拿获了。周主因此又给南唐增加了一条试图勾结外族、侵凌华夏的罪名。这时候的李璟,完全已经晕了。又赶紧派宰相孙晟前来讲和,进一步降低条件,说只要允许他继续占有江南,不叫皇帝也行,完全听后周的调度,每年按期把经济收入的相当部分当做赋税交给后周。这次他们又带来了一千两黄金、十万两白银,还有两千匹绸缎。周世宗依然不答应,继续指挥军队攻打南唐。几天之后,光州、舒州(今安徽潜山)、蕲州,还有和州(安徽和县)也都落到了后周手里。

周世宗还把孙晟带到了寿州城下,让他劝说守将刘仁瞻献城投降。孙晟来到了寿州城下,向城上喊道:"坚持住,不要半途而废,失掉臣子大节,援军马上就要来了!"周世宗非常气愤,命人捆绑孙晟来见。世宗质问他:为什么要这样做?孙晟回答说:"现在虽然冯延巳是南唐的掌权宰相,但我是司空,也算个挂名的宰相。哪有宰相劝说将领背叛主子,投降敌国的?"周世宗听到这里,感慨了一番,下令解开了孙晟的绑绳。

周世宗看到寿州一时难以攻下,命令李谷等继续围困,自己就先带兵回汴京了。回到汴京以后,周世宗论功行赏,赵匡胤晋级为殿前副都指挥使。

由于寿州没有攻破,它就像一颗钉子一样,钉在后周新得的几个南唐州县的背后。所以,当世宗回到汴京以后,南唐乘机又收复了淮北的几个州县。世宗觉得这个事情必须有个了断,不能就这样无限期地拖延下去。公元957年的二月,也就是后周显德四年二月,世宗再度起驾,率大军亲征南唐,很快,他又来到了久攻不克的寿州城下。

因为围困太久,寿州城内缺粮缺物,把活人杀掉煮烂当饭菜充饥的事情,已经很普遍。士兵将校们,私自逃跑叛变的事情也时有发生。可是就在这样极度艰苦的条件下,南唐守将刘仁瞻依旧坚守不降。

一天夜里,刘仁瞻的小儿子刘崇谏偷偷越城逃跑,准备向后周投降。一不小心,被守城的小校抓到了,押送到了刘仁瞻的面前。刘仁瞻二话没说,立即命令:拖出去斩首!手下将校都不敢上前劝谏,监军使周廷构实在忍不住,流着眼泪上前苦谏。可是不管他怎么说,刘仁瞻就是不许。周廷构赶紧去找刘仁瞻的夫人薛氏,薛夫人来到刘仁瞻的面前,严肃认真地对刘仁瞻说:"崇谏是我亲生的骨肉,你说我能忍心让你在我的眼皮子底下杀了他吗?但是你不能因私情而废军法,大丈夫更不能因为怜悯自己的儿子而毁伤名节。如果这次你饶恕了他,那么刘氏一家就是不忠之门,我们还有什么脸面面对军中将士!"刘崇谏就这样被腰斩于市曹。守卫寿州的南唐将士,很多人都被感动得痛哭流涕。

又是一个月过去了,尽管后周军队不断发起攻势,但是终于不能得手。正在周世宗愁眉不展之际,寿州城门自动打开了。守城监军使周廷构奉命把献城投降的文书,亲自递送到了周世宗的手上。世宗深感诧异,询问事情原委。原来刘仁瞻已重病昏迷,连谁是谁都认不清楚了。就在这样的情况下,副守孙羽就假称受了刘仁瞻的命令,写好了这份投降书,委派周廷构送到了世宗的手上。孙羽和周廷构不能像刘仁瞻那样,苦苦地撑持下去。要是那样的话,城里的人很快就会被吃光。

世宗命令把刘仁瞻抬到大帐前,不断欷歔感叹,盛赞刘仁瞻忠勇。还赐给刘仁瞻玉带、锦袍,甚至连自己的坐骑都送给了刘仁瞻。世宗随即下令,赶紧把刘仁瞻抬回城中养病,请名医治疗。世宗还下了一道特别的诏令,称赞刘仁瞻:

"尽忠所事,抗节无亏,前代名臣,几人可比!予之南伐,得尔为多。"

这话的意思很明白,就是说像刘仁瞻这样忠于职守,大义凛然,坚守臣节的,从古到今能有几位!我这几次亲征南唐,虽然得到了很多土地和人口,但都不如得到一个刘仁瞻。能够得到刘仁瞻,是我南征以来最大的收获!

第二章　黎明之前

周世宗授予刘仁瞻检校太尉兼中书令，天平军节度使。刘仁瞻一直没有清醒过来，几天之后就病死了。

据说刘仁瞻死的时候，重云骤聚，天空一片昏黑，牛毛般的细雨，像浓雾一样笼罩了整个寿州城。刘仁瞻手下的数十名将校，在听到他的死讯时，纷纷自刎，为他殉葬。

周世宗遣使吊唁，追赠刘仁瞻为彭城王。授予他的另一个与他一起守城的儿子刘崇讃为怀州刺史，赐大宅子一座。世宗为了表彰刘仁瞻的忠勇，还把刘仁瞻生前统领的清淮军，改名为忠正军。

南唐李璟听到刘仁瞻的死讯，也追赠他为南唐国太师、中书令，赐谥号为"忠肃"，加封卫王。后来南唐后主李煜接位以后，再封刘仁瞻为越王。

宋太祖得天下以后，又找到了刘仁瞻的另一个儿子刘崇谅。为嘉奖忠臣后裔，特命他做了都官郎中。宋太祖还为刘仁瞻造塑像，放在武成王庙里，配享姜太公。又单独为刘仁瞻立祠，御赐祠名，叫做"忠显祠"。一直到一百六十多年后的北宋徽宗时代，刘仁瞻的后代一直都在享受大宋王朝特殊的优待。

忠臣孝子为人敬仰，乃至于此！

这次征讨南唐，赵匡胤再立战功，率精兵两千，攻占了六合（今江苏六合县）。

当时寿州危急，南唐国皇帝李璟，赶紧派同胞弟弟齐王李景达亲自统领两万大军，前往增援。增援部队须从六合经过，遭遇赵匡胤奋勇阻击。赵匡胤以两千兵力，再次战胜十倍于自己的敌人，保住了六合。

考虑到南唐增援部队数量众多，周世宗派遣赵弘殷前往六合增援，由于连日下雨，路滑难行，来迟了一些。等到赵弘殷来到六合城外的时候，敌兵已经被击溃，天也已经黑了。赵弘殷让手下将官到近前叫门，告诉赵匡胤，就说是他爹来了！但是赵匡胤为了严守军队守城夜里不能放人进入的军纪，没有给自己的老子开门。赵弘殷只得带着自己的部队，在城外凑合了后半夜。这就是上一章里我们已经说到过的那个历史性场景。

村学究

回到东京汴梁之后,赵匡胤因功再升为殿前都指挥使,领义成军节度使,还加了个检校太保的头衔。赵匡胤上表为赵普请功,赵普也因此当上了节度推官。不久,赵匡胤从忠武军节度使改归德军节度使,镇守宋州,上表奏请,让赵普掌管赵匡胤军中的文书之类的事情,官名叫书记。后来称赵普为赵书记,来历就在这里。但是这个"书记",可不是我们今天的书记,那就是个秘书;我们现在的书记,人家可都是长官。这些书记长官还另外配有秘书,书写文件之类的活儿计,大多数都是秘书的事情,不是书记的本分。

赵普是何许人也?怎么忽然出现在了赵匡胤的军中,而且还跟着升了个小官?

赵普,字则平,比宋太祖赵匡胤大六岁。赵普的祖籍,本在幽州蓟县。晚唐以后,为躲避战乱,举家搬迁,先到河北常山,后来到河南洛阳附近一个农庄里。大约从小在洛阳附近长大,年轻时粗识几个字,就当了私塾老师,教孩子们认字。就这么着,得了个"村学究"的光荣称号。那时农村人文化水平低,对付着也能教,不算糊弄人。赵普其人,虽然书读得不多,但却富有智谋,而且目光也非常敏锐。乍一开始,在一个叫刘词的节度使手下当幕府。刘词察觉赵普精通吏治,是个有用的人才,临死的时候,就把赵普推荐给了后周朝廷。经过宰相范质的考核,觉得确实可用,就让他暂时担任了渭州军事判官。赵匡胤攻取滁州之后,他被派来军中帮助谋划,就这样来到赵匡胤身边,后来当上了节度使的掌书记(秘书)。

赵匡胤在六合击退南唐齐王李景达的两万大军,赵弘殷却在城外苦熬了一夜。本来年纪就大,而且身上还带着病,加上一夜折腾,第二天进城时,病情又加重了。赵普悉心照顾,不烦不厌,一路陪护赵弘殷,直到赵弘殷过世,从没有过一丝一毫的懈怠。这件事情,使赵匡胤一家感动不已,赵普也因此与赵家结下了深厚的情谊。无论是赵匡胤,还是他的母亲杜氏和弟弟赵匡义,都不再把赵普当成一般朋友看待,而是把他当成了自家人。

第二章 黎明之前

就在回到东京的路上，赵匡胤的手下抓获了一百余名盗寇，按法应当全部处斩，赵普感觉其中有受冤枉的，于是建议赵匡胤亲自审理。经过审理，确实有六七十位不是盗贼，赵匡胤就把他们释放了。就因为这件事，赵匡胤才保举他做了自己的节度推官。

显德四年十一月，周世宗第三次亲征南唐，一直打到次年三月。赵匡胤攻占南唐楚州，生擒节度使陈承昭。然后又继续进军，占领迎銮口，一直打到长江北岸的瓜州。赵匡胤还指挥士兵，面对江南，高唱"战地新歌"："巍巍大周就是牛，气死南唐小猕猴；巍巍大周亮堂堂，小小南唐暗无光……"

周世宗三次亲征南唐，赵匡胤的名字都快把李璟的耳朵磨出茧子了。"此人将来必是南唐大患！"为了除去这块心头之病，李璟暗地派人送给赵匡胤三千两白金，还附上了一封要保持联系的密信。同时另外派人到后周军中散布谣言，说是赵匡胤暗通南唐，想要借助周世宗之手，杀死赵匡胤。

赵匡胤心明眼亮，识破南唐奸计，连信封都没拆，就把使者、白金和密信一同押送到了世宗面前。李璟的计谋落空了。

后周军队英勇拼杀，除了湖北武汉附近的四个州以外，南唐在长江以北的全部州县，都已落入周世宗的掌中。

龟头里的国君

周世宗面对长江，耀武阅兵，吓得李璟日夜不宁，赶紧再派枢密使亲自出使，贡献金银、特产，并且上表称臣，永远甘当附属。周世宗回书，用了如下的称谓："皇帝致书敬问江南国主。"

这个称谓的意思非常明显，天无二日，土无二王。天下只有一个皇帝，不要再怀任何侥幸的心理！李璟赶紧再度回书，强调取消帝号、国号、年号，奉后周的正朔为正朔，就是按照人家的纪年方法纪年，人家叫初一，咱就不能再叫十五，人家叫显德五年，咱也得跟着人家叫显德五年。同时，李璟又把江北的所有州县，包括还没有被后周攻陷的那四个州，全部拱手奉献给后周。李璟心怀着一个小算盘，在割让领土，取消皇号、年号，俯首称臣的同时，还夹进了两条不情之请。一是要把南唐的主宰权让给太子李弘冀,说自己年老昏聩,不能治理国家了。二是希望留下海陵(泰州管辖下的一个县城,地址就在今天江苏省的泰州市。海陵东距大海二百二十里,以出产食盐闻名于世,当时年产量超过六十万石,号称全国第一,是真正的盐城)这个盐城,要不然江南人就没有盐吃了。

世宗回书,允许奉后周的正朔,同意罢兵。但却不许传位太子,也不让保留海陵盐城。每年后周会赏赐三十万石食盐,供给南唐官民食用。

后周得到了南唐在长江以北的十四个州,共六十个县。征讨南唐的事情,就这样暂时告一段落了。

周世宗眼见一次性不能把南唐彻底平掉,时机还不成熟,南唐还能撑持一段时间。同时,后周的军队也需要暂时休整一下,他的下一个目标是攻打契丹,顺势攻灭北汉。因为得了南唐江北以后,后周已不再像从前一样,而是地广物丰,实力更加雄厚了。再加上前此攻占陕西四州,后蜀就如同被锁在笼子里的鸡鸭,只有等着主人需要时前来宰杀的份儿,像缩头乌龟一样,再也没有出头的勇气和力量了。

显德五年四月,世宗回到汴京。

南唐皇帝李璟呢?只能按照人家周世宗的命令,就在当年的五月间,去掉了自己的帝号、国号和年号,把国家的名字改成了"江南国",自己只能叫"江南国主",不敢再叫南唐皇帝了。就连自己的名字,也不能再叫李璟,改叫李景了。因为原来的那个"璟"字,犯了人家后周祖先的忌讳。周太祖郭威的高祖父叫郭璟。不能在自己的名字里,使用跟人家,还有人家的父亲、祖父、曾祖、高祖的名字里,已经使用过的相同字眼儿。别说名字,就是姓犯了忌讳,都得改掉。

李景从前就喜欢高雅的享受,治国安民不足,而颓废懈怠有余。这次被后周打成这样,取消了国号、年号,自己感觉特没面子,就想把主宰地位传给太子,让太子去向后周称臣,自己少受些屈辱。但是人家周世宗不同意,所以就只能自己挺着。真是活受罪呀!从那以后,李景更加懈怠,只能用享乐和玩耍的方式,来表达内心的苦闷。看似很潇洒,实际上只是聊以自慰。李景命人建造了一个小小的殿堂,形状看上去就像乌龟的脑袋,所以称作"龟头"殿。李景经常躲在这个小小的殿堂里,尽情玩乐,自作逍遥之态。臣下们后来探知他的所在,不知道他为什么总是躲在那里。于是,"大家何在龟头里?"就慢慢成了江南国臣僚口头禅一般的惯常话语。"大家"就是指皇帝,皇帝在五代和宋朝时期,还被称作"官家"。

南唐大臣们的话语的意思就是说:皇帝为什么总在龟头里呆着呢?

李景在龟头殿里做皇帝,真正成了一只缩头乌龟!

李景经常与文武大臣们夜饮,通宵达旦,不醉不归。他还经常请来当时著名的画家,描绘当时的场景。就好像现在的人们游玩时,当场照相一样。国主既然如此,大臣们也如法炮制。现存的南唐顾闳中的名画《韩熙载夜饮图》,就是如实描绘江南国大臣韩熙载深夜与人饮宴的场景。笙歌曼舞,吟诗作赋,玩的就是高雅!

可是高雅归高雅,国家怎么办?南唐后主,啊对,现在改叫江南国后主了,就是李煜吧,后来在家国既灭了以后,才想起感叹"四十年来家国,三千里地山河",才晓得"无限江山,别时容易见时难"。我说亲爱的兄弟,你们这些父子爷们早干什么去了?

世宗既不允许李景传位太子,那么他的太子,就是那位自以为"开口张弓向左边"的谶语会应验到自己身上的李弘冀,却在没有办法等到继承南唐宝位的 959 年 11 月,也就是周世宗显德六年十一月,一病呜呼了。

显德五年底,淮南闹起了饥荒,周世宗赶紧下令,拿出国库里的储备军粮赈济贫民。有人出来劝阻,说害怕将来百姓偿还不起。周世宗大声吼道:"老百姓都是我的子民,哪有儿子被倒挂在树上,当爹的不去解救的!"淮南一方民众,因为得到了朝廷及时的救助,很快摆脱了困境。

"点检做天子"

显德六年,周世宗把下一个征讨的目标指向了契丹。就在周世宗攻打南唐的时候,契丹兵曾经小规模地前来骚扰,周世宗感到契丹终究是北面的大患。同时,死敌北汉,也只是仰仗契丹,一旦契丹北遁,北汉就将不攻自灭。

从年初开始,后周就已经发起了对契丹的攻势。为了确保战争顺畅进行,世宗命令马军副都指挥使韩通,疏通并改阔了一条从沧州出发,可以直接进入契丹境内的水路。三月底之前,工程竣工了。不过就在这个月里,枢密使王朴病死了。周世宗伤心不已,亲自参加追悼会,悲痛地拿小玉斧子直往地上乱戳,痛哭失声,几乎无法自已:"老天爷呀,你为什么这么急着夺去我的王朴哇!"

这个王朴,帮他制定了国家复兴和重新统一的宏伟蓝图,是后周一系列政治、军事、经济改革的真正总设计师!周世宗太需要他了,也太舍不得他了!

世宗这次出兵契丹,除了北部各个州县的后周军队沿路配合以外,所统大军分水旱两路。旱路总指挥,是当时的马军副都指挥使韩通。而水军统帅,则由殿前都指挥使赵匡胤担任。

世宗走水路,与赵匡胤率领大军一路前行,顺利进入契丹境内。到了益津关(莫州的文安县)以后,水路变得越来越狭窄,大船已经没有办法行进。世宗命令全体下船,留下一些人看守船只,其余众军将,全部登岸陆行。

赵匡胤首先率军挺进瓦桥关,契丹守关将领姚内彬见周军势大,未及开战,开关投降了。瓦桥关北面的契丹巡逻部队看到关隘失守,赶紧前来夺关,不等动手,就被赵匡胤杀得七零八落,损失了近千人。剩下的一溜烟儿似的,狼狈逃窜了。

瓦桥关在契丹占据的莫州和瀛洲的侧背面,瓦桥关丢了,就等于莫州和瀛洲向北逃回契丹的回家之路被堵死了。

世宗随着赵匡胤的部队继续前行,第二天到达莫州(今河北任丘县)。契丹莫州刺史刘楚信见瓦桥关已经不保,只得把莫州拱手献给了周世宗。就在同一天,契丹的瀛洲(今河北省河间县)守令高彦晖也献城投降了。周军几乎没有经过大的战斗,就得到了两个州。

世宗兴奋不已,准备三天后率军继续北进,收复幽州(今北京市)。契丹赶紧派遣每天可以奔跑七百里的快马,指示北汉立即发兵骚扰后周的边境,干扰周军的后方,减缓后周的进军速度。而契丹国内,也正在调兵遣将,准备聚合重兵前往幽州救援。就在这个关键的时候,周世宗突然感觉身体极度不适,已经坚持不下去了,只能回师南归。这时,契丹的加急"快递"已经到了北汉。北汉看到后周已经退兵,就没有前来找事,后周的军队就这样平稳地回到了汴京。

世宗在回军途中,还坚持翻看从莫、瀛两州收上来的相关文件,一不小心，一块木简从袋子里掉出来，世宗俯身拾起，端来一看，这块半尺长的木简上只有五个字："点检做天子"。世宗心里犯了嘀咕，顺手又把这块木简放回到袋子里。其实当时袋子里装的，都是些木简，赶上这块恰好就是这五个字，原本跟上面和下面的两块是连在一起的。八成是因为栓系这串木简的绳子断了，而被世宗看到的，又刚好是这一块，所以就在心里犯了合计。

　　人到了这种时候，不由得不心生疑忌。

　　回到京都，周世宗的身体越来越不适，他感到自己大限将至了。赶紧布置身后事宜，首先就把当时的殿前都点检张永德免职了。

　　为什么？是张永德犯了什么错误了吗？就是因为那块木简，张永德什么错误也没犯。

　　"点检做天子"，从打回京的路上，就已经成了周世宗的一块心病。张永德这次运气不佳，当时刚好担任殿前都点检。

　　张永德是后周太祖郭威的女婿，当年郭威喜欢张永德，就把自己的女儿晋国公主嫁给了张永德。张永德是后周的第一辈驸马，在后周的地位很高。世宗想到了石敬瑭，当年石敬瑭就是以后唐明宗李嗣源驸马的身份，抢夺了后唐的政权。世宗怕自己一死，张永德也会像石敬瑭一样，来抢夺自己儿子的帝位。他的皇子柴宗训，当时才只有7岁，比后唐末帝还不如。世宗想找一个稳健可靠的人来代替张永德，这个人还可以给柴宗训当屏障，保住柴宗训皇帝的宝位。

　　凭借自己丰富的人生阅历，结合多年的观察，周世宗选定了赵匡胤。临终之前，他把赵匡胤从殿前都指挥使，提升到了殿前都点检的位置上，还给赵匡胤加了一个检校太尉的头衔。世宗同时又把魏仁浦提升为中书侍郎，希望他能够与门下侍郎王溥、知枢密院事范质三人一起，帮助柴宗训共同处理国家重大政务。

　　要说这位张永德，可是够冤的。他什么都没做，也什么都没说。没有任何迹象表明，张永德不可信任，更没有图谋不轨的嫌疑。而且据说，张永德一直都是倾向于赵匡胤的。张永德酷信道教，喜欢找人算命看相。一位道士中的高人曾经告诉他说："见到属猪的，一定要好好戴敬。"赵匡胤刚好生在亥年，而且他的弟弟赵匡义恰好比他小一轮，也属猪。张永德一起见到两个属猪的，敢不尽心照顾吗？高平之战以后，就是因为张永德拼命给赵匡胤说好话，赵匡胤才从一名普通军官，晋升为殿前都虞侯。

后周皇帝身边的军队，主要由侍卫马军、侍卫步军，还有殿前诸班组成。这三股力量或三支军队，号称三衙。三衙之中，最强大的要数殿前诸班。三衙虽然都是皇帝身边最有战斗力的部队，但是殿前诸班的力量更强大，地位也更显赫。殿前诸班，最多的时候接近十万人。当然，侍卫马军、侍卫步军和殿前诸班，都是保卫皇帝和京城的，也都同时具有对外征伐和守卫边疆等职责。可是从与皇帝的关系来看，殿前诸班最亲密。

侍卫马、步军都有都虞侯、都指挥使（包括副都指挥使）；殿前诸班，则另外设有都点检和副都点检。点检的权力最大，而且殿前都点检的地位也比侍卫马、步军的都指挥使高出一些。约略可以领导前两者，前两者虽然不归他直接统领，但是按理是要配合他的行动的。

殿前诸班的将官排列顺序是这样的：殿前都点检、殿前副点检、殿前都指挥使、殿前副都指挥使、殿前都虞侯。《水浒传》里帮助高俅陷害林冲的那位陆谦，实际的军职就是殿前都虞侯，所以才管他叫陆虞侯。林冲虽然号称是"东京八十万禁军教头"，不过只是个武术教练，实际地位比陆虞侯低得多。而那位高俅，之所以被称为"殿帅"，就是因为他是殿前诸班的最高统帅。不过他不是殿前都点检，而只是殿前都指挥使。因为赵匡胤当了皇帝之后的第二年，为了防止陈桥之类的事情再度发生，限制禁军将帅的权力，取消了殿前都点检和殿前副都点检的官职。这两个职位，以后就没再重新设置。所以，后来北宋朝廷的殿前诸班的最高指挥官，也只是都指挥使，而没有点检、副点检了。

赵匡胤起初还没有进入这个高官系列，只是一员普通的将校。高平之战，因功升为殿前都虞侯；滁州之捷，又被授予殿前副都指挥使；不久，再升任都指挥使。这下儿，又越级升任殿前都点检，成了守卫皇宫和保护京城的最高军事长官。

世界上的事情，就是这么凑巧。凑巧周世宗这次中途生病，凑巧他习惯挤时间审阅文件，凑巧他摸到的偏偏是那块木简，凑巧他又是个心里多疑的人。一切都这么凑巧。这些凑巧，导致了张永德的倒霉，张永德的倒霉，又导致了周世宗的倒霉。两个倒霉的深谷，却在中间挤兑出一座幸运的高山，这就是赵匡胤了。

第二章 黎明之前

也许历史的进程中真有那种相对固定的倾向,但是处在历史中的任何一个个人的命运,还有历史进程中发生的任何一个具体的事件,其实都只是偶然的,都是一路凑巧凑过来的。就像生物界的食物链原理一样,任何一位需要食物来满足生存的生存者,同时也都是其他生物的食物。你活着,其他生物可能就被你吃死了;你死了,其他生物可能就因为吃到了你,从而活下来了。

后周世宗安排好后事,就在六月的一天夜里病逝了。他还只有三十八岁,正当壮盛之年。一代英主周世宗,就这样离开了这个世界。他的统一大业才刚刚开始,他七岁的儿子,有这个本领,继续完成他伟大的宏愿吗?

您可能会问,古人结婚早,周世宗都三十八岁了,他的儿子怎么才七岁,没有再大一点儿的吗?有,有三个,都在这之前追逐太祖郭威造反时,被后汉朝廷灭族了。

后周的朝臣们忙乱了一夜,作为殿前都点检的赵匡胤,一夜没敢回家,一直守护在周世宗的寝宫外面。当世宗过世的消息传出来的时候,赵匡胤泪流满面。紧接着,宫里传出消息说:今晚各自回家休息,明日早朝有重要消息宣布。

赵匡胤怀着难以抑制的悲伤,拖着疲倦不堪的身体走回了家中。到了家门口的时候,才长长地出了一口气,抬头看了看天。这时他才发现:

天,已经快亮了。

第三章
陈桥兵变

含着眼泪微笑

天,真的快亮了。

赵匡胤躺在床上,简单打了个小盹儿,就赶紧爬起来,漱洗完毕,结袍束带,赶着来上早朝。文武百官都已到齐,恭敬地排列两边。赵匡胤走到武将一排的最前边,那里的空位就是给他留的。

礼官搀扶着新主子来了,大家抬眼看时,只是一个一米来高的孩子。这个小孩儿东瞅瞅,西望望,眼见着这些人整整齐齐的排成两队,不知道他们是在干什么,想笑,但是没敢。

宰相范质和王溥走上前来,众大臣首先为世宗默哀,痛哭声不绝于耳。接下去,宰相宣布新皇登基,大家又赶紧山呼万岁。

从古到今都是一样,这些朝廷大臣们遇到这样的时刻,往往是先哭后笑。瞬息之间,就把人生的两极情感,从头到尾体验了一遍,确实够难为他们的了。个中如果有那心理素质不够好的,可能就会造成面部肌肉萎缩,弄不好还会留下痉挛之类的后遗症,以后就会变成赵本山小品中的武老二那种人,脸上的肌肉只会抖了,见谁都哆嗦。

就算周世宗确实是古今少有的一代英主,可是这些大臣里头,究竟有多少真心惋惜和留恋他的人,这是很难说的。周世宗性格多疑,脾气又暴躁,肯定得罪了不少人。而这些大臣们,又都是从五代那个浑浊的历史时期里滚爬过来的。他们看惯了老皇帝死去,新皇帝登基的场景。他们的感情都已经迟钝,更多的人已经没有真正感情可言了。不管谁当皇帝,只要自己能留住官位、保住饭碗就行了。有利可图,差不多已经成了他们活在这个世界上唯一充足的理由。有人在用唾沫冒充眼泪,还偷眼窥视周围,看看是否有人发现了自己。这些人已经在心里重新打起了算盘:这个小皇帝能干多久?下一个皇帝将会怎样产生?他会是谁呢?

这个在重大的历史转折时期召开的新旧轮替的重要文武群臣代表大会,就在这样无聊的猜测中结束了。

时间,还不到正午。

此后的半年里,后周基本没有大事发生,大家只是默默地做着习以为常的事情,好像在等待什么事情发生一样。

有个南汉国

入冬以后,天气寒冷异常。与后周处在严寒之下不同,盘踞在广州的割据政权南汉的朝廷里,却闹腾得热火朝天。

被几度罢免又重新当上了宰相的钟允章,想要有所作为,打算诛杀十几个长期违法乱纪的贪官。可是主子不同意,反倒听信谗言,把钟允章和他的两个儿子,一起都给杀了。这位主子就是南汉的后主,叫做刘鋹。

这个南汉是他的祖父刘岩建立的。刘岩的哥哥是刘隐,哥俩的父亲是刘谦。刘谦,原籍河南上蔡,晚唐时期躲避中原战乱,随父亲来到广东、福建沿海一带经商活命,后来就定居到福建泉州。大约是刘谦有些武功,又赶上战乱的年代,就被任命为广州牙将。唐僖宗李儇乾符五年,就是878年,黄巢的部队攻占了广州,接着又转进到湖南烧杀抢掠。刘谦奉命驻守广西的梧州和桂林,以防止黄巢从湖南通过广西再度进入广东。刘谦就乘此机会,大肆扩充人马,一年之间,就聚众万余人。被广东地方官表奏为封州刺史。当时的封州,在今天广东省开平县的西面,离现代大学者梁启超的老家江门新会不远。刘谦又不断扩张,不久就成了两广地区最有实力的军阀之一。

唐昭宗李晔乾宁元年,就是公元894年,刘谦死了,把在广东已有的势力交给了儿子刘隐。刘隐继续经营,在地方军阀混战中连连得手,势力越加雄大。到唐哀帝李柷的天祐年间(904年以后),依靠农民军的叛将朱温,确保自己在广东的地位。这时朱温已投降唐朝,并且帮助唐朝镇压了黄巢,被唐朝封为梁王,赐名朱全忠了。朱全忠当时心怀叵测,刚好需要地方势力支持,就表奏刘隐作了清海军节度使。清海军管辖的地带,主要就是岭南。就这样,刘隐成了两广地区的军政主宰者。

朱温杀死唐昭宗,刘隐看准时机,立刻投入朱温的怀抱。为了表明自己对朱温的忠诚,几次上章促劝朱温作皇称帝。公元907年,朱温真的当上了皇帝。因为劝进和推戴的功劳,刘隐被封为检校太尉兼侍中,加封大彭王,两年之后,又把他改封为南平王,又过了一年,再度晋封为南海王。

公元911年,刘隐病死,刘隐的弟弟刘岩,接管了刘家在两广地区的势力"家产"。

公元915年,刘岩占据岭南一方,向梁末帝朱友贞讨要"南越王"称号。遭到拒绝后,刘岩当即翻脸:"去他妈的!就他妈这么个乱世,谁他妈是真皇帝?都他妈扯淡!全是假的!老子凭什么纳税供养他们?"一不做,二不休,刘岩不再给中原的朱梁王朝纳贡,自己当起了皇帝。因为两广习惯被称作"粤","粤"与"越"通,所以刘岩就把自己新建的这个"国家",取名为"大越",把自己的名字改作刘龑。为了配合自己新改的名字,把年号叫做乾亨。

《乾》是《周易》的第一卦,也是最重要、最吉祥的一卦。这卦的第五爻,又是这卦的最佳位置,第五爻的爻名叫"九五",爻辞是"飞龙在天"。亨,就是通顺畅达,无所阻挡、无所阻隔,正处飞黄腾达之中的意思。

刘岩认定自己就是"九五至尊",深信自己正处于"飞龙在天"的状态,俯瞰大地是小事,主宰天下,乃是正当的本分。

如果您不懂《周易》,那也没有关系。只看刘岩为自己改的新名字——"龑"的字形,也就明白了。那不正是龙在天上的样子吗?

称帝的第二年,刘岩又诈称自己是汉高祖刘邦的第 n 代玄孙,又把国号改为"汉"了。

听说李存勖灭掉了后梁,这位自命的皇帝有些害怕了,赶紧派人到朝廷中去窥探虚实。细作回来报告说:李存勖骄奢淫逸,顾自己还来不及,哪有工夫管咱们?刘岩这才把心放回到肚子里,从此彻底断绝了和中原中央政权的联系,安心在岭南当起了土皇帝。

因为中原一直处在无休止的战乱之中,无暇顾及岭南,刘岩,对了,得叫刘䶮了。刘䶮除了跟占据湖南的马殷建立的楚政权小有领土争端以外,更多的时候,只是吸食岭南民众的膏血。竟然没有遇到太多的麻烦,"乾亨"了八年之后,又"大有"了十五年。

刘䶮死的时候,中原地区已经是后晋高祖石敬瑭的末年了。当时的那句谶语"有一真人在冀州,开口张弓向左边,子子孙孙万万年"正在社会上广泛流传。

刘岩跟李璟和钱元瓘一样,也想把这位"真人",网络到自己的家中。于是,就拿黑猪当白虎,把哈巴狗当非洲狮。在所有儿子们的名字里,都强硬地镶嵌了一个"弘"字。什么刘弘度、刘弘昌、刘弘熙之类,妄想谶语中的"真人",哪一天会从他的这群狼崽、羊羔或者鸡娃中间,忽然间蹦跶出来。

如果说李璟和钱元瓘缺少自知之明,那么这位,就更是不知道天有多高、地有多厚了。

人家南唐和吴越,都是有文化的割据者。在人家割据的地面上,虽然也有奸臣和谀佞之辈,但是人家对治下的百姓,还是怀有怜悯和同情的。人家组织的政权,也还有个政权的样儿。

刘岩选定了一个接班人,然后就撒手而去了。他的第三个儿子刘弘度,接着当上岭南的皇帝,改名刘玢。死爹还没有下葬,他就开始了激情体验!日夜在宫中淫乐不说,还命令所有的男女艺人,必须统统脱光衣服,大白天的,就在大殿里随意扑捉,随意前仰后合。宫廷上下,整天都在集体裸奔中,成了一个地地道道的脱衣王国。

刘玢还经常带着妓女到偏僻的乡里农家去,通宵达旦地折腾。刚干了一年多一点,就被他的弟弟刘弘熙派武士杀死在了淫乐的现场。

新上来这位刘弘熙,一样荒唐,而且外带残忍,天下无双。整天吃喝玩乐,草菅人命。刚刚当上皇帝,就把自己的弟弟们干干净净地全都开除了地球球籍:什么刘弘弼、刘弘道、刘弘益、刘弘济、刘弘简、刘弘建、刘弘暐、刘弘照、刘弘杲、刘弘昌、刘弘雅、刘弘邈、刘弘政,一个不剩,都成了刘弘熙的刀下之鬼。可怜刘䶮了,为了那位"真人"能够落到自己家里,费了九牛二虎之劲,好不容易生出这么十几个崽子,都被这个虎中之彪、狼中之狈的儿子给杀光了,哪还会有什么网住"真人"的可能性!

刘弘熙不仅把自己的兄弟全部铲除，还把兄弟们的子孙，杀了个鸡犬不留，鹅鸭没剩。只要是男丁，一个活口不留！刘弘熙同时又把这些兄弟的妻妾、侍女甚至女儿，全部拉到宫里，填充自己的后宫！见过歹毒的，没见过像他这样歹毒的！面对刘弘熙的行径，咱们的语言库存罄尽了，再也找不出适当的评说话语。

就是这个刘弘熙，也给自己改了个名字，叫做刘晟，毫无根据地在自己的头上，安上了一个闪亮的太阳。就这么个货色，南汉国的群臣还给他上了所谓的"尊号"，管他叫做："大圣、文武、元德、大明、至道、大广、孝皇帝。"

人，这种动物，有时还真不知道究竟谁是自己。不管自己是个什么东西，只要一登上最高统治者的位置，就真的会以为天底下就属自己伟大无比，就敢把汉语中所有美好的词汇，毫不留情地安插在自己的头上。孟子说："无耻之耻，无耻矣。"不以无耻为无耻的无耻，那才是真正的最无耻！

当了十七八年的皇帝，一件人事儿没干，真够没羞没臊的了！周世宗过世的前一年，这位该死的刘弘熙死了，把皇位传给了儿子刘鋹。此时南唐都已经去了帝号，刘鋹照样不自量力，想尽一切办法，把两广民众的膏血，像从蛤蟆身上往外挤尿一样，极富耐心地一点一滴捏出来，供给自己尽情享乐。

周世宗过世的时候，他已经当了两年皇帝了。

两个太阳

转眼又到了年关，朔风紧起，瑞雪纷飞。这漫天的飞雪，好像预示了明年会有惊喜的丰收一样。后周的农民们兴奋地看着天上飘落的雪花，看着看着，地里就生出了绿色的苗，一片一片地，向远处铺伸而去，绿的叶，红的花，还有黄澄澄的果实……

农历年就要到了，老百姓们贴春联，挂纸灯。年年辛辛苦苦，代代混混沌沌的平民百姓，又迎来了几天快乐的时光。

"过年了！过大年了！"农历腊月三十这一天，大家吃呀、喝呀、玩呀、乐呀。折腾了整整一夜，天快亮了的时候，大人和孩子们才疲惫地躺下睡去了。

初一一大早，天刚放亮，两匹快马，一前一后，自北向南飞驰而过。到了京城都没有减速，直接向皇宫奔去。身后留下的尘土，就像刚刚放过鞭炮的烟雾一样，很久都没有散去。

最多也就是半个时辰，消息传遍了整个汴京城——契丹联合北汉，倾巢出动，要在周世宗刚刚过世的第一个春节期间，灭掉后周。消息就是这两匹马传来的，它们带来了镇州（河北正定县）和定州（河北定县）的紧急军事情报。

汴京的军民义愤了：这不成心不让咱们过好年吗？马上出兵打呀！狗日的，谁要是不想让咱老百姓过好年，他自个儿也甭想过好年！

一时间街巷扰攘，人头攒动起来。

后周朝廷赶紧召开临时"政治局常委会议"，果断决定：立即派重兵前往抵御，主帅由殿前都点检赵匡胤担任。

正月初二一大早，由殿前副都点检慕容延钊为主将，殿前都指挥使韩令坤为副将，带领先头部队，先行出发，直奔前线。赵匡胤也将率领主力部队，于初三这天全体开拔。听到这个消息，大家才慢慢散去，各自回到自己的家里。

可是到了初二这天，慕容延钊刚刚出兵不久，汴京城里又有新的传闻了，说是明天大军出发之前，要先立点检作天子。这个消息不胫而走，传得沸沸扬扬。汴京城就像开了锅一样，一时间，大街小巷议论纷纷。很多人都在交头接耳，窃窃私语，看到有人来了，才赶紧停住，装作无事的样子，慢慢地分手散开，各自走了。

赵匡胤赶紧跑回家去，紧张而又不能自主地看着家人说："外面议论纷纷，现在怎么办才好？"赵匡胤的妹妹（满世界都误传为姐姐，本书作者考证当为妹妹。详见第十八章）正在跟赵匡胤的老娘包饺子，二话没说，拎起擀面杖就朝赵匡胤的头上砸去，一边砸还一边大声骂道："你好没出息呀！大丈夫遇事应当自己决断，跑到家里问女人，想吓死我们是不是？你嫌咱妈活得年岁大了，不吓死她你不甘心哪！"赵匡胤一溜小跑儿，逃出了家门。这回饺子是包不成了。赵匡胤同志的这位辣妹子，越想越害怕，越想越恐慌，撂下饺子皮和饺子馅，紧急带着老娘，还有其他家人，偷偷躲进了一家寺庙，连擀面杖都忘了放下，还拿在手里呢。

初三一早,赵匡胤率领大军开拔,行军速度好像不快,直到下午三四点钟的光景,才走出不到四十里路。按说出兵迎敌,应该兵贵神速才对,但是这次出兵,怎么行进得这么迟缓?

赵匡胤遇到了麻烦。

刚刚离开京城不远,队伍里就吵吵嚷嚷地闹腾起来了。兵将们都在议论纷纷,说弄这么个小孩子,连拉屎还得让人帮着脱裤子呢,怎么能当皇帝呢?我们为他流血牺牲,恐怕他连感谢都不懂,那咱们不是白干了吗,谁的性命是大风刮来的?哪个员工干活,不希望得到老板的奖赏啊?咱们还得靠这个养家糊口哪!

赵匡胤感到情况复杂,害怕军心不稳,打算暂时休息一下,先慰抚一下军心,让大家安静下来,然后再整顿部队,继续进军。反正前军慕容延钊也还没有快报传回来,用不着太急。

中午时分,人身疲惫,兵将的情绪,自然稍微稳定了一些。可就在这时,一句更可怕的话语,像传唱歌曲一样,迅速在队伍中散布出来。"大大的太阳底下,又出了一个大大的太阳。两个太阳互相挤撞,挤得整个天空,黑光磨荡……"

不得了了,天上出现了两个太阳!军中登时一片哗然。大家赶紧都仰起头来,一起朝天上看去。"哪呢?给我指指!""刚才呀,现在没了。""可不是吗,别说两个,连一个都没了。阴天了,太阳都躲到云层后面去了。""你看见了?""没有。""那你看见了?""我也没看见。""那谁看见了?""苗训。""别人都没看到,怎么就苗训看到了?""刚才咱们都没注意呗。""看走眼了吧?""你才看走眼了呢。人家是天象观测大师。""别乱开玩笑。""谁跟你开玩笑,人家最会看天象,老有名了。"

至于天上的两个太阳,是苗训用天文望远镜看到的,还是用哈哈镜看到的,谁都不会知道究竟的。反正古代那些有特异功能的人,都有秘密武器使用。为了保守行业机密,也为了保持自己在行业中的领先地位,他们不会自己泄露机密。就像现在的魔术师一样,给你变戏法看,可以;告诉你怎样变戏法,不可以。

苗训不止是位杰出的观象大师,还是个传媒高手。他看到天空中出现了两个太阳之后,又把这则"重要新闻",在军队里迅速公布出去。苗训找到了赵匡胤的贴身秘书楚昭辅,用散文的方式,眉飞色舞地描述了一番,说得唾沫星子直溅,喷了楚昭辅一脸。最后,才神神秘秘地对楚昭辅说:"这是天命,天命不能违背。违背了天命,是要遭到上天惩罚的!"

楚昭辅自然希望自己的主子一步登天,自己也可以顺便得利。但他不敢直接跟赵匡胤说,就把苗训的说法,偷偷告诉了赵匡胤身边的传令官李处耘。李处耘又把这个消息转告给了赵匡胤的弟弟赵匡义,赵匡义又赶紧带着李处耘一起去找赵普。

赵普这个人,咱们前面已经提到过了,他现在的官位,是归德节度掌书记。赵匡胤是归德军节度使,这是周恭帝柴宗训即位以后改封的,还给他加了一个检校太尉的头衔。赵普和赵匡胤,两个人现在是什么关系?比方说吧,如果赵匡胤是省长,这位赵普就是省政府办公厅秘书长。省里面不必省长亲自处理的事情,秘书长直接就指派各种人办了就行了。就是需要省长亲自处理的事情,也要首先通过秘书长,由他先来负责布置。安排好了之后,省长再亲自出面。之后的传达、落实之类的事情,也得由人家秘书长去布置实施。

部队一路前行,消息一路传扬。一边传还一边走样儿。如果不是已经到了陈桥驿,而且天也已经黑下来了,这个有关两个太阳故事的编导们,不久就要把它做成三十二集电视连续剧,到各种 TV 里面去播放了。到了陈桥驿以后,大家并没有就此安定下来。有关两个太阳的传说,虽然也只能编排如此了,但是由于《两个太阳的传说》的连续剧太过煽情,兵将们的情绪,早已被点燃得像烈火一样,越烧越热,越热越激昂。

夜,已经很深了,赵普把赵匡义和李处耘让到屋里,没有马上去找赵匡胤,却把王彦升、李汉超、马仁瑀等几位将军找来,大家一起商量应对措施。正在商议的时候,将校们忽然把门拥开,一窝蜂似的冲了进来,还大声嚷嚷着:"我们大家已经商量好了,现在就要先立太尉当天子!然后才能进兵。如果不立太尉作天子,我们立马儿散伙,各自回家!"

赵匡义和赵普还没有来得及反应,将士们都已经拔出了刀剑。赵匡义马上拉下脸来,严厉地说:"如果你们一定要这样,那就赶紧各自回营,管好自己的士兵,要他们回到京城以后,不要烧杀抢掠。这样,京城里人心才会安定,才不会闹出大的乱子来。"众兵将这才散开离去。

赵匡义和赵普又赶紧派赵匡胤的卫队长郭延赟先回京城,告知赵匡胤的心腹爱将石守信和王审琦,让他们准备好在京城里策应。亲信打马扬鞭,一溜烟消失在夜色之中。

石守信当时身任殿前都指挥使,王审琦是殿前都虞侯。两位这次没有跟随赵匡胤一同出征,为了保护京城安全,事先被留在京城里面了。

酒醉了当皇帝

正月初四凌晨,赵匡胤还在呼呼大睡。据说他昨晚喝高了,到现在还没醒酒。作为三军统帅,带兵出征,似乎不应该这样。不过这倒符合赵匡胤喜欢喝酒的习惯,这不年还没过完嘛!把伟大领袖和杰出人物都当成完人,或者活着的石头,这是不应该的,也是不人道的。赵匡胤过年喝点酒,有什么大不了的。谁过年要是喝点儿酒,都不希望别人说三道四吧!可是赵普和赵匡义,还有李处耘和楚昭辅等,好像都很清醒,没有明显的喝酒迹象。那么赵匡胤昨晚是跟谁一起喝的酒呢?自斟自饮,把自己灌醉了?一个人喝闷酒,似乎不太符合赵匡胤的性格。看来这件事,将来还确实需要考证一番。

赵匡义和赵普叫醒了赵匡胤,想把昨天夜里发生的事情,一五一十地告诉他。可是赵匡胤刚从床上爬起来,兵将们就已经拥到了临时帅府的卧室门口。

站在门外的兵将们异口同声地向里面高声大叫:"诸将无主,愿册太尉为天子!"还没等赵匡胤作出回应,兵将们已经忍不住,冲进屋里来了。不容分说,就把一件不知什么时候就已准备好了的黄色锦袍,强行套在了赵匡胤的身上。也不管穿得端正与否,全体将士就一起下跪,山呼万岁起来。紧接着,全体将士就像绑票一样,簇拥着赵匡胤,把他扶上马背,吵吵嚷嚷、闹闹哄哄,裹挟着赵匡胤,一路赶回汴京开封来。

赵匡胤见此情景,心里一阵惊悸,赶紧勒住马头,下令全军停止前进!大家一下子愣住了,不知又发生了什么事情。

赵匡胤勒住马的缰绳,严厉地对大家说:"众位只为贪图富贵,把我撂在今天这个尴尬的地位。现在我有号令,你们愿意听从,我就当皇帝。如果不愿听从,我就不当这个皇帝,咱们都该干嘛干嘛去!""愿意!"众人就像被训练好的小学生一样,异口同声地喊着。"那好",赵匡胤说。"太后和恭帝,都曾经是我的主子。朝廷的大臣们,也都是我的好同事。进城以后，不能惊扰皇宫；不得侵犯朝中大臣；不得乘机抢掠府库；不得骚扰京城百姓！听我将令的，厚加奖赏。不听将令的，严加惩处，绝不姑息！"大家又齐声喊道："坚决服从命令！"赵匡胤这才命令部队，继续前行。不，是继续回返。一路上军容严整，秋毫无犯，虽然威武，但却文明地开回了汴梁城。

路上，赵匡义和赵普又代表赵匡胤下达命令，让潘美（就是后世评书《杨家将》里的潘仁美）作为客省使，率先赶回京城，向宰相通报情况。

刚好，早朝还没散。潘美来到朝堂，把事情的经过，一五一十地告诉了宰相和朝臣们。当中一人愤然离去，一出皇宫，立即快马加鞭向家里奔去。这个人是马军副都指挥使韩通，前面提到过的。可是他刚刚走进家中，还没有来得及关上院落的大门，后面就有人带兵追赶上来。咔嚓一刀，就把韩通当场砍死了。接着又带兵冲进韩通家中，把一家老小杀了个精光。这个领兵的将领，叫王彦升。

赵匡胤就在众兵将的簇拥下，回到了京城。他没有先回家，也没有去上朝，而是来到了自己的军帅府，就是办公室。

赵匡胤首先脱去了黄袍，因为一会儿宰相们就要来了。至少到现在为止，形式上他们还是同僚，而不是君臣。脱去黄袍，表达的是赵匡胤对他们的礼貌和尊重！

不一会儿，众将官就把宰相王溥和范质引到了赵匡胤的面前。两人刚一进门，赵匡胤就无可奈何地对两人说了如下一番话语："我受世宗厚恩，现在竟然被将士所逼，到了如此的境地，真是无地自容，愧对天地神灵！"说罢，放声大哭起来。还没等两位宰相回话，散指挥都虞侯罗彦环就已经抽出了寒光闪闪的宝剑，厉声对两位宰相吼道："我辈无主，今日须得天子！"

王溥一时间像木头一样呆住了，半天说不出话来。范质只说了一句话："仓促遣兵，是我等的疏失呀！"说话的时候，拿手指狠抠王溥，把王溥的手都扣出血来了。接下去，王溥首先下拜，范质也跟着下拜，两人合唱了一首"万岁"歌。然后，立即回宫，安排禅代事宜。一直到下午三四点钟，把朝臣们都找来了，其实不用找，他们早就在那儿候着了。那范质和王溥干什么去了？不得跟周世宗的遗孀符皇后和小皇帝说明吗？既不想杀害人家，总得安慰人家两句，允许人家抹抹眼泪，问问怎样安排自己吧？不是还得不断跟还在宫外的赵匡胤沟通消息，商量条件，安排具体禅代程序之类的嘛。

安排完了，朝臣们把赵匡胤请来，搀扶着先到了大殿前的阶梯上。本来打算先进屋换衣服，结果朝臣们等不及，就先让赵匡胤站在台阶上，大家就在台阶前面的空场地上集体跪拜，山呼万岁了。

之后才进到宫殿里面的小房间换衣服。换衣服干吗？娶媳妇还得穿身新衣服呢，何况当皇帝！宰相们给赵匡胤换上了真正的龙袍，再把他扶进正殿，群臣再次跪拜，山呼万岁之声响彻云霄。

禅代仪式就要正式开始了，全场肃静，鸦雀无声。

这时大家忽然发现，缺了一样至关重要的东西：禅位的诏书。没准备呀，要是这样，这个禅让的礼仪可就得拖到半夜或者明天再接着举行了。大家正在担心，翰林学士承旨陶谷自豪而又得意地走上前来，向上抖了抖阔大的衣袖，从袖管里掏出了一份文件，递给了范质。

首先由宰相范质宣读陶谷代后周小皇帝写的逊位诏书：

尧舜禅位，权归有德之人，这是中国历史的优良传统。我是个小孩，不懂治国安邦。父亲早逝，勉强充位。人心已去，国命有归。您再看看人家赵太尉，天赋上圣之姿，又有雄韬伟略，曾经佐助我们后周的太祖和世宗，立下了无与伦比的丰功伟绩。我只能把皇位让给人家，这才符合天意，这才顺应民心。

陶谷还算挺够意思，允许柴宗训在事先没看，将来也不用再看的诏书的末了，最后使用了一次汉语里那个最牛逼的词语："钦此！"

跟着就是赵匡胤上前接诏，之后，范质、王溥等搀扶赵匡胤登上皇帝宝座。再之后，又由后周朝廷的宣徽使昝居润，主持朝拜仪式，一拜天地、二拜鬼神、三拜祖先，第四是接受众臣朝拜。然后宣布：尊周世宗的正夫人符皇后为周太后，奉周恭帝柴宗训为郑王。请他们先把正宫让出来，暂时搬到西宫居住。

虽然文辞说的是"奉"，其实就是贬降的意思。这样说是对人的尊重，让人听了心里好受些。

昝居润一点儿都没紧张，举动非常自如。不知是在那个朝秦暮楚的时代练出来的镇定自若，还是早就做好了心理准备。

正月初五，新皇帝升殿：宣布新生王朝国号为宋，从明天起改元，就是改换纪年,不再叫显德七年,改叫建隆元年了。然后封赏众官,大赦天下,并向中央直属机关各部门、各地方节镇、州郡府县等,下发通知:自接到本通知之日起,奉赵匡胤同志为新皇帝,大家都不再是后周的官员,而是大宋朝的臣子了。通知指出:这是一个具有重大历史转折意义的决定,自此之后,中国将走向崭新的历史阶段。

通知还要求:各级各类部门,务必尽快将这个决定,下达到千家万户。所有人等,无论男女老幼,工农商学兵,必须认真学习文件,领会精神实质,坚决贯彻落实!

大宋朝已经建立了,而且所有新旧朝代更替需要做的重大事情,都在两三天之内就顺利完成了。事情做得够麻利!这可真叫时间就是金钱,效益就是生命啊!

开国大典结束了,大宋王朝就此诞生,赵匡胤当上了开国皇帝,马上就要在新的工作岗位上,施展自己的盖世才华,实现自己的宏伟的人生抱负了。

韩瞠眼不及韩罗锅

新皇帝还下了一道对韩通的嘉奖令:表扬韩通对后周的忠心,追赠韩通为中书令,下诏:"以厚礼安葬韩通。"

新皇帝本打算杀掉王彦升,因为他违反军令,杀死了韩通一家老小。但是朝臣们苦苦劝谏,说国家刚刚建立,就开杀人之戒,实在有些不妥。王彦升捡回了一条命。王彦升严重违背了赵匡胤路上下达的"不杀不烧不扰不抢"的禁令,严重影响了全军的形象,给这次历史上从来没有过的政权"和平过渡",抹上了巨大的一道黑笔。全军上下,连抢劫的行为都没有发生,可这个王彦升,却妄开杀戒,跟清空回收站一样,给人家韩通一家,来了个彻底删除!

赵匡胤是个仁爱的人,能不痛恨他的凶蛮吗?考虑到王彦升有推戴的功劳,国家又刚刚建立,所以就暂时先把他放下了。可是王彦升这个暴戾的军阀,也真是不知趣。赵匡胤当皇帝才两个月,一天夜里,王彦升带领士兵巡逻,忽然闯到宰相王溥家里勒索钱财。王溥吓了一大跳,装作不懂的样子,给他沏茶,陪他说话。王彦升坐了很久,说了很多。王溥只是装傻充愣,就是不给他。第二天,王溥把这个情况秘密向新皇帝做了汇报。赵匡胤更加生气,立即就把王彦升赶出了京城,贬为唐州团练使,此后再也没有委以重任。

王彦升实在是太可恶了!不过我们也不能因为韩通被王彦升以"试图抵御"的罪名杀掉,就轻易地判定他是后周的忠臣!

韩通或许并不能算作后周真正的忠臣,只不过是因为自己和赵匡胤同僚一场,共事多年。关系虽不亲密,但也相当熟悉,毕竟是同僚,低头不见抬头见的。赵匡胤搞了这么大的动作,无论朝内、朝外,几乎所有人,心里都跟明镜似的。只有自己,一直被蒙在鼓里。"简直是无视我的存在,太瞧不起人了,成心想羞辱我!"这件事情着实气恼了韩通,一时压抑不住激愤,才做出了困兽犹斗的姿态。

韩通这个人,性格刚而不屈,属于宁折不弯的类型,做人做事都缺少必要的回旋余地。用北方话说,就是个犟。而且韩通还自以为是,从前跟宋太祖一起共事,军政大事经常要由他说了算才行,动不动就发脾气瞪眼睛,人送外号"韩瞪眼儿"。

韩通有个儿子,大概是小时候得过什么毛病,留下了后遗症,整天弓着腰走路,就像背上背了一口大锅一样,大家都叫他韩罗锅!周世宗在世的时候,韩罗锅就劝说他的父亲:跟人家合作共事,最好温和一些,不要总是吹胡子瞪眼的,这样不好。世宗过世以后,韩罗锅眼看赵匡胤越来越得人心,又不厌其烦地劝说父亲,不要太任着自己的性子来。希望父亲能跟赵匡胤和风细雨地相处,这样,就可以避免把自己陷入太孤立的境地。可是韩通就是不听!火山即将爆发了,自己又站在火山口上,韩通竟然了无察觉!忽然听到赵匡胤受禅当了皇帝,感到被人戏耍了,一时间怒不可遏,马上想到抗拒,结果未及动手,就把全家人的性命,一起都搭进去了!

咱也不能轻易诬枉人家韩通,想着这个家伙是不是自己想要当皇帝,而不愿意让赵匡胤登上大宝之位?韩通虽然霸气了点儿,但人家不是整天想着谋逆的人。不谋逆,不等于就是忠心耿耿。

其实我还有更深的怀疑,王彦升杀了韩通一家,史书都说韩通准备回家组织家丁之类,然后出来抵御赵匡胤。他为什么不直接召集禁军?他不是侍卫马军副都指挥使吗?禁军都不听指挥了,只能召集家丁?带

第三章 陈桥兵变

领几百个家丁,来抵御赵匡胤手下的十万虎狼之师？要是想表达自己是后周的忠臣,自己上吊自杀不就完了？干吗要把家人都搭上？过瘾吗？

其实韩通是在回家的路上被王彦升遇到的。王彦升就一路追赶,一直追到韩通的家里,顺便把人一家人都给杀了。史书上都说韩通准备抵御,可是韩通还没有带兵出来抵御呀,怎么就知道人家回家是去准备抵御？韩通会一路叫喊着说"我要抵御"吗？

如此说来,"韩通想要抵御"的说法,很可能是王彦升编造的,目的是为了给自己妄开杀戒开脱罪责。但是当时回家的也许不止韩通一个人,为什么非杀韩通？而且怎么就那么寸,韩通就让王彦升在街上给碰到了？

看来韩通早就因为跟赵匡胤不和,事先被盯梢了。要不然王彦升个人的说法,也不会被大家相信。

闲话陈桥兵变

整个陈桥兵变和禅位登基的过程,井然有序,几乎无懈可击。没有事先预谋的任何迹象,赵匡胤被逼无奈,完全出于不得已。

要说这事纯属偶然,恐怕连赵匡胤自己都不相信。因为大家只听说被绑架要挟钱财,或者被绑匪撕票的。没听说绑匪绑架人,是为了让被绑架的"肉票"去当皇帝的。所有被绑架的人,都是去倒霉,只有赵匡胤,倒霉得当了皇帝。这种倒霉,谁能遇上？！

一个被绑架当皇帝的历史奇剧,就这样凌空出世,在吉尼斯世界纪录大全的排行榜上,名列第一！

这样说吧,本剧情节,纯系偶然,绝非导演创意,更不出于本剧剧组的统一编排和设计。

前前后后的一应安排、布置,竟然那样细致周密,万般周全,全然没有留下任何蛛丝马迹。从制造"两个太阳"的谣言,激发三军将士的情绪,到兵士劝进,黄袍加身,连早朝的时间都赶得正正好好！可越是无懈可击,越容易让人生出异议。

世界上真的会有这样巧合的事情吗？有是可能的,可是碰上却不容易。要说兵变这种事情,无论在中国,还是在外国,也无论是在古代,还是在现代,都是常有的事儿。通过兵变夺取政权的情况,也不在少数。但是像陈桥这样的兵变,历史上绝对没有先例,在此后的人类历史中,迄今为止,仍然没有出现第二次。这场兵变,确实是人类历史上的奇迹!

但是这个奇迹,跟下雨淹了房子,还有蝗虫吃了幼苗,导致农业歉收之类,不可能完全一样。这类关于人和人类历史的事件的结局,不可能完全都是由自然的变化所引起。既然是人类的事件,就一定有人的意志的主动参与。

有关这段史书的各种记载,都说了这样的话语:当周世宗柴荣过世以后,"主少国疑,中外有推戴之意"。这是有关这段历史最靠谱的一句话语。其他记载都像戏文,编排了一遍又一遍的样子。故事情节虽然描绘得很生动,但是仔细品读,总觉得漏洞不少,可疑之处很多!

说是国君年纪太小,国中的大臣和朝外的武将们都不放心。不放心什么?不放心国君,也不放心国家呗。这么小的国君,能够坐稳江山,把国家治理好吗?不放心就会起疑心,起疑心就会与朝廷分心。心思分离之后,就会生出他想,于是就产生了是否需要重新推举出一位新皇帝的想法。再之后,就是揣摩人选,张三、李四?看来都不行,那么谁行呢?赵匡胤,只有赵匡胤行!无论是能力和人品,他都行!赵匡胤,就这样被选中了。选中了之后,才有了"中外"想要推戴的意思。

"中外"不是中国和外国,也不是家里和外头的意思。

"中外"的"中",指的是朝廷中的大臣们。朝廷的主脑就是宰相,所以,就连宰相们都可能是同谋,至少是预谋。尤其是范质和王溥!看他们在整个过程中的表现,虽然好像是站在局外的立场上,但却那么的活跃!先活跃着"后悔"了一番,接着,又活跃着跪拜,再接着又活跃着去组织和安排禅让仪式。范质为什么掐王溥的手?说是仓促派赵匡胤出兵,犯了大错。不派他出兵,他就不政变了吗?有没有可能是在表达另外一种意思:"还真成了呐,打起精神来,下面要看咱俩的了!"

我没说两位宰相就是同谋,但至少他们可能是预谋。他们早就看好赵匡胤,只是不敢保证他会兵变,一旦兵变已经完成,临机转舵,就不仅是五代时期宰辅们的习惯,很可能也是他们自己的心愿。虽然他们已经有了相当的心理准备,但却没有意识到政变这么快就开始,而且已经成功了。这一点,刚好可以解释禅位诏书为什么没有事先准备好。

第三章　陈桥兵变

至少可以肯定一点,像范质和王溥等的朝廷重臣们,对赵匡胤取代后周政权,在根本上不仅没有反对意见,而且有主动支持的明显表现。

"中外"的"外",主要指的应该就是节镇和州郡的统兵将帅们。赵匡胤身边的将校自然不必多说,就是藩屏一方,执掌州郡大权的后周军政长官们,包括后周的宗亲,不仅没有及时做出必要的反应,甚至首先接受了这个事实。

我举两个代表人物给大家,看看是不是这么回事儿。

先看符彦卿的表现。

赵匡胤于正月初四完成禅代,初五定国号为宋,改纪元叫建隆,同日遣礼官和使臣分别祭告天地、告谕天下。

后周摄政太后符氏的父亲符彦卿,当时身任太尉、兼中书令、守天雄军节度使,封魏王。正月十七这天,这位大腕儿,就把一份降低自己身份的奏章,送到了宋太祖的手上。他希望宋太祖以后只要称呼他的名字就可以了,不要再叫魏王、国外公什么之类的。天雄军治河北大名,在今天的北京附近,到都城汴梁就是河南开封距离不算近,那时候没有飞机和高铁,就连汽车和手扶拖拉机都没有,得到消息就得几天,接着再派人送呈奏章,就是用快马,也还得跑几天。臣服的奏章,往返还不到十二天,来得可以说是超快。这个事实至少说明赵匡胤当皇帝,符彦卿没有不同的看法,一经闻讯,立即就接受了。符彦卿的两个女儿,曾经一前一后,死了一个跟上一个,前仆后继,都做了柴荣的皇后。符彦卿不仅是周世宗的丈人,而且是丈人的二次平方!这位周世宗柴荣的平方丈人符彦卿,作为后周的至亲,是后周真正的国老爷,地位崇高无比,荣宠也达到了极致,而且手中还握有重兵。就这么轻易臣服了!

当然,这和他的第六个女儿,当时是赵匡义的老婆肯定有点儿关系。显德年间,符六儿嫁给赵匡义时,赵匡义的身份还很低,赵氏兄弟都还是后周的大臣。太祖开宝八年,符六儿病逝。赵匡义登基以后,才追封符六儿为后。在当时的氛围下,符六儿作为秤砣,肯定没有符皇后有分量。

咱们前面说过一位冯道先生,是专给各种皇帝当宰相的;而人家符彦卿将军更牛,专给各种皇帝当岳父老子!

再看张永德的做法。

张永德就是那位在周世宗临终前被解除殿前都点检职位的倒霉蛋。

张永德虽然不是柴荣的至亲,但却娶了后周太祖郭威的女儿,人家是后周资深驸马爷!虽然被世宗解除了执掌京城禁军的军职,但身上还有检校太尉、同中书门下平章事的头衔,跟宰相平级,同时还担任着忠武军节度使,手上同样握有兵权。

张永德跟赵匡胤的关系非常奇特,前面已有交代。与赵匡胤同事多年,作为赵匡胤的顶头上司,为赵匡胤的提职晋升做出了很多努力。后周显德五年,赵匡胤发妻贺氏过世,张永德出重资帮助赵匡胤续娶了王氏。这位王氏,在赵匡胤登基之后不久,就被册封为皇后,三年后病逝,被赐谥"孝明"。

听到赵匡胤当了皇帝,张永德不仅没有感到意外,而且急称"万岁",表达拥戴的忠心。赵匡胤立即给他加官晋爵,升他为兼侍中,改授武胜军节度使。赵匡胤当皇帝之后不久,又把他召进宫里,亲自陪宴,还像从前对待老上级和后周元勋一样对待他,开口闭口,就是一个"驸马爷"。张永德受不起,希望直接称呼自己的名字,赵匡胤就是不听,直到赵匡胤撒手尘寰,一直都还叫他"驸马爷"。

张永德不仅坚决拥护赵匡胤当皇帝,若干年后,赵匡胤平定江南的时候,张永德还拿出几乎全部家资,帮助赵匡胤打造了数十几条大号的战船。宋太祖过世以后,宋太宗即位,张永德继续效力,太宗又加封他为邓国公。真宗皇帝即位,又封他为卫国公,授检校太师、彰德军节度使、知天雄军。张永德一直活到真宗咸平三年,也就是公元1000年,张永德就在第一个千禧年到来的时候,告别了这个世界。

符彦卿和张永德都这样,何况其他的节镇将军们!

文臣里的宰相和武将中的大腕们,都拥护赵匡胤当皇帝,这不是"中外有推戴之意"的内外合谋又是什么?

可能只有韩通,才是真正的局外人,一个标准的愣头青!

尽管这是一次兵变,但却不是窃夺政权,而是接受"中外推戴",顺利接管政权!这种情况,在我们这代人小的时候,叫做"和平演变"。

民所欲,天从之

可是,咱们把话还得说回来,这样的内外合谋,除了西汉末年的王莽,在历史上几乎没有雷同。而且王莽是公开禅让,赵匡胤却是以不公开的方式,完成了一次公开的"禅代"。既然"中外"共同推戴,就是全体后周官员,至少是绝大多数后周官员,联合一起,替代周恭帝,把政权和平地移交给了赵匡胤。尽管在这次"禅让"的整个过程中,赵普和赵匡义表现得异常活跃。其实,他们也仅只是后周绝大多数官员的前台代言人而已。或者说,他们在前台的尽情表演,幕后是有大批支持者和帮助者的,至少他们感到发动这场兵变,是有八成以上的胜算。不然的话,就算他们敢冒险,赵匡胤老谋深算,也不会轻易允许他们去冒这个险。

这是一次奇特的兵变,一次上下同谋的兵变!而不是赵匡胤和赵匡义,还有赵普几个人的兵变!虽然这些官员没有用公开投票的方式表决,也没有在后周国境之内举行全民公决,但确实是不违背大家心愿的。这次兵变,是一次不杀生、不扰民的兵变,是一次改变中国历史,使中国彻底摆脱战乱,让社会逐渐洗清污浊,重新唤醒沉睡了很久很久了的仁慈和友爱的兵变。尽管它依然以改换家天下的姓氏为主要方式,但它确实是一次真正要把中国引向光明前途的兵变。

不能简单地把这次兵变,看成由一家一姓,代替另一家另一姓的改朝换代!

所以,陈抟说宋太祖当皇帝,"天下自此定矣!"与其说是预见,不如说是道出了当时整个社会的心声更加合适一些。陈抟可能确实预见到了,中国社会将要走向重新统一和安定了。

这位陈抟,可真不是个一般的道士,确实堪称神仙!

儒家的祖典《尚书》说:"天视自我民视,天听自我民听,天聪明自我民聪明。"《尚书》还说:"民之所欲,天必从之。"老百姓看到的,就是上天看到的;老百姓听到的,就是上天听到的;人民群众真实感受到的,就是上天真实感受到的!只要大家赞成,天就不会反对。天也要,不,应该说:天就是把百姓的愿望,当成自己的愿望的。不仅如此,天,还要不断地借助百姓的愿望,来申说自己的真实意图。

既然赵匡胤的这次兵变,是整个上层社会真心接受的,同时也不是下层民众所反对的。那么,我们就有理由说:他得到了天的支持,他当皇帝,确实是有天助的,算得上是真正得民心,顺天意的。

这就叫天命,这,才是真正的"天命"!

周世宗过世才半年,他亲自选定的"革命事业的接班人",他们柴家江山社稷的忠实保卫者赵匡胤,就成了柴氏政权的颠覆者,就把柴氏的政权和平演变了!这个滑稽的事实,是周世宗绝对始料不及的,他失算了!可是说到底,他并没有失算。从后来历史发展的角度看来,只有赵匡胤,才是他最合格的事业继承人!赵匡胤不仅完成了他未竟的统一大业,而且还把他冥冥中想要走的道路,清醒而自觉地走下去,开创了中国政治和社会的全新局面!真正把他这位"老一辈革命家"所开创的伟大事业,推进到了一个崭新的历史阶段!

而这样伟大的事业,是自己的儿子根本无法完成的。像他父亲那样的理想和抱负,柴宗训,一时半会儿是培养不出来的!单纯血脉上的遗传,并不能延续意义,更不要说创造崭新的价值了。所以,我们可以这样说:"周世宗,真是一位具有非凡眼力和魄力的明君圣主!"我们真要代表中国历史,好好地感谢感谢周世宗!

神仙怎么倒骑驴

就在赵匡胤当上皇帝的第二天,镇州、定州前线来报,契丹兵已撤退回国了。怎么回事?是契丹害怕赵匡胤吗?还是已经被慕容延钊的先头部队击溃了?都不是。

契丹兵根本就没来!尽管宋人都盛传契丹在正月初一大举入寇,但是《辽史》穆宗本纪,还有这一时期与后周接境的辽国州郡长官与将军们的传记,以及后来宋人编纂的《契丹国志》,都没有记载这个事实。就是说,这一年年初,契丹根本就没有出兵攻打后周的事实,甚至连这样的意图都没有。非常明显,这是为了给赵匡胤发动兵变,故意制造出来的虚假军事情报。所以,当赵匡胤当上皇帝以后,契丹自然就会退兵。戏演完了,总要有个结尾。舞台也要打扫干净是不是?从哪儿拿出来的道具,还要放回到哪儿去,这是规矩!

两个月以后,契丹真的来了,但那只不过是一小股部队,骚扰了一下边境。这一小股契丹部队,马上就被宋朝的守将击退了,还缴获了他们的数百匹战马。可是这次京城事先没有得到任何情报,因为这只是一次小小的边境冲突,完全没有必要搞出那么大的声响,也根本不需要动那么大的干戈。就像喝酒的时候,忽然飞来一只苍蝇,没必要全体起立,大家一起离开座位,共同轰赶。因为那就等于大家一起向苍蝇致敬!太重视敌人,就等于藐视自己。

道具似乎还不止是辽国入侵,还有苗训这个人。就连到底有没有苗训这个人,苗训是不是天文学家,在整个后世中国的历史上,没有一个人真正知道。在历史的典籍里,他只出现过这么一次,再就无声无息了。

后来所有在陈桥兵变中立功的人们,都受到了奖励,有关这段历史的典籍中,其他人都在,只有这个苗训,就此失踪了。

到底是苗训真看到了这种怪异的天文现象,还是苗训受人指使,故意出来制造谣言,谁也说不清楚。

我的怀疑虽然很彻底,但我还是相信有苗训这个人。这个人的名字,也没有什么特别的地方,伪装没有意义。不过这个人很可能后来不再叫苗训,大约是怕将来别人再度问起,万一说走嘴了可不是小事,就"被"改了名字了。还有一种可能,就是兵变部队进城的过程中,苗训就被暗杀了。太祖仁义坦荡,自然不会以这样的方式杀他。可是他的弟弟,尤其是他的那位谋士赵普,咱可就保不准了。

赵匡胤通过"禅让"的方式,接管了后周的政权。消息传到陕西的时候,那位知名度极高的华山道士陈抟,正在路上倒骑着一头毛驴行走。这当然是据说。据说他看到路边的人们仨一伙、俩一串地议论着什么,近前一听:"赵点检做了天子了!"陈抟当时就哈哈大笑,笑得前仰后合。一不小心,竟然从驴背上颠了下来。众人赶紧上前扶起这位神仙,问他为什么这么开心。他手捋长髯,泰然自若地说:"天下从此真的要安定喽!"陈抟的话语,就像电影的画外音一样,飘散在天地之间,直到现在还没有散去。

好好的驴,他为什么要倒着骑呀?这您就有所不知了。驴,可以正着骑,也可以侧着骑,还可以倒着骑。只会正着骑,一般都是些运粮送粪的;侧着骑的,多半都是些放牧吹笛的;像人家陈抟和张果老这类的,都是倒着骑,因为人家是神仙!你要问我倒着骑有什么好处,我只能回答您一个字:"牛!"至于怎么个牛法,那您得去问他们。

街市依旧太平

几乎所有书写这次兵变的宋代和后来的史书和相关文字,都承认一个看似平常,但却十分重要的事实:就是太祖禅位得到后周政权,没有影响士民的正常生活。这种情况最显著的表现之一,就是"市不改肆"。

赵匡胤正式当上皇帝的第二天,刚好是农历的破五。汴京城里爆竹声声,真正是辞去了旧日的岁月,迎来了崭新的历史篇章。过了破五,年就算过完了。嚯,这个年过的,真个就是过翻了天!老百姓们都在街头巷尾兴奋不已地议论着。

天翻了是不假,但是地没有覆。

从初六的早上开始,东京城又像往常一样,喧闹起来了。巷子里小孩子们嘻嘻哈哈,追追打打;街道上人车涌动,络绎不绝。市场里更是红火:

卖米的、卖面的,卖针的、卖线的,卖活鱼的、卖肉馅的,卖姜的、卖蒜的,卖筷子的、卖饭碗的,烤羊肉串的、卖笨鸡蛋的;

卖油的、卖灯的,卖白菜的、卖大葱的,出力赚钱的、介绍女佣的;

卖纸的、卖布的,卖酱的、卖醋的,卖旧货的、卖新书的;

卖服装的、卖鞋帽的,卖新烧酒的、卖老鼠药的;

关西的、山东的,淮扬的、秦凤的,寿州的、晋城的;

牵马的、饮驴的,挑担子的、拎籤箕的;

看相的、算卦的,现场卖诗词的、作人物肖像画的,抱孩子看打把势的、搀老头听说平话的。

平常有的,应有尽有,一样都没缺,一点儿都没少。昨天还是后周东京的汴梁,今天已经是大宋的国都。喧闹而有序,繁荣又祥和,仿佛什么都没有发生过一样。政权变更了,市井依然喧嚣,生活更加欢乐了。天下太平,姓赵的和姓柴的,谁也没输,谁也没赢。倒是老百姓,大家一起共赢了!

这就是史书上说的"市不改肆"。这种事情听起来简单,其实真的不容易。王朝更迭,皇帝换位,那可不像大队改选,支书换届那么轻而易举。会牵动整个国家政局,会影响全国百姓的生活。连市场交易都照常进行,这在中国历史上,恐怕还真是首例。

到了元宵日的晚上,汴京城更是万家灯火,满城喧嚣,那才真正是"火树银花不夜天",张王李赵舞翩跹。小酒馆、小吃摊、小玩商铺,大饭馆、大戏台、大游乐场,全都人满为患,热闹非凡。街头巷尾的平头百姓,深宅大院的官宦子弟都出来游玩了。就连青楼妓馆,都显得更加姐红妹绿(不是枣红背绿)。麻将牌声、下赌注的喝彩声,露天戏院的锣鼓琴筝声,喝醉了酒的喊叫声,窑姐娼妹们的招客声,完全响成一片,把个汴梁城装点和渲染得如同天上人间一般。

赵匡胤听着街市的喧嚣,忽然想起一件事来:若干年前,自己四处流浪,看到遍地流亡、逃难的人们,不由自主地在心头涌起一个念头:如果自己拥有最高权力,一定要让百姓们过上幸福、安乐的生活。现在,他感觉已经做到了。但他也在心里告诫自己,这才刚刚开始。"这只是万里长征走完的第一步。以后革命的路程更长,工作更伟大、更艰苦。"赵匡胤要求他的"同志们"务必充分注意,千万不可粗心大意。

早在登基后的第三天,赵匡胤就下令,释放了在后周征讨淮北时活捉的三十四员南唐将领。同时又派出使节,赐给江南国第一道大宋皇帝的诏书:勉励李景继续履行后周时期双方定下的相关协定,向大宋称臣,代替大宋,管好并善待江南子民。

第四章
平定叛乱

赵匡胤兵变称帝,真的一个人没杀吗?

杀了!就在初四那天下午,天块黑的时候,一个惯窃的黑社会团伙,企图趁火打劫,十几个人分别闯进了民宅,抢掠财物。赵匡胤当即下令:全部处斩!除了王彦升违背圣旨,枉杀韩通一家之外,东京城里,就杀了这么十几个不要命的捣蛋鬼!

在赵匡胤当上皇帝以后的一两个月时间里,贺电就像雪片一般,从不同方向飞到汴京城来。

江南国(江苏、江西)的、吴越国(浙江)的、南闽国(福建泉州、福州一带)的、南汉国(两广)的、湘楚国(湖南地区)的、荆南国(湖北荆州一带)的、后蜀国(四川)的、大理国(云南)的、于阗国(新疆和田地区)的、吐蕃国(西藏、青海)的、占城国(越南)的、高丽国(朝鲜、韩国)的、琉球国(日本)的、暹罗国(泰国)的、缅甸国(伊朗)的、大食国(伊朗)的、三佛齐国(印度尼西亚、爪哇)的,还有尚未建国的少数部族回纥(新疆吐鲁番盆地一带)的、女真(黑龙江、吉林东北部)等的。只是加拿大、美国、巴西、澳大利亚等国,没有发来贺电。那时这些国家都还没有诞生,咱们就姑且原谅他们的失礼吧!好像只有北汉和契丹,没有及时发来贺电。

赵匡胤通过兵变夺了后周的政权,满天下就一点儿不同的响声都没有吗?

这怎么可能呢!您千万不要被我上面说的赵匡胤"得天命"的话语给弄晕喽,如果一点响声也没有,那不显得后周太不得人心了嘛,后周世宗也是一代英主哇!而且适逢乱世,怎么会没有人乘机起事呢?

其实,就在赵匡胤当上皇帝的第一年里,抗拒赵匡胤代替后周的军事行动,就发生了两起。一起是在四五月份,是由后周昭义军节度使、中书令李筠在山西发动的；一起是在九十月份，由后周淮南节度使、检校太尉李重进在扬州发动的。

北汉的蜡书

赵匡胤登基以后，就给李筠下发了诏书，通知他自己已经禅位当了皇帝，同时，让李筠保留原官不动，还给他加封了一个中书令。使者来到潞州，李筠当时就非常气恼，不想接诏。被手下人一顿苦劝，勉强接过了诏书。按照常规礼仪，地方官员要设宴接待朝廷传诏使臣，可就在酒宴上，李筠却发起飙来了。也不知在什么地方，找来一幅后周太祖郭威的画像，悬挂在宴会厅的墙上。才喝了两杯酒，就面对画像，如丧考妣似的放声大哭起来。这个突然的举动，吓得李筠身边的亲信魂飞魄散。他们赶紧对使臣解释，说李筠喝醉了，请使臣万勿见怪。他们还嘱咐使臣，让他回去千万不要对皇上讲这件事。本来是喜庆的宴会，就这样不欢而散了。

使臣回到汴京，把情况如实汇报给了朝廷。

李筠身边的人，不是不让他说吗？是呀，搁你，你敢不说吗？就算他给咱喝茅台，把金山银山都给咱，咱也不敢不说呀！等着造反了以后再说，那不就等于参与了谋反嘛！"啊，他李筠有病，李筠身边的人都有病，让咱替他吃药。他们这些人都怎么想的。他们尽可以有病，咱可没病！咱脖子上长几颗脑袋？咱一家老小又有几个练过刀枪不入的铁头功？还不让咱说，有这么害人的吗？"使臣心里说。

北汉的主子刘钧，就是刘崇的儿子刘承钧，接位以后改名刘钧了。这位被后来的历史称作北汉睿宗的家伙，听到李筠心怀异志，想要叛宋自立，赶紧派使臣带着蜡书来到潞州。打算把李筠拉到自己的怀抱里，约李筠共同起兵，一起攻宋。

蜡书是什么？蜡书，也叫蜡丸书。就是用蜡丸把重要的书信严密地包裹在里面。直接带书信，太容易被发现。万一路上碰到宋朝的边防检查怎么办？另外，蜡书这东西不怕水，万一遇上紧急情况，可以把它扔到身边的水坑里，等到安检完毕以后，再把它捡起来。或者干脆扔掉销毁证据，既保住了秘密，还能免受惩罚。

当北汉的蜡书传到李筠手里的时候,亲信劝他把这件事汇报给朝廷。李筠虽然自负,也留了个心眼。就把蜡书重新封好,派使臣送到了汴京。李筠想要先蒙蔽一下大宋皇帝,蒙蔽一时是一时,给自己稍微留点时间,好做点造反的准备。大宋朝的太祖皇帝,那是李筠能蒙蔽的吗?也不看看是谁!太祖得到蜡书,连封都不拆,直接就扔到了火盆里。不用看,也不用问,怎么回事心里早就明镜似的了。但是出于挽救李筠的好心,太祖亲自手写了一道诏书,表扬他的态度,同时耐心抚慰了一番。

李筠该知足了,可是李筠不仅不思悔过,反而变本加厉。李筠只有一个儿子,叫李守节,当时正好被宋太祖任命为皇城使,这个身份可以因事自由往来于京师与边城之间。李筠就让李守节借着回汴京交差的机会,顺便在京城里打探一下动静,留在京城里作内应。李守节苦谏不听,继之以痛哭,仍然无济于事。死到临头了,他爹仍不悔悟,真是王八吃秤砣,铁了心了!

李守节无奈,只得来到京师。太祖亲自召见李守节,诚恳备至地对他说:"你爹真是要造反了。我听说你苦苦地劝说他,可他就是不听。现在他让你来察看动静,还想着要留到京城作内应,这我都知道。"说到这里,太祖看了一眼李守节,李守节已经汗流浃背,浑身颤抖了。太祖接着说道:"我现在就是杀了你,也于事无补。我把你放回到他身边去,你替我捎个话儿给他:我没当天子的时候,你爹就已经胡作非为,暗地里召集亡命之徒,周世宗拿他也没有办法。当时我就可以办了他,但我没管。因为我们是同僚,没有皇命我不能对自己的同僚下手。现在我当天子了,不能再让他任意妄为。"说到这里,太祖长出了一口气,接着又以和缓的语气说:"你回去告诉你爹,就说是我说的,他可以给别人做臣子,就不能委屈一下,臣服于我吗?"

这段语重心长的话语,让我们这些站在历史之外的人都能感到太祖的大度和谦恭。这么说吧,宋太祖对于李筠,真是仁至义尽了。难道还让宋太祖给他下跪不成!到底谁是皇上,谁是大臣哪!

李守节回到潞州,把宋太祖苦口婆心的劝诫告诉了李筠。李筠听了以后,以为这是宋太祖惧怕他,反倒变本加厉,愈加猖獗。逮捕了宋朝在潞州的一个监军和一个防御使,把这两个人打进木笼囚车,送给了北汉。以此作为信物,请求北汉出兵援助。同时传檄天下,号召天下人,跟他一同起兵,讨伐宋太祖。

李筠疯了

两个月以来,李筠一直就在悬崖边上徘徊。宋太祖不想让他自杀,用尽心力挽救,可他就是不听。这下好了,他真跳崖了!

已经到了这步田地,身边的人也只能被卷进去,哪还有什么退路?谋士闾丘仲卿劝李筠说:"汴京城兵强马壮,我们孤军作战肯定不行。北汉的力量也很有限,很难靠得住。这个地方不好守,不如向西进军,越过太行山,先占领怀州和孟州。然后,堵住虎牢关,以洛阳为根据地,这样才有可能与赵匡胤争夺天下。"李筠一听,隐藏自己的意图说:"我跟周世宗,就像兄弟一样。我们是哥们儿,我怎么能抢夺他的江山?再者说了,汴京城里的守卫官员们,都是我过去的老战友和老部下,听说我来了,开门迎接还来不及,哪里会跟我作对?就算作对,我也不怕!我胯下的拨汉马,日行七百里;我手下的将军儋珪,手里一杆枪,天下无敌。谁能把我怎么样!"

疯了,李筠绝对是疯了!他的这番话,给人的感觉,就如同"我是流氓,我怕谁"一样。完全热昏了,彻底不省人事了。他这样造反大宋朝,连玩命都算不上,只能说是送死。

李筠起兵的同时,派刺客潜入泽州(山西晋城),暗杀了宋朝泽州刺史张福,占据了泽州。北汉的刘钧闻听,亲自带兵前来增援。为了扩大声势,又向契丹请求援助,契丹正想乘机得利,就先派了数千兵马,也跟着闹起哄来。

出军之前,李筠还前往太原,接受了北汉主刘钧的召见。刘钧册封他为北汉的西平王,还赏赐给他三百匹战马。

李筠的这个举动,太令人费解了!

北汉是后周不共戴天的仇敌,李筠自己口口声声说是要替后周出气,为后周夺回江山,却又以臣子的身份接受刘钧的召见,还接受了北汉的封王和赐马。

这不是认贼作父吗?连这点道理都不懂,还起兵抗拒宋太祖,简直是在闹笑话,不是在开国际玩笑,而是在开宇宙玩笑!

伟大领袖毛主席教导我们说:"谁是我们的敌人,谁是我们的朋友,这个问题是革命的首要问题。"就算李筠没赶上"学毛著"运动,可是在这样重大的原则问题面前,总不应该懵懂无知吧?

李筠的这个举动,不仅是认贼作父,实实在在就是叛国投敌。不仅背叛了大宋王朝,同时也背叛了后周太祖和世宗!

到了这个时候,太祖出兵征讨他,已经不是简单的镇压叛乱,而是为国家、为民族除奸铲恶了!李筠彻底偏离了起兵抗拒太祖的初衷,问题的性质已经发生了根本性的转变!

在赵匡胤和刘钧之间,李筠竟然鬼使神差地选择了刘钧,投入了这个宿敌的怀抱。这样的人怎么能成气候?谁要是跟了他,那不就像《三国演义》里夏侯惇骂赵云一样:"你等追随刘备,如孤魂随鬼尔!"——等着送死嘛!

更不可理喻的是,李筠明知北汉与后周世仇,见了刘钧以后,开口一个受周太祖厚恩,闭嘴一个不能辜负世宗嘱托。刘钧听了,心里很不高兴,开始怀疑起他举兵造反的真正企图,不再相信他对北汉的真心。李筠完全堕落成了一个不被敌人信任的汉奸!

"动物"联军

刘钧不仅不再信任李筠,还派遣北汉的宣徽使卢赞,来到李筠的军中做了监军。刘钧的这个举动,使李筠心里很不爽。之后的几天里,李筠几乎整天都在跟这位监军吵架,相处极不和谐。刘钧出于联手对宋作战的考虑,一面给双方调解矛盾;一面又把自己的同平章事卫融,派到了李筠的军营里。这下更好,俩监军一同被安插在了李筠的身边。

李筠把自己的儿子李守节留下负责守卫上党,自己先发,北汉、契丹举兵随后,愤愤不平地向南进发。

李筠不知道,这次亟亟惶惶起兵"伐"宋,实际上只是着急赶着去死而已,他离黄泉路越来越近了!

李筠、北汉、契丹三方军队,浩浩荡荡,威风凛凛地一路向大宋朝杀来。开路先锋李筠,少主子北汉刘钧居中,契丹老主子随后。摆出了一副走狗在先,恶狼居中,黑熊殿后的标准动物战形。

李筠起兵的消息刚一传来，宋太祖马上召开御前军事会议。枢密使吴廷祚献计说："潞州的城防很坚固，不容易攻破。如果李筠坚守不出，一时间还真拿他没有好办法。但是李筠这个家伙，一向骄横跋扈，自以为是，武断少谋。应该立即率兵出击，他忍不住气，就会恃勇出战。只要离开潞州城，擒他就不难了。"宋太祖采纳了这位"人民军国防委员会主席"的建议，立即布置下去。命令殿前副都指挥使石守信、殿前副都点检高怀德马上自西路起兵，向东进军。同时密令石守信，千万不能让李筠的部队越过太行山。一旦他越过太行山，跑到西面去，情况就复杂，事情就难办了。

敢情李筠的谋士闾丘仲卿真给他出了个好主意，可惜他没有当回事。这件事情也提醒咱们，没事别瞎给人出主意。人家不当回事，咱们丢点面子不要紧，好主意说给没脑子的人听，那不是对牛弹琴，白白浪费音乐情感嘛！

你再瞧人家宋太祖，那才是真正的军事家。早就把他负隅顽抗的可能路径，事先堵死了！就算李筠再想过味来，黄瓜菜也已经凉透了。

太祖委命宰相范质安排粮食、军饷，同时命令殿前都点检慕容延钊、章德军留后王全斌从东路出发，与石守信、高怀德会合，两面夹击。宋太祖又派遣兵将，固守山西，阻止李筠前进，防堵北汉后续援军。

两天以后，石守信在长平（山西高平西北）首战告捷，斩敌三千。紧接着太祖下诏，要御驾亲征。留枢密使（人民军国防委员会主席）吴廷祚驻守东京，开封知府吕余庆为东京副留守，皇弟赵光义担任大内都点检。同时委派大将军韩令坤屯兵河阳，以保京城万无一失。

瞧人家安排的，那叫一个周到！

太祖到达荥阳，西京留守向拱主张速战速决，不给李筠以喘息的机会，不等北汉和契丹的军队集结过来，迅速解决战斗。枢密学士赵普也主张不能迟缓，要以迅雷不及掩耳之势，制敌于死地。太祖采纳两人建议，传令各路军队，火速出击。就在这之后的第五天，李筠在泽州南二三十里的地方，与大宋西路军遭遇。石守信和高怀德分兵左右夹击，一战击溃李筠三万部队，杀死了北汉的监军卢赞，还生擒了北汉的河阳节度使范守图。李筠无可奈何，带领残兵败将退入泽州城内，坚守不出。

六月一日，太祖来到泽州城下，下令猛攻泽州。

李筠这次起兵反宋时,把一个姓刘的爱妾带在了身边。刘氏见泽州将破,就给李筠出主意,让他集中主要骑兵突围,然后进驻上党。说那里距离北汉较近,容易获得北汉的增援。李筠又问身边的将领,有人劝告他不能这样做,说城中都是忠于他的敢死之士,一时半会儿没有问题。要是出城逃跑,被这些军卒知道了,他们就会灰心,很可能会临阵倒戈,直接把他捆绑了交给宋太祖。李筠犹豫了一天,还是拿不定主意。到了第二天,李筠还在犹豫,泽州城已被攻破了。李筠走投无路,点起一堆篝火,纵身投入火海之中,这下他倒丝毫没犹豫。就这种主儿,也想跟宋太祖玩 PK!

　　北汉的刘钧听说李筠已死,转身带兵退回了太原,契丹兵本来就没有赶上来,半路上就卷旗北走了。威风凛凛的联合国部队,竟然如此不堪一击!

　　太祖乘胜包围潞州,李筠的儿子李守节没有抵抗,献城投降了。太祖没有杀他,还封了他一个单州团练使。李守节得知父亲的爱妾刘氏没死,而且当时已怀有身孕。费了好大周折,把这位小娘找到,由自己奉养着。数月之后,终于产下一枚男婴。李守节把弟弟当了儿子,李家总算又留下了一个后人。

　　太祖进了潞州城,当即下令:免征泽州、潞州一年赋税,起驾还京。李筠的叛乱,就这么简单地平定了,前后只有一个多月。

　　太祖平定李筠叛乱的消息刚刚传出,江南国(就是南唐)和吴越国的"贺电"就传递到了手上。太祖回到汴京以后,两"国"又毫不迟疑地送上了恭贺回宫的礼文。生怕因为怠慢,惹恼了太祖,各自的小朝廷,就会像残烛一样,被大宋的飓风,瞬间刮灭掉。

　　回到汴京后,太祖赏功,把赵普从右谏议大夫、枢密直学士提升为兵部侍郎,并以兵部侍郎身份充任枢密院副使。因为在这次平定李筠的叛乱中,赵普又因献策小立微功。

　　原本这次太祖皇帝已经把赵普留在汴梁,要他协助赵光义。赵普私下里跟赵光义最密,赵光义希望赵普献计立功,以便为赵普晋升创造机会和理由。赵匡胤出征之前,赵光义找到皇帝哥哥,希望他带上赵普,还说这样就会更加稳妥、安全。太祖皇帝当时跟弟弟开了个玩笑:"赵普可以当甲胄使吗?"玩笑是开了,人也带走了。

第四章　平定叛乱

赵普就这样，以国防部长的身份，履行起国防委员会副主席的职责来了。

柴荣的表哥

一波未平，一波又起。太祖回到京师不久，原任后周马步军都指挥使、检校太尉、淮南节度使的李重进，举兵反宋，抗拒太祖。不过这次的反叛，与李筠的反叛不同。李筠反叛之前，太祖极尽挽救，甚至屈身说服，但是李筠就像着了魔一样，非要跟太祖较劲不可。李重进的情况不一样，他本打算及时入朝臣服，可宋太祖不同意。宋太祖大约是想逼他造反，然后再以这个理由消灭他。一个是想造反，太祖抑制他；另一个是还没想好是不是要造反，太祖刺激他。

后唐、后晋、后汉、后周，李筠跟上面哪个朝廷，都没有直接的亲族关系，虽然他给这些朝廷都效过力。李重进的身份就不同了，他跟柴荣一样，都是后周太祖郭威的亲眷。

柴荣是郭威皇后柴氏的娘家侄儿，李重进是郭威的妹妹福庆长公主的儿子，是郭威的妻侄。柴荣因为从小被姑母领到郭威身边，郭威喜欢柴荣，就由柴夫人出面，跟柴荣的父亲柴守礼说定，将柴荣过继到了自己的名下。李重进虽然不是在郭威身边长大，也没被郭威收养为自己的儿子，但也一样受到郭威的器重。

李重进帮助郭威夺取后汉政权，之后又伺候太祖郭威若干年。郭威临终之前，让他在病榻前向柴荣跪拜，确立君臣关系。同时嘱咐他，要好好辅佐柴荣。李重进不仅是郭威临终前的唯一一位顾命大臣，又稍长柴世宗几岁。按照国家的规矩，李重进管柴荣叫皇上；要是按照家族亲戚关系的长幼礼数，柴荣和他是兄弟辈的。

无论是周世宗亲征北汉的高平之战，还是征伐南唐的正阳之战，李重进都立了大功。这一点，前面提到过的。他的身份太特别了，对于后周来讲，甚至比符彦卿都亲密、都重要。李重进又以后周顾命大臣自居，根本就没把宋太祖放在眼里。

早在后周时期，李重进和赵匡胤同掌禁兵，李重进嫉妒赵匡胤的英武，时不时地表现出警觉和防范的情绪。在赵匡胤毫无可疑之处的时候,他就已经开始怀疑赵匡胤了,而且还派人监视、窥探过赵匡胤。赵匡胤本来无事,所以也就泰然处之。赵匡胤当时对李重进的感觉,就象身上扎了一根刺一样。

如今赵匡胤当了皇帝,他不想留根旧刺在自己的身上,只要李重进还活在这个世界上,就是宋太祖的一块心病。心病不除,何以安寝?这不是睡觉的时候,有人在旁边打呼噜的问题,而是身边好像被安装了一颗定时炸弹的问题。李重进必须得像水蒸气一样,从这个世界上蒸发掉。他在这个世界上活一天,宋太祖的心里就一天得不到安宁!

宋太祖登基,别人都得到了不同的赏赐和晋升,只有李重进,不仅没获得奖励和升迁,原来的马步军都指挥使也给撸了,改由韩令坤担任。虽然也给他加封了一个中书令的虚衔,不过是临时安慰他一下而已。没过几天,宋太祖又下了一道诏令,把李重进从淮南节度使,改派到青州去担任节度使。给他挪个窝儿,省得在老地方站久了太熟悉,兵将关系太亲密了,以后难治。

李重进明白,于是请求进京见驾。他服了,是不是真服,不知道。反正在形式上,他是服了。李重进想要进京面圣,跟宋太祖解释点儿什么,可是宋太祖不想听!翰林学士承旨李昉是个聪明人,他充分理解了领导的真正意图,很快草拟好了一份诏书:

"君为元首,臣作肱骨。虽在远方,同为一体。保君臣之分,方契永图。修朝觐之仪,何须今日?"

嘀,这份诏书写的,那得说水平真是不低。

诏书说:我是国君,你是大臣(知道不?)。你虽然身在远方,但是我们的心,应该是连在一起的。只有好好遵守臣子的本分(老老实实、规规矩矩,不许乱说乱动),才是你能够保持长久的良策(什么长久?没说。还用说吗?不就是长期活下去嘛)!至于来京朝觐,面见皇上,以尽君臣之礼。这都是形式,何必非要现在呢?你急什么呀!是不是心中有鬼呀?

李重进知道,这不是一份普通的诏书,这是一封拒绝见面的绝情信,同时也是一封恐吓信!李重进绝望了,剩下的就只有举兵抗拒一种可能性了。

铁券丹书

困兽犹斗,蝼蚁尚且惜命,我怎么能坐以待毙呢!李重进开始召集亡命徒,拉民夫当兵,打造兵器,蓄积粮草了。

当李筠准备举兵抗拒宋太祖的时候,李重进派出亲信翟守珣和李筠联系,打算一起举兵,南北两面夹击宋太祖,让宋太祖首尾难顾。可是他派去的这个亲信本来就与宋太祖关系不错。何况在这样的时候,胜负都明摆在那里了,谁愿意为了这种虽然还在喘气,但是已经死定了的人去殉葬?

翟守珣把密信送到了北汉,然后没有直接回扬州向李重进汇报,却来到了东京汴梁。

乘着黑夜,翟守珣敲开了枢密院都承旨(中央军委秘书长)李处耘的家门。李处耘把他引见给了宋太祖。宋太祖对翟守珣说:"我打算赐给李重进一个铁券,他能相信我对他的诚心吗?"翟守珣回答说:"我看他终究也不会真心推戴您。"太祖说得半真半假,翟守珣的回答,可是完全出于真心。太祖赏赐了翟守珣,并且指令他想办法暂时先稳住李重进,不要让他和李筠同时举兵,这样就省得同时两面作战,叛乱也好平定些。

翟守珣回到扬州以后,告诉李重进说:"我去了京城,从熟人那里了解到,赵匡胤似乎没有打算对您下手。我看这事儿,您还得从长计议,等等看,先不要轻易动兵。"

李重进被翟守珣蒙了,所以才没有和李筠一起举兵。等到太祖平定了李筠,回到京城以后,马上又给李重进换了个地方,让他去当平卢(山东临淄一带)节度使。青州你不是不想去吗?看这个地方怎么样?李重进心中更加疑忌,越来越没底。干嘛呀这是,玩谁咋的?就在李重进心思重重,寝食难安的时候,太祖派使臣把铁券送到扬州来了。

铁券到底是个什么东西?

铁券就是用生铁板做成圆筒状,上面书写皇帝诏书。然后把生铁筒剖开,分成两部分:一部分留在皇帝手上;另一部分则发给受券人。用到的时候,再把两部分拿到一起对证,以防假冒。发到受券人手上的铁券呈拱形,像一件铁瓦工艺品。

为什么要用铁板,而不用纸张?纸张容易破损、潮湿或者干裂,不便长久保存。在铁板上面,用丹砂也叫朱砂之类的一种大红色天然矿物质书写圣旨,这叫做铁券丹书,也叫做丹书铁券。一般的诏书都用纸写,极特别的诏书,才用铁券书写。因为铁券上写有皇帝的誓词一样的诏文,所以又叫"铁券誓书"。

铁券诏书里面都写些什么东西?只写君臣永固、永保康宁之类不多的文字。干什么用的?保命用的。保谁的命?保拿铁券的人的命,保持券人的家人和世世代代的子孙的命。手持铁券,任凭谁当皇帝,只要不改朝换代,子子孙孙,都能够保住性命。即使犯了十恶不赦的滔天大罪,也不能杀头。就是谋反篡逆,也只能秘密行刑,而且还能保住全尸,同时又不会殃及家人。铁券丹书也称"丹书铁契",民间称作"免死金牌",清朝时期也叫"铁帽子",意思是戴上它,刀斧都不砍了。其实就是君臣之间的一种契约。

铁券为什么用丹书,而不用墨书?靠色,看不清楚。用丹砂书写的效果既显著,同时还有金属光泽,既美观,又醒目。

"咱要是有一个这个东西就好了。"

还是不要这么想好。您没那身份和地位,您也没赶上有明君圣主发放这种特别人寿保险证书的时代。再者说了,您要这个东西干什么?想去犯罪,是不是?只要您不怀劫掠烧杀、造反谋逆的邪念,不违法乱纪,不贪赃枉法,不杀人越货,安分守己、老老实实过自己的日子,您就用不着这个东西。真要是有这么个东西搁在家里,万一落灰了,生锈了什么的,还不好擦洗。存放在哪里安全,不致被贼偷走,又得浪费不少心思。

宋太祖给李重进铁券干什么?他不是要干掉李重进吗?没错。那为什么还要给他铁券?还没准备好怎样除掉他,先安慰他一下,同时也作最后一次试探。宋太祖折腾李重进,折磨李重进,就像拿鞭子抽尜一样,让它往左转,它就不能往右转;让它快转,它就不能慢转;让它不转,它就没法再转!

李重进昏头了

宋太祖派遣使臣陈思诲,真把铁券送到了李重进手里。李重进心里稍微放松了一下，打算跟陈思诲一同入朝面见宋太祖。表示感谢，表达感激，同时也表明效忠的心意。可是手下的这些人都不同意，说那样做太危险。万一直接被扣押了，那不等于自己去送死？李重进犹豫不决，失去了这次绝好的机会。要是他真去了的话，宋太祖想除掉他，恐怕还要费些心思，寻找另外的理由。杀人要有理由的，皇帝老子，谁都不能例外。好么样儿的，就把人给杀了，那行吗？不行，总得给世人一个说法呀。李重进太小心了，失掉了这个天赐的良机。人生在世，有时候小心过头了，反倒不如不小心。

李重进转念一想，既然人家送铁券来了，自己还不去感谢，那不就等于告诉人家，自己不买人家的账嘛！万一使臣回去，再把这个事情添油加醋那么一说，事态不就更加严重了吗？咳，干脆，我先不让他回去，留他在这儿住些日子陪他，消遣消遣再说。

好家伙，李重进扣押了朝廷使臣！而且，扣押的还是给他送铁券的使臣！

宋太祖本来没有把送铁券的使臣当诱饵，可是李重进却把他当鱼食了！

简直是昏了头了！李重进越想越后怕，既然已经扣押，后悔也来不及了，只能加紧赶制兵器。李重进知道自己力量不够，就派了一个使者到江南国去，请求人力、物力的支援。

江南国的中主李景虽然打不过宋太祖，但也不会轻易就让李重进把魂儿勾了去。

李景不仅没敢答应，还派人把消息密报给了宋太祖。使臣为了讨好太祖，表达对大宋朝的忠心，一顿添油加醋。说李重进勾引江南国，让江南出兵帮助他抗拒宋太祖。还说要两家联手，攻灭大宋，平分天下。我们江南国主，一向对上国皇帝钦敬有加，怎么能跟他一起造反，我们才不会像他一样，去当乱臣贼子！管大宋朝叫上国，不仅是尊重，同时也表示臣服。

刚好就在这个时候，扬州城里的一个叫安友规的将军，不想跟着李重进一起送死，夜里跳过城墙逃到东京汴梁去了。他这一跑，又给了李重进一个幻觉，觉得自己身边的绝大多数人，都是不可信赖的。于是，就把扬州城里的数十名将校一起监禁起来。这些人用高低不平的声调喊着,说他们都是后周的大臣,愿意为后周效力。李重进不再相信他们,把这些将校全杀了。

扣押朝廷使臣,无辜枉杀朝廷数十员命官,还要解释吗?怎么解释还能管用?

"反了!真反了!老子赐给他铁券,他还反!是可忍也,孰不可忍也!"宋太祖就此下达了平叛的诏令。

诏:削夺李重进全部官爵!宋太祖清盘了。李重进,就像经济危机到来时的股票一样,从显贵的高峰,一次性跌落到了谷底,血本无归,手中的股票,全都成了废纸,想当草根都没有资格了。

命令:马步军副都指挥使、归德军节度使石守信,出任征讨扬州行营总指挥,同时兼知扬州府事。扬州还在李重进的手上,太祖就把宋朝的知府先给安排好了。这倒也合理,出征之前,不是已经下诏,削夺李重进的所有官爵了嘛!扬州本来就是人家大宋朝的,跟李重进有什么关系!

命令:殿前副都指挥使、义成军节度使王审琦,担任征讨叛军副总指挥;宣徽北院使李处耘为都监,保信军节度使宋延渥为都排阵使,与石守信一起,率禁兵征讨李重进。

宋太祖还把刚从扬州逃出来的安友规派到军前,充任监军,封他为滁州刺史。当然,安友规也得等到消灭李重进之后才能上任,因为滁州当时同样也还在李重进手里。太祖把安友规派到扬州前线,是因为他了解扬州内部的情况,便利攻城,减少损失。

失效的铁券

大军出征之前,太祖征求赵普的意见。赵普说:"李重进守薛公之下策,昧武侯之远图。凭恃长淮,缮修孤垒。无诸葛诞之恩信,士卒离心;有袁本初之强梁,计谋不用。外绝救援,内乏资粮。急攻亦取,缓攻亦取。兵法尚速,不如速取之。"太祖纳其言,传诏石守信,迅速出师,加力猛攻。

赵普本来读书不多,一向实话实说,这回还拽上了,好像他读过《春秋传》和《三国志》一样。

咱们先不管他讲的什么薛公、武侯、诸葛诞、袁本初,只看他的意思,就是告诉宋太祖,说李重进这个人缺少深谋远虑,坐守孤城,里面既缺少粮草,外面也没有救兵。加上他粗暴寡恩,将士离心,快速进攻他得死,慢慢攻打,他一样活不成。但是兵贵神速,还是快攻为好。

就这么个话儿,那就好好说呗,拽什么呀?显摆自己有学问哪!跟太祖显摆,你行吗?

太祖留皇弟赵光义为京城大内都部署,枢密使吴廷祚为东京留守,开封知府吕余庆为汴京副留守。太祖这是又要亲征了,不过人家太祖这回可没说是去亲征,他讲了如下一段话语:

"朕于周室旧臣,无所猜忌。重进不体朕心,自怀反侧。今六师在野,当暂往抚慰之尔。"

敢情这次亲征扬州,不是为了平定李重进的叛乱,只是前去慰抚劳顿在旷野中的将士,说一声:"同志们辛苦了!"

太祖讲的是真心话吗?是的,因为平定李重进的叛乱,本是轻而易举的事情,有石守信等就已经足够足够的了,何劳太祖亲征?太祖这次到扬州来,真是慰问全军指战员和扬州城内的武警官兵。太祖此行,还想借机安定江北民心,示之以仁爱和关怀,以备平定江南时,使江北地区成为可靠的军事根据地和粮草供给基地。同时也让江南国见识见识大宋军威,吓唬吓唬李景。

太祖用意,深且远矣!

太祖所说的他对于后周的宗室和亲戚,一向不怀猜忌,也有足够的证据,比如前面说到的符彦卿和张永德,那不都是后周的至亲吗?可是李重进的情况太特别了,就是李重进接受铁券,真的安心了,太祖也不会安心。李重进的死因,早在他与太祖同掌后周禁军的时候,就已经埋下了,这一点我们在前面说过了。

太祖一路悠闲地行进,到宋州(河南商丘)小歇一日。宋州城中百姓,有儿子在扬州当兵的,父母妻子听说圣上亲征扬州路过此地,惊慌恐惧,生怕株连家族。太祖派身边传令官下去安抚,告诉他们,不用惊慌,不会株连。到了泗州之后,太祖下令舍船登岸,陆行向扬州靠近。

几天之后,太祖到达扬州附近。石守信遣使报告说,攻破扬州城,只是一早一晚的事,只等圣上一到,让皇上看一出好戏。

石守信更绝,把平定李重进,当成了一次攻城演练了!他以为当今圣上这次到扬州,是来检阅三军仪仗队来了!太祖得报,当晚来到城下。三军将士听说皇上来了,一个个鼓荡锐气,奋力攻城,当夜就把扬州城攻破了。

就在扬州城破之时,李重进身边有人怂恿他杀死朝廷信使陈思诲。"城都被攻破了,我现在要举家自焚,还杀他有什么用。"李重进终于明白了,只是已经死到临头了。不过这也不算晚,孔子不是说了嘛:"朝闻道,夕死可矣。"临死前明白,总比死了都还不明白要好些。李重进就这样胁迫全家,一起投火自焚。但是李重进的这些部下,到底还是在太祖进城之前,把陈思诲给杀了。如果其中有人就势把陈思诲保护起来,就能顺便捡回自己的性命。看来他们还真不如李重进,到死都还没有明白。这个世界上,比愣头青还愣头青的,还真大有人在。

宋太祖进城,得知陈思诲被杀,就命人寻找翟守珣。找遍扬州城都没有,最后在扬州城附近的一个农庄里找到了翟守珣,太祖授官嘉奖。

翟守珣跑到农庄里干什么?不是按照太祖的旨意,稳住了李重进嘛。太祖来擒拿李重进,翟守珣要是还不跑的话,李重进要不把他剁成肉酱拌面条吃,那都怪了!

第二天,太祖又将李重进死党数十人,连同李重进的弟弟解州刺史李重赟、李重进的儿子李延福,一并当众斩首。

李重进还有个哥哥,叫李重兴,当时还担任深州(今河北深县)刺史。听到弟弟造反的消息之后,提前畏罪自杀。他倒好,理解太祖辛苦,不劳下令了。

宋太祖不是给李重进铁券了嘛,怎么又把他的弟弟和儿子都给杀了?庄家既然能发牌给你,也就能从你的手里把牌收回去。那张牌,就算用来保你,也绝不是用来管束庄家的。王安石写过一首叫做《读汉功臣表》的诗:"汉家分土建忠良,铁券丹书信誓长。本待山河如带砺,缘何菹醢赐侯王?"司马迁在《史记·高祖功臣侯者年表》中,如实记录当年汉高祖分封功臣时的旦旦信誓:"使河如带,泰山如砺,国以永宁,爰及苗裔。"就是说只有当黄河瘦成一条皮带,泰山缩为一块磨石,我才会变心。不然的话,只要汉朝还在,你们的子孙就会永远富贵下去。

刘邦给韩信等的铁券丹书,并没有阻止汉代诛杀功臣的进程,所以韩信才有"狡兔死,走狗烹,飞鸟尽,良弓藏,帝业竟,谋臣亡"之类的怨憎话语。

何况李重进并没有真正接受。如果接受,怎么会当下就造起反来?假使他真正接受了,那一定是会发生效用的。太祖即位之初,就给柴氏发了铁券。直到宋朝灭亡,姓柴的一直都在享受大宋朝廷免杀之类超等优惠的待遇,这是真的。您可能看过《水浒传》,知道小旋风柴进"堂悬敕额金牌,家有誓书铁券",但是他的叔叔柴皇城,还是被高俅的堂弟高廉,还有高廉的大舅子殷天锡给气死了,没人管!那是小说,别当真。要真是这样,别说殷天锡和高廉,就是高俅也一样,难道说他真的不知道自己长几颗脑袋吗?就算他再猖狂,也不至于猖狂到无视太祖皇帝铁券丹书的份上。

太祖进扬州,下令发粮,赈济扬州城内民众,按人头分拨,每人一斛,十岁以下减半。被李重进胁迫当兵参与守城的所有军士,一个不杀,赐予衣服,全部放归故里。已经战死而家庭生活困难的,每人赠绢三匹。李重进其他家属,从前的手下将帅,一并赦罪不问。

迁都南昌

宋太祖亲赴扬州的消息很快就被李景知道了,他马上派遣左丞相严续,携带牛羊酒馔赶到江北,犒赏王师,给太祖贺喜。紧接着,又委派儿子蒋国公李从镒和户部尚书冯延鲁赶赴扬州,设宴为太祖接风洗尘。李景也打算让他们顺便窥测宋军是否有过江的意图,看看自己的江南国还能存活多久。

宴会刚刚开始,太祖忽然厉声喝问到:"你们的国主,为什么私下里和我的叛臣联系!"面对太祖突如其来的故意刁难,冯延鲁镇定自若地回答说:"陛下只知国主和李重进联系,不知道他还参与了李重进造反的谋划。"太祖好奇地看着冯延鲁,让他继续说下去。冯延鲁不慌不忙地说:"李重进的特使,当时来到江南,就住在我的家里。国主虽然没有接待李重进的使臣,却让我传话给这位特使,说'大丈夫受人抑制,造反是常有的事情。'"

说到这里,冯延鲁抬头看了太祖一眼,之后又放慢了语气接着说道:"'但是造反,是要选择好时机的。有适合造反的时机,有不适合造反的时机。当今圣上刚刚登基的时候,天下人心还没有真正依附,李筠又在上党起兵抗拒。那时就该顺势起兵,造成两面夹击之势。该反不反,等到李筠败死,人心完全归附,天下都彻底安定了,才想依托一个残破的州郡、数千疲敝的兵将,抗拒万乘天尊。时机的选择,完全错了。在这样的情况下起兵,就算是韩信和白起重新活过来,也不会有任何成功的可能性。我们的兵将和粮食,怎么会用来支持和喂养死人。'李重进正是因为没有得到我们的援助,孤军弱旅,外无救兵,轻易就被您平定的。"

这个冯延鲁,还真够厉害的。瞧人家那套外交辞令,表面上说的是参与造反密谋,实际要表达的却是为平叛立了微功。

太祖看了看冯延鲁,近乎恐吓地试探说:"话虽这样说,各位将领们都想乘此时机,顺势统兵渡过长江。要是我一时约束不住他们,不知结局到底会是怎样?"冯延鲁不卑不亢地回答说:"以陛下的神武,真要是率大军渡江,就江南这么个弹丸小国,怎么敢抗拒天兵?可是江南国主手里,还有数万亲随的侍卫,都是他的父亲留下的。这些人都跟他誓同生死,他就是不下令,这些人也不会束手待擒,一定会拼死抵抗。如果陛下愿意舍弃数万将士的生命,还是可以获胜的。不过,这长江之上,风涛汹涌,变化莫测。万一您过江以后,一时半会儿攻不下来,粮草再接济不上,到时候,也够愁人的。"

"真是一张好嘴!"太祖心里说着。太祖感到恐吓已经不能发生效用,再说下去,也不会占到什么便宜,还要白白浪费许多功夫。想到这里,太祖忽然诡谲地哈哈大笑起来。冯延鲁一怔,太祖顺势转移话题说:"我只不过是跟你开个玩笑,不想听你的游说之辞。"

冯延鲁的这番话语,可谓不卑不亢。既没有惹恼宋太祖,又保住了江南国的尊严。同时又用了近似警告的话语,温馨地提示宋太祖:江南国虽不及大宋强盛,但也不是轻易可以攻灭的。

自古以来,政治就是力量的角逐,弱小的国家,一向只有被动接受欺压的可能性,没有办法在与大国的交往中占到便宜。做点亏本的买卖,虽然不情愿,但也只能如此。能把损失降到最低限度,那是一件极其不容易的事情。这就叫做"弱国无外交"。

冯延鲁作为弱小国家的外交官,出使上国,面对宋太祖这样英明神武,而又正在志得意满的帝王,能把虚拟的谈判进行到这种程度,在古今中外的外交历史上，虽然说不上前无古人，后无来者，也算是相当不容易的一个范例了。

冯延鲁走了，回江南跟自己的国主汇报情况去了。

两天以后，太祖下令：三军将士在长江北岸举行大规模的水、陆军实战演练。

大宋朝马、步、水、炮，各军兵种，陈列江畔。兵卒遍地，旌旗如云，刀枪映日，戈甲森森。太祖站在銮驾上喊话："同志们好！""圣上万岁！""同志们辛苦了！""圣上辛苦！""同志们晒黑了！""圣上更黑！"

宋太祖本来长得就黑，再加上这次大阅兵，存心给李景看，用心也真够黑，真够狠的！士兵们说的都是实话。

太祖龙颜黝黑，神气十足；兵将趾高气扬，喊杀震天。李景闻听，惶惑不安，寝食俱废。就在两三年前，他已经被周世宗着实地惊吓了一次，那场恐怖片的制片人就是赵匡胤。不过那时的赵匡胤，只是后周的大将军，现在又以大宋朝皇帝的身份，再度亲自导演了一出新制造的恐怖大片。这部片子比上一部更可怕，都快赶上表现世界末日的电影《2012》了。

李景哪禁得起总这么吓唬！心说："不行，金陵这地方，不能再住了。太危险了，老演恐怖大片呀！"吓得李景好几晚上都没睡好，一紧张，一着急，就把都城迁到了南昌。南昌新都的规划设计又不随人愿，闹得群臣怨声载道。李景暴怒，要严惩设计者和施工队，这些人早就携巨款潜逃了。李景又转怒于建议迁都的参与谋划者，把个国防委员会副主席活活给吓死了。李景非常烦闷，就在次年的七月上忧惧而死了，终年46岁。太子李从嘉嗣位，更名李煜。这位就是历史上著名的大词人、南唐后主。

真假难辨

长江水师军演之后，太祖起驾，回师汴京。

平定了李筠和李重进的叛乱，太祖身边的武将们志得意满，太祖也一时高兴，就把从前的几位"哥们"找来，游猎了一整天。"皇上大哥，今天咱们野炊一场，把猎物烧煮了，一起喝上几盅。"石守信们直到这时，还没有走出跟太祖的旧日哥们情境。"好哇，就这么定了！"太祖的哥们义气也上来了。

太祖身边的这些人，个顶个都是酒桶，只有王审琦，一向滴酒不沾。太祖逼迫王审琦喝酒，王审琦没办法。三五杯下去，脸红得跟猪肝差不多了。王审琦不想再喝了，"审琦不是慎酒，大哥让你喝，你还不喝，你心里还有没有大哥？"石守信的话语，忽然提醒了机警的宋太祖，心里想着得约束约束这些鲁莽粗鄙的家伙们了。想着想着，旧日武人的狡黠心思，又在太祖的心中升腾起来。

"李筠和李重进为什么要造反？""不自量力呗。他们以为他们跟咱们大哥一样，想当皇帝就能当上呢！""那我为什么能当上皇帝呢？""有天命呗。""要不是柴宗训年纪小，后周没有年长的人，我能当上皇帝吗？"一边喝酒，太祖和将军们一边聊天。

"可也说的是呀。周太祖没兄弟，没儿子。周世宗的兄弟也早都死了。"石守信说。"周太祖有两个儿子，都被汉隐帝杀了，还有世宗皇帝的三个儿子，都一起被杀的。要是还在的话，应该快三十了，世宗的长子要是活着，也应该有十七八岁了。"王审琦补充说。"你说的是柴谊和柴諴吧？""是的。当年太祖郭威的家属都在汴京，从邺都起兵的时候，李业怂恿后汉隐帝，派刘铢去家里，连个活口都没给留。"宋延渥当年几乎是亲历了这个过程，连巨细的环节都知道。高怀德插话说："太祖郭威的儿子一个叫周侗，另一个叫周信。""世宗跟他们住在一起，全家也被杀了。当时三个儿子，其中一个不知道叫什么名字。"韩令坤跟着说道。"叫諴"，宋延渥补充说。

"当时好多人都想当皇帝。"慕容延钊说着，夹了一块兔子肉放进嘴里。

"其实当皇帝也不难。如果兄弟们谁想当皇帝，杀了我就可以了，正好现在周围没人。"太祖这句话，一时间把几位将军说哑了一样，半天没人接茬。

几位面面相觑了很久，还是石守信打破了半天的沉寂说："怎么说起这个来了，咱们都是拥护大哥的，谁会那么没良心。"

酒喝完了，太阳也下山了。

太祖喝得兴奋，一个晚上都没睡着。

没过几天，太祖说是想看看百姓的生活，带了两个贴身侍卫，外加一个小宦官,乘坐龙辇,慢悠悠的在城里转悠了一圈。回来的时候路过一座木桥,不知从哪里忽然射来一支冷箭,正好射在龙辇前面的挡板上。宦官吓得面如土色,赶紧跑回宫里报信。两个侍卫一前一后,护卫着太祖随后也回到了大内。

太祖回到皇宫里,大臣们很快就得到消息,都来看望太祖,同时提议:马上派人全城搜捕,绘图通缉,捉拿刺客。"不要大惊小怪的",太祖镇定自若地看着朝臣们说,"不就是射了一支箭吗?让他射,让他射!射死我,也不一定轮到他来做皇帝。"

朝臣们劝太祖以后不要再一个人出去走动,以防被人暗算。太祖却若无其事地说:"一个人能不能当帝王,那都是有天命的。没天命的人当不上皇帝;有天命的人,想挡也挡不住。""还是小心点,不怕一万,就怕万一。"枢密使吴廷祚说。"不都说耳朵大的人,福德也大嘛。当年周世宗当皇帝,生怕被耳朵大的人夺了皇位,不知杀了多少大耳朵的人。我耳朵大不大?每天都在他身边转悠,可他就是不杀我。为什么?还不是我有当皇帝的天命嘛!"太祖说着,用右手得意地拎了拎自己右边的耳朵。

太祖遭遇莫名暗箭的"袭击"之后几个月里,告发谋反的事件,又连续发生了好几起。

成德节度使郭崇,打从听到太祖禅位开始,就经常私下里哭哭啼啼。监军密报太祖,希望引起注意。当时郭崇驻守边陲,要是真的造起反来,边城没了不说,还容易借助契丹的势力,威胁国家的安全。太祖却认为这是郭崇的忠义,说郭崇对后周有很深的感情。看到后周丢失了政权,一时不痛快,没什么大不了的。"让他哭吧,哭一阵就好了。"近臣们坚持去查访一下,万一真反了,好有个准备。害人之心不可有,防人之心不可无嘛。于是就派了个使节,前去侦测观察。郭崇不知道朝廷派使臣来的意图,心里紧张地对手下人说:"如果使臣来抓我,或者传诏让我进京,那该怎么办?"大家一时间不知如何是好。观察判官辛仲甫说:"今上登基,您首先就表达了推戴的意愿。这期间,咱们的军队也没什么出乎意外的调动,百姓们都按照常规生活。朝廷就是想给您定罪,也没有什么正当的理由。使臣来了,咱就照例迎送,诬陷之词,也就不攻自破了。"使臣回到京城向朝廷如实做了汇报,太祖高兴地说:"我早就说过,郭崇不会谋反的。"一个疑似病例,终于被确诊排除:不是SARS。

按下葫芦又起瓢,朝廷任命杨承信为护国节度使兼侍中。杨承信前往赴任,走在路上就被人告发了,说他要谋反。太祖命人前往赐赠物品,顺便察看虚实。使者还报,杨承信一点造反的迹象都没有。太祖下令,杨承信继续前往赴任,这件事又了了。

保义军节度使袁彦,一向凶悍,身边围绕着一些狂妄之徒,在地方经常胡乱发布政令,一方民众,久受其害。听说太祖禅位,日夜磨刀擦枪,招兵买马,不臣之心,已然显露无遗。太祖差遣潘美前往监军,伺机解决问题。潘美为了不让袁彦先存戒心,只身单骑入城,宣诏让袁彦进京朝见皇帝。袁彦一看没事,就跟着潘美到了京城。宋太祖很高兴,称赞潘美理解圣意,没有胡乱杀人。太祖改命袁彦为彰信军节度使,跟他过去的狐朋狗友分开了事。

一天,太祖在官中设宴招待大臣,翰林学士王著借着酒劲,大闹宴会厅。太祖考虑王著是前朝旧臣,没有发怒,只是命人把他搀出去了事。可这位王学士,不知究竟为了什么事,借酒撒疯,赖着不走,闹个没完没了。竟然要贴近太祖,同时放声大哭起来。军士们只得强行把他拖了出去。到了门口,他又挣脱众人,跑到皇宫门口,大声呼喊周世宗,号啕不停。军士们报告太祖,太祖从容地说:"他心里不舒服,闹一闹就好了。不就一个书生吗?还能哭翻天不成!"

泾州马步军教练使李玉,早就以凶顽狡诈著名。跟彰义军节度使白重赟一向不和,与手下一个叫阎承恕的家伙,合伙设计陷害白重赟。他们伪造了一封皇帝制书,在制书上写了八个字:"白重赟谋逆,夷其族。"然后,拿着这份制书找到彰义军都指挥使陈延正,还带了一缕红色的马缨穗子,说是使臣留下的信物。因为使臣还有其他紧急公务,不便停留,又到别的地方传旨去了。

陈延正感觉不对,还有比谋逆更紧要的公务吗?怎么连人影儿都没见着,使臣就走了?再说了,使臣怎么会轻易把这么重要的文书,随便交给一个教练官呢?于是就赶紧拿着这份假制书找到了白重赟。白重赟一听,怒火中烧,展开一看制书,着实也吓了一身冷汗。这封制书做得太像真的了,白重赟分不清真假,于是赶紧上奏朝廷,同时给自己鸣冤。太祖震怒,立即派使臣带领御前亲兵前往泾州,将李玉和阎承恕抓捕归案,斩首示众。同时提拔陈延正为刺史,传诏各州、道(道后来改称路,相当于今天的省级地方行政机构）：从今以后，朝廷文书即使盖有印章的，也要详细分辨以后，再加施行。害人者自害，李玉和阎承恕得到了应得的报应。

没几天，又有人前来告发：泽州刺史张崇诂私通李重进，是李重进叛乱的重要参与者。李重进造反之前，张崇诂身任泗州刺史，确实准备跟李重进一同起兵，还鼓动李重进乘李筠起兵之际同时造反，帮助李重进出谋划策，抗拒朝廷天兵。查证属实，斩首示众。终于逮住个真造反的！

接二连三的这些事情，搞得太祖心里异常烦乱。

一天夜里，太祖翻来覆去睡不着觉，都凌晨一点多了，才迷迷糊糊地睡去。刚睡着一会儿，就听外面噼噼啪啪一阵爆响，专门负责给皇宫制造特供美酒的"皇家茅台"酒厂——内酒坊失火了。一时间浓烟滚滚，烈焰冲天。

太祖以为京城里发生了兵变，扑棱一下就从床上蹦下来，大声喊着：集合队伍！有人报告，说是御酒坊失火了。这个御酒坊跟三司的财政部大院紧挨着。

太祖跑出院子，带着几个亲随登上了房顶。

火光中看到几个人钻进了三司衙门。太祖以为是酒坊使左承规和副使田处岩乘乱鼓动部下偷窃抢劫公款。"都抢了银行了，这还了得！"

从房顶上刚下来，大臣们就已经到了好几位了。太祖当即下令，把酒坊使左承规和副使田处岩（就是酒厂的厂长和副厂长），还有酒坊里的五十名制酒工人全部就地斩首。听着外面咔嚓咔嚓的砍头声，宰臣忍不住了，赶紧上前苦谏，说可能是因为失火，大家一时慌乱，未必就是趁火打劫。太祖忽然醒悟，下令赶紧停手。酒坊使和副使早已见了阎王，只剩下十二个工人，其中一人已经被按倒在地上，刀已经架在脖子上了。这个家伙的命啊，该有多么的好哇！

第二天，太祖昏昏沉沉，连早朝都取消了。几天之后，早朝刚散，太祖就对近前的人说："当皇帝，真不是一件容易的事啊！"众臣面面相觑，以为太祖说的是那些"造反"之类的事情。太祖看到众人不解，接着说道："如果下达了一个错误的指令，会造成多少无辜的人丧命，连挽回的机会都没有。我这几天都没睡过一个好觉。"这时大家才明白，原来是为酒坊失火那件事情。其实那些人中有些是该杀的，只是不应该都杀。

太祖太累了，太烦了，也太紧张了。当国之初，一切都还乱七八糟，事冗人杂，万机待理。百余年来，华夏的江山被大家共同糟蹋和祸害得七零八落，早就破碎到了不可收拾的程度。这个烂摊子，究竟怎样才能重新收拾好？

为了缓解紧张情绪，太祖拿起了八岁以后就一直带在身边的弹弓，乘着午后的闲暇，一个人走到了后花园里。

一只柳叶眉正在枝上跳来跳去，太祖举起了弹弓。"这只小鸟太好看了，像只快乐的自由天使。"太祖放下了弹弓，转身往另外一棵大树下走去。一只挺大的伯劳鸟已经进入了太祖的视野，太祖再次举起了弹弓。侍卫忽然来报：有朝臣急急惶惶地赶来，说是有急事需要禀告。太祖的手臂再次放下来，把弹弓交给侍卫，出来召见这位大臣。

认真听了半天，全是些鸡毛蒜皮的小事儿。

"你不是说有大事汇报吗？""总比打鸟的事情大吧？"

这位大臣回答说。嘿，太祖这气！顺手倒提起手边的玉斧子，照这位大臣的脸上就抡了一斧柄。

宋太祖和周世宗都喜欢随手拿个玉制的短斧子，叫做玉钺。可能是显示帝王的权力和尊严，要不就是还有防身的作用。久而久之，大家都习惯了，不以为奇怪了。

你就瞧这寸劲儿吧，刚好打掉了两颗当门牙齿。

这位满嘴是血的大臣不慌不忙，俯身拾起了掉在地上的两颗门牙，轻轻地装在袋子里。太祖余怒未消："怎么着，你还想拿这俩牙当证据，到刑部大堂去起诉我，是不是？""臣不敢起诉圣上，自有史官记载此事。"这个乖巧的家伙，把个宋太祖给说乐了，还赏了他一些金帛。物有所值了，两颗门牙，总算没有白掉。

还真让这位大臣给说着了，史官确实把这件事记录下来了。要不今天咱们就没法知道这件事情了。

这才当了不到一年的皇帝，就把宋太祖折腾成这个样子。以后还有很多重要的事情，太祖又将怎样着手，一件一件地做下去呢？

第五章
当国之初

焦头烂额

宋太祖在取代了后周小皇帝,成为最高统治者的同时,也从后周手里接过了一个烂摊子,就像拿到了一个烫手的山芋一样。

安史之乱以后,藩镇跋扈,各自为政,之后又是五代的军阀割据,把个大好河山撕扯得七零八落,肢体分离。政权更迭,人心离散。民族矛盾、割据政权和中原政权之间的矛盾、割据政权之间的矛盾,文武矛盾、官兵矛盾、军民矛盾……各种矛盾,层出不穷。

外患问题、内忧问题、军队战斗力问题、官员素质问题、贪污腐败问题、教育问题、社会治安问题、流民安置问题、百姓生活问题、河渠整治问题、城市建设问题,诸如此类的问题,也还只是实际的问题。还有更为重要的税收额度问题、量刑标准问题、行政规范问题、用人原则问题等等的制度建设问题。各种问题,堆积如山。

整个国家就像一团乱麻一样,一时间难于理出头绪。怎样重新实现国家统一,怎样重新建立安定的社会秩序,这一大堆又一大堆的矛盾、问题,互相重叠、纠葛,就像夜里的蚊虻一样,嗡嗡鸣叫,吱吱叮咬,经常搅得宋太祖彻夜难眠。

建隆二年(961),大年初一,太祖就上朝了。下午回到皇宫看望老娘,给老娘拜年。文武百官接着也都来给太后拜年、请安。老太太高兴,跟大家说了一些闲话。当着文武百官的面,老太太认真地对太祖说:"当皇帝不容易,天下治理得好,皇位才会尊贵。如果治理不好,闹出大的乱子,想回头再当老百姓都没有机会了。我真为你担心哪!""孩儿记住了。"太祖诚恳地说。

初二一大早,太祖就起来了,今天要走点儿远路,赶赴设在汴京城外的水师训练营,视察水战演练。

才正月初三,不顺心的事情又来了。太祖罢免了一个严重失职的官员,推荐人太仆少卿王承哲,也因为荐举不当,受到牵连,被贬降为殿中丞。起初王承哲在推荐时,一再声称这位官员事业心强,能力也不含糊。结果上任没几天,就玩忽职守,几乎耽误了大事。为了严肃用人制度,防止类似的事情再度发生,太祖下诏:以后但凡为官失职,玩忽职守或者贪赃枉法之类,推荐者一并问责!

一月以后,太祖再下诏令:"所有在朝文官中,有在地方州县工作经历的,每人推举一名州县副长官,外加一名办公秘书。但是将来这些被推荐的人,如果出现贪赃枉法、玩忽职守、庸碌无能、胆小怕事,不敢承担责任等情况,谁推荐,谁负责。"

太祖的这项命令,意义可是非同寻常。因为太祖本是武人出身,并不十分了解各个州县的具体情况,更不了解哪些具体的人,能担当起这样的责任。国家刚刚建立,急需人才,只有发动官员们,让大家共同举荐,才能填补一时的用人空缺。

不久之后,州县副长官以上的人选就出来了。再加上这种"谁举荐,谁负责"的责任制度,很少有人敢于自冒风险,把亲族子弟或者亲戚朋友中的废材和贪心重的推举出来。就这样,在保持原有官僚体系基本运作的同时,又给各个州县补充了新鲜血液,国家机器很快就进入了轨道,开始正常运转了。

宋太祖一面为新政权填充新的行政力量,同时也伺机淘汰冗官冗员。

有一位大理寺卿叫刘可久,已经七十多岁了,中风病还没好利索,身体反应迟钝,说话磕磕巴巴,连眼神都有些呆滞,早该退休了。可是为了多拿几个薪水,还在那里坚持,就是不退。还口口声声说,这是"为朝廷效命,为人民奉献余热"。太祖哭笑不得,诚恳又诙谐地对他说:谢谢了!"您哪,回家好好保养身体,照顾好孙子和重孙们去吧,这也是对朝廷的贡献,同样是为人民服务。虽然岗位和分工不同,目标和责任都是一样的。"太祖就这样把这个软磨硬泡的老朽,软硬兼施地强迫退休了。老头

第五章 当国之初

儿原以为自己的名字吉利,可以保佑自己长久地留在官任上,没想到太祖会亲自跟他谈话,劝他退休。刘可久虽然恋恋不舍,但也无可奈何,只得一步三回头,蹒跚摇晃着走出了朝堂。大臣们有忍不住的,都笑出声来了。

元宵灯会

大臣们看到太祖年初就这样劳累,准备让太祖轻松一下,特意安排了一场元宵佳节联欢晚会。

正月十五这天,户户结彩,家家张灯。小孩子们玩得更开心,各自制作小灯笼,里面安放一种叫做"磕头了"的小蜡烛。点着磕头了,拎着小灯笼,像萤火虫一样,在街巷里窜来窜去。

大宋朝的皇宫里面,更是热闹非常。早就搭建好了半包围式的假山,山上张满各色彩灯,还有柱形、方形、菱形、橄榄形、纺锤形、八角形的冰灯。就连假山周围的树干和树枝上,也都挂满了各色的纸糊灯笼。整个皇宫,被灯山火树照耀得就像白昼一般。假山中间,留了一片巨大的空场,那是给演艺人员搭建的临时舞台,舞台的对面,摆放了前后几排椅子,前少后多,这是留给皇上、太后、皇后们的,皇亲国戚、朝廷要臣以及国际使节们的位置,设在几排正座两侧不远的地方。

皇宫周围围满了千家万姓的人们,他们进不去皇宫,但是靠近一些,就能听清里面传出的美妙歌声。皇宫的卫士们早就拉起了警戒线,他们遵照宋太祖的指示,并不驱赶民众,只是温和地劝告人们,要跟皇宫保持15米距离。其实皇宫的四面大门,都是敞开着的,这是太祖的指令,太祖平日里就这样。他说这样可以让天下的人们都看到,自己是否在里面花天酒地。

宋太祖来了,里面传出震天的山呼万岁声。皇宫外面的围观百姓也一起跟着呼喊起来:"皇爷万岁!万岁万岁,万岁万万岁!"

太祖不是一个人来的,太祖的家人全都来了。太祖搀着老娘,就是那位安喜县杜家庄的杜四娘,现在儿子当了皇帝,人家已经是太后了!太祖的弟弟赵光义走在老娘的另一侧,还有太祖的皇后王氏、赵光义的夫人符氏、太祖的弟弟赵光美,还有太祖的妹妹、儿子赵德昭、赵德芳、侄子、女儿等一干人。跟随在身边的只有一个外人,就是赵普。赵普紧跟在杜太后的身后,"太后小心""太后注意"地一路提醒着。

　　出席这次元宵观灯晚会的,还有江南国、吴越国、荆南国等国的贺节使,他们都带来了本国演艺圈里的大腕儿,组成了各国最佳的演艺阵容。大家都想让太祖好好开开心!

　　大戏开始了,鼓乐喧天,鞭炮齐鸣,和着山呼万岁的声音,响彻云霄。

　　大宋朝的演员首先登场,接下去是江南国的、吴越国的。好戏连连,喝彩不断。太后时而指指点点,时而哈哈大笑。宫外的百姓们,也跟着喝彩、欢笑。

　　高兴,就是个高兴!皇上高兴,太后高兴,皇宫里的皇亲国戚高兴,朝廷重臣高兴,外国友人高兴,皇宫外面的老百姓,同样高兴。

　　"咱们大宋朝哇,今儿个真高兴!咱们大宋朝哇,今儿个就高兴啊!"

　　这是大宋朝的压轴戏,那快乐的歌声,真正是中国的好声音,在午夜的星空里飘荡,把漫天的星星都喜得挤眉弄眼,一眨一眨的。

　　这场歌舞晚会,似乎预示了10世纪后半叶的中国,正在走向充满希望和生机的金光大道。

　　散场了,太后老佛爷要回殿安寝了。

　　赵普一路陪送着,走进杜太后的屋里。赵普转身要走,杜太后叫宫女沏茶,让他小坐一下。太祖和皇弟赵光义也都跟着坐成了一个小圈圈。太后伸了个懒腰,赵普赶紧说:"您得歇着了。"太后看了看太祖,又转身对赵普说:"我儿未更事也,赵书记且要用心。"这位老太后,还管赵普叫赵书记呢,人家现在,可不再是从前的赵书记了,已经成了大宋朝的枢密副使喽。赵普赶紧点头说:"皇上英武超群,还需要在下多嘴聒噪吗?能帮上忙的地方,我肯定会尽力,不劳太后吩咐。"

　　太祖回到寝宫时,天已经快亮了。

长春节

　　正月十八日,太祖在早朝上得报,说是商州(今陕西商州)闹鼠害,也不知哪儿来那么多田鼠,把刚刚长出的庄稼苗都吃光了。太祖下诏:免征商州当年赋税。

二月初，太祖在石守信、高怀德等几位老将军们的陪同下，来到汴京城二十里外，视察飞山军营。这是大宋朝的炮兵基地，基地分成两个部分，一部分是制造厂，制造厂三百米之外，是炮兵演练场。

这个飞山营，是后周世宗时代建立的，负责制造石炮，平时也经常进行投射试验。入宋以后，在太祖的指示下，又加了一个新的项目，生产少量的鸟铳之类的火器，正在试验过程中。

石炮（其实是石砲）机，也叫投石车或者抛石车，据说最早是由三国时期的刘晔发明的。当年曹操和袁绍在官渡决战，刘晔为曹操发明了这种武器，可以把石块投掷到一二十米外敌人的城墙或者堡垒上面去。这种战争利器，一旦被发明出来，就会不断改善，经历两晋、南北朝、隋、唐、五代，抛石车的本领已经大为增强，射程已经接近百米。这种石炮就是当时的短程地对地导弹。

火药这种东西是在道士们炼丹的时候，不小心产生爆炸，才被发现的，时间大约在东晋后期。但是直到五代，火药才开始派上用场。那时候，火药除了用于鸣放烟花以外，民间的剧社和杂耍团体，也在演戏和变魔术之类的活动时，突然制造出些烟雾，作为幻境，烘托气氛。在周世宗时代，火药已经出现在战场上，用来攻城和防御，不过数量极少。太祖这次视察，希望火药也能在军事上发挥必要的效用，确立了研发火药的军事科学新项目。

太祖还详细询问了抛石车制造的整个过程，之后，又兴致勃勃地观看了投掷演练。太祖勉励制造工人和将校官兵们继续努力，嘱咐大家小心谨慎，不要误伤自己。

太祖在二月上旬，还连续两次到汴京城里的造船厂视察。负责船务的官员，向太祖汇报了货船和兵船的制造，以及造船进度和船行速度等情况。太祖嘱咐不必着急，强调商业、民用船只，要着重防止舱底漏水；兵船要坚固，还要留足射箭的垛口。在兵船和商船的用料方面，太祖也一一加以问询，希望用最俭省原料的方式，造出坚固耐用的各类船只。

农历二月十六，是太祖三十四周岁的生日，打从去年开始，太祖生日的这一天，已被宋朝的大臣们确定为长春节，这是太祖朝举国欢庆的最隆重的节日之一，也是大宋朝最重要的节日。朝臣们都来祝贺了，江南国、吴越国、荆南国等国的使节，也代表各自的国主送来了生日礼物。太祖亲自设宴款待大家。酒席宴间,太祖因为自己的生日,想到了民命可贵,席间就下达诏令:从前刑罚过重过狠,从现在起要酌情减轻。

太祖又由此联想到了万物的生命,想到了动植物资源的可持续性发展问题。于是又下达了一条诏令:从今年开始,形成定例,每年自二月到九月,禁绝采伐、狩猎、弹射和捕捞,保护各类野生动物、植物,给他们充足的时间繁衍生息。太祖的生日同时也成了罪犯减刑日和野生动、植物的保护日。

就在这一天,太祖接到密报,说天雄军节度使符彦卿,自定超出朝廷标准的收租数额,过量收取租税,中饱私囊,引起民众不满。太祖很不高兴,派使臣前往天雄军了解情况,太祖从自己的腰包里拿出银两,还装了一袋子小米,让使臣带上,一并送给符彦卿。太祖指令使臣传话给他:"没粮吃、少钱花,可以直接朝我要,不能从百姓的口腹里往外抠!"太祖还派出朝廷主管税收的考察官员一同前往,重新审定征收标准。指示检税官完成任务以后,不回京,留驻天雄军,从此专门负责征收农业赋税。

鉴于这种情况,绝不仅天雄军一处,太祖宣布:从今往后,严厉杜绝地方节度使私自加征农业赋税,朝廷将另派官员负责征收。太祖诏令全国:上述规定自即日起实行,违令者严惩不贷。

符彦卿接过太祖送来的粮食和财物,一时尴尬,竟然羞惭得不知如何是好。打那儿以后,天雄军再也没有发生过加征农民赋税的事情。

三月,太原郡王、雄武军(河北兴隆县)节度使王景赴朝面圣,宋太祖设宴款待,赏赐礼物并给王景加薪。

王景镇守雄武,遇到朝廷派来使臣,都是毕恭毕敬接待。身边的人习惯于过去的军阀跋扈,劝他不要这样过于贬损自己,说朝廷来的都是小官,自己身为王爷,何必对他们那样尽礼过谦?王景却不这样看,他认为朝廷的使臣,都是来传达君王命令的。当大臣的,重视君命,就应谨慎地对待朝廷使臣。王景还说:"我这样尽礼,都还觉得做得不够好哇!"太祖赞赏王景的做法,除了给王景长了一级工资之外,还把他改派到凤翔去当节度使,从小镇换到了大镇。太祖这样做,既是要嘉奖王景对王命的重视,同时也是为了树立典范,给其他的节度使做榜样。这是一种导向,只有这样的导向,才能改变藩镇跋扈、小视朝廷的恶劣习惯。把晚唐五代以来,藩镇和朝廷脚重头轻、本末倒置的情况,慢慢再重新扭正过来。

错综复杂的国际形势

现在我们先放下大宋朝国内的事情，来看看周边国家和地区的"国际"形势和变化情况。

从建隆二年（861）五月到七月，本来是江南的雨季，但是整个吴越国的境内，连一滴雨都没下，全境干旱，农业生产形势异常严峻。而就在这一年的七月，它的邻国江南国主李景病死了，李景的儿子李从嘉接续王位，改名李煜，做了南唐（现在已改称江南国了）的第三代领导人。八月份，江南国把李景的"遗表"，递送到了大宋朝廷，向宋太祖报丧。太祖赶紧派出使臣前往致祭，代表大宋朝表达哀悼之情，同时送去太祖皇帝的真挚慰问。

到了九月份，江南新国主李煜，派遣中书侍郎冯延鲁前来感谢太祖，同时奉献贡品和特产。太祖接过李煜亲手所书的《奉表》，延目披览，看到李煜在《表》中这样写道："臣，江南国主李煜，性本冲淡，无意王位（不能再称皇位了），不得已接下了江南国的事务。真诚服侍大宋，不敢不一心一意。心中唯有一惧，恐吴越谗毁也。"太祖看罢，下诏抚慰："毋庸忧也。"就是不必担心。

江南国主为什么说他害怕吴越国进谗言陷害自己？原来江南国和它的这个占据浙江的邻居吴越国，一向不和，不时发生边境冲突。吴越国知道自己的力量打不过江南国，就依托中原中央政权，跟江南国较劲。早在周世宗亲征南唐的时候，吴越国就跟着出兵，占领了江南国挨近自己的两个州县。结果被南唐中主的那个太子，就是李弘冀，率兵又夺了回去，还把吴越国打了个鼻青脸肿。宋太祖平定李重进叛乱，耀兵江北，吴越国又再度出兵骚扰江南国境。当年李璟就拿它没办法，李煜更是头痛。生怕它又向大宋朝谄媚，背地里说自己的坏话。所以才讲了"恐吴越谗毁"那样一句话。其实就算宋太祖告诉他不用担心，也一样没用。只要大宋朝跟江南国稍有兵事，吴越国就一定会蹦出来，在背后捣江南国的蛋。

太祖很喜欢这位冯延鲁，在平定李重进叛乱时，冯延鲁前来犒军、还为太祖设宴接风。席间跟宋太祖的一场对话,给宋太祖留下了终身难忘的印象。这次又见到江南国的这位杰出外交家,太祖高兴,设宴热情款待,临行又赠送礼品。在后周世宗的时候,发给江南国的皇命,都是仿效唐朝跟回鹘的外交辞令,开头都写:"大周皇帝致书江南国主。"宋太祖告诉冯延鲁:从现在开始,大宋朝给江南国的书信开头,都得改写成"大宋皇帝下诏书于江南国主",江南国要把大宋皇帝的诏书,真正当成最高指示来对待,如果不这样,那就是犯忌,就是犯法,甚至是犯罪!

"嚯,瞧人家宋太祖这气派!"冯延鲁心里想着:江南国是彻底没戏了,死马当活马医,能挨一天算一天吧。谁让咱们遇到了真正的帝王了呢?人家才是地地道道的真命天子呀!

九月里,太祖又下令,由高保勖担任荆南节度使。

这个荆南地区,自打五代以来,也成了一个割据的"诸侯国"。

荆南国起初的建立者,叫做高季兴。晚唐时期,他曾跟随朱温攻打割据在陕甘地区的李茂贞,立了很大的战功。后梁建立以后,朱温委命他做了荆南节度使。高季兴开始还受后梁辖制,到了梁末帝朱友贞的乾化三年(913)八月,朱友贞封他为渤海王,他便开始召集亡命之徒,跟已经僭越的前蜀王建和吴国的杨隆演、徐温等暗中勾结,从此脱离中原政权,成了自治的"王国",当上了割据者。后来又臣服后唐,借助后唐力量夺得了附近几个州县,据为己有,势力有所扩张,改称武信王。公元928年,高季兴死,其子高从诲继称文献王。高从诲鼓动徐知诰称帝,抢夺了吴国杨溥的"国家",自己依托这个先叫"齐"、后称南唐的割据政权,苟延残喘。

高从诲搜刮民财,鱼肉百姓;放纵自己,肆无忌惮。在荆南国建起了一座供自己淫乐的别墅区,美其名曰"迎春宫"。在对外交往上,首鼠两端于南唐和后蜀两个割据政权之间。公元948年,高从诲死,他的第三个儿子高保融接位,称贞懿王。这更是一个除了吃喝玩乐,什么正事儿都不干的家伙。

宋太祖"禅"得后周政权,改元建隆。高保融心里异常恐慌,接二连三地派使臣贡献礼品。太祖建国之初,为了暂时稳定天下大局,厚加褒赏,还正式下文,册封他为荆南节度使。

第五章 当国之初

建隆元年(960)八月,高保融死了,因为儿子小,把荆南的军政大权交到了弟弟高保勖的手上。

高保勖执政只有两年多。就在这两年多的时间里,经常把歌儿舞女,成群结队地拉进宫里,然后再找体格健壮的军汉,当场淫乱。整个荆南宫廷里,天天都是裸身追跑,鸡飞狗跳,娼女嫖男,嗷嗷乱叫。自己却和一群妃子躲在屏风后面观瞧,评头品足,浪声淫笑。在他当政期间,整个荆南所有事务全都荒废,人送外号"万事休郎君"。

整个建隆二年,北汉两次出兵骚扰大宋北部边疆,第一次是在三月,地点在麟州(今陕西省神木县西南),马上就被赶跑了。十一月,北汉再度出兵,骚扰晋州(山西临汾),大宋边将出兵迎击,在汾河西畔大败北汉部队,还缴获了数千匹牛、马、驴等牲口。

也是这一年,远在两广的南汉政权内部,也搞得一塌糊涂。南汉后主刘鋹,迷信女巫,把政事全部交由一个叫樊胡子的女巫手上。樊胡子乘机兴妖作怪,连井边的石头无故飞起伤人,夜里豺狼野猪拱挠窗门,都被樊胡子当成祥瑞征兆,号召群臣一起上章给刘鋹,表示祝贺。把个朝廷上下,搞得昏天黑地,乌烟瘴气。

县令和检田使

太祖登基两三年期间,不断有各州干旱、蝗灾和大象啃食庄稼的事件发生,太祖不时发布赈济灾民和扑蝗、逮鼠、捉大象之类的诏令,甚至把国家储备的粮种都拿出来,解决饥民的吃饭问题。有些地方官员害怕农民无法偿还,自己承担不起责任,一时间迟迟不动,直到朝廷旨意下达,才敢开仓放粮。太祖对此,并不妄加责怪。

太祖还先后两次派遣度田使,赶赴各地,在全国范围内重新调查农业耕地面积,掌握农民实际拥有田亩数量。依据拥有土地面积数量和土地肥瘠等实际情况,确定不同地区的不同税收标准,同时劝课农桑,鼓励农民种田积极性。

早在后周世宗时期,就已经做过调查农业耕地面积的事情。但是后周的官员,经常利用"度田",谎报田亩数量,为大户隐瞒,从中收受贿赂。

中小农户,分摊税额,吃亏很大,有苦难言。

太祖训示:朝廷派使臣调查农民实有耕地数量,是为了减轻农民负担,减少苛捐杂税,是为了真心关怀农民,帮助他们解决实际问题。如果用人不当,反而会因此增加农民负担,激起民众不满情绪。千万不能再有像后周时期那样,借"度田"之机,以调查土地面积为幌子,中饱私囊,损害民众的事情发生。

为此,太祖指示:一定要精选官员,把那些既真心为民,又精明能干的干部派下去。如果出现类似后周时期的问题,无论是谁,朝廷都将严惩不贷!

普查农业耕地面积的行动,从正月以后就已经开始了。尽管太祖三令五申,还是不能彻底杜绝借"度田"肥己害民的事情发生。

到了四月份,河北馆陶县农民郭贽,长途跋涉,跑到京城告状,说是朝廷所派检田使常准,度田不实,与县令一道,隐藏富户田产数百亩,背后肯定有猫腻。太祖下令,由朝廷派到临近县城的检田使赶赴馆陶,重新核实情况。检验报告出来了,证明农民郭贽反映的情况属实,并非无理取闹。太祖派"纪检委"工作人员进驻馆陶县,调查事情详细经过。最后查明,检田使常准不知实情,受县令程迪欺瞒。程迪则确有收受贿赂,为大户隐瞒田产的事实。太祖下令:检田使常准,工作失职,给予行政降两级的处分;馆陶县令程迪,当众六十大板,流放海南岛。这下可真给百姓出了一口恶气,馆陶县民众欢欣鼓舞,齐声高喊"皇上圣明",山呼万岁。

那时的海南岛,可不像今天的海南省,根本没有什么生活设施,一片荒凉,一旦被流放到那里,很少有生还的可能性。

刚处理完馆陶县的事情,又有山东商河县百姓进京上访,说是商河县令李瑶收受贿赂,隐瞒大户田产,检田使申文纬故作不知。经检查核实,确实如民所诉。太祖下令:将原任左赞善大夫的检田使申文纬削职为民,县令李瑶,拉到县城街市,当众乱棍打死,以泄民愤,以儆效尤。

检田使原本都是朝廷命官,这次下到县城里负责检查核实田地亩数,临时叫做检田使。申文纬原来的职务就是上面说的左赞善大夫。不止检田使干不成了,左赞善大夫也被免了。因为玩忽职守,贪小便宜,吃了大亏,落得个鸡飞蛋打,连原来的鸡窝也被端掉了。

第五章 当国之初

商河县令李瑶为什么比馆陶县令程迪的刑罚更重？大约是李瑶受贿明显，而且数量更多的缘故。两位检田使的惩罚可能就是佐证，一个只降了两级，一个却被彻底开除公职。详细数额和具体情况史书没有记载，咱们也不能胡编乱造。

两个案件的严肃处理，给大宋朝廷赢得了民心，极大地鼓动了农民的耕种积极性，农业生产形势陡然好转。

两起违禁案件，刚刚处置完毕，又揭出大名府永济县主簿（副县长）郭凯、湖北广济县令李守中贪赃枉法事件。郭凯索得赃款一百二十万，斩首市曹，示众三天。李守中所贪数额达不到死刑，五十大板，流放海南岛。

之后不久，又发现有收租官员勾结仓库保管员，加大收量，然后再从仓库中偷偷运出，据为己有的现象。有旨：仓库保管员市曹斩首，收租官员免官发配。

河南封丘县令苏允元，为了虚报政绩，谎称祈雨成功，大雨如注。查不属实，被太祖下令免去县令官职，削为草民。

宋太祖一生最恨贪官污吏，最喜清正廉洁。每听说某人廉洁奉公，一定会赋予重任，一听到贪污受贿，定要用刑不赦。

为减轻农民负担，从前驿站军卒因为人手不足，经常廉价雇用百姓传递信件。太祖下令，从今往后，邮政信件必须由军卒亲自递送，不得胁迫农夫帮助传递。

后周之初，为了扩充兵员，郭威曾经下令，各个村镇以十家为单位，每十户人家，出一名弓箭手，另外九户负责这名弓箭手的器械和食粮。太祖不想用这种逼迫的方式胁民从军，下令取消这项政令，并将1400名这样的弓弩手遣散，放回家里种田。

一条人命三十斤食盐

太祖还下令严禁边民出境，盗窃周边部族的牛马之类。

这可不是件小事情，因为从后汉以来，边防部队为了补充战马、军需物资的不足，与地方节度使一道，鼓励边民越境盗窃敌方马、牛、驼等，然后按照市场价格收买。这种做法不断造成各种大小不一的边境冲突，危害了边境安全,同时也助长了社会的偷盗之风。太祖为了稳定边陲,示信于周边部族,同时也为了移易社会风俗,果断地实施了这一有效的政令。

考虑到晚唐以来,对农民私卖酒、麴、盐、碱之类的刑罚过酷、过重,太祖于建隆二年(961)四月,对私贩盐、碱、茶、酒等的处罚,进行了重新规定。规定指出:私贩酒麴十五斤,私贩成酒三斗(一百二十斤),才可以处以极刑。未经许可,私自携带官盐进入禁地出售十斤、食用碱三斤者,处斩。还有,民人有将蚕盐,躲避检察机关,偷运到城里,贩卖三十斤以上者,一并以死罪论处。不足以上数额的,酌情定罪处罚。

有些年轻的读者可能根本就没法理解这种规定。觉得如此残酷,怎么还能叫减轻刑罚?

其实就在改革开放之前,我们国家的糖、酒、盐、碱、茶、烟、粮、油、肉,以及豆制品等生活物资,还都是国家专卖。国家专卖的意思,就是不许私人贩卖。一旦私人贩卖,就会根据所卖斤数的多寡,给予不同程度的处罚,严重的还要服刑。有为此而被枪决的,坐牢的更多。我在十几岁的时候,经常有一位快八十岁的老人来我家,他是我父亲抗美援朝时期的老战友,外号叫"叶大干"。大约是很勤劳,才得了这样一个美称。这位老人因为太能干,总是闲不住。忙活完农活儿以后,就到野地里采蘑菇。采了很多的蘑菇,晾干了以后,拿到县城的市场里去卖。政府不让卖,经常被赶得四处躲避,跑到我们家里来,把蘑菇全都给了我父亲。我们兄弟几个因此白吃了老人家不少蘑菇。

在经济不发达的时期,国家掌控很多生活物质,统一由国家负责收购、出卖。这种情况,叫做国家专卖。有时还扩大范围,叫统购统销。就是很多生活物资都由国家统一从农民手里收购上来,然后再由国家统一负责销售。任何其他组织和个人都没有资格和权力在未经国家许可的情况下,私自收购和出卖这些东西。若有发现,定将严惩。

晚唐以后,军阀割据,物资短缺。上面说的那些物品,更在严厉禁止之列。一旦发现有个人私卖行为,不仅全部没收充公,而且还要处以严厉的刑罚。后汉时期,但凡有出卖,不论多少,当场斩首。后周时期,稍有改进,规定私贩酒麴和成酒至五斤者,处以死刑。

有了这个对比,您就应该了解上面的说法,知道咱们为什么会说宋

第五章 当国之初

太祖减轻刑罚,体恤百姓苦衷了。

　　正因为都是国家专卖,所以那时基本没有什么假烟、假酒之类的问题,更不会出现拿三聚氰胺作奶粉、往白酒里加水再放敌敌畏提高酒度,用硫黄熏辣椒,往黄瓜上添加避孕药以增加亮色,将"鹤顶红"(俗称砒霜,就是一种叫做三氧化二砷的剧毒化学物质)放入食品内出售的事情发生了。不过另一方面,对于贫苦的百姓来说,恐怕就连假酒也没得喝。资源太匮乏,生活太贫穷了。

　　到了建隆三年(962)三月,太祖再下诏令,把携带官盐私自贩卖的斩杀标准,从十斤增至三十斤,煮硷从三斤增至十斤,蚕盐从三十斤增至一百斤,私贩成酒,从三斗(120斤)增至五斗(200斤)。

藏在军中的制假窝点

　　设在开封府皇建院(佛教寺院)里的和尚们,经常挟持远近妇女酣饮,然后留宿寺院。建隆二年三、四月间被人告发了。太祖闻听奏报,下令当众杖杀寺院住持僧辉文,并将其他参与此事的琼隐等十七位和尚,各打五十大板,流放海南岛!罪名是违背僧规,败坏社会风气。

　　建隆二年四月,河北无棣县一个叫赵遇的游手好闲农民,为了骗取周围人的利益,自称皇帝,被有司抓住,问斩于市曹。

　　建隆三年七月,又有一位朝廷大臣的儿子,为了骗取百姓钱财,冒充朝廷使臣,不时出没于各个州县,勒索地方官府和百姓钱财,作案数宗。这一次来到泗州境内,再度冒充朝廷命官,被经验老到的长吏抓获,送交朝廷。有旨:斩于开封东市。

　　同月,又揭发出云捷军中的一起士兵私自刻印侍卫司印章的事件,这支部队就驻守在河南沁阳一带。太祖下令搜查,不仅搜出了私刻的侍卫司印章,还搜出了私造的钱币等物。最后查明,不是一人所为,而是军队中的犯罪团伙所为。这个团伙的组成人员,都是军队中的官兵,长期从事私刻各种印章、私制钱钞等犯罪行为。太祖气愤地说:"这么长时间以来,一直在整顿军队,剪裁冗兵,还有这么严重的问题。"太祖指示枢密院:全国各军指挥使,都要自行在管辖内部,实施全面检查。结果又发现了数起类似的情况,将私刻印章的主谋斩首,其余参与者全部流放海南岛。

五代以来,中央政权无力,地方势力强盛,使得藩镇、州、县各行法令,随心所欲地判、断各种案件,天下不知何为公法。国家的法令,虽然都下发到了地方,实际上却如同一纸空文。

建隆二年,陕西金州县发生了一起这样的案件:

农民马从玘,有子名马汉惠,自幼无赖,欺辱兄弟,横行乡里。经常强取豪夺,乡人恨之入骨。马从玘和妻子还有次子,三人联合起来,共同把这个孽子打死了。当地的防御使仇超和判官左扶,却把马从玘、马妻,还有马的次子一并抓获,全给斩杀了。

在中国的古代,儿子杀了父亲,是一定要判死罪的。父亲杀了儿子,未必可判死罪。加上马汉惠本来大逆不道,败坏家风,为害一方,民怨极大。马从玘与妻儿联手,为民除害,不仅情有可原,而且也是出于无奈,于义正大,断无斩杀之理。可是防御使仇超和判官左扶,不懂法律,妄动刑杀,一次性杀死三条善良的民命。既无视国法,又造成民间任子妄为的恶劣习惯。

消息传到朝廷,太祖震怒,责令相关部门调查此案。最后得出结论:

马从玘虽然率领家人杀死了自己的儿子,但却是为民除害,最多可判轻责。太祖下令:重责防御使仇超和判官左扶,当众各打八十大板,开除公职,永不复用,流放海南岛!

建隆三年(962)三月,有个寺院的尼姑,叫做法迁。在未经师傅许可的情况下,私自使用了师傅的法器,老尼姑就将这件事告到了河南府。河南府判官卢文翼、法曹参军桑植,将这件案件当成法迁私自盗窃师傅财物,开刀问斩了。就算定成偷盗,按照法令,也不过责罚鞭板之类而已。

太祖非常生气,把桑植的行政职务降了两级,卢文翼直接开除了公职。

太祖就此两件事情,下诏指出:"五代以来,藩镇诸侯跋扈,目无国家法令,经常任随己意,枉法杀人,草菅人命。当时朝廷无力,往往不加过问。朝廷的刑部,基本等同虚设。人命关天,怎么能够允许他们这样胡作非为下去?从今往后,要坚决杜绝类似事情发生。各个州县判处的死刑案件,必须上报朝廷,经过刑部复审以后,才能付诸实行。刑部,作为最高人民法院,拥有最终审判权,一旦刑部确定当杀与不当杀,地方法院必须严格执行。否则,将以违法乱纪论处,绝不姑息!"

建隆三年九月,又有同州观察判官,因为断案、量刑不符合实际,被太祖罢免了官职。

这几件事很快传遍全国,各地官员从此开始认真学习中央颁布的法律、法令,一时间掀起了一场全国范围内的普法热潮。

太祖为了及时掌握各方面的情况,同时也是为了减少行政指令的疏失,使上下通情,提高行政效率,做出了指示:"以五天为周期,朝廷百官都要直接向皇帝单独面奏相关事宜。直陈朝政得失,上奏天下急务,如实汇报地方百姓生活困苦情况、冤假错案情况。所上章奏一定要直书其事,不必东征西引,左拉右扯。"同时还规定:"如果真有紧急情况,事关重大,可以打破五天一个周期的规则,随时可以直接向皇帝汇报。"

太祖的这一措施,叫做"轮对",就是朝廷重臣,轮流面对皇帝本人,汇报国家和百姓生活等急切事情和重要问题,同时提出建议,也可乘机劝谏等。

一般说来,轮对的气氛极其融洽,皇帝和颜悦色,虚心听臣下的汇报,也认真听取各种不同意见。臣下也认真准备,就最主要问题做简短汇报,同时提出处理意见。

宋太祖不辞辛劳,除非极特殊情况,从来不取消轮对。

太祖后来又把参加轮对的对象,扩大到地方的封疆大吏,如各路(相当于今天的省)安抚使、大的方镇统帅等,当然喽,时间不可能再是五天,那样太祖就会累死。打这儿以后,太祖更加繁忙,天天忙得昏天黑地,身心疲惫。

宋太祖确立的这种轮对制度,后来成了宋朝各代皇帝听政的惯例,直到宋朝末年,这种制度一直都在延续,从来没有间断。而那些真正有事业心、有责任心、有见识的朝廷和地方大臣,都在等待这个"轮对"的机会,把最真实的情况和考虑稳妥的办法,奉献给太祖和后来的仁宗、神宗、孝宗、理宗们。使得整个宋朝上下,一直处在紧密的互动关系之中,帝王和臣下通情,社会情况及时得到通报和处理,上下通畅,行政效率比历朝历代都高出了很多。

第六章
张冠李戴

三佛齐国的贡品

　　建隆元年,太祖刚刚登基,世界各国的使节就纷纷前来祝贺,同时贡献物品。当中有个三佛齐国,(在今印度尼西亚),派来使臣进贡。出发时还只当是后周,一路海上行驶,用去了四五个月的时间。等到了汴京城时,听说已经改朝换代了。反正也是给中原中央政权进贡,就把礼品贡献给了宋太祖。三佛齐国这次奉献的礼物是一条玉质的腰带,上面画有一个图形,就像大宋朝的"宋"字一样。这条玉带上的"宋"字形案,似乎预示了大宋朝的建立符合天命一样。太祖高兴,感到这是上天在冥冥中派来了祝贺的使节,就一直把这条玉带拴系在腰间。我们现在能够看到的宋太祖的那幅画像,腰间扎束的,就是当年三佛齐国贡献给宋太祖的那条玉带。那条玉带,凝结了三佛齐国人民和中国人民世世代代的友好情谊。

　　太祖在建隆元年初,还收到了来自占城国(在今越南)的类似贡品。反正他们都是送给中原中央政权的,他们害怕,同时也是出于敬畏,不断给中原中央政权贡献礼品,以表示衷心爱戴和坚决拥护的心情。所以,不管是后汉、后周还是大宋,他们都照送贡品不误。太祖收下这样的礼品,也属正当,没什么大不了的,也不属于违背什么原则之类的东西。

　　像这样的事情,不仅表明中原中央政权的强盛,同时也表明了汴京城的魅力。

　　汴京就是今天的河南开封,战国时代,就被魏国当成了都城。后来虽然几经毁损,到了晚唐时期,还是国内一个重要的都市。

五代以来，后梁、后晋、后汉、后周都以开封为都城。太祖即位，仍然把都城放在这里。其实到了后周末期的时候，汴京就已经是著名的国际大都市了。周边国家进贡是一方面，也想利用进贡的机会，了解一下汴京的实际情况，回去仿效仿效，顺便想借机掌握国际市场上的商业行情，做点生意之类。

国都汴京城

为了更好地适应汴京城已经成为"国际大都会"的实际需要，保持汴京在"国际世贸组织"中的龙头老大地位，太祖下令继续整修汴京城，同时扩建皇城。

从建隆三年正月开始，太祖委命殿前都指挥使、义成军节度使韩重赟全权负责这项改扩建工程，征召浚仪县民夫，京城改扩建工程，全面破土动工。

大宋王朝的东京汴梁，就是今天的河南开封。原本叫启封，是战国时期郑国的一位国君郑庄公所建，目的是要"启拓封疆"，就是要拓展国家领土的意思。到了西汉时期，为了躲避汉景帝刘启的名讳，更名为开封，多亏后来没有皇帝叫什么"开"或者什么"封"之类的名字，要不今天就连"开封"恐怕都叫不成了。

开封地处淮河与黄河流域的中间地段，水系发达，河网密集。位置正在汴河南岸，所以才叫汴京。又有济水、颍水、睢水等河流从附近流过，金水河、蒇河等直通城里。隋朝修建的通济渠，是大运河最重要的一段，在唐代重新整修后，改叫广济渠。当宋之际，广济渠正从都城东京穿过。

宋朝有东、西、南、北京，北京在河北大名，是仁宗庆历二年（1042），在北汉大名府的基础上改扩建而成。南京在河南商丘，后周时为宋州的州治所在地。因为赵匡胤在后周末年身任殿前都点检、节度宋州，就在这个位置上"禅"得了后周的政权，说是顺应天命，就把宋州改名叫做"应天府"。北宋真宗景德三年（1006），又在应天府的基础上，稍加扩建，称作南京。西京在洛阳，从周朝时就有，历经东汉、南北朝、隋、唐，一直都很兴盛。五代时的后唐，还在以它为都城。因为洛阳在汴京的西面，所以就顺势称作西京了。在宋太祖的时代，还没有南、北京的说法，只有东、西两京。

宋朝的东京，也就是东面的都城，叫做汴京。汴京最早就是启封村，也可以叫做启封城。有关它最初的来历，前面已经说过。后来东周也在这一带筑城，叫做"新里"。公元前339年，秦、赵、齐三国联合攻击魏国，秦国当时的宰相商鞅，更是诡诈多端，凶猛可惧。魏国的惠王魏罃，为了躲避秦国的攻击，也为了利于以后伺机争霸中原，就把都城从安邑（陕西夏县附近）迁到了河南的浚仪县，称为大梁。历史上的开封和浚仪，有时被分为两县，有时又合为一县。两县临近，都属于开封市。因为既在汴河南岸，又属古代的大梁，所以又叫做汴梁。

在宋太祖看来，后周以前，包括后梁、后汉在内的几个政权，虽然对汴梁城屡加改建，还是不能体现帝王都城的气势。于是，就从建隆三年开始，重新改造汴京城。

宋太祖登基以前，汴京城就已经是国内政治、军事和经济的中心了。为了推动汴京城经济的进一步发展，方便汴京城的水路运输，太祖当政伊始，就下令开凿五丈渠，整修蔡河和汴河。一系列的行政举措，极大地推进了汴京城国际化的进程。为了适应汴京国际化发展的需要，太祖又下令扩建城市，整修皇城。

东京城分外城、内城和皇城三重。外城是周世宗时所修造，方四十八里又二百二十三步，街道横平竖直，像方格一样。太祖当国，准备重新改建，设计师所上扩建图纸，基本还是平直样式，交由太祖审视。太祖展开图纸，虽然觉得规模建制都还可以，但却担心坚固程度不够，于是就亲自动手改造。把看上去比较美观的直线型道路和城门等，变成了曲折回转的样式，中间还加藏了很多箭垛之类的防御设施。按照这种图纸建城，当某处的城墙遭到进攻时，其他部位的城墙，可以帮助射击，城墙垛口之间，可以互相支援。太祖改造后的京城，出击和防守的回旋余地都很大。当时包括负责建设的韩重赟，都不理解太祖的用意。好好的京城，四通八达，舒展开阔，为什么非要弄得七扭八歪的样子？

后来神宗变法，就想把汴京的外城改成特别方正的样式，由于各种原因没敢动工。到了徽宗时代，宰相蔡京当政擅权，自以为是，为了让徽宗皇帝高兴，决定改造太祖旧制，使城墙平直美观，城内也可以腾出很多地方使用。徽宗准奏,下令由宦官负责,按照蔡京的计划实施。据说为了方便拆毁旧城,宦官们还在"国家图书馆"里,找到了当年太祖亲自改造、绘画的城市建设图纸。经过一两年时间,汴京城全部改造完毕,太祖的深远用心,就这样化为乌有了。

一座规范又漂亮的城市,就这样出现在世人面前。

靖康元年(1126),粘罕和斡离不统帅金兵围攻东京汴梁,举目城墙,得意洋洋地说:"这个了不起的王朝,怎么修了这么个破城。看上去很好攻破嘛!"于是下令架炮攻城,四面同时轰城,炮声一响,四面直墙立刻崩塌,北宋就这样轻易灭亡了。当年太祖修整的外城,虽然看似粗朴笨拙,但却异常坚固。如果蔡京当年没有重新改造,金兵一时间是难以得手的。而当时宋朝还很强大,江南各地几乎没动,如果坚守一段时日,勤王兵再度到达,金兵后援和粮草未必能及时跟上,北宋是否会灭亡,都是未知数。因为当时的金兵确实不可能长久围困东京城,他们不具备这样的军事条件。后世的小辈(如徽宗)和小儒(像蔡京这样,说是小人一点都不过分,但是他起初毕竟是个小儒)们,往往打着改革和创新的旗号,毁坏前人伟大的创制,从而毁掉江山和事业的情况,在历史上并不少见。汴梁外城的"美化"式改造工程,就是一个活的样板,昭示世人们警惕!

有关城门建设,还留下一段有趣的故事。负责为城门取名字的文官把"朱雀门"叫做"朱雀之门"。一天,太祖让赵普陪同视察,太祖指着写好"朱雀之门"的牌匾问赵普:"为什么不直接叫朱雀门,非要叫朱雀之门干什么?"赵普说:"之"是语气助词,这样有气魄。太祖狠狠地瞪了他一眼说:"之乎者也,助得甚事!"赵普被太祖骂得满脸通红,赶紧叫人去掉了这个"之"字。连修门的木匠和石匠们听了都感觉开心:"好好的门,直接叫名字不就得了,拽什么拽!不需要拽的时候,不要瞎拽!把老百姓都拽糊涂了。"

整修后的东京城,交通便利,道路网络密集,主干道为四条"御道",其中最重要的一条,从皇宫大内出宣德门,朝向正南,过州桥,经朱雀门(也称尉氏门),直到南熏门,是一条笔直的南北大通道。

建隆二年二月,天气转暖,冰雪已经消化得差不多了。太祖下令整修蔡河,开凿五丈渠,疏通运河在淮北一段河道,将汴河与京杭大运河连通起来,好方便粮食和货物的运输。这条五丈渠,这些年因为忙于战争,一直没有重新整修,淤泥越积越厚,船只行走已经很不方便了。

整修蔡河,尤其是开凿五丈渠,动用了三万多民夫。太祖嘱咐负责督办的官员们说:"劳烦民力来奉养自己,朕绝不会干这种事。为了疏导河运,便利京城供给,征用这些民夫,实在是出于不得已。你们一定要善待这些农民工兄弟,要把他们当人看,不能只把他们当工具使,更不能克扣他们的工资。他们外出打工,撇家舍业的,挣点血汗钱,不容易!"

"臣等遵旨!"主持开凿的官员们一起跪下磕头。

几天之后,太祖又亲自来到河堤,看望清淤拓河的农民工,每人赏赐白银一两,个别困难的,还另外赏赐了衣物。

建隆三年三月,五丈渠出事了!

由于督办官员过于严苛,陈留县修渠的农民工,商量好了,乘着夜色集体开溜,逃离了修渠工地。控鹤右厢都指挥使尹熏率兵追赶,抓回了七十多人,把其中十几个领头的全都杀了,其余没杀的,全部割掉了左耳。

农民工不干了,其中有胆量大的,就跑到朝堂里去诉苦鸣冤。当时兵部尚书李涛身患重病,正在家里休养。得到消息之后,非常愤慨,赶紧给太祖上书,要求严惩尹熏。李涛的家人劝他在家好好养病,朝廷的事情,自然有别人去管,不用过分操心,生气伤身。李涛却说:"生老病死,是人生的常态,难道我还能永远不死吗?但我是兵部尚书,明明知道军队里的将校滥杀无辜平民,还能装糊涂,不闻不问吗?"李涛就这样,坚定地把奏疏递送到了太祖的手上。太祖深为李涛的精神所感动,嘉奖了李涛。但是考虑到尹熏一向忠勇,这次也只是情急之下下手太狠,所以没有杀他,只是削夺了他的官职,把他发配到许州。这件事就算是了了。

到了八月份,蔡河的整修现场再度出事。负责蔡河整修工程的官员王训等四人,把分配给河工的粮食减量发放,然后在粮食里面配拌糠麸,还往里面加土屑、掺沙子。农民工又不干了,告到朝廷中去。太祖下令,把这四个家伙全部拉到市曹,斩首示众,以儆效尤。

"同桌的你"怎么了

建隆二年闰三月的一天,太祖在毫无缘由的情况下,解除了身边重臣慕容延钊和韩令坤在禁军中的职务。慕容延钊从殿前都点检、镇宁军节度使,被改任为山南西道任节度使;侍卫亲军都指挥使韩令坤,被降职到成德军去当节度使。

一时间,议论纷起,他们究竟犯了什么错误?他们是不是不小心得罪了当今圣上?

其实他们什么错误都没犯,真没犯,也没有得罪太祖爷。

那太祖为什么还要这样对待他们?他们不都是太祖的爱将和亲密战友吗?

没错,而且还不只是这样。作为亲密战友,韩令坤还是宋太祖儿时的伙伴,上私塾时,两人还是同桌。太祖小时候,经常在放学后到韩令坤家去玩耍。

据说韩令坤和太祖还有一次惊险的遭遇。小时候韩令坤家很穷,房子很破旧。一次太祖正和韩令坤在屋里玩牌,院子里的大树上忽然来了一群小鸟,叽叽喳喳叫个不停,就像是在打群架一样。吵得他们没办法再玩下去。太祖就和韩令坤一起走出房门,来到树下看这些鸟儿为什么叫得这么凶?可是刚走到树下,这群鸟儿就一哄而散了。两人准备回到屋里继续再战,刚一转身,房子就轰隆一声垮塌了!地震了?没有,也没来台风。你说怪不怪?其实一点不怪,就是房屋年久失修,可是鸟儿为什么这样叫?非要把他们"救出来"?咱不说这事神不神,反正这位韩令坤同志,就这样,跟着太祖捡回了一条性命。

那宋太祖为什么要贬韩令坤和慕容延钊的官,他们可都是推戴的勋臣,而且刚刚都在平定李筠和李重进的叛乱中,为新兴的大宋王朝,立下了赫赫战功!

这是太祖的帝王权谋吗?既是,也不是。这个举措,是太祖为了稳定新生国家的一个重大战略决策。

太祖不是针对他们两个人的,而是针对他们两人的职位的。自从免去慕容延钊的殿前都点检职务以后,直到大宋王朝走完了自己辉煌的历史道路,都没有再设立这个职位。

要是慕容延钊和韩令坤想不开,也不能怪太祖,用现代人开玩笑的话说:"命苦不能怨政府。"历史已经行进到这个当口,五代时期禁军和节镇的实力太强,屡屡出现带兵将领被"黄袍加身"之类的事件,刚刚经历这样可怕的历史,前事历历在目,仿佛就在当前。你在后晋、后汉甚至后周担任禁军将领,都可能飞黄腾达,但你偏偏在大宋朝已经建立了的历史时刻,还在担任禁军将领,这就叫命苦!

话说回来,几位将军,还有后来的石守信、高怀德等,实在要怪,最多只能怪赵普,因为这个主意虽然是太祖想的,但却是从赵普嘴里说出来的。其实怨赵普也没有用,主意虽然是赵普出的,深层的想法还是宋太祖自己的。太祖这样做,也并不是针对哪个具体的个人,而是借鉴五代以来,殿前诸班和侍卫马、步亲军以及其他统兵将领的权力太大,统辖兵力太强。为了防止陈桥兵变之类的事情再度发生,太祖只能忍痛割爱,痛下决心。单从感情上讲,太祖也不想让他的两位"老战友"心里难受。

贬降了慕容延钊和韩令坤之后,太祖还亲自宴请两位大将军,给他们饯行。两位将军叩头谢恩,带着一种莫名的惆怅离开了京城,各自奔赴新的工作岗位。

躁人之言多

其实,这只是太祖解除禁军高级将领军权的第一步,到了这一年的七月份,太祖又解除了石守信、高怀德、王审琦、张令铎的禁军职务。

太祖这样做,实在是出于不得已。赵普每天都在耳边吹风,说禁军将帅兵权太重,对皇位威胁很大。在这个问题上,太祖其实比赵普考虑得更深远。但是这些人跟他的私交很厚,感情深笃。世传太祖有所谓"义社十兄弟",指的就是这些人。他们从前真的很可能都是太祖的"拜把子兄弟"。太祖肯定想要重新整顿禁军,把兵权从将帅的手上夺下来,以防不测的事情再度发生。但是太祖不忍心对这些人下手,起初的考虑,可能是要等这些人退休了或者死掉了以后,就不再重新设置,这件事情也就自然做完了。所以,解除石守信等兵权的事情,一直拖到七月份。

当然,太祖有说服自己和拖延赵普的足够理由。因为从二三月份开始,老娘的病情就在不断加重,他几乎每天都要前去看望。有时还要守在身边一段时间,尝汤喂药,端茶倒水。

就在六月的一天里,杜太后病逝了。

太祖任命宰相王溥为山陵使,全权负责太后丧葬和安陵仪式等等一系列追思、悼念、下葬仪式和活动。此后一段时间里,宋太祖的心情一直很悲痛,十几天都取消了朝会。直到七月,才在群臣的强烈请求下,再度上朝,处理国家政务。

太祖老娘的墓葬山陵,是在建隆二年十月之前修好的。十一月,太祖把母亲葬在了大宋朝的宣祖墓旁。宣祖就是宋太祖的老爸赵弘殷。赵匡胤当上皇帝之后,追谥老爸为"宣祖"。

太祖老娘下葬之前,江南国主李煜派遣户部侍郎韩熙载、太府卿田霖赶到汴京,参加大宋朝安葬杜太后的国家葬礼。宋太祖给江南国还礼,派遣枢密院都承旨王仁瞻出使江南,表达谢意,同时也给登基不久的李煜,送去了一份贺礼。这位江南的新国主,登基之后,下诏臣僚献计,众臣踊跃献策,但是他一个也不予采纳,搞得江南国的大臣们人人意冷,个个心灰。

老娘的丧事有了眉目,太祖开始着手继续削夺禁军将帅的兵权。这件事情确实得抓紧办了,赵普已经不止一次、两次地在身边吹风,催促太祖赶紧处理这件事情。这不,太祖一上朝,赵普就又来了:

"太后已经升仙,圣上应该考虑国家长治久安的问题了,这也是太后临终的遗愿!"赵普不打折扣,开门见山地说。太祖问赵普说:"从唐朝末年到现在,才五十多年的时间,就换了好几个朝代,天天征战不休,老百姓备受其殃。问题到底出在哪里?如果想彻底平息战乱,稳定政权,让老百姓真正过上安宁的生活,应该先从哪里入手呢?"赵普马上接住话茬说:"陛下能往这里想,这真是天下百姓的福气呀!五十年间,天下纷争不休,王朝变来换去,其实原因很简单,就是因为都城和地方州、郡的军政权力,没有真正掌握在皇帝的手上。将帅手里兵权太重,中央无力控制,才造成不断杀来打去,不断改朝换代的结局。要解决这个问题,也不需要什么更加巧妙的方法,就是削夺或者限制将帅的兵权,控制地方财政,不使收入落在他们手里,同时把他们的精兵收缴上来。"太祖看了看赵普,止住了他的话语说:"不必再说了,朕知道了。"

其实太祖早就明白,只是不忍心对自己身边的爱将们下手,尽管赵普已经把话说得没有余地,但是太祖还是迟迟没有动作。

几天过去了,赵普看到太祖还是没有动静,又来找太祖了。太祖心里想着:"这个家伙,像蚊子一样,还叮上我了。"

"跟你说吧,我理解你的说法,知道你说得不错。但是这些人都是我的兄弟,他们不会辜负我的,你就不必过分担心了。"赵普马上抢过话头说:"他们倒不会对不起您,可要是他们手下的兵将,也乘着他们喝醉了酒的时候,就像给您黄袍加身一样,把黄袍披在他们身上,那该怎么办?"太祖心里一怔,愣愣地看了赵普很久,赵普一时间不知如何是好,也只能呆呆地望着太祖。过了好一会儿,太祖好像回过神来了一样,对赵普摆了摆手说:"你先回去吧,让我静一静,这件事情我会处理好的。"

杯酒释兵权

第二天早朝之后,太祖留下了石守信、高怀德、王审琦和张令铎,并对他们说:"今儿个晚上再整两盅吧,到万岁殿来!"几位将军听说太祖在家请客,心思又回到了从前,高兴得不得了。

这几位将军,跟随太祖,南征北战的,都已经戎马半生了。太祖当了皇帝以后,还经常跟几位结义兄弟开怀畅饮。不过这次,几个人似乎觉得太祖的情绪不是很高。因为杜太后刚刚过世不久,太祖情绪不高本来很正常,搁谁都一样。大家也就没往别处想,还像往常一样,狂喝猛饮,猜拳行令。

几位都是军人,太祖请他们喝酒,就跟现在的战友聚会一样。不是有那么句话嘛:"战友会战友,就是喝大酒。"古代的军人朋友聚会,其实跟现在的战友聚会也差不了多少。这些行伍出身的人,多半没有多少文化,想谈高雅的,肚子里没那货,就只能靠喝酒联系感情。

"要不是弟兄们出力帮助,我也不会有今天。想起这些,我对你们真是感激不尽哪!"这些人正喝得忘情,没理会太祖的真实用意,顺嘴说着:"咱们哥儿们谁跟谁呀,说这些,不是见外了吗?"一边说,一边继续喝。

太祖也没在意他们以哥儿们相称,接着说自己的话:"你们不知道当皇帝的难处哇。我这皇帝当的,真不如当节度使快乐。从当皇帝那一天起,一直到现在,我连一个好觉都没睡过。"几位将军停下酒杯劝太祖说:"您也不要太累了,天下的事情做不完的。悠着点,慢慢来,别累坏了身子。"

太祖听了这番话,真不忍心再说下去。"他们怎么就不往道上想呢?这群只知道打仗的武夫,真拿他们没办法。"太祖心里想着。

"我心里不踏实呀!"太祖终于忍不住,要亮底牌了。

"当皇帝有什么不踏实的,难道还有谁想抢你的位置?不是还有我们哥儿几个嘛,你怕什么?谁敢图谋不轨,看我们不把他脑袋打出屎来!"太祖一听,这都什么呀。"我说的不是这个意思。你们自然不会来抢我的位置。"说到这里,太祖看了石守信等一眼,发现这些家伙一个个都还在那儿嘿嘿傻笑。太祖又不忍心了,可是话都说到这份儿上了,不能半道停下来呀。太祖咬了咬自己的舌头,接着说道:"可是万一你们的部下,也像你们当初对我一样,硬把黄袍加在你们身上怎么办?"

"上回不都说过一次了嘛,怎么今儿又提起这事来了?说到底还是不放心咱们哪!"几位心里想着,愣了半天,互相瞧了瞧,这才想起一齐给太祖跪下:"臣等愚不及此,愿陛下可怜臣等,给臣等指示生路!"几位酒醒了,再也不叫大哥了。

太祖看着跪在面前的弟兄,感慨地说:"人生短暂,就像白驹过隙一样,转瞬即逝。活一辈子,不就是图个舒坦、快乐嘛!为了咱们的情谊,你们不如都把兵权都交出来,我把你们都安排到各个省、市、自治区、直辖市去,主持或参与一方军政,帮你们多置些田产,多赠你们一些金银。你们也可以多买些歌儿舞女,痛痛快快地好好活着。让咱们的儿女之间互通婚姻,这样也省得互相猜忌,影响君臣之间的感情。我们再找机会经常聚一聚,喝上几杯。你们觉得这样好不好?"

还有什么好不好,好不好还不都是您说了算!几位将军赶紧叩头谢恩:"陛下为咱们兄弟考虑得这么周到,大哥还是我们的大哥,大哥永远都是咱们的好大哥!"酒劲又上来了。

"你们能这样理解我,真不愧是我的好兄弟呀。来,我再敬大家一杯,理解万岁!""谢万岁理解,干!"

太祖说跟各位将军互通婚姻,那可不是顺嘴胡说。一年前,太祖登基之后半年多,就把自己的妹妹"燕国长公主"下嫁给高怀德做了继室。后来太祖的儿女和侄子、侄女们,跟几位将军和他们的儿女之间,差不多都有姻亲往来。

第二天早朝,石守信上章,称自己连年征战,积劳成疾,请求免除自己禁军职位,好多休息休息。高怀德也谎称自己劳乏过度,刀伤未愈,经常隐隐作痛,不宜再担任军职。接着就是王审琦,说自己最近肾虚,经常重感冒,夜里老出虚汗,影响征伐,请求解除军职。张令铎也说身体不好,怕误事,请求不再担任禁军军职。

散朝了,就这样散朝了,太祖什么也没说,朝廷也没作任何答复。赵普感到很奇怪,想凑近太祖问个究竟,太祖闪身躲过,直接回宫休息去了。

在第三天的朝会上,宰相范质宣布朝廷新的任免通知:

原侍卫马步军都指挥使、归德节度使石守信,改任天平军节度使;

原殿前副都点检、忠武军节度使高怀德,改任归德节度使;

原殿前都指挥使、义成军节度使王审琦,改任忠正节度使;

原侍卫马步军都虞侯、镇安节度使张令铎,改任镇宁节度使;

宣布完新的任免通知以后,范质接着说道:

圣上褒奖各位将军的勋劳,也体恤各位的辛苦、劳乏,考虑到各位的实际健康情况等,对各位任职作了以上调整。希望各位将军到达新的岗位上之后,继续努力工作,好好保养身体。一旦发现身体有特殊病变,要紧急汇报朝廷,以免圣上担忧。圣上特拨白银每人1000两,用为治病疗疾之费。

各位将军一齐跪倒,山呼万岁,感谢圣恩。

散朝之后,被解除禁军将帅职务的将军们各自回家,准备启程奔赴新的工作岗位。赵普还想跟太祖说些什么,就在一转眼的功夫,太祖已经不见了。

这段事情就是被后世历史盛称的"杯酒释兵权"。说是宋太祖以喝酒为由头,解除了禁军将帅手中掌握的兵权,好像宋太祖给各位将军演了一出《鸿门宴》一样。

其实宋太祖的很多大政方针,都是在酒席宴间决定的。今天的很多事情,很多时候,我们也是这样做的。宋太祖并没有摆什么"鸿门宴",只不过是一种惯常的工作方式。很多事情,先在酒桌上说定,给大家个准备,也留个回旋余地,事情不会搞砸,大家心里也好接受。私下里决定好了,忽然间就在正式的场合宣布,当事人还不知道,有时候会很尴尬,大家心里都不舒服。这种酒桌上解决问题的方式,乃是中国文化的重要特色之一,原本不是什么阴谋诡计。宋太祖用这种方式解除石守信、高怀德等的兵权,既照顾了各位将军的心理感受,又解决了实际问题,还没伤

第六章 张冠李戴

害兄弟情谊。既表明了自己稳定国家政权的坚定决心,也表达了他对将帅们的真实情感。孔老夫子管这种做法叫"仁者爱人",现在管这种做法叫"以人为本"。

虽然解除了禁军将帅的兵权,但是新的问题又出来了。这数十万如狼似虎的禁军,个顶个都不是好管制的,还得有个人来降伏他们。这些老帅们一走,谁能治得了他们?太祖首先想到了符彦卿,但是赵普不同意。太祖一再说符彦卿可靠,不会"负我"。赵普却对太祖说:"陛下何以负周世宗?"太祖一时无语。

太祖又想到了另外一个人选,他是张琼,现任寿州刺史。

太祖委命张琼为殿前都虞侯,领嘉州防御使,赶赴京师,统领禁军。张琼虽然严厉,可是新来乍到,禁军兵将未必服管。太祖又想出一条权宜之计,暂时保留石守信殿前都指挥使的军职,让他帮助张琼,镇抚禁军,好顺利完成兵权交接,别闹出意外的乱子。

赵普听到这个消息,佩服得五体投地。心里想着:"太祖虑事,深且远矣!"

陈桥兵变之后,为了答谢各位将军推戴的勋劳,宋太祖给以上各位将军分别提升了军职:

慕容延钊自镇宁军节度使、殿前副都点检,升任殿前都点检、昭化军节度使,加同中书门下二品;

韩令坤自镇安军节度使、检校太尉、侍卫马军都虞侯,升任侍卫马步军都指挥使、天平军节度使、同平章事;

石守信自义成军节度使、殿前都指挥使,升任归德军节度使、侍卫马步军副都指挥使,不久又升任都指挥使;

高怀德自宁江节度使、马步军都指挥使,升任义成军节度使、殿前副都点检;

张玲铎自武信军节度使、步军都指挥使,升任镇安军节度使、马步军都虞侯;

王审琦自殿前都虞侯、睦州防御使,升任太宁军节度使、殿前都指挥使。

一年以后,为了赵宋王朝的江山稳固和长治久安,太祖差不多又把各位将军重新降级到陈桥兵变以前的位置上。

从闰三月份,解除慕容延钊的殿前都点检职位、都点检一职,再也没有重设。七月份解除高怀德殿前副都点检职位以后,这个职位,直到赵宋像太阳余晖一样,陨落在历史的深处,也再没有重新设置。也就是说,殿前都点检和殿前副都点检两个职位,就像太阳出来之后的雾气一样,从此消散,再也没有在历史上重新出现过。

又一年以后的建隆三年九月,石守信看到禁军都很顺服了,就主动提出解除殿前都指挥使的职务,太祖允诺,再度给予嘉奖和赏赐。

除了解除禁军将领的兵权,太祖也在限制节度使的权力。包括长期驻守一地不动,控制所在地区的财政和用人权力等的其他高级将领。这些由将帅们掌握的过量权力,后来都不断地被太祖用"更戍法",就是轮换防守地点,轮换到不同军队里去当统帅,以使兵将之间不能形成长期共存的利益关系。地方赋税也都另行委派文官监督、执行,晚唐以来地方节度使不可撼动的权力,都被太祖慢慢地收归朝廷了。当然这些都是后话,咱们留待以后再说。不过,回收统兵将领的兵权,却不是太祖一朝完成的。

宋太宗太平兴国二年(977)五月到闰七月间,太宗又解除了向拱、张永德、张美、刘廷奂和李继勋等的节度使兵权。

尽管被解除职务的这些人多半曾经是太祖的"义社兄弟",所以表面看上去,颇有一点宋太宗要清除太祖留下的势力,以便自己更加稳固地坐牢江山的意思。但实际上却是太祖限制武将权力,以使国家真正长治久安策略的延续。从这个意义上讲,太宗仍然是太祖所制定的政策与策略的忠实执行者。

当然喽,这也是后话,咱们姑且不在这里多说。

第七章
楚地湘天

太祖早就想重新统一全国,即位以来,首先用了三年时间,平定叛乱,维护境内秩序,整顿军队,限制方镇和州郡权力,恢复法令的权威,重建社会新秩序。在一团乱麻一样的社会稍稍有了头绪之后,太祖一面继续理顺天下,一面留心周边割据政权,等待机会并寻找出兵的借口和缘由。

两湖易主

建隆二年(961)九月,占据湖北一隅的荆南国主高保融死了,把政权交给了自己的弟弟高保勖,太祖顺势"批准"这位"万事休"郎君继续担任所谓"荆南节度使",同时委派兵部尚书李涛前往吊唁,借机查看虚实。李涛回来告诉太祖,说高保勖还可以任事。太祖听罢,沉吟半晌,没再做声。当时高保勖荒淫无度,政事尽废,但是这个荆南国还没有到山穷水尽的地步,而且太祖还有很多内政的问题没有完全理顺。

又一年过去了,占据湖南的割据政权楚国境内,发生了重大的变乱。武安节度使兼中书令周行逢病死,幼子周保权当时只有十一岁。周行逢临死之前,把文武"群臣"找来嘱托后事,让他们辅佐周保权:"与孤并肩而起夺取湖南的那些人,都不是善类,我怕他们生事,所以才干掉他们。现在还有一个,就是张文表,更不是什么好东西。我死之后,文表必来争权。现在的武将之中,只有杨师璠可以跟他对敌。一旦这个家伙起兵谋逆,当用杨师璠统兵抵御。万一打不赢他,就坚守长沙,请求大宋朝出兵,顺便把南楚这块宝地归还中央政权。举族归顺朝廷,宁可不要它,也不能落到这种人手里。"

建隆三年(962)十月,张文表果然起兵,攻城略地,自称留后。周保权涕泣求见杨师璠,备说父亲临终嘱托,杨师璠出于周行逢对自己的看重,异常感激,向属下作"战前动员"说:"各位将军都看看吧,我们的郎君(指周保权)小小年纪,贤德如此,咱们怎能不努力保他呀!"杨师璠率兵出征,双方展开激战,新一轮战火硝烟,又重新弥漫在湖南的上空。

对于讨伐张文表,周保权完全没有把握,一面委命杨师璠征讨张文表,一面又派人前往荆南,希望发兵援助。同时又给大宋朝廷上书告急,陈述自作节度使的"合理"缘由,请求出师援救。

十一月,荆南国的国主高保勖死了,荆南的军政大权,又落回到了高保融的儿子高继冲的手上。

机会来了!太祖心里高兴,委派卢怀忠代表朝廷前往吊唁,同时表示同意由高继冲接任荆南节度使。太祖密瞩卢怀忠,详细了解荆南情况,掌握荆南人心风俗和军事防卫等情况。

卢怀忠出使归来,密报太祖说:"荆南的军队虽然训练有素,但是总共也不过三万多人。虽然连年丰收,但因高氏横征暴敛,老百姓民不聊生。加上荆南国地处诸国夹缝之中,苟延残喘,依靠跟南面的长沙南楚政权结交,抵御东面江南国的侵凌。西面经常受到后蜀的逼迫,北面还得向咱们的朝廷称臣,日子不好过。攻下荆南,应该不是一件很难的事情。"太祖带着肯定的神情看了一会儿卢怀忠,心中想着荆南和湖南的情形,竟然忘记了卢怀忠还在那里跪着。过了好一会儿,太祖才回过神:"啊,你辛苦了,回去休息吧。"

十二月,大宋朝廷有旨:周保权担任武平节度使,检校太尉、朗州大都督。同时命令张文表,自行回归衡阳,督促荆南出兵,帮助周保权。太祖一面做出上述决定,一面做着出兵的准备。

不战而胜

建隆四年(963)正月,太祖委派酒坊副使卢怀忠、氇毯副使张勋、染坊副使康延泽,共同率领数千步兵赶赴湖北襄阳。

太祖要动手了,但是派这么几位跟军事毫不相干的人,而且只带了几千名步兵,能干什么呢?猜不着了吧?人家这些人不是去打仗的。不去打仗,到湖北前线干什么?而且还带了数千步兵?人家是去准备接收湖北、湖南之后,统计钱粮、布帛、酒茶之类的缴获物资。这还没开战,怎么就先派出这些人去统计战利品,万一打不赢怎么办?宋太祖会做那种没有成算的事情吗?人家早就成竹在胸了。

这批负责统计战争所获物资的官员,带领的兵将只不过是保护运送物资的,属于押镖系列,就像武打小说里的镖局一样。宋太祖考虑这些人都是步兵,行进速度缓慢,所以就让他们先行出发了。为什么不用骑兵,速度还快些?难道宋朝没有那么多骑兵吗?不是。这叫不争馒头争口气儿,不拧麻花就拧那股劲儿。人家就这么慢慢溜达,好让沿路的人民观看。这叫游行示威,这叫显示声威,这叫展示国威!就让老百姓看,就让北汉国、江南国、吴越国、后蜀国和南汉国等的细作,把消息传给自己的国主和大臣们听。都给我看着,也都给我听着!太祖经常在不经意之间,做出令世人咂舌的事情。老赵家的这位太祖爷,时常喜欢上演几出这样的"古装戏"!好丰富各个"诸侯国"人民的业余文化生活。

几天之后,太祖开始调兵遣将了。

命令:山南东道节度使兼侍中慕容延钊,为湖南道行营都部署,主持本次湖南、湖北的军事行动;枢密副使李处耘为都监,为这次军事行动的副主管兼督察员;统辖十一员将领,汇聚安州、复州、郢州、澶州、孟州、宋州、亳州、颍州、光州,九个地方州内兵将,加上襄阳地方武装,共计十州地方兵马,出师征讨张文表。又过了没几天,太祖又派遣太常卿边光范权知襄州,户部判官滕白为南部军前水陆转运使。

全都安排好了!就连特别细小的环节,都安排得如此周密。

整个湖南我做主

有关荆南国的情况,咱们前面大致说过了,现在咱们再把历史的镜头转向湖南,看看这个山清水秀的内陆省份,在整个晚唐五代期间,到底发生了些什么事情。

自从藩镇割据以来,唐朝的各州、府、市、县,虽然在表面上还都尊奉唐朝,背地里却都各行其是。湖南并不比其他地区的情况好,哪怕是一点点。

一个叫做马殷的家伙,生得那样子:大眼睛短眼皮儿,一看不是本分人儿。

马殷字霸图,瞧这人这字取的,不是想夺取政权,就是要窃据天下。但是名字叫小了,只给人一种像春秋时代的诸侯国一样的感觉,所以也就只能抢占几个州县而已。

马殷到底是上蔡人还是扶沟人或者鄢陵人,一直就说法不一,不过是河南许州人,这是肯定的。

唐僖宗李儇中和年间(882—885),马殷参军入伍,加入到抵御黄巢的行伍之中。因为在战斗中表现比较勇敢,渐渐受到上司的信重,于是就像壁虎一样,蹭蹭地贴着军阀们的墙壁窜上去了。

起初隶属唐忠武决胜史孙儒和龙骧指挥使刘建峰,不久许州牙将秦宗权叛降黄巢,孙儒和刘建峰也都作起乱来,当时马殷也在其中跟着一起作乱。六年后秦宗权兵败被诛,孙儒转攻杨行密,兵败身死,马殷追随刘建峰攻唐豫章(今南昌),剽掠虔州(今江西赣州)、吉州(今江西吉州),一路上抢钱抓丁,不久就拥众十数万人。唐昭宗乾宁元年(984),马殷随刘建峰进入湖南,攻占醴陵、长沙。刘建峰自称潭州留后,唐朝廷无奈,承认刘建峰为潭州留后(代理节度使),并加封为检校尚书、左仆射、武安节度使。马殷追随叛逆有功,被刘建峰委命为内外马步都指挥使。

刘建峰本来就是庸碌之辈,刚刚得势,就开始尽情享乐,看到部下陈赡之妻有美色,当众扒光衣服下手,陈赡备受羞辱,一时情急,举起手中的铁锤向刘建峰头上砸去。

马殷正在攻打邵阳,听到刘建峰被部将杀死,赶紧回师长沙,没费吹灰之力就成了长沙的"主人"。当时的唐朝廷,已经日薄西山,苟延残喘,只待毙命而已,没有任何力量制止地方叛乱,只得听任州郡将领互相杀来砍去。马殷既入主长沙,唐朝廷只得承认他的地位,封他为武安军节度使。当时湖南境内七州,马殷虽然占据长沙,手中只有潭、邵两州,郴、衡、永、道、连州均在其他军阀手上。马殷用了将近一年的时间,把另外五个州都从其他小军阀手里夺下来,占据了湖南七州之地。马殷牛气冲天,声言"整个湖湘我做主",准备割据一方,当个偏安的小皇帝。乾宁三年(896),马殷又出兵攻广西,占领广西贺州(今广西贺县)、桂州(今广西桂林)、宜州(今广西宜山一带)、岩州(今广西贵港境内)、柳州(今广

第七章 楚地湘天

西柳州)、象州(今广西象州县)。天复二年(902),唐昭宗不得已,又加封马殷同中书门下平章事,给了个宰相级别。马殷知道自己的这个宰相级大官不是唐朝皇帝封的,而是主宰唐朝皇帝命运的权臣朱全忠封的,于是就暗地里跟朱全忠越走越近。

天复三年(903),占据江苏一带的杨行密遣使劝告马殷,说朱全忠跋扈欺主,希望马殷跟朱全忠断绝联系。马殷却认为:朱全忠虽然无道,但是他正如当年的曹操一样,挟天子以令诸侯,号令天下。跟朱全忠保持"战略合作伙伴"关系,有百利而无一害。于是就把杨行密的劝告,当成耳旁风,吹过去也就吹过去了。

唐哀帝天祐四年(907),朱全忠,就是原来叫朱温的那个窃贼,再杀唐帝。前此已经杀了唐昭宗,现今又杀死了唐哀帝。连杀唐朝两个自己的主子皇帝,改元开平,更名朱晃,自己真当起皇帝来了。马殷因为一直跟朱全忠暗中勾结,及时写信劝进,被朱晃封为楚王,加封侍中、兼中书令。连方霸带宰相,还有王爷,三个大鸟蛋,被马殷只一口,全都吞到肚子里去了。

马殷还不过瘾,开平四年(910),诈称自己是汉代伏波将军马援之后,朝朱晃讨要"天策上将军"的名号。

只要马殷能为自己效命,除了皇帝,马殷等割据者的无论什么要求,朱温都会爽快地答应。这下马殷更牛了,觉得自己就好像是上天册封的一样。如果这个无知的武夫,要是知道历史上西魏的叛将侯景投降梁武帝萧衍时,自封为"宇宙大将军",他一定会向这个王八蛋鞠躬敬礼!还会在内心里感觉惭愧——看看人家侯景,多有"创新性",咱弄了半天,也还得受上天的册封,人家自己封官,直接就把天地一道都给"管辖"了!不过说到底,马殷的这个所谓的"天策",也只是朱温封的,最多不过是个"猪策"而已。

在此后的一段时间里,马殷与占据湖北荆州一带的高季兴、占据江苏等地的杨行密(并其子杨隆演、孙杨渥,以及后来代吴而立的南唐)、占据四川的王建、王衍,占据广东的刘隐、刘岩等不断发生大小规模不同的抢夺土地人口的战争。列位看官注意,我这里用的是"人口"而不是"人民",他们何尝把人民当过人?不过把民众当成能干活的牲口,用来表明自己的抢夺力,同时也为自己提供榨取和宰割的对象。民众只是供他们吞食的鱼肉而已。只要愿意,他们随时都可以张开自己的血盆大口。

后来马殷看到朱晃的政权已经靠不住,又与李存勖暗中勾结,李存勖灭掉朱氏政权以后,因为马殷同样有推戴之功,又给他加了一个"兼尚书令"的头衔。马殷赶紧送厚礼表达由衷的谢忱,为了表达他对新王朝的由衷拥戴,特意把统辖下的一个县改了名字。

这就算"忠心"?那当然,自己治下有个昌江县,跟人家祖宗的名讳冲突了,改叫"平江"县。改名躲避,就等于承认人家是正统。

李存勖的爹是李克用,李克用的爹,本来叫朱邪赤心,是晚唐时期的朔州(今山西朔州)刺史。因为帮助唐朝镇压藩镇有功,赐同族姓,授名国昌,从此就改叫李国昌了。李存勖当上皇帝以后,追封自己的爷爷为"文皇"。马殷就用这样一种简便易行的方式,没费吹灰之力,既表达了对新王朝的"忠心",又赢得了新统治者的信任。没用一箭,而巧获双雕。这就是湖南省平江县县名的来历。

马殷不仅伺候朱邪李存勖,而且还向窃夺了杨行密开创的南吴政权的李昪(就是徐知诰)称藩,南唐李昪也加封他为尚书令,不久又封他为楚国王,再加三公。当时天下有点实力的割据政权,都给马殷加官晋爵,马殷就像战国时期的苏秦一样,身背多国相印,要是在现在,那就是联合国秘书长,跟那个叫潘基文的韩国人拥有同样的级别,享受同等待遇!五代时期的很多牛人,都有冯道、马殷等人这套惊人的攀爬、依附、讨要、要挟等的"厚脸功夫"。不有那么句诗嘛:"厚脸功夫终久大,廉耻事业竟浮沉。欲知自下升高法,甩掉良心和裤衩。"

马殷在长沙,按照天子的规格建造宫殿,设置百官,还给自己的三代祖先上尊号,俨然已经做了皇帝。

马殷的儿孙们

后唐明宗李亶(李嗣源当皇帝之后改了名字)长兴元年(930)十一月,马殷病死,竟然活了七十九岁。次子马希声袭位,心中全无爹娘,守丧期间,一丝哀痛的情绪都没有。听说那位所谓的"梁太祖"朱温喜欢吃鸡肉羹,非常羡慕,马上叫厨子每天杀五十只鸡烹制。第二年冬天,老爹下葬,他却当场大吃一顿鸡肉羹,然后抹了抹嘴巴,转身扬长而去。把老爹下葬的事情,当场撂在了一边。当时朝臣里有个高级黑,叫做潘起,以表扬的口吻讥讽说:"晋朝有个名士叫做阮籍,母亲死的时候,纵放食欲,专吃蒸乳猪。咱们这位大王,更加风流倜傥,赶上老爹下葬,猛吃鸡肉羹,大饱口福了。真是江山代代出孝子,一代不比一代差啊!"

马希声确实没出什么声响,湖南王当了不到三年,就稀里糊涂死了。爹死、哥死不要紧,湖南还得占据,马希范又继任了。

这位马希范,基本上也是吃白饭的。当了十五年山大王一样的割据之主,什么功德也没做,只是吃喝玩乐,横夺暴敛。跟他爹一样,抢夺过往商人财富和妻妾,一点江湖道义不讲。马希范听说轩辕黄帝幸御五百美女,死后得以升仙。大肆效法,想在一年之内睡满五百美女。他哪知道,吃竹子叶的不仅有凤凰,还有猫熊和獾猪;睡美女的也不都是圣皇、仙帝、风流才子,还有土匪、赃官、无赖和地痞!不仅如此,父亲马殷的绝大多数姬妾,他都动过,他的很多弟弟,保不齐就是他的儿子。

马希范还把唯一一个稍微能干一点的弟弟马希杲干掉,免除后患。

天福十二年(天福本后晋石敬瑭年号,八年时石敬瑭死,石重贵即位改为开运,开运四年,后晋被契丹灭掉。占据太原的石敬瑭部将刘知远乘机"被拥"为帝,为了收拢人心,把年号又改回天福。准确时间是947年)五月,马希范不断梦到从前被他杀死的人前来索命,吓死了。临终前把权力交给了一个只会谄媚,胸无点墨,脑袋跟穿过刺似的,每天念诵佛经,实则不仁不善且又孱弱寡断的弟弟马希广。

当年马殷骄奢淫逸,遍搜湖南境内稍有姿色者填充后宫,生了七八十个儿子,可能还不止。这位马希广,排行第三十五位。到了六月份,号称晋王的刘知远就正式登基称帝,改国号为汉,好像自己跟刘邦也有什么关系一样。次年初,把年号也改了,叫做乾祐,历史上叫做后汉。

自从接续不知道是大宝还是大祸的这个湖南统治者的地位以后,马希广就没有得到安宁。他的几十位哥哥中的一位,叫做马希萼,当时驻守朗州(今湖南常德),不断跟他争夺在后晋和后汉王朝中的占据湖南的"合法权"。后晋和后汉两家政权,不断调和他们兄弟之间的关系,希望他承认弟弟马希广的领导地位。马希萼坚决不从,兄弟之间刀兵相见,战火燃遍整个湖南。马希萼勾结湖南西部的蛮兵,跟自己的弟弟马希广血战了三年,整个湖南被杀得天昏地暗,血流成渠,死尸、饿殍,漫山遍野。

后汉乾祐三年（950）底，马希萼攻占长沙，大掠三日，焚烧府库，杀戮吏民。马殷当年建造的超级豪华的五星级宫殿，全部化为灰烬。马希广被送上断头台，口中还在念念有词地诵读"阿弥陀佛"！不知道佛祖会不会允许他真正"上西天"。

马希萼因为中原政权一直调停他和弟弟的猪争狗斗，愤然放弃中原帝国年号，改用南唐李氏政权的年号。据说这位马希萼，乃是那位"猪册上将军"马殷的庶子，是马殷当年随意"青睐"哪个女子所生，排行第30。马希萼不仅刚愎自用，而且听信谗言，其弟马希崇，心术偏斜，专门献谗害贤。当年马希萼死命与马希广争国，很大程度上就是被这位"亲爱的"弟弟用话语不断挑唆激怒的。

南唐李璟保大九年（951）三月，马希萼派身边亲信刘光辅去南京朝觐李璟。刘光辅到了南京以后，却把湖南的底细全部告诉了李璟，说是湖南可图。于是李璟派遣大将军边镐率大军秘密靠近湖南，准备伺机动手。而这位也被李璟册封为"天策上将军"、各种节度使兼中书令加楚王的马希萼，不仅被蒙在鼓里，而且依然在湖南纵酒荒淫，滥杀无辜。他的弟弟马希崇却在私底下行贿受贿，结党营私，攻排异己，致使马希萼原本从朗州带来的主力兵团的将领们心生怨恨，不想再为他卖命了。指挥使王逵（一说叫王进逵）在副使周行逢的挑唆下，偷偷把兵将带回了朗州。形式上先推举马希萼的儿子马光赞充任朗州留后，没几天就把他给废了，再推辰州刺史刘言担任朗州总管。

"祸事了，祸事了！"湖南再度"祸事了"！

马希崇乘着朗州兵将撤走，逼退马希萼，并把马希萼囚禁到了衡山上，自立为武安留后。朗州刘言、王逵和周行逢一听，马上以讨逆为名，会兵长沙，湖南再度变成一片火海。马希崇一看形势不妙，赶紧给南唐李璟送信，希望出兵援救。李璟闻听大喜，吞掉湖南的机会来了！促令大将军边镐火速进兵，边镐迅速出击，进击长沙。衡山守将乘乱又把马希萼放出来，拥立为主，北上参与争夺，寄望复辟。湖南一省之内，数家兵将杀得人仰马翻，老百姓被杀得昏头涨脑，都分不清谁跟谁是一伙的了。

南唐兵进长沙，朗州兵马暂时撤退，常德和衡阳的两个马氏政权也都暂时息兵等待处置。李璟下令：把长沙与衡阳的全部马氏，连带族人宗亲，全部押往南京。至此，马氏在湖南的统治宣告结束，所有的"马"都被强行拉走了，留没留下个把马崽，咱就不知道了。马殷在统治湖南期间，辛辛苦苦生产出的八百多个 DNA 产品，在押送南京的途中，病馁恐惧，死了一多半，看来这种高产水稻的"瘪壳"率也不低呀。

周行逢再据湖南

南唐初得湖南，边镐治军无方，刘言乘机举兵攻打边镐，边镐大败东归，湖南落入刘言手中。这时已经是后周太祖郭威的广顺二年（952）了。

郭威听说湖南不再归属李璟，马上同意刘言请求，升长沙为武平军，册封刘言为节度使。同时又委命王逵守朗州，充任武安军节度使。王逵一看刘言官比自己还大，心里想着："刘言你个王八蛋，要不是老子扶持抬举，哪有你呀！竟敢骑到我的头上来了，他妈的！"王逵满怀怨愤，挥刀东进，开始与刘言兵戎相见了。刘言统治湖南不到三年，就被王逵生擒了。王逵向周太祖献谗，诬告刘言要把整个湖南拱手送给李璟。郭威马上派使节前来宣谕：委命王逵为武平军节度使，废刘言。后周的宣谕使刚走，王逵转头就像杀猪一样，把刘言给宰了。

显德元年（954），周世宗柴荣当政，举兵攻南唐。下令王逵攻打南唐鄂州（今武汉），钳制南唐兵力，不使增援淮南。王逵属下有员将领叫潘叔嗣，当时奉命守岳州（今湖南岳阳）。王逵出兵，"御驾"亲征，车服礼器全部采用王者之制。手下人因此跋扈，纷纷到潘叔嗣那里敲诈勒索。潘叔嗣本性吝啬，像个铁公鸡一样，一毛也不让他们拔。这些人就去王逵那里献谗，诬陷潘叔嗣对主上不恭，有不臣之心。王逵把潘叔嗣找来大骂了一顿。潘叔嗣心怀怨恨，举兵与王逵大战，王逵竟被打死了。这是显德三年（957）二月的事情。

朗州旧兵得知王逵死了，又把朗州守将周行逢推举出来。周行逢施诡计诱使周叔嗣前来，开刀问斩，颈血泼了一地。周世宗顺势加封周行逢为武平军节度使，全面负责武安（长沙）和静江（桂林）军事，湖南就这样落到了周行逢的手里，再度进入新的割据状态。这时已经是显德三年七月了。

周行逢本是农家子,起身微贱,略知民间疾苦。得到周世宗册封之后,在湖南地区却也尽心为治。提拔廉洁能干之士,相关规定也都简单易行,百姓都很愿意接受。

周行逢统治湖南,不以私亲废公法。一次,他的一个女婿前来找他,让他给个官做,周行逢却送了他一套农具,实实在在地告诉他:"当官是要治理百姓,处理事情的,你哪有这个能力?我就是给你个官做,你也担当不起。万一违法乱纪或者耽误了事情,到时候我还得处罚你。何苦呢?送你一套农具,回家老老实实种地,养家糊口,别招灾惹祸,对你来说,就算不错了!"

虽然有点优点,但是周行逢自幼无赖,游手好闲。其人心胸狭隘,过于喜欢猜忌。左右稍有触犯或者言语不恭,就会立即遭到处置。有个叫何景山的人,原是王逵的秘书,曾经为了王逵,对周行逢说过不够客气的话语。周行逢掌管湖南之后,没过几天就把他捆绑起来,直接扔到江里喂鱼了。还有一个叫邓洵美的人,跟后周的翰林学士李昉是同年进士。李昉代表后周出使湖南,把老同学找来叙旧,两人谈了一整天。周行逢怀疑邓洵美把湖南的底细,偷偷地泄露给了李昉。李昉刚刚离开湖南,周行逢就贬了邓洵美的官。没过几天,又派人装成山贼,乘着黑夜把邓洵美暗杀了。

周行逢的一系列举动,使得湖南的官僚士大夫不寒而栗,人心很快就离散了。

周行逢的原配严氏,因为周行逢杀戮太重,劝告他不要滥杀。周行逢不听,严氏就带着自己的亲眷,回到常德农村种田去了。周行逢派人找她回来,严氏却说:"你对待别人这么凶狠,人心已经离散,早晚人家会来报复。我回到乡下,大祸临头时,好方便逃生。"

周行逢手段残忍,嗜杀成性,跟他一起打江山的那些同僚们,没过多久就因为言语冒犯或者居功自骄,被他杀得差不多了。还剩一个张文表,正准备找由头干掉,周行逢自己就不行了。于是才有了上面把幼子周保权托付给众僚属,并且嘱咐用杨师璠领兵,镇压张文表"叛乱"的说法。

张杨大战

周保权遵照老爹的遗嘱,开始调兵遣将。还派出一支军队,想要替换驻守永州的部队。一方面不想让永州轻易落入张文表之手;另一方面,也想拿这支军队牵制张文表的军事行动。为在整体上战胜张文表,争取更多的准备时间。这支开往永州的军队,刚到衡阳附近,就被张文表以款待为名,扣押了。张文表更换了这支部队的部分将官之后,反把这支部队当成了自己攻打常德和长沙的前锋。

张文表准备进攻长沙,心里没有绝对的胜算。好多天犹豫不决,寝食难安。一名小校为了讨好张文表,说自己夜里梦见了一条龙,从张文表的脖领子里爬出来了。张文表一听来了劲头,以为这是自己将成为真命天子的吉兆,于是就装作给周行逢吊丧的样子,全军缟素,一路向北进发。

潭州的知留后、行军司马叫廖简,对周氏父子还算忠心。但是他一向轻看张文表,张文表大军压境,他竟毫无准备,还在府中与僚属饮酒。廖简声言张文表不过是个黄口小儿,"不来则已,来了就是自己送死"。正说话间,张文表已经到了眼前,将廖简轻易生擒,餐桌上的那十几位,不仅是陪着喝酒的,也是跟着送命的。

张文表没有想到,拿下长沙竟然易如反掌。信心大增,兵锋西指,赶奔朗州。朗州的州府,就是今天的常德,当时是周氏父子起家的巢穴。再拿下常德,整个湖南差不多就成了张文表的盘中餐、腹中肉了。

张文表占据了长沙,也像晚唐时期的藩镇一样,不可一世地向大宋朝索要湖南的宰制权。听说宋太祖出兵前来镇压自己,赶紧又向朝廷申述,说自己并没有想侵夺湖南的意图,只是赶去武陵(常德)奔丧,吊唁周行逢。张文表欺骗大宋朝说,长沙守令廖简,阻止自己为故主尽心。双方兵将之间发生私斗,不小心把廖简杀死了。张文表还声称,忙完了周行逢的丧事之后,就会自动撤离长沙。张文表申明:自己根本就没想夺取长沙,请求宋太祖不必"劳师远征"。

这个张文表,还真以为太祖爷这次出兵,仅仅就是为了他,真把自己当盘菜了。

张文表一面哄骗宋太祖,一面却继续向常德进军。

杨师璠受周保权委命镇压张文表,率兵向东。路上听说长沙已被张文表占领了,一时间士气大衰,连战连败,一路向常德方向撤退。但是没过多久,大宋朝出兵的消息,开始在军中传扬开了。听到这个消息,张文表手下的兵将们心里开始打鼓,恐惧和逃跑的情绪,像瘟疫一样,迅速在军中传播开去。杨师璠的部队却增加了底气,乘机反扑,在益阳西北不远的一个叫做平津亭的地方,双方展开激战,从上午一直杀到天快黑了的时候。

"大宋朝的援军就要到了!"杨师璠利用军中的传说,大肆鼓动兵将。军队顿时来了锐气,人人奋勇,个个当先。而张文表的兵将们心里却在想着:就算打赢了杨师璠,大宋军队来了,咱们也是死。哪还有心思战斗,乘着天黑纷纷溃退。张文表震慑不住,只得跟着跑,不小心被生擒了。

杨师璠生擒了张文表,牛气冲天,让手下把张文表切成碎块,就这么着,给分着生吃了!杨师璠还打着清理张文表余党的旗号,在长沙大肆抢掠,焚毁无数民房。一时间,长沙城里火光冲天。

不知算不算"鸿门宴"

正当张文表与周保权在湖南境内酣战之际,太祖的人马已经进入荆南国,李处耘都监先到了。

这位先到荆南的都监李处耘,就是后周显德七年正月初三那天,把两个太阳在天空中"黑光磨荡"的军中谣言,编排得像神创世界的传说一样,转告给赵匡义和赵普,直接促成陈桥兵变的大宋朝的开国功臣之一。建隆元年八月,李处耘跟随太祖镇压李重进叛乱,之后留任扬州知州。只干了一年多,就被太祖重新召回身边。在任之时,访贫问苦,轻徭薄赋,很快使战乱之后的扬州民众,过上了安稳生活。离任之日,扬州百姓夹道挽留,堵路痛哭,舍不得这位视民如子侄的父母官离去。

李处耘这次率领前军先发,来到荆南国的襄州(今湖北襄阳)城外以后,派遣军使进城,告知守令,宋军要向荆南国借路,前往湖南,去镇压张文表的叛乱。

第七章　楚地湘天

荆南国虽然把湖南的情况转告给了太祖,可是当大宋朝的军队向荆南开来的时候,高继冲寝食难安了。宋兵要去湖南"帮助""楚国"平定叛乱,除了向荆南国借路,就得向后蜀或者江南国借路,而且道途不顺,绕远。荆南就这么块小小的弹丸之地,春秋时期假途灭虢的教训,在中国不仅家喻户晓,甚至连农妇饲养的家畜、家禽都知道。高继冲能安稳得了吗?

当宋军即将进入荆南国境的时候,荆南国的"朝廷"里立刻就像炸开了锅一样,众说纷纭,莫衷一是。商量来,商量去,商量出这么个主意:以城中百姓害怕为由,只为大军提供军需钱粮,请大军见谅,绕城而过。

李处耘遣使再往,说大军行进既久,人困马乏,需要进城休歇。高继冲不想放行,又不敢拒绝。正在左右为难之际,荆南国的兵马副使李景威对自己的小主子说:"朝廷要借路前往湖南,但看他们的样子,好像要借机对咱们下手。请主公给我三千兵马,埋伏在都城里。等到夜里突然袭击宋军主将,他们就会退兵。然后,咱们再出师帮助朝廷镇压湖南张文表。这样主公既对朝廷有功,又对湖南有恩,宋朝廷一时也就不好说什么了。要不然,万一被人吞并,好日子也就到头了!"高继冲说:"我们高家从割据那一天起,年年岁岁供奉朝廷,朝廷必不忍心吞并我。再说了,就算动武,你能打得过慕容延钊吗?"正说着,又起来一位,荆南国的节度判官孙光宪。孙光宪焦急而诚恳地对高继冲说:"李景威不过是长江三峡一带的一个渔民,捕鱼还行,打仗哪是他的长项?至于国家的成败兴亡,他更是盲人摸象,胡说乱讲而已。泱泱华夏,分裂既久,人家中央正国,打从周世宗开始就想着要重新统一了。而当今这位皇上,更非等闲之辈。即位以来,一举一动,规模更加宏阔,目光更加远大。人家这次讨伐张文表,那不就像拿泰山砸鸡蛋一样,逗着玩就行了。等人家平定叛乱回来,还会向我们借路通过?有哪个强大的王朝,会容忍别人在自己国中再立一国,自己却总得卑身求人,借路通行的?不如把金银府库,人马钱粮,土地人民如数清点,乘机归还朝廷。当今皇上仁慈,世人皆知。您既不会受到伤害,还能过上稳定的富贵生活;荆楚百姓,也能免遭战乱之苦。如果抗拒天兵,那真是以卵击石,自取败亡之道。"高继冲知道,孙光宪为他提供的建议,是荆南国当下唯一正确的选择。但他在心理上,实在不想接受这样的建议。怀着侥幸的心理,高继冲还是先派了使节,出城面见李处耘,想看看动静再说,万一人家没有乘机收回荆襄的想法,就可以多占据几天。反正咱们面对人家,就像癌症晚期的患者一样,能多活一天,总比早死一天强啊,没什么别的办法了!

李景威见高继冲没有接受自己的建议,出门慨叹了一声:"荆南国没了,我还活着有个什么劲!"用手狠狠掐住了自己的喉管,不让喘气,扼亢而死了。唉,也算是五代时期一个难得的小义士!

李处耘用兵神速,很快进入荆门(今湖北荆门市)。距离荆南国的国都江陵(今湖北江陵县),仅在咫尺之间了。高继冲赶紧委派兵马使梁延嗣,外加自己的叔父高保寅,押运大批牛羊肉和上等美酒前往犒赏三军。李处耘热情接待,又与慕容延钊分工,由慕容延钊陪同两位继续畅饮。自己却借口不胜酒力,先回营房休息去了。

梁延嗣和高保寅喝得高兴,酒席宴间,竟然没有看出大宋朝要借机吞掉荆南国的意思。于是,就赶紧派使臣向高继冲"报喜"。高继冲一听,高兴,"咱们荆南国啊,今个真高兴。咱们老高家啊,今个就高兴!"正在心里哼着美妙的小曲儿,忽报朝廷大军已到城下,赶紧慌慌张张出城恭迎。行到江陵城北十五里处,正好撞见李处耘。高继冲问慕容延钊怎么没来?李处耘说:"在后面,您先在这候着,我的亲兵们过于疲惫了,我先带他们进城找地方休息一下。"高继冲半木半呆地等了半天,梁延嗣和高保寅们,才醉醺醺地陪着慕容延钊缓缓而来。高继冲赶紧上前献殷勤,陪同他们一起进城。进得都城一看,城墙和城里重要的街道上,早已占满了宋兵,插满了宋朝的旗帜。敢情人家李处耘,不想劳驾他布置,自己早就先进城安排完了。

到了这般光景,高继冲只得把荆南国的户籍册、府库藏品簿,还有荆南国州县分布图,拱手奉献给了大宋朝。一枪未发,一弹没放,连只鸡鸭都没杀,太祖就收回了荆南国。总共得了三个州,十七个县,十四万二千三百户人口。

从公元913年高季兴割据开始,到公元963年,高继冲将自家的"自留地",全部交还中央政权,荆南国一共经历四代五王,历时五十年。

第七章 楚地湘天

轻取湖南

　　李处耘和慕容延钊解决了荆南国,把善后处理工作交给太祖派来的其他官员,马不停蹄向湖南进发。

　　周保权和杨师璠们正在得意,听说宋太祖的大军即将赶到湖南,心中非常愤慨。心想:大宋朝不是来帮助我们镇压张文表的吗?现在张文表已经被杀死了,不仅不退兵,还非要进入湖南?这不是借着由头不怀好意吗?到了这个时候,他们才真正明白大宋朝出兵湖南的目的,真够愚钝的。像这样的一些人,就是偶然获得点小胜利,也不过是为最后的失败积攒点待杀的血肉而已。

　　周保权心中惶急,赶紧找来观察判官李观象问计。李观象对周保权说:"宋师此来,原本是为了镇压张文表。现在张文表已经死了,而宋师继续进军,显然是要取回整个湖南。但过去有荆南国作为我们的屏障,还能撑持。现如今,荆南已被收回,朗州断然没有独存之理。不如归顺朝廷,还能保住富贵。"周保权无奈,准备像荆南国一样,服服帖帖地把湖南还给朝廷。但是手下牙将张从富不听,跟几个将领约好,要去共同抵御宋兵。

　　慕容延钊兵到岳阳,岳阳兵拒而不纳。慕容延钊只能休兵,等待命令。太祖遣使宣谕周保权及手下兵将:"本来是尔等请师救援,故发大军以拯尔难。今妖孽既殄,是有大造于汝辈也。何为反拒王师,自取涂炭,重扰生灵!"太祖爷这道"宣谕",如果用来处理两个正当国家之间的关系,那就太蛮横、太无理了。哪有这么讹人的!不过从情上讲,人家既来帮你,请进屋里,给口茶喝,也算有礼貌。最关键的,南楚不是独立国家,只是割据政权。光自己以为自己是独立国家,那怎么能行?周保权和兵将们知道,只要宋兵一进湖南,喝完茶之后,客人可能就不走了。周保权知道自己完了,不如把土地人民"还给"人家,但左右将领非常顽固,执迷不悟。太祖爷生气了,命令:慕容延钊进军岳阳,李处耘进军朗州。

　　慕容延钊率领宋军一路高歌猛进,势如破竹,只在三江口打了一仗,斩获四千余,缴获战船七百余艘,然后就占领了岳阳。这可真像《挑担茶叶上北京》那首歌唱的一样,真可谓"一路春风下洞庭"啊!

李处耘动作一样神速,马不停蹄直奔朗州。张从富赶紧撤走全部船只,拆毁所有桥梁,并设置路障,企图阻止李处耘大军通过。李处耘兵到澧州附近,与张从富相遇。未及交战,张从富的那些虾兵蟹将们,看到宋师那副严整威武的样子,根本不敢接招,立刻作鸟兽散,连风都没望,撒腿就披靡了。

李处耘只在通往朗州的一个山寨处受阻,稍事攻打,敌兵就弃寨奔逃。李处耘攻入山寨,俘获甚重。李处耘从俘虏中挑出几十个肥胖的,让士兵当场杀死,分着吃了。李处耘又把几十个健壮的湖南兵士,刺面以后故意放跑,让他们回朗州报信。

逃兵回到朗州,备说抵抗者将被生吃。吓得驻守朗州的兵将们,当天晚上就乘夜逃跑了。张从富无奈,放火焚毁朗州城,试图逃进深山老林。刚逃出城区不远,就被李处耘的兵将擒获了。李处耘将张从富押回城中,斩首示众。

周保权呢?被手下一个叫汪端的将领,劫持到了一个僧舍中。李处耘遣将追捕,逮住了周保权。汪端当时逃脱,不久被慕容延钊的部将擒获,枭首示众。只有杨师璠一人去向不明,从此消失在历史的视野之外。

湖南从公元907年到公元963年,前后五十六年间,经历了五姓、十王的割据,至此重新被中央政府收回。太祖得州十四,监一,县六十六,人口九万七千三百八十八户。

太祖这次出兵收回湖南、湖北,从出兵到结束,前后只用了不到两个月的时间,湖北几乎是兵不血刃,湖南也没有多大伤亡。

第七章 楚地湘天

第八章
两湖八闽

午夜东京

太祖既得湖南、湖北,立即着手接管两地军政,安抚民生,稳定社会秩序。

圣旨:高继冲继续担任荆南节度使,高继冲手下两位主要辅佐者:梁延嗣和孙光宪,分别被改任为复州防御使和黄州刺史。

还让他们在原地做领导,这不跟原来一样吗?不一样,不一样就是不一样。高继冲现在只是个形式上的"节度使",荆南的节度权,被太祖收回了。太祖委派枢密院都承旨王仁瞻,充当荆南巡检使,前往荆南,"巡检"一切事务。太祖听说李景威曾为高继冲谋划,不为所听后自杀的事情,感慨地说了一句:"忠臣哪!"太祖指示王仁瞻,"厚恤"李景威家属。

圣旨:重新核实荆南、潭州和朗州原有狱中囚犯,死囚减刑,轻者释放。

结果除几个杀害生民,作害一方,民愤极大,等待秋后问斩的,其他的死囚,都捡回了一条性命。太祖还废除了这些囚犯从前所欠高氏、周氏打着朝廷旗号的三年赋税,责令他们归乡耕作,重新做人。

"可盼到这一天了!要不是大宋天子到来,咱就没命了。"好多人哭着说。

圣旨:湖南、湖北各州县中下级官吏,依旧留任原职,暂时不做调整。整个湖南行政机制,因此没有停止运行。太祖又派遣身边近臣,前往湖南慰劳将士,全体官兵按照各自立功和辛劳的表现,分别获得了相应的奖金和奖品。

两湖这么轻易就到手了,太祖开始也没有完全预料到。到手是到手了,湖南这个烂摊子怎么办?小股顽固不化的"战犯"们,还在不时出没骚扰,这自然不是太大的问题,也不是太祖考虑的问题。但是,怎样把习惯了战乱,连安定的生活都不知道怎么过了的湖南各地,治理成百姓的生存乐土?怎样防止晚唐以来的州郡各自为政、各行其是的情况再度重演?太祖考虑的不只是换人的问题,是建立长期的制度性保障问题。

没黑没白的,心里总在想着这件事怎么办,那件事怎么办,这些事到底都应该怎么办?想得兴奋,太祖失眠了。翻来覆去在床上躺不住,于是披衣下地。太祖习惯夜里想问题,身边有人,影响思考,自己走来走去,也干扰别人睡眠,于是就到外面走。

漫天的星斗,一闪一闪地看着太祖。太祖的披风在初夏的夜风里轻轻的飘动。太祖想出办法来了,兴奋地向赵普家走去。

远近不同的地方偶或传来一两声狗叫,东京汴梁的夜晚,宁静而又祥和。

"什么?皇上来了?快给我拿衣服。"赵普蒙头蒙脑地跑出来。夜色下,太祖疲倦的面容告诉赵普:又是一夜没睡。还没等他殷勤问候,太祖已经兴奋地把他拉进了屋里。

"我打算把吕余庆和薛居正都派到湖南去,你看怎么样?"茶还没有沏好,太祖就迫不及待地开始问询。"再合适不过了,皇上真是慧眼识英才呀!""少跟我虚虚乎乎的,有话直说。""吕余庆和薛居正直率不藏奸,做事认真细致,不贪财,也不私亲。对皇上忠心耿耿。""这我知道,我想让他们去作省长兼市长,节度使怎么安放?""晚唐以来节度使权力过大,朝廷治不了,所以才出现五代这样的混乱局面。限制他们的权力,让吕余庆和薛居正管行政和财政,节度使只管军队,以后让他们不要插手地方政务。""好哇,村学究跟我想到一块去了。"太祖喝了一口茶:"嗯,不错,不错。在哪儿黑来的?""皇上这是哪里话?普天之下莫非王土,现在天底下都亮了,哪还有什么黑的地方。""贫嘴。""掌嘴。"赵普说着朝自己左脸轻轻地抽了一巴掌。"只这样还不行。""那就再掌嘴。""说的不是这个。万一地方州郡长官贪赃枉法,朝廷一时间还不知道。等到朝廷知道了,作害一方的事实已经形成了。到时候朝廷虽然可以惩罚他们,

第八章 两湖八闽

可是坏名声已经传扬开了,影响朝廷声望。""皇上想得周密,臣所不及。""右脸是不是羡慕左脸了?""掌嘴。"赵普说着又朝自己的右脸打去。太祖拦住他的手说:"别再演戏了,说点正经的。""啊,好的。哎哟,茶凉了,给皇上换热的!""天快亮了,我得回去躺一会儿,马上又得上朝了。"太祖站起身,又俯下来拿起茶杯,"哎哟,你要烫死我呀!"只听"咕咚"一声,赵普差点把膝盖骨跪碎了。大声嚷道:"该死的娘们!倒这么热的水,烫坏了太祖,看我不扒了你的皮当坐垫。一天不打,你就一天发傻!败家玩意儿!""哎呀,行了,行了,别再给我上演杀妻待客的假戏了。早点歇着去吧!"

闪闪的星儿缀满夜空,太祖矫健地行进在回宫的星光大道上。

知州和通判

就这样,身边的重臣户部侍郎吕余庆,被太祖派往湖南,充任权知潭州(长沙)。太祖又任命薛居正为朗州(常德)知州,两人一道赶赴湖南,全面接管并重新经理湖南各项事务。太祖同时委派给事中李昉,前往衡山祭祀南岳庙。接着又诏令李昉:"不回朝,留任衡州知州,主管湖南衡阳一郡官民事务。"太祖还任命刑部郎中贾玭等一批京官,同时前往湖南各州郡,充任通判。

通判是什么意思?各州不是有州长吗?干嘛还要通判?知州虽然是中央派到地方的行政长官,但是派下去之后,人家就是地方上的人了。中央要想直接了解地方的情况,还得有人在地方上直接向中央汇报。太祖想到了通判。通判就是中央驻派各个州郡的办事处主任,职位相当于副州长。但是州长的公文,要想发行到州内和所辖各县,必须得经过通判签字。通判和州长联合署名,公文才能下发执行。同时,通判还有权直接向中央汇报所判州内的全部事务,一州之内的官员是否称职,清廉还是脏污之类。甚至包括知州本人的"德、能、勤、绩、廉"等诸多情况,通判都有直接向朝廷汇报的权力。这下州郡长官们,再也不能完全按照自己的意志行事了。同时,州郡长官也有向朝廷奏报通判贤能与否的权力。这是宋太祖为了防止州郡长官专权,采取的临机性措施。后来不断实行,慢慢地就形成了一种制度。这种制度,是大宋朝贡献给人类政治的"古典权力制衡法"。

州郡的独断问题解决了,那么道、路,就是省级怎么办？出兵两湖之前,太祖不是派出负责给军队运送物资的转运使吗？基本没动武就收复了湖南、湖北,也没从朝廷运出多少物资。就这么让他们无功而返,既没法给他们记功,也让他们白跑一趟不是？诏旨:负责向军前转送军需物资的转运使,把地方战利品和过剩储备物资转运回京师,主管官员暂不回朝廷,继续负责所在道、路的财赋、粮食、物资等向京城的转运工作。

这项临机措施,后来又被宋代的皇位继承人们,不断加以完善。起初还有武臣参与,到了神宗时代就完全都由文臣担任了。太祖的这项措施后来一样成了大宋朝的定制。转运使在各道、路也就是省城的办公机构叫做转运司。转运司的长官就是转运使,地位相当于副省长。因为当时的物资运输,主要通过水路,河、漕运自然成了主要方式,久而久之,转运使就被简称为"漕臣"了。宋代自太祖开始重视水上运输,漕运很发达,漕臣的业务也很繁忙。在地方上派驻"漕臣",各道、路的财权又重新被掌控在了中央手中。

五代以来,地方节度使从前无视法令,草菅人命。太祖当国之初就已三令五申,地方重大案件需向刑部汇报获批后,方可施行。收复两湖之后,太祖又委派在京官员巡察各地断案情况。后来的继承者们就在这个基础上,又在各道、路设置主持地方司法的行政机构,叫做提刑司。由中央政府委派官员担任主管,称为"提刑"。起初主管官员中也有武臣担任,熙宁年间(1068—1077),神宗皇帝将负责地方刑狱的武臣统统罢免,清一色改用善于识别人才,同时通晓历朝、历代刑律和案件审理的文职官员充任首脑,称为提点道、路刑狱公事,简称提刑。因为提刑主管的是刑宪,久而久之就被简称为"宪臣"了。"宪臣"驻守各道、路,全国各省的司法权被收归了朝廷。

如同通判制度一样,地方道、路长官也有向朝廷奏报转运使、提刑贤能与否的权力。

宋太祖要求各路、府、州、县,严格依法办案,严禁徇私舞弊和违法乱纪。依法治国的风气渐渐在大宋各地盛行起来。后来宋代在审理案件方面,出现了很多享誉历史的优秀法律工作者,被当时的人们赞誉为"断案明公"——就是明辨是非,断案公正的杰出大法官的意思。

第八章 两湖八闽

包青天的故事虽然很多都出于虚构，但是讲道理，重证据，不冤枉好人，不使犯罪者轻易逃责，确实是宋代"刑宪"精神的重要内涵。包青天只是北宋的"断案明公"，后来南宋的胡石壁、蔡杭、翁浩堂、吴雨岩、刘克庄、吴恕斋、方巨山等在断案方面更出色。但是，后世民众借包拯的故事舒顺冤气，用心在于表达法律面前人人平等的正义要求。因此，包青天故事的意义和影响，早已超出故事的真实性之外。包青天实际代表的乃是宋代的"刑宪"精神，也可以叫做宋代的法治精神。追求社会和谐安定，保障生民生命、财产和人身安全，惩恶扬善，维护社会公平正义的内在要求和心理祈愿，通过包青天断案的故事，传布天下，传扬天下，传遍天下。宋人为什么对审理案件的高手，就是那些从事刑宪工作的优秀士大夫这样赞誉？就是人民的利益，需要法律的保护；人民的冤苦，需要法律来伸张；人民的祈愿，需要通过法律来实现。人们对公正能干的断案法官的尊崇，正是宋代用法制来维护人间正义的"刑宪"精神最直接、最集中的体现。

从登基开始，太祖相继把军队调动权和使用权，还有地方州府的用人权、行政权、财政权和案件审断权等，全部收归了朝廷。晚唐以来藩镇跋扈，节度使任意妄为的狼藉局面，至此宣告彻底结束。

太祖爷干了这么多了不起的大事，只用了短短四年多一点的时间。

我要是说咱们太祖爷的这一系列措施，比大宋朝统一国家、结束割据纷争更加重要，可能你还不信。那是因为你习惯了看历史的朝秦暮楚、城头变幻大王旗的单纯厮杀式游戏。你只看重这些，却不知道为什么一代一代的总是"这些"，"这些"而后还是"这些"？就像不会学英语的人翻译下面的两句话一样："How are You？""How old are You？""怎么是你？""怎么老是你？"如果你老是按照你过去看待历史的方式看待历史，那么你所看到的，就只能是那个永远不变的"你自己"！

让有文化的人管理国家

太祖在当国之初，由在京官员推荐或直接充任一百名知县、县令，可以称之为"百官下基层"。那是文官政治的初步尝试，也为后来扩大规模作了试点。这次又任命吕余庆出任潭州知州、薛居正出任朗州知州、李昉出任衡州知州。此事非同小可,乃是大宋朝的文官政治制度在更高级别层面上的全面展开。而贾玭等担任湖南各州通判,则是大宋朝通判制度的开端。通判、转运使、提刑等官员,渐渐的也都由文人士大夫担任。从此,中国政治史、中国政治制度史、中国政治机构设置史、中国政治机构运行史、中国政治机构运行效果评估史等,一起揭开了崭新的历史篇章。

　　文官政治是大宋朝贡献给后世中国、东亚社会乃至人类文明的伟大作品。这部作品至今还在发挥相当有效的功用。无论是今天的中国、日本、韩国还是新加坡等,文官政治都还是行之有效的政治和行政运作的基本模式。西方社会一样借鉴了这种制度,只是对这种借鉴还没有形成完全的自觉认识,没有进行专门研究而已。

　　虽然任何制度在实际的运行过程中,都免不了出现这样或者那样的差错,但是从管理国家的角度看,文官政治确实是最符合国家管理目标的体系建制。同时,文官政治也避免了很多任意妄为现象的反复发生。简单点说吧,文官们大都是有学养的人,都是有历史知识的人,与武官比,多数都是有眼光、有见识的人。他们在执政的过程中一个重要的共同点,就是都向历史学习。历史上优异的治法与治术,历史上优异的治德和治人,都是他们主动学习的目标和楷模。这种主动向历史学习的态度和习惯,极有利于借鉴历史经验、教训,是导引治法与治术走向制度化的基本前提。习惯了向历史学习的人,不会盲目地认定自己就是老大;不会妄想世界到了我们手里的时候,依然是一片荒芜;不会以这样轻狂的态度,认定历史上什么都没有,先贤们什么都没做,只能靠我们自己去重新创造;更不会狂妄地认定,世界历史的创造只有等着我们的到来,才有可能。

　　德国的大哲学家尼采说:"上帝死了!"要是我说的话,上帝根本就没活过,活过的是耶和华那个人,不是上帝。其实中国的圣人孔子也一样,他本来也没活过,活过的只是那个虽然了不起,但其实也很普通的大师级的教授孔丘老师。人类的历史,是人类在历史的进程中慢慢摸索着走过来的,并不是上帝、圣人们创造或者想象出来的。制度的建设更是如此。要靠一代一代地修正、填补、完善。晚唐以后的"狼藉",呼唤着宋朝的"严整",也从侧面促动了这种严整的建立和完成。

第八章　两湖八闽

人类在心理、情感和精神上是需要上帝和圣人的；但是人类的制度却是不能依赖上帝和圣人的。有上帝和圣人在，制度反倒不易建立，建立了也难以真正实行。人们都去相信上帝和圣人了，谁还会把制度当回事？

要说咱们这位大宋天子，那确实是位了不起的君王。但他无论如何，也不能跟孔子和上帝相比，他也不是真神下凡。这一切制度的建立，不可能是他在自己的心里早就想好了，然后拿出来实行的。都是时势所逼，时势所迫。被时势追赶得夜不成寐，临时想出来的一点儿办法。没想到的是，这些临时性的办法，实行起来以后，因为效果良好，不断被后人和邻人效法，于是就成了规矩，就成了定制。

太祖本来只是想着解决当下的问题，没想创造"史无前例""前所未有"的丰功伟绩，也没想开辟什么"历史的新纪元"。但是就在不经意之间，却形成了大宋朝行之有效的一世典章，同时也给后来的王朝和邻近的国家，提供了学习和效法的楷模。太祖没想要永垂青史，却不小心创立了后世所谓的"文官政治"的典范，太祖也因此而名标竹帛，永难磨灭了。这可真是应了那句民间话语："有心栽花花不成，无心插柳柳成荫。"

赈灾救民

就在宋太祖将湖南、湖北收归朝廷的同时，国内的事情依然焦头烂额。

建隆四年（963）春，全国大旱，澶州（今河南濮阳一带）、滑州（今河南滑县一带）、魏州（今河北大名一带）、晋州（今山西临汾一带）、绛州（今山西新绛、绛县一带）、蒲州（今山西运城、永济一带）、孟州（今河南孟县、济源、荥阳一带）、卫州（今河南新乡、卫辉、辉县一带），八州同时因为干旱而闹起了饥荒。太祖命令打开官仓（国库），向各州发放救济粮，以解燃眉之急。同时下令各州县分置"义仓"，把官仓中的十分之一拿出来，留存在义仓中，以备凶年时救济百姓。旱灾还不算，陕西、河北、东京等州府，跟着闹起了蝗灾，河北尤其严重。漫天飞卷的蝗虫就像时下北京一带的雾霾一样，遮蔽了原本朗朗的晴空。

太祖下令，免征河北一年租税。太祖还派遣京城主管礼仪的官员，满京城各祠庙祝祷。苍天不负有心人,几天之后,京城总算下了一场不大不小的中雨。太祖高兴,刚好符彦卿来京述职,第二天就邀请符彦卿一同,检阅了自己用内府钱(家里的钱)建造的水军演练基地。太祖还兴高采烈地与符彦卿一同射靶,太祖七发皆中,众臣祝贺,太祖分别给了赏赐。

太祖高兴劲儿还没过,又有灾情奏报上来了:由于数日河南南部、山东西南部连降暴雨,导致济河决堤,造成大量农田被淹,民房损毁严重。世间事就是这样冷热不均,旱涝不齐。

太祖立即下令地方州、县:全力抢修堤坝,转移受灾民众,发放救济粮、款。太祖又紧急派人前往,查看灾情,运送救济物资。

济河的水灾还没结束,潇水的游戏又出事了。永州某地因为龙舟竞渡发生械斗,致使其中一只龙舟沉没江底,淹死数十人之多。太祖下令:暂时禁止湖南地区的龙舟竞渡活动。

这一天刚刚过去,第二天又有两个案件奏闻:一个是兵部郎中、监秦州税务官曹匪躬,无视太祖和朝廷关于严格执法的禁令,帮人偷税漏税,事后吃人回扣,数额巨大,影响甚坏。太祖下令就地斩首示众,以儆效尤。另一个是身任海陵、盐城两地监盐副使的张霭,利用职权之便,违反国家专卖法令,向江南国和吴越国偷运国家储备食盐,牟取个人利益。太祖下令,将张霭削职为民,放归田里。

当然也有好消息传来,主管科举的官员薛居正上奏:经过考核,今年录取八位进士,太祖高兴,赐宴赏酒。

太祖刚想轻松一下,福建又出事了!

又是一出鸿门宴

太阳虽然已经在阴云密布的湖南露出了久违的笑脸。可是八闽地区,却依然是雾霭重重。

福建的福州、泉州、漳州这一带地区,虽然很早就已经割据称王,但在形式上还向中央政权称臣,在中国的版图上,当时号称清源军。唐代以后,直至五代时期,节镇的主宰者号称节度使,在节度使空缺,未得正式任命之前,代理的长官称为留后。

第八章　两湖八闽

清源留后张汉思,被手下陈洪进逼退,陈洪进自己任命自己作了留后。事情的起因是张汉思年老体弱,没有治理军旅的能力,所有的事情都交给了副手陈洪进。张汉思的两个儿子怕时间久了,人心都归了陈洪进,将来就没自己的份儿了。于是就和父亲商量,想干掉陈洪进。张汉思也因为陈洪进处事专断,架空自己而心生不满。于是就在州府里,设下鸿门宴。埋好伏兵,想以款待僚属为名,准备就此结果陈洪进。

可是刚喝了几杯酒,还没等张汉思摔杯号令,忽然地震了。震级大约五六级的样子,一时间地晃桌摇,人也都跟着左右摆动起来。这下好,宴会厅变成了"歌舞厅"了。"没有七彩的灯,只有醉人的酒,所有的将校们,跳起了,跳起了迪斯科,迪斯科,迪斯科。""迪斯科"还没跳完,很多人又蹦起了"的士高"。还有更先进的,学作韩国鸟叔的样子,舞起了"江南丝带偶"。

张汉思的一位同谋,以为暗杀陈洪进的行为触怒了上天,东摇西晃地走到陈洪进身边,悄悄把秘密告诉了陈洪进。陈洪进赶紧转身出屋,乘着大家摇摆不定的当口儿,匆匆逃离了现场。

张汉思阴谋泄露,害怕陈洪进报复自己,时刻提防,把州府里的防卫士兵增加到了一百多个。

陈洪进的两个儿子,一个叫陈文显,一个叫陈文颢,两人都是指挥使,手中都握有相当的兵权。两人打算挥兵杀掉张汉思,被陈洪进制止了。

三天以后,陈洪进跟两个儿子一起,若无其事地来到州府衙门。怀里揣着一把大铁锁,悠闲地向里走。守府的百余名士兵上前阻拦,被陈洪进一声大吼,吓得四散奔走。陈洪进咔嚓一声,把张汉思锁在了州府里。对着里面大声说:"将校官兵都说您老了,不能治理州府,希望我来作留后。众意难违,请马上把官印交给我。"张汉思不敢露面,把官印从窗子里扔了出来。陈洪进又转身对外面的守府官兵说:"张汉思年老无能,把大印交给我了,从现在起,我就是留后,都给我听清楚喽。"大家一时间不知如何是好,面面相觑了很久,像木鸡一样,呆在了原地。

陈洪进还算够意思,没杀张汉思,打发兵将把他"护送"走,还给了他一幢山间的别墅住。

赶走了张汉思,陈洪进立即向江南国申说,请求下文批准自己做留后。同时也向大宋太祖报信,希望不再做"王者",而愿做一个大宋朝的守土官吏。

太祖嘴上同意,心里想着:这都什么局势了,这些边远小镇的节度使还这么跋扈,随便就可以自己任命自己,也不看看"国际"形势?不过太祖倒是因为陈洪进的"称藩",觉得陈洪进这个人还不是木头脑袋,知道自己几斤几两。

陈洪进是谁,他跟张汉思什么关系,福建到底发生了什么事情?

王氏据闽

在晚唐以后,福建南部地区也跟全国各地一样混乱不堪。

广明元年(880),黄巢起义军占领唐朝东都洛阳,唐僖宗一路逃亡四川。没听说过皇帝逃亡的吧?唐朝的好几个皇帝,都遭遇过这样的心酸。不是他们喜欢自己玩心跳,是他们被节度使玩得心惊肉跳,说起来真够可怜的了。皇帝都跑了,天下还能不乱?长江、淮河之间,紧跟着就"群盗蜂起"了。

就在这个当口儿,安徽寿春县有个跟《水浒传》里"镇关西"一样身份的人,不过他不是"郑屠",而是"王屠",叫做王绪。王绪用杀猪卖肉挣得的一点血汗钱儿,招揽了五百个闲汉,跟后来的水泊梁山一样,也打起了"义军"的旗号。很快得到周围人的响应,一月之内,已经拥有万余追随者。这位杀猪的王屠,一时信心大增,他不叫"镇关西",却叫起了"镇淮南",不再杀猪,改杀人了。王绪攻城略地,很快就攻到河南,占领了光州(今河南光山县)。光州固始(今河南固始县)县的县长助理,叫做王潮。一看大势已去,就领着两个弟弟王审邽和王审知一起,投靠了王绪。王潮被王绪任命为军正,就是军用物资仓库——包括军旗和粮饷、衣物、枪械之类的出纳员和保管员。当时唐将秦宗权占据蔡州(今河南汝南县),正在招兵买马。听说王绪拥有万把来人的乌合之众,打算把王绪拉过来,壮大自己的声威。虽然秦宗权打着联合攻打黄巢的旗号,但是王绪根本不是那种能被"崇高"所打动的人。嘴里答应好好的,临了,却迟迟不发兵跟秦宗权会合。秦宗权气恼,发兵攻打王绪,王绪一路向南,两脚逃跑,双手抢掠。

到了江西赣州地界，王潮兄弟三人说服了王绪的先锋官，跟他们一起反叛，幽禁了王绪。王绪一看要完蛋，干脆自杀了事。王绪一死，这支队伍就归了王潮。

王潮领着这支队伍，转头向东剽掠，来到福建，攻占了泉州。又夺下了黄巢手下占据的福州，自表为泉州刺史。不久之后，尽占闽中五州（福州、泉州、漳州、汀州、建州）。唐昭宗乾宁三年（896），王潮要求朝廷将福建升级，唐朝廷将福建升级，改名威武军，授予王潮威武军节度使，加检校尚书、右仆射。这就宰相级了，当得真容易。谁有兵谁掌权，谁掌权谁捞钱。这是中国历史的常态。

乾宁四年十二月，王潮病死，把权力移交给弟弟王审知。

唐哀帝天祐元年（904），在王审知的要求下，唐朝廷封他做了"琅琊王"，不知典出何故。那琅琊王也是随便谁都可以封赠的吗？

梁开平三年（909）四月，因为拥戴朱晃废唐称帝，王审知被那个所谓的"梁太祖"晋封为闽王，还加了中书令、福建大都督长史。只要能让对方高兴，然后听命于自己，朱温什么官都敢封，什么官名都能"创造性地转化"出来。朱梁被李存勖攻灭之后，王审知又向新王朝表示效忠，后唐又给他添加了一大把各色各样的官爵。李存勖同光三年（925）十二月，王审知病死，福建的统治权落到了王审知长子王延翰的手上。

王潮和王审知、王审邽兄弟，为了给自己占据一方找寻各种"合理性"的借口，也像其他几个割据政权一样，编造了有关自己出身的很多神乎其神的故事。

咱得客观地说，虽然三兄弟起家就"从贼"，还编造瞎话蒙人。但是人家王氏兄弟的确不像荆南高氏、南楚马氏和南汉刘氏这些人，三兄弟宰制福建期间，是有德政于民的，为老百姓做了很多好事。比如招抚离散，减轻赋税，修缮城池，抵御南唐李氏的进攻，还修筑防潮大堤，以减轻台风的危害之类。除此之外，人家还能礼贤下士，兴办教育，自奉也都比较简约，一度确曾受到过统辖地区百姓们的真心拥戴。

王氏兄弟还在福建泉州西郊建造集贤院，招纳因为北方战乱而四处漂泊的文人学士。唐末重臣、翰林学士韩偓，就是其中较有代表性的一位。

韩偓本来支持宰相崔胤，辅佐唐昭宗，被朱全忠借故贬斥。后来朱全忠杀死昭宗，韩偓逃离任所，一路避难到了江西抚州。王审知听说之后，赶紧派人前往，把韩偓一家老小，接到了福建。后来王审知上表向朱全忠表达效忠，韩偓心中不快，拒绝在福州做官，准备离开福建。走到半路，又被当时担任泉州知州的王审邽接到泉州，供养在集贤院中颐养天年。怀着主暗臣忠、人亡花落的遗憾和无奈，韩偓安全地在泉州度过了自己的晚年：

深院寥寥竹荫廊，披衣倚枕过年芳。
守愚不觉世途险，无事始知春日长。
一亩落花围隙地，半竿浓日界空墙。
今来自责趋时懒，翻恨松轩书满床。

从韩偓的这首诗，不仅能看出他的心情，还可看出王审邽给他创造的生活环境的舒适与优雅。韩偓借此闲适的短暂时光，留下了《内廷集》和《金銮别记》等著述，把自己在晚唐朝廷供职时的所见所闻写出来，保存了一份可贵的历史记忆。

像韩偓一样，为躲避战乱被王氏兄弟接到福建的，还有崔道融和杨沂丰等。他们来到闽中之后，确实过上了短暂的安宁生活。人家王氏兄弟，这也算是"养士"了，虽然给这些人提供了安宁而优裕的生活，却没有为难这些知识分子，没要求他们一定出来做官——给自己效命。

王氏兄弟在福建的德政，于此可见一斑。

虎父犬子

好景不长，王审知刚死一年，王延翰便以威武节度使的身份，自称"大闽国王"，造宫殿，设百官，一切威仪、文物，全都按照天子的规格操办。王延翰为自己称王找寻的理由是"闽地可王，而且从前就有在闽地称王的先例"。王延翰从汉代司马迁所作的《史记》中，找到了充足的证据。《史记》中有《东越列传》，开篇说到"闽越王无诸"。他没向后看，司马迁说这位"闽越王"无诸，是春秋时代越王勾践的后人，而自己没有这个血胤。

"什么血胤不血胤的，丫鬟和太太的区别，就在于是否得宠于男主人公。只要男主人公愿意,娶了丫鬟,丫鬟就成了太太;废了太太,太太连丫鬟也不如!"王延翰心里说。

称王就称王呗,反正天下都这个样子了,人人可王,处处能霸。

但是人家王氏父辈这一代,有恩于地方百姓,称王本来也无可厚非。但是这位官二代,跟父亲和伯父们不一样,从称王那一天开始,便沉入了无底的深渊。先在福州城里建造了一个方圆十余里的"水晶宫","西湖""南湖"的修建了一大堆,还广搜民间美女,很多未成年少女,都没有逃过他的魔爪。每日歌儿舞女的骄奢淫逸还不说,又变着法儿地陷害兄弟手足。刚称王,就把弟弟王延钧从福州赶到了泉州。还嫉恨另一位弟弟王延禀,总想找机会干掉他。致使两兄弟合谋杀回福州,他就这么被宰了,称王才两个月。

继任的这位弟弟王延钧,也不比哥哥强哪去。每天照样花天酒地。那位跟他一起造反,杀死哥哥的弟弟王延禀,也想当把大王,过把瘾就死。乘着王延钧生病的当口儿,率兵杀进福州。结果王延钧早有准备,反而把他抓住给杀了。这下倒好,没过瘾就死了!

除掉了王延禀,王延钧大放其心,从此加征赋税,比唐朝的两季税加起来还多。搞得鸡犬不宁,民怨沸腾。不止如此,王延钧笃信佛陀,仅天成二年(927)十二月一个月内,就给两万多人下放了度牒,就是发放了两万多张和尚身份证。后来闽地僧多,盛极天下,成了人所共知的事实。要是生在现代,这位爷可以榜登吉尼斯世界大全。王延钧还把治内土地按照肥沃和贫瘠程度分为三等,把最好的上等土地,全都无偿拨给寺庙;把中等的土地,分给当地人;剩下最差的土地,外来人才勉强可以分得到。

有点儿地理知识的人都知道,福建山多地少水少,号称"八山一水一分田"。如此稀缺的土地还这样分配,福建人民的生活靠什么来保障?生活在福建地区的人们吃什么、穿什么,官府的开支又怎样解决?王延钧哪管这些!王延钧还不断挑起跟临近割据国南唐等的战争,福建地区昔日的短暂宁静,从此像烟一样消却,如云一般散掉了。

王延钧不止信佛,而且崇道,还亲自出家做了半年道士,然后再回来当闽王。闽王当得不过瘾,又于后唐明宗长兴四年(933)南面称帝,建国号大闽,改元龙起。当皇帝了,就得有自己的年号,不能再跟着中原王朝或者临近的割据小朝廷，比如南唐或者吴越纪年了。

怎么叫这么个年号？说是在他的王宫里的某一栋破宅子里面，有一条黄龙探头探脑地向外张望，被他看到了。这位看上去远比叶公胆大，要是叶公看见了，早就魂不附体了。看来叶公是不配当皇帝的，他不喜欢真龙，他所喜欢的，是像龙而不是龙的画中之龙："好夫似龙而非龙者也。"人家王延钧虽然不喜欢画中之龙，缺少审美情趣，也很少艺术细胞，但是人家自认为自己就是人中之龙！

看来王延钧和身边的那些谋士们虽然喜欢用《周易》算卦，但他们确实没有真正读懂《易经》。在这样风雨如晦的年头，最适宜的做法，应该是"潜龙勿用"。韬光养晦，以待时机。他却要"飞龙在天"，结果却变成了"亢龙有悔"。

王延钧为了给自己壮胆，不畏千辛万苦，转道跟契丹联系，给契丹主供奉金银、珍宝、美女，希望能得到远在万里之遥的大辽国的支持。可是契丹感觉太远，也没太往心里去。正如歌中唱的那样："千万里，我追寻着你，可是你却并不在意。我已经变得不再是我，可是你却依然是你。"

王延钧继续扩充福建的西湖和南湖，又在湖中间建造沙洲和岛屿，整天和各色美女游玩取乐。

关于此，我们可以从他皇后的一首词中看到相关的信息。

皇后这样写道：

> 西湖南湖斗彩舟，青蒲紫蓼满中洲。
>
> 波渺渺，水悠悠，长奉君王百岁游。

王延钧的皇后名叫陈金凤，本来是他父亲王审知的才人，老爹死后，被他当作公款挪用了，不久封为淑妃，称帝后又晋封陈氏为皇后。情况跟唐太宗、唐高宗和武则天们非常相类。

王延钧封皇后，幸嫔妃，改地名，与邻国开战，八闽之地瞬间天昏地暗。

皇后也没闲着，跟好几个仆人分别私通，国内国外、宫内宫外、遍地狼藉，简直到了不堪入目的境地。

王延钧还把自己享用够了的女人送给儿子，以为可以拢住儿子的心思。儿子却毫不感恩戴德，乘其生病，举兵入宫，把王延钧乱枪刺死在病榻之上。接着又将皇后和与皇后私通的内臣,还有自己的亲弟弟等,一并杀死,然后自己安然当了皇上。

这是大闽国永和二年(936)冬天的事情。此时中原的中央政权,已经改姓更名,进入石敬瑭主宰的后晋时代了。

这位继任的闽国皇帝,叫王继鹏。继任开始,宫廷斗争激烈,杀戮之事不断发生。这位皇帝搜尽民间宝物全归自己享用,公开卖官鬻爵,明码实价,童叟无欺。同时继续增加赋税,才干了不足四年,就被兄弟们杀死了。政权又落到了叔叔的手里。

这位叔叔叫王延羲,是王审知的第二十八个儿子。一样不争气,浑浑噩噩当了五年多"皇帝",境内就有好几起称帝的事情发生。永龙六年(944)三月,这位皇帝蒙头蒙脑地被部将捆在马上,扯杀了,整个身体被撕成了好几块。

接下去的皇帝是这位的弟弟,叫王延政,是王审知的第 X 的 N 次方个儿子。在位期间,闽中分裂为无数武力集团,互相征伐,血溅长天。全体福建官兵民等,"白天练走又练打,梦里还在喊杀声"!大人小孩都紧张,男女老幼皆神经。

闽中之乱已极,难以分说清晰了。

杀掉王延羲的那位武将叫朱文进,弑君之后,自称大闽国王,打发人八百里加急,赶紧向中原后晋政权请旨批准。后晋承认了朱文进对福建的宰制权,封朱文进作了大闽国王,加同全国中书门下平章事。新继任的王氏皇帝王延政,岂能善罢甘休?朱、王之间就此展开殊死搏斗。

正当朱文进跟继任的皇帝王延政血战之际,南唐国中主李璟,乘机发兵攻打福建,汀州、建州和漳州一部分地区,很快就落到了南唐手中。南唐活捉了王延政,把王氏一家全部迁到江南国去当臣民,王氏在福建的统治,历经五十三年,共传七位王、皇。这时已是公元 945 年。

打留从效到陈洪进

王氏的统治虽然结束,福建的乱局却并未终结。南唐攻打福州,朱文进请求吴越国支援。吴越国从海路增援,南唐退兵,朱文进乘机夺回泉州。福建大部归了南唐,小部归了吴越。归了吴越这小部实际还操控在朱文进手中。朱文进手下有个泉州刺史,叫黄绍颇,黄绍颇手下有个小军官叫留从效。留从效以感激从前王氏政权的厚恩为名,暗结死士五十二人,乘着黑夜翻墙跳入泉州州府,杀掉了黄绍颇。几天之后,朱文进也被福州人杀死了。福州落入吴越国手中,泉州和漳州一部分地区归了留从效。

留从效掌握福建仅剩的两州领地的时候,已经是后周世宗时代。赶上周世宗从南唐手里夺走了淮河以北全部土地,南唐不敢再叫南唐,改称江南国。李璟害怕周世宗,迁都南昌。留从效误以为李璟迁都是要来攻打自己,赶紧跟吴越国联系,请求发兵援救。同时又向周世宗奉表称臣,希望得到保护。周世宗因为他占据福建南部土地,中间隔着江南国,暂时没有表态。宋太祖登基之后,留从效赶紧借道吴越,向大宋朝贡献礼品,同时表达忠心。太祖遣使下诏抚慰,使臣还没到达,留从效却疽发于背,一命呜呼了。

留从效讨伐黄绍颇时,五十二名勇士里有个叫陈洪进的人,以功升迁,被留从效任命为副兵马使。留从效死前把闽南两州交给了幼子留少鏓。没过几天,陈洪进就把留少鏓抓起来,送给了江南国末帝李煜。自己一时间不好直接掌握政权,就扶植了另外一个副使张汉思。这时已是宋太祖建隆三年,也就是公元962年了。又过了一年,就发生了前面说的逼迫张汉思交出官印,自己做了清源军留后的事情。

张汉思跟自己的儿子合谋,想要谋害陈洪进。陈洪进反客为主,逼退张汉思,但却没有杀死张汉思父子。这个举措在整个五代时期的割据王朝里,已属罕见,应该受到后来史家的重重表扬。姑且不论用心纯正与否,单就这种做法本身而言,陈洪进也是聪明的。以暴制暴暴更暴,这是人性里的东西,也是被历史不断证明过了的事实。陈洪进不杀张汉思父子,是既有宽忍之德又富智慧的举措,特别是在晚唐到五代直至宋初这段时期之内,尤其显得难能可贵。

陈洪进刚成为福建南部两州的主宰,就赶紧奏闻宋太祖,说明赶走张汉思的缘由,同时表示对大宋朝的归顺之心,说自己暂时自领留后,只是想替宋朝守护漳州和泉州,并不想成为闽南一地的长期割据者。当时太祖刚刚拿下湖湘,天下振动,陈洪进心里恐慌,同时也知道割据不下去,从而也就不敢再想割据下去。

从这一点看来,他比后蜀、南汉,甚至江南国的主宰者们都有眼力。当然,这和他的地盘太小一定也有很大关系。他知道自己这个小小的浅水窝里,只能养出钻穴觅缝的泥鳅,养不出呼风唤雨的蛟龙。还有更重要的一点,他看到了大宋天子的理想和雄心,也看清了这种分裂割据的局面维持不了多久了,他充分感受到了大宋天子的不同凡响和大宋朝的不可匹敌。陈洪进清楚地预感到:不久之后,四分五裂的华夏神州,就将被大宋朝重新统一起来,这已经是明眼人都能看清的大势所趋。陈洪进急切向大宋朝表白自己归顺的心思,只求作节度副使,将节度使位置空在那里,等待大宋天子另行委任。这个做法,确实表明他是一个真正识时务的人。

陈洪进这次向太祖奉表称臣,还给太祖送来了一千两白金,以及乳香、茶叶各一万石。这些东西,虽然远没有前不久网上公布的那个河北秦皇岛市一个小小的科级官员贪污的数量多,但是已经是当时福建南部两州所能供奉的极限。就为了这点儿供奉,陈洪进还要加大税收,苦得闽南老百姓怨声载道。

太祖下诏抚慰,派使臣亲往送达。同时诏告江南国主李煜,不得再加兵于闽南地区。李煜赶紧以陈洪进首鼠两端,不可听信为由,"规谏"太祖再加考虑。太祖再下诏旨强调:陈洪进诚心归附,不当以首鼠两端妄自揣度,不可以各种无理缘由加兵福建,且当为其进京供奉、遣使,提供道途方便。李煜无奈,只得回复:不敢违命。

又过了一年(964),太祖诏令:改清源军为平海军,任命陈洪进为节度使并兼泉州、漳州观察使。太祖加封陈洪进为检校太傅,赐号"推诚顺化功臣"。太祖还特别将这几个大字铸成铜匾,派人亲自送给陈洪进,以示表彰并昭告天下的其他割据政权。太祖又任命陈洪进的两个儿子陈显和陈颢,分别担任平海军节度副使和漳州刺史。

打那儿以后,陈洪进年年上贡,岁岁称臣,安然于地方节度使的位置,再未生出僭越之心。后来太祖平定江南,陈洪进把儿子送到汴京,连祝贺再当人质,以不使太祖对自己生出疑心。陈洪进还要求亲自进京朝觐太祖,太祖诏准。陈洪进起身赶赴汴京,行至半路,闻听太祖晏驾,返身回到福建,就地设置灵堂,隆礼重哀,追念太祖爷,哭倒在太祖画像之前。

宋太宗太平兴国三年(978),也就是宋太祖过世两年以后,陈洪进把闽南两州拱手"还"给了大宋朝。太宗嘉纳,授陈洪进武宁军节度使、同平章事,留在汴京居住,直至七十二岁过世。

第八章 两湖八闽

第九章
大事小情

负土成坟

就在太祖收复湖南、湖北的同时，占据两广的南汉国，乘此乱局，想要大捞一把，派兵进入湖南南部，攻城略地，抢劫财物。当时李处耘和慕容延钊还在湖南北部清扫周氏残余，一时腾不出手来。太祖就委命山南西道节度使兼中书令潘美前往湖南，担任潭州防御使，负责湖南南部防御军务。潘美一到，便将南汉入侵军队打回了老窝，夺回了被南汉侵占的江华等县。

因为湖南地区一直处在战乱之中，生产荒废，民生艰难。太祖下令免征湖南地区一年茶税，其他税收一并减轻。太祖同时诏令：取消当年湖南潭州给朝廷和皇室已成惯例的土特产品供奉。

湖北江陵府也是一样，从本年开始，税额减到过去荆南国时的一半。湖南、湖北士兵，愿意回乡种田的，听任自便。地方政府负责帮助这些"复员转业军人"修缮房屋，提供必要农业生产用具。太祖同时颁布命令：湖南、湖北地区，从今而后，使用统一度量衡标准，以免地方官吏利用不同标准克扣百姓钱粮。

在一个薄雾刚散的早朝上，太祖收到了一份老驸马张永德（周太祖郭威女婿）的奏章。奏章请求废除唐州（今河南唐河县）、邓州（今湖北邓州）旧时鄙陋的休妻习俗。

晚唐、五代时期，河南唐河和湖北邓州一带有个很不好的习俗，家中若是有人生病，尤其是已嫁女子，婆家人不仅不予求医治疗，还可以乘机将女子休遣回娘家，然后自己重新再娶。在张永德四岁的时候，张永德的母亲马氏,就因生病被休回了娘家。父亲又另娶了一位刘氏夫人。

要说人家张永德,那可真是个好人。父亲过世后,把生母又接回身边。修建两堂,分别给生母和继母居住,每天东西两院问安。因为自己母亲的不幸遭遇,想到天下母亲的艰难,于是上奏朝廷,请求以行政手段,坚决禁绝此种恶习。太祖感叹,挥手朱批:"准奏!"还在下面用力打了两道红杠杠。

批完张永德的奏章,太祖顺手又拿起下一份,是山东莱州掖县来的,要求更改县里的一个乡下村庄名字。这个乡原本叫做崇善乡,村庄的名字叫辑俗里。现在要改成义感乡、和顺里。理由是本村出了一个叫徐承珪的小官,从小没了父亲,全靠老娘一把屎、一把尿地把兄弟们拉扯长大成人。徐承珪做官外任,就把母亲接到自己身边奉养。一年前,老娘过世,徐承珪又把母亲的灵柩运回乡里与父亲合葬,既没有使用公车,也没有动用公人。为了表达孝心,兄弟几个各自用身体背土,在家乡的村落旁边筑起了一座高大的坟丘。史书上叫做"负土成坟"。大约是几位兄弟的真诚孝心感动了上天,他家的庭院里出现了"瓜和蒂""木连理"的奇特植物景观。莱州府觉得应当表彰提倡,于是就上了这样一份奏章。

太祖看得眼睛有些湿润,提起笔来写下"立即施行"四个大字。太祖被感动得忘了这是自己"准奏"或者"准"之后,中书门下省向下传达圣旨的公文字头。

太祖有感人间逆子忘记父母养育之恩,还下了一道特别的命令:全国各州郡长官,如发现民家父母生病,子女不为之寻医问药的,严惩不贷。

梁周翰的奏章

太祖稍得闲,偕同相关要臣一起,视察京城修建的"武成王庙"。

"武成王庙"的庙主,是佐助周武王定天下的太公望。原本姓吕氏,称吕望,也叫姜尚,据说其人字子牙,所以民间都叫姜子牙,或叫姜太公。因为佐助周朝文、武两王定国安邦的功绩,一直被后世崇尚。唐宋以前的各个朝代,都在京城为姜太公建造神庙,供奉这位了不起的历史人物。唐肃宗李亨考虑安史之乱以后,国家需要杰出的武将和谋士来重新振

第九章 大事小情

兴,就追封姜子牙为"武成王"。唐肃宗还在京城里建造武成王庙,以汉代韩信、张良和战国时期秦将白起等历史上的七十二位武将和谋士,列在两旁配享。宋代开国之初,太祖一样需要安邦定国的人才,于是就委派朝臣在京城建造了这座武成王庙。朝臣奉旨行事,照搬唐肃宗时的情形,未做任何改变。

　　太祖走到白起的塑像旁边,举起手中的玉杖,指着白起的塑像,冷冷地说了一句:"白起杀降,不武之甚!""这种人,是没有资格站在大宋朝的神庙里配享祭祀的。"太祖命人将白起的塑像撤出武成王庙,随后又将其他武将重新升降,诏令将齐相管仲的塑像树于庙里的堂中,添加魏西河太守吴起的塑像,放在庑下。经过太祖的调动,加之后世的修改,后来的"武成王庙"里,就只有六十四位配享者了。

　　您可能要问:太祖一天日理万机,管这点儿小事干什么?

　　这种事情说小,其实也不小。历史中曾经的各色人物,在"本朝"受尊重还是遭唾弃,实际上表明的是当下政权的价值取向。而任何一个政权的取向,不仅表现了当下政权的性质和品格,也预示了这个"值日"政权的前景和未来。

　　太祖的这个举动,引起个别朝臣的非议。秘书郎兼史馆编修梁周翰上奏称:"臣闻天地以来,覆载之内,圣贤交骛,古今同流,校其末年,鲜克具美。"他说:从有天地以来,地球上面就慢慢有了圣贤,但是到了后来,很少能有没有毛病的纯粹完美之人。梁周翰还说:像周公、孔子这样的圣人,都曾经遭人非议,后世对他们也有不同看法。何况武将?他又接着说:"比如说诸葛亮、张飞、关羽等,哪个身上没有毛病?如果非要因为他们身上的一点毛病,就倍加指责,谁人背后不被别人说三道四?如果有点毛病,就从庙里撤出,那恐怕非撤光了不可?"他又说:"伏见陛下方励军戎,缔创武祠,盖所以劝激武将,资假阴助。"除去白起等人,会使两廊空无,"似非允当,臣且惑焉。""今之可以议古,恐来者亦能非今。"这话的意思是:刚建武成王庙,就急切地把白起等人去掉,弄得两廊空空,好像有些不妥。这种做法,使"微臣"感到有些迷惑不解。假使我们今天可以随意评判古人,那么恐怕将来的人们也会说我们的不是。

　　梁周翰在奏章的最后说:"愿纳臣微忠,特追明敕。……"希望太祖接受他忠诚的建议,赶紧收回废除白起等配享武成王庙的圣明的敕令。

既是圣明的敕令,干嘛还要追回?其实您不要太在意这个小问题,这是臣子们跟皇帝讲话的技巧,总不能说"请赶紧收回你错误的命令"吧?

梁周翰写了一大篇漂亮的骈体长文,自以为得意,太祖却未予理睬。他根本就不了解太祖的真实用意,这叫"醉翁之意不在酒,在乎山水之间也"。

太祖废除秦将白起配享姜太公庙的资格,撤了死人的官爵,不是在白起身上吹毛求疵。公元前 260 年,秦将白起在长平之战中,把已经投降的赵国兵将四十万人,全部活埋。手段之残忍,用心之毒辣,几乎毫无人性可言,创下了没有吉尼斯纪录时代的世界残杀之最。

太祖撤的是白起,张扬的是仁爱的政治理念。而正当大宋朝行进在统一祖国途程中的关键时刻,军事行动一定不会很少。太祖爷这样的做法,对于大宋朝的全体官兵来说,不啻为一个提前警告:"杀人的不要,仁爱地统一!"人性中原本都有极其残忍的一面,杀人的戒律一开,嗜杀就会成为习性,天下的生灵,都会成为案板上的鱼肉。太祖撤掉白起的配享资格,就等于宣布了一条戒律:本朝(本届统治者)非但不提倡杀人,而且以杀戮为罪孽!

咱们就把宋太祖撤掉白起在武成王庙中的配享资格,跟明太祖朱元璋撤掉孟子在孔庙中的配享资格做个对比。明太祖朱元璋因为《孟子》这部书里面说了"民为贵,社稷次之,君为轻"的话语,就把孟子从孔庙中"赶"出来了。理由很简单,就是因为孟子认定:在一个国家里面,人民最重要,政权乃是次要,君王更加次要。朱元璋却认定君王(自己)最重要,政权第二重要,老百姓最不重要。朱元璋撤掉孟子在孔庙中的配享资格,只是因为一己的私利;宋太祖撤掉白起在武成王庙中的配享资格,完全是为了防止军队滥行杀戮,明显是为天下苍生考虑。两位都是开国太祖皇帝,谁高谁下,谁优谁劣,谁善谁恶,谁伟大,谁混账,谁正大宽广,谁邪恶狭隘,除了睁眼瞎,没人看不出来。

这下您应该明白了,太祖视察武成王庙,撤掉白起配享资格的小小举动,实在有着超乎寻常的人道主义意义。梁周翰以为这是在古人身上挑刺,其实是不了解太祖仁德的用心。他的那封奏书,也只表明了下面一个事实:人道主义之作为为政、行军的绝对原则,还没有在他的心目中占据应有的地位,他还没有走出晚唐、五代以来,以杀伐为本领,以武力征服为不可一世之军功的时代阴霾。

但是梁周翰的奏章却有另外的意义,满朝没有不同的声音,那就不是一个像样的朝廷;社会没有不同的声音,那也不是个正常的社会。哪怕声音是错误的,甚至是反对咱们的,也要有不同的声音在。

古希腊的哲学家赫拉克利特说:"不同的音调,造成最美的和谐。"这是音乐的法则。都是同样的声调,都在不断重复同样的音调,那不叫和谐,那叫单调,那叫寡淡,那叫无聊,那一定会很刺耳。假使一个乐队里的所有乐器,不管是黑管、葫芦丝,也不论二胡、小提琴,还有全部的乐师,无分赵、钱、孙、李,无论贝多芬、施特劳斯,都整天在那里反反复复地演奏同一个音调,就像擦玻璃一样,在那里嘎吱、嘎吱地嘎吱个没完,嘎吱得大家心里烦不烦?

人命关天

太祖正在视察武成王庙,江州奏报:防御使马全义过世了。太祖很喜爱这位将领,既能打仗,又善于体贴兵将辛苦。马全义生病期间,太祖不断派人问候,希望他好生养病,病愈之后,准备授予他江州节度使。不想马全义终于不治,太祖伤心落泪,追赠马全义为镇国军节度使。

马全义的事情刚了,陕西又有奏报送上:凤翔节度使王景病故。

太祖派礼官前往致祭,同时委命枢密学士高防出任凤翔府知府,顺势将文官担任州郡长官的措施,进一步向全国各地推展。

高防是个很优秀的官吏,在不同州县为官,都给百姓留下了很好的印象。太祖本想让他把陕西的地方风气改变一下,可惜高防刚刚上任又病死了,太祖伤心,下诏抚慰家属。

湖南来报:战乱之后,常德等地闹起了瘟疫。太祖下令免费发放药物,务必送到千家万户,不能遗漏。地方官吏立刻行动起来,四处分发药物,有效地阻止了疫情的进一步发展。

湖南虽然没有发错药物,太祖家里却因用错药物出了人命。

太祖皇后王氏生病,医官王守愚用药不慎,皇后病情急剧恶化,没撑持几天就一命归西了,年仅二十二岁。王皇后是太祖于后周祖显德五年(958)所娶,当时十六岁。依本书作者推测,评书《杨家将》里面的那位八贤王赵德芳,大约就是王皇后所生,不过没有绝对可信的文献说明。《宋史·后妃传》只说王皇后生有三个子女,都早夭了。

朝臣们闻听此事,义愤填膺,异口同声地要求杀掉王守愚!

这种事情无论出在中国历史上的哪个王朝,或者哪个时代,只要还是家天下政治,王守愚就是上天入地折腾八个来回,求菩萨告阎王,都不会发生任何效用。一句话,"死有余辜"!太祖既难受,又气恼,但考虑王守愚只是失误,并不是故意谋杀,同时也不是一贯玩忽职守,这次只是一时疏忽……诏旨:免死,流放海南岛。

在传统的社会里,没有比这样的医疗事故更严重的了!王守愚早已不怀生的企望,每天只是一个心思:等死。忽然听说免死流放,几乎傻了。他怀疑自己的耳朵出了问题,用力扒拉了好几下,确信听到的是免死的消息。

"苍茫茫的天涯路,是你的漂泊",快走吧,郎中,以后给人家瞧病,尽心点儿,好生留神!王守愚仿佛听到太祖在身后的声音,就一路高呼吾皇万岁,一路泪流满面地向海南岛赶去。

家里的事情还没处理完,外面又出事了:

山东登州府上奏:高丽国王遣使前来上贡,乘船从海道前来,赶上大风浪,船翻了,船上近一百人全部淹死,只剩下一个使臣叫时赞。太祖赶紧下诏抚慰,指示登州府,负责死难者安葬和善后事情处理,同时派遣使臣,给高丽国国王送去慰问诏书。这位高丽国的国王,名叫王昭,给太祖送去了价值两亿元的礼品,连同一百位送礼兵民,全都海祭给龙王爷了。不过这次可不像不久前韩国的翻船事故,不是船长玩忽职守,而是台风的猖狂肆虐。那时候没有天气预报,海上航行的危险性随时存在。

海上死人的事情还没处理完,陆上又死人了。

安陵隧道塌陷,二百多施工人员和守护兵丁,都被压死在隧洞里。

太祖的父亲赵弘殷,当年与太祖一道,跟随周世宗攻打南唐国,归来路上生病过世,葬在汴京东南数十里外。后来太祖称帝,追封老爹为宣祖,将当年葬地建造成安陵。乾德元年(963)十二月,太祖听信堪舆先生的话语,准备改葬到西京洛阳下辖的巩县西南四十里处的邓封乡南訾村,由礼官先去卜地。之后,任命宰相范质负责督办,开始全面施工。皇家讲究,风水先生说,棺木转移要先走一段地下通道,不能直接在露天地

第九章 大事小情

上挪移棺材。移陵之前,先挖了一条修长的隧道,山体滑坡,隧道坍塌了……

嘿!这到底是什么兆头,是好是坏?太祖已经无心先想这些,赶紧打发人前去处理事情,抢救生者,埋葬死者,优抚死难者家属。

将帅争端

太祖正在烦着呢,闹心的事情又来了。这次"收复"荆南和湖南的主将慕容延钊,跟副将李处耘闹翻了。

半个月期间,两人各有好几封奏章上达。

实际情形是这样的:李处耘作为副将与主帅慕容延钊一起分兵收取湖南、湖北。军队刚刚到达襄阳,慕容延钊手下兵将违背纪律买东西不给足钱,个别还有假托"明天给你""后天给你"之类的赖账现象。商贩们怕利益受到损失,不再上街出摊卖货。李处耘当时就很生气,抓了几个具有代表性的,派人押送给慕容延钊,希望慕容延钊自己处理。慕容延钊感到李处耘的这种做法有指责自己的嫌疑,就生气地对手下人说:"既然是他抓的,就让他去处置好了,该杀该抓,任由他便,何必问我!"派人把李处耘送来的违纪士兵,又押还给了李处耘。李处耘也很生气:"他的士兵违反军纪,他不处理谁处理!再给我押送过去!"就这么着,往返了三四个来回,李处耘情急之下,命令把那几个士兵斩首示众,以儆效尤。

这一示众,麻烦更大了。

慕容延钊感觉这是李处耘当众羞辱自己治军不严,心里愈加不爽。到了荆州以后,慕容延钊手下一名小校住在当时还属于高继冲手下的一名将领家里,说"大宋朝将军住你家,是给你面子"。这种情况放到今天,那叫装!人家没办法,好吃好喝供着,这位故意喝高,在人家里耍起了酒疯:"把你老婆叫来,给老子斟酒!借老子用一晚上。"这位荆南国的将军实在忍受不了,就到李处耘处告状。李处耘把这位小校叫过去训斥了一顿。这位回去跟慕容延钊却说:"我在荆南一位将军家住得好好的,李处耘生生把我赶出来,说是他的部下还没有地方住。我说你'打狗也得看看主人',他却说:'你不用拿慕容延钊吓人,我正要向皇上奏他的本。'"

慕容延钊一听,顿时火冒三丈:"李处耘欺人太甚!"

进入湖南以后,李处耘正在行军赶路,忽听路边民房里传出女子呼救的声音。李处耘赶紧派人前去解救,士兵把作案人抓到跟前,李处耘认识,是慕容延钊的"司马副官",是专门负责给慕容延钊喂马的,身份虽然不高,但却是老将军身边的近人。李处耘皱了皱眉头,狠狠地抽了他三鞭子,然后派人把他押送给慕容延钊。慕容延钊二话没说,挥手一剑,把这位马倌斩了。斩了是斩了,心里越发不痛快。随后给太祖写了一份状告李处耘的奏章,说是李处耘贪功邀名,妄行责罚,致使军中知有副将,不知有主将,影响军令的正常执行。

李处耘一是要说明情况,二也是正在气头上,跟着上章奏告慕容延钊治军不严,致使下属屡屡危害当地百姓,损害了大宋朝的声誉和形象。

客观地讲,慕容延钊和李处耘的这次矛盾冲突,主要责任都不在两人身上,而是下人传话挑唆所致。如果非要追究责任,慕容延钊应该大些。因为这次慕容老将军的属下,至少违背了"三大纪律"中的两条,"八项注意"中的三条。

"三大纪律"第一条:"一切行动听指挥";第二条:"不拿群众一针一线";

"八项注意"第一条:"说话和气";第二条:"买卖公平";第七条:"不许调戏妇女"。

我在上小学时学唱过《三大纪律八项注意》。

这首红军时期根据毛泽东制定的军纪改编成的歌曲,慕容老将军没听过,要是听过肯定会让兵将们不断传唱,军队中的违纪现象就会相对少些。不过李处耘将军早在公元963年,就按照超过中央工农红军的"共产主义"标准,去要求刚从五代时期过来的军队,实在是高瞻远瞩,就是感觉稍微有点操之过急。

李处耘虽然在情绪上有些操之稍急,但他本人却不是那种急于立功的躁进之人。李处耘也不是故意跟老将军叫板,本来他是很敬重慕容延钊的。这次主要是考虑大宋朝建国之初和出师之初的声誉,他的身份既是副将又是"监军",专门管军风、军纪。这次老将军手下的士兵,不断违纪,李处耘不可能不管,这是他的职任所在,也是他的耿直性格不能容忍的。当李处耘下手管制的时候,身边一些人拼命挑唆:什么"老将军年纪大了,不被人看重了",什么"李处耘仗着陈桥兵变时的一点儿功劳,骑到老将军脖子上拉屎了"之类的风凉话语,不断吹送到慕容延钊的耳朵里。正是不怕没好事,就怕没好人。慕容延钊实在听不下去,于是就再上奏章:"李处耘自恃近臣,处事专断,影响全军和谐气氛。"

太祖这气!这两个人可都是太祖身边最红的红人。

李处耘当时的身份不得了,是宣徽南院使兼枢密副使。宋朝的宣徽南、北院使,负责朝廷中郊祀、朝会、接待外宾等各种重要礼节性活动。南院使比北院使资望更深,地位更显赫。枢密副使,就相当于今天的国防委员会副主席。慕容延钊的身份更不含糊,太祖还是后周殿前都指挥使的时候,人家就是殿前副都点检。现在是山南东道节度使,身上还享受着"赠中书令"的宰相待遇,同时又受封"河南郡王"。

慕容延钊资历老,年龄大,跟太祖的交情,谁也说不清到底有多深、有多厚,反正太祖一直以对待兄长的态度对待他。

太祖一再调和,不起作用。于是下诏:李处耘自恃近臣,临事专断,不顾众议。责授淄州(山东淄博)刺史,贬了好几级。太祖因为慕容延钊年迈,而且正在生病,没有治罪。李处耘明白太祖的心思,也不敢再作申述。

慕容延钊的病情日渐加重,太祖前往探视,还亲自调药。一口一个"大哥"的叫着,像从前一起侍奉周世宗的时候一样。三个月后,慕容延钊过世,太祖竟然痛哭失声。礼官提醒太祖:"皇上为近臣悲哀,哭声不宜过高,用时不能太久。"太祖悲伤地说:"我忍不住悲伤,抑制不住哭声。"李处耘听说慕容延钊走了,心里也很难过。早知他这么快就走了,我何必奏他的本?同时自己也在心里后怕:"要是当时跟他吵架时他就死了,太祖还不得说是我把他气死的?那我可就惨喽!"

随后几天,太祖都沉浸在说不清的情绪之中,没心情,不想说话。就在这个当口儿,忽又传来加急军报:北汉联合契丹,共起六万大军入寇,狼烟忽起,瞬间弥漫了大宋这个新兴王朝的北部边陲。

命令:安国军节度使王全斌、铭州防御使郭进、濮州防御使张彦进、客省使曹彬、赵州刺史陈万通各领兵万余,连同正在守备北汉和契丹的永安军节度使折德扆一起,分兵迅速赶赴前线。

"打!给老子往死里打!""啪"的一声,太祖把手中的茶杯狠狠地摔碎在地上。传令官受了太祖情绪感染,忘记了自己不是指挥官,跑出大殿高喊了一声:"集合队伍!"

好家伙,这声喊,像坐在过山车上的游客的号叫一般,声带差点撕裂喽。周围的行人一时间都愣住了,站在那里呆呆地看着这位发疯了一样的传令官……

一个月以后,战报传回来了:契丹退回了漠北,北汉躲进了巢穴。

几天之后,太祖先人的陵墓建造完成,宣祖、昭宪皇太后重新下葬,太祖已故两夫人贺皇后、王皇后附墓。

鼻青脸肿的宰相

太祖刚刚顺下一口气,有人来报:宰相王溥被人打伤了。

"噗!"太祖嘴里这口茶喷了值事官一脸,"什么?""敢打我的宰相,谁呀这是,反了这不!赶紧给我抓来,朕定要严惩不贷!""抓不得,也惩不得。""嘿!还有这等事,我倒要看看这位是谁,究竟怎样了得。""王祚。""王祚是谁?""王溥的老爹。""这……"

太祖要说谁敢动手打王溥,老子宰了他,那是真话。人家王溥,那可是老资格,老宰相。怎么个老法?人家是后周的宰相,是世宗临终前顾命的宰相,是认可太祖禅位并且帮助太祖完成禅位仪式的宰相。大宋朝开国以后,直到被打的那天,人家还当着宰相。

您说资格老不老?

太祖无可奈何地晃了晃脑袋,哭也不是,笑也不是。嘴里不自觉地念叨起来:"这都怎么了,啊!这下好,张永德刚为老娘的事情找过我,王溥他爹又找上门来了。赶紧去看看吧,备车。"

王溥的父亲叫王祚,七八十岁了,还在担任宿州防御使。王溥多次劝父亲赶紧退休,一是免于过分劳苦,二是年纪大了,有些事情万一处理不及,就是太祖不追究,让人家说咱们眷恋官位也不好。王溥的父亲被他不断讲得耳朵都听烦了,没办法,只得做出退职的样子,写了一封请求退休的申请。王祚本来不想真退休,想着儿子是宰相,是开国功臣,申请上去之后,人家会极力挽留。没想到申请交上去没几天,就被批准正式退休了。王祚认定是儿子跟吏部私下通气,才导致这样的结果。心里非常气恼,当众抡起大棒,痛打王溥。一边打一边骂:"我身体还很硬朗,你逼我退休,还不就是为了给自己脸上贴金,巩固自己在朝廷中的地位?你公而忘私,我留恋官位,你他妈连老爹都出卖,你算个什么东西!你简直是白披了一张人皮,看老子今天不打死你,孽子!"嘿,好家伙,像王溥这样如果都算孽子,那这个世界上还有好儿子了吗?不过老头生气,王溥既不敢还口,更不敢还手,只得忍着挨打。好在邻居及时赶到,把他父亲拉走了,要不然王溥有被打死的危险。

  王溥跟他父亲的关系,一直就有点"那个"。他的父亲有点倚老卖老,"老没老样"。咱说的都是实话,有文献证据的。《资治通鉴》里就记载过这类的事情。

  父子俩原来都在后周做官,那时儿子的官位就比父亲高。父亲经常找些同僚来家吃吃喝喝,还让王溥规规矩矩地站在一边。因为王溥的官位也比来家的客人高,所以来客心里总是忐忑不安。王祚劝来客安心,说:"这个猪狗,不值得您紧张,让他在边上站着去!"他当然不是真把儿子当猪狗,而是为了显示自己做父亲的家长尊严,经常以类似的方式"无视"或者"刺激"一下儿子,好让儿子知道:"不管你当多大官,别在家里觉得了不起,在这个家里,你就是儿子,永远都只是儿子。我是你老子,比我官大我也是你老子,别不把你老子当回事。"其实王溥没不把他当回事。

  您可能说了:当宰相还受爹管制?太祖当皇帝还得受娘管制呢,有什么办法,这就是中国的伦理。父母打骂儿女,在传统的社会里,不仅不承担刑事责任,还被认为是理所应当。所以生在中国,您就得好好孝敬着,没事别去招惹老头、老太太,在家找揍不说,到外面还要被人说三道四。

  太祖先去看了看王溥,王溥正躺在病床上,脑袋上缠的,跟绷带猴似的。太祖看了,是又好气又好笑。他爹往脑袋上打呀?生起气来,哪还管什么脑袋、屁股?我小的时候,父亲们打孩子基本上都是这样,不分部位、轻重,那都是社会主义新中国的时期了。

  "没大妨碍吧?"太祖问。"没什么,对不起皇上,您一天日理万机的,这点儿家事还得劳您操心。""怎么了,这是?""我爹这老头儿,说是要为祖国奉献余热。我说您那点余热温度不高了,连菜都炒不熟,赶紧退休得了,好给人家年轻人让地方。这就火了,脑袋没给我打爆了。"太祖心说:"瞧你这点儿出息,没事你惹他干嘛呢!""得,我去看看老人家吧。"说着,太祖起身,来到王祚的房里。老头一看皇上来了,赶紧下跪叩头。太祖让礼官扶起他,送上礼品,又好言抚慰了一通,老头这才顺过气来。因为皇帝亲自登门看望,老头觉得在人前人后找回了尊严,也就不再纠缠这件事情了。

王溥的父子官司,刚算摆平,礼部侍郎、知襄州吕余庆的母亲吴氏过世的消息又来了。

吕余庆资历不比王溥浅,虽然官位略微差点。人家是太祖的近人、能臣,大宋朝建国之后,劳心费神,功勋卓著。人家在后周时就一直跟着太祖,给太祖当书记,就是贴身秘书。情况跟赵普差不多,但比赵普的资历还老。宋初,被太祖任命为开封府尹。太祖征讨李筠和李重进时,都担任东京副留守。湖南平定后,马上被太祖派到湖南,担任知潭州,像柱石一样,为太祖撑起了一片宋初的蓝天。之后,又被太祖派往湖北,担任襄州知州。担任地方首脑期间,朝廷中礼部侍郎的官印,还一直带在人家的身上。

诏:赠吴氏为清河县太君,朝廷遣使护丧,一应需用丧葬物品,均由国家承担。

这位吴太君,可不是日本皇军的太君,是中国的老太君。后来的评书《杨家将》里有一位佘太君,是老令公杨继业的老伴儿、名将杨六郎的老娘、小将杨宗保的奶奶、大破天门阵的女将穆桂英的婆婆。因为小说的渲染和评书的宣讲,佘太君在中国家喻户晓、妇孺皆知。但是大家很少知道她为什么叫这么个称号?今天咱就告诉您,那是大宋朝皇帝封的。咱们管人家叫太君,跟汉奸管日本人叫太君,不是一回事。咱们那是尊重,尊重皇命,尊重受封人;汉奸管日本人叫太君,那是阿谀,那是谄媚,那是想做走狗,那是卑躬屈膝。

刚劝好一个老头,又送走一位老太。"嘿,我成敬老院院长了。"太祖心里苦笑着说。

改换年号

太祖回到家中,感觉心绪稍微宁静了一些,吃过晚饭,乘着月色一个人在庭院里漫步,走到一棵大树边上,用手指抚弄叶子玩,心里想着:这几年虽然大事进展顺利,烦心的事情也不少,换个年号是不是会好些?

太祖要改年号了,要求不能跟历史上的任何朝代重复。这还不容易,起个怪怪的,像今天的家长给孩子取名字一样。那可不成。不能求怪,不能求繁,还得求"硬",还得求精。

太祖还没请,赵普自己就先来献策了:"叫乾德。"这位曾经的村学究,现在是枢密使——大宋朝的国防委员会主席。

乾德是什么意思,就是乾龙之德,就是《周易·乾卦》中的龙德。赵普说:咱们这几年蒸蒸日上,皇上把天下治理得顺畅和谐,大宋朝正如中天的太阳,光照寰宇,正好与《乾卦》的九五爻"飞龙在天"的意思相合。

太祖问赵普:"有没有别的什么朝代或者皇帝叫过这样的年号?"赵普不容置疑地回答说:"绝对没有","他们也不配叫这个年号!"赵普接着说。太祖听了很高兴:"好,就叫这个年号。"

公元 963 年 12 月 4 日,按照中国的农历纪年,是宋太祖建隆四年十一月十六日甲子。这一天,大宋朝国都汴京城的南郊彩旗飘飘,锣鼓喧天,人山人海。太祖皇帝昂然庄重,通过鲜红的长地毯,缓步拾阶,走上高大的祭坛。

祭拜天地之后,宰相范质宣布改元乾德,同时宣布诏令:大赦天下。因犯重罪而被处斩的,还有未及处斩自己死在死囚牢里的重犯,允许家属运回家乡埋葬。这些罪犯从前所侵吞的、当时仍在追缴的公物,一律免除,不再由家属承担。同时将建隆开国以来为国事而死难者的嫡长子孙,录一人公干。就是给这些"烈士"们的遗属安排工作的意思。

公元 963 年这一年,既是宋太祖的建隆四年,又是宋太祖的乾德元年。您要是看到史书或者书写历史的书籍,把这一年叫做建隆四年,或者叫做乾德元年,那都没错。但实际的情况应该是,十一月十六日之前叫建隆四年,之后才改叫乾德元年。建隆四年十一个半月,乾德元年只有一个半月。不过为了纪年方便,很多史书多半将这一年叫做"乾德元年"，咱们大宋朝杰出的历史学家李焘，在写作《续资治通鉴长编》的时候，就选取了这样的纪年方式。

只剩四十几天就到下一年了，为什么不从下一年开始再改，把今年过完，不是也方便人们记忆吗？实话告诉您，咱也不知道！现在留下来的历史文献，没有关于这个问题的详细说明。由于太祖改了年号，大宋朝真的进入了"历史的新纪元"。

宰相的签署权力问题

改年号之后，还得有相应的重大举措。乾德二年（964）正月，老宰相范质、王溥、魏仁浦三位又递上了请求退休的奏折。三位早就看出来了，就像天气预报说的那样："早晚有小雨。"大宋朝的宰相，早晚得是人家赵普的，我们在这里挡着，纯粹是让皇上为难。

人家这三位，已经是第 N 次向太祖爷递交辞掉宰相职务的申请报告了。人家有眼力见，不像现在的一些干部，占住县长、处长的位置死不撒手。有没有能力，碍不碍事全不管，只要能占住茅房，拉不拉屎那是另外的事情。那别人呢？"别人？先憋着吧，我花多少钱，费多大劲才爬到这个位置上来，我还有心管他们！"

赵普想当宰相，太祖本来不想让三位离职，三位都是后周的老臣，同时在自己禅位的时候，人家都完全站在自己一边，稳定了朝廷，稳定了国内政局。要论功劳，那得说大得不得了。而且三位熟悉朝中情况，工作认真细致，开国以来，从未出过任何差错。虽然没有很"创新"的行政伟绩，但绝对是和平时代宰相的优秀人选，对于顺利完成权力的过渡与交接，起到了任何其他人都替代不了的重要作用。

太祖几次挽留，人家却不想这样拖延下去，妨碍赵普升迁，也耽误太祖开展创造性的工作。太祖无奈，下诏批准：以范质为太子太傅，王溥为太子太保，魏仁浦为左仆射（宋初的左仆射是虚衔），三人从此不再主理国家政务。

三天以后，太祖又下诏令，赵普改任中书门下侍郎、平章事、集贤殿大学士，同时不再担任枢密使。枢密使改由集贤殿大学士、宣徽北院使、三司判官李崇矩担任。

读者诸君，如果前不久李处耘没有因为跟慕容延钊互相上奏被责罚为淄州刺史，那么今天的枢密使，大约就轮不到李崇矩了。这就是命运，人的命运有时还真是难以把捉。

原来的宰相和枢密使都有签署的权力，这次赵普接受任命以后，太祖却没赋予他签署的权力。

一天，太祖正在资福殿，赵普就借着奏事的机会，进来找太祖。"不是已经说完了事情吗？没事就走吧，还在这愣着干什么？""还有一件事情，就是宰相的签署权，您还没有发放，我没法正常工作。您看是不是再下道圣旨……"赵普诡谲地偷看了太祖一眼。"爱卿，签字是件很麻烦的事情，你就只管把应该怎么办的结论性文件拿来，我替你签字画押，也免了你一份劳苦，你看这么着行不？"跟这句话一起说出的，是太祖诡秘的眼神。"陛下那么繁忙，我正应当替您分忧，怎么可以再劳您驾替我签字？而且从前也没有这样的先例。"赵普又偷看了太祖一眼。太祖看到了赵普的眼神，故作镇定地说："那咱们就创一个先例，这样的话……""没有这样的话，这样不像话。"赵普急了。"今天我还非要你说说，我哪里不像话。说不清楚，宰相你就不要当了！"太祖有点儿火了。

赵普知道自己刚才一着急，情绪出错了。但是已经到了这种地步，往回退也没用了，只能不卑不亢地迎上去："您让我当宰相，却不给我签署的权力，让人家当官，却不给人家官印。烧香不叩头，逗佛玩呢吗，这不是。""什么？你竟敢在我面前装佛？佛也得归我管，在这个世界上，我的权力最大！""权力再大您也得讲理呀，不讲理，有权力也难以实行不是？权力再大也没有道理大吧？""你是说道理比我大？""当然了，道理最大！""那好，既然道理最大，那你说出个像样的道理来，我听听。""这还用说吗？古往今来，哪有不拿印的官，手中没有官印，如何取信于民？""印就放到我这里，我帮你盖，怎么能说没官印呢？"太祖放缓了语气，偷睨了一眼赵普。"这样不方便，每次都得来找您，也打扰您休息。"赵普也放松了语气。"我不怕打扰，我半夜都不休息，难道你还不知道吗？"赵普愣愣地看了太祖好久："老虎也有打盹的时候，万一有急事，需要宰相签署，耽误了您的大事怎么办？再说了，要玩，咱就得遵守游戏规则不是，没规则，怎么玩游戏！"

太祖不再说话，喊下人上茶，吩咐由翰林学士陶谷和窦仪访查历朝旧典,看有没有宰相不签字的先例。

赵普这下心里真轻松了,他了解太祖,这就是退让了,找个台阶。于是赶紧站起身,向太祖深深地鞠了一个躬:"还是圣上英明!毕竟是我看着长大的。"太祖这气:"你他妈才是我看着长大的,王八蛋,还不赶紧给我滚?""滚,滚就滚,咱说滚就滚。"赵普故意做出要躺在地下打滚的样子。赵普走出大殿的时候,还听见太祖在背后扔出一句话语:"要是有皇帝代宰相签字的,看老子怎么处置您!""哼!"赵普赶紧捂住自己的嘴巴,头也没回,一溜儿小跑离开了资福殿。

第二天翰林学士陶谷上言:"自古宰相未尝缺位,只有唐朝太和年间,因为甘露事变,数日之间没有宰相。但当时还是有签署宰相公文的官员,左仆射令狐楚就是其人。现今尚书是南省长官,可以签署。"窦仪却上言:"陶谷所言,不是平时正常的情况,不可据以为凭证。今皇弟开封府尹、同平章事,即宰相之任也。"

太祖听罢,赶紧接住话茬说:"还是窦学士有学问,就按窦学士的说法做。"

赵普忙乎了一圈,宰相的签署权却落到了太祖爷的弟弟赵光义的手里。不管落在谁的手里,总算从皇帝的手里把宰相的签署权要回来了。

又过些日子,皇弟、开封府尹赵光义乘着太祖心情不错的当口,贴近身边对太祖说:"皇帝哥哥把宰相的签署权给我,都是为了我好,但是让别人听起来不太好听。自家当皇帝,自家弟弟签署宰相公文,人家宰相心里能舒服吗?这样不利于发挥赵普的积极性。其他官员看着,心里也会打鼓,还是由他签署的好。"太祖觉得有理,又碍于众目睽睽,就慢慢把宰相的签署权,还给了宰相赵普。

赵普跟太祖为了宰相签署权斗嘴的故事,您可千万别当笑话听。赵普帮助太祖限制禁卫军将领的权力、限制地方节度使的权力、限制地方州郡长官的权力,为的是避免晚唐五代以来割据分裂局面的再度重演。宋太祖想着这样的集中权力,有利于天下的稳定,当然也是为了扩大和巩固自己的权力。赵普希望限制武将和地方长官的权力,也想限制宰相的权力,但他跟宋太祖怀着同样的心理:不想限制自己的权力。

从个人的角度讲,赵普帮助宋太祖收回各种因为战乱而分散掉的权力,差点作茧自缚。他自己作为宰相的权力,险些被太祖收回去。

第九章 大事小情

其实赵普这个人也很贪恋权力,因为他贪恋权力,又跟太祖有无与伦比的至密个人关系,所以才能保住自己的宰相权力。但是,宰相的权力不是他的,因为在他之后,还会有宰相,他当宰相保住了自己的权力,同时也保住了宰相的权力。

在传统的家天下格局之下,如果连宰相的权力都被剥夺了,那就专制透顶了。专制透顶,这个国家和民族也就彻底完蛋了。各位只要抬抬眼,看看明朝的开国皇帝朱元璋就知道了。

朱元璋为了把所有的权力都拢到自己手上,以"试图谋反"的罪名,杀掉了宰相胡惟庸。这还不算,他又借"胡惟庸谋反"的借口,把宰相给取消了。所以,明朝是一个没有宰相的王朝。听起来有点滑稽,其实还有更滑稽的,他为了传达自己的政令方便,设置了所谓的"大学士"。看上去好像跟宰相差不多,其实有如天壤。各朝的宰相跟明清时期的大学士之间的差距,绝对不是量上的。不但是谁的官位是一品、二品或者四品、五品,也不是谁的工资一万,谁的工资一千的问题。大学士跟宰相的差别是本质上的。明清时期的大学士,是皇帝的私人秘书,不是国家政要。私人秘书因为没有"公职",从而也就可以没有公心。因为他只为一人服务,他也就只能唯一人之命是听。宰相是国家公职人员,职业所系,他就不得不办公事,从而也就不得不有公心。即便他是个极其自私的人,他也要顾及公众利益和公众的议论。就算你不给他工资,他也是宰相。而明清的所谓大学士,你给他多少薪水,他都是私人秘书,他只是皇帝个人的爪牙或者鹰犬。

身任宰相的人,虽然因为公心大小和个人修养的不同,表现出忠奸优劣等不同的情状。从历史的角度看,虽然个别宰相,甚至很多宰相都不怎么样,利用职权贪赃枉法、营私舞弊,甚至试图篡夺皇权之类。遇到这样的情况,你可以免他、杀他,但是你不能把宰相这个国家领袖的位置给撤掉。撤掉以后,国家已经不是国家,而彻底变成了私人家庭。

明朝的开国皇帝朱元璋撤掉宰相,使后来明朝的政治越来越坏,大思想家黄宗羲说:"有明之无善治,自高皇帝废宰相始。"其实这话都客气了,明朝不是无善治,根本就是无治。不想治,不为治,不能治。撤掉宰相的王朝,用咱家乡的土话来说,那可就是"瞎子闹眼睛,没治了"。

宰相制度,是中国传统的家天下王朝里少有的几点亮光之一。扑灭这点亮光以后,传统政治在国家的意义上,就彻底一片漆黑了。

根据伟大的心理学家弗洛伊德的研究,权力欲是人类生命中最原始的冲动之一,来势非常凶猛。占有权力,尤其是占有不受限制的最高权力,自然是皇帝们的最大野心。当然,也可以叫做雄心。而权力一旦失去必要的控制,就会随心所欲,就会泛滥成灾,就会比洪水猛兽更加肆无忌惮。哪个皇帝不想占有至高无上的权力?哪个皇帝不希望把天底下所有的权力,都垄断在自己的手中?其实宰相的任免还不都在皇帝的手上?但是,宰相虽然限制不了皇帝的权力,多少可以对皇帝的权力,产生一点牵制的作用。就这点牵制,皇帝都不想接受。汉武帝在三、五年内就杀了好几个宰相,吓得大臣们谁也不敢当宰相。这您不知道吧?

宋太祖也想把宰相的权力,牢牢地掌握在自己的手中。但是,赵普不让。赵普不想只当形式上的新郎,他要进洞房!宋太祖没有办法,不想让人说三道四,就只能答应他。两人都是怀着各自的私心,却使得大宋朝在开国之初没有像明朝那样,走进政治的死胡同里去。王船山先生管类似的情况叫做"天道的假私济公",而德国的大哲学家黑格尔则称这种情况叫"理性的狡狯"。其实意思差不多,都是指"上天"或者"理性",会利用人的自私心理和祈望,通过相应历史人物的个人私欲的实现,来推进公共事业和公益事业的发展,使公共的价值和公共的目标,伴随历史人物个人私欲的实现一同完成。

赵普在为自己的实际权力进行辩护的过程中,不小心说出了一句"道理最大"的话。这可不是一件简单的事情,这句话一直被大宋朝后来的大臣们拿来作武器,为了实现君臣共治天下的目标,不断继续努力。皇帝没有办法,也只能不断重复这样的话,好表示自己知书达理,好表明自己不是不明事理,不讲道理的皇帝。

实话实说,皇帝本人原来都是讲些道理的。但是当了皇帝之后,就很少讲道理了。因为他们掌握了至高无上的权力,就只想按照自己的意志办事。到了这样的时候,多半都以为自己有理,甚至以为只有自己才站在理上。以为有权就有理,把自己的主观意志当成公理,而别人却只能贯彻落实,从而也就无权便无理了。太祖爷的英明,并不在于他真想把权力分给宰相或者其他官员,而在于他不会用武力驱除干扰自己权力独断的外在力量，他真有一份仁爱的心肠。虽然他想得到绝对没有控制的权力，但他也不想被人说自己不讲道理，更不想被人说成是暴君。太祖爷的心里还有所怕。人的心里一旦没有害怕的感觉，那就真像和尚打伞一样，无法无天了。到了这种光景，杀人越货，奸淫掳掠，只要自己高兴，就可以锥穿地球，捅破天穹，随心所欲，任意妄为了。

所以，中国儒家的伟大经典《中庸》才强调："君子戒慎乎其所不睹，恐惧乎其所不闻。莫现乎隐，莫显乎微，故君子慎其独也。"说是真正的君子，即使在别人看不到、听不着的时候，也要按照道的标准要求自己。一切的恶念都容易在没人监管的情况下在心头闪现；一切微小的不良心理如果不及时加以限制，都会发展、扩张成巨大的恶行，但是《中庸》虽然伟大，说的只是君子。

这个世界上哪有纯而又纯的君子？谁没有一点私心杂念？那不成了石头。但是，政治统治者的私欲一旦不受限制，则将对全社会、全民族、全人类，甚至地球和宇宙造成极大的破坏力。在这方面，咱们得向人家西洋人学习，人家早就看透了这一点，并且在实际的政治运行过程中，把权力制衡和限制、监督权力的机制，运用得已经很得体、很成熟了。

权力既是一个善器，可以通过它来实现人生的崇高目标，可以通过它去维护公众的利益，推进人类进步事业的前进，促进合理的制度的发展和完善。

同时，权力也是一支魔杖。一旦拿在手里，君子也会变成小人，圣贤也能化为魔鬼。所以，不管谁拿到权力，咱们都得机灵着点，哪怕他是孔子或者耶稣，咱都得一起行动起来，运用社会的和任何可能的力量，严格限制他，制约他，制衡他。同时，还要严密监控他，监督他，监管他。只有这样，才能不使一个人或者一伙人的意志，随意凌驾于万众之上，才能保障咱普通生灵们——仅有的一点既来之不易，又可怜得要命的生存权益不被彻底剥夺、不受无端侵害。

太祖本来想"哄骗"赵普，把宰相的签署权留在自己手里，可是赵普也不是一盏省油的灯。折腾来，折腾去，折腾得太祖心里很不舒服，正烦着呢，吏部又出事了。

陶谷诬人

从去年年底,李昉已被太祖从湖南衡阳召回,回朝担任给事中。翰林学士陶谷,从前与李昉有过节,总想伺机报复。刚好今年李昉跟吏部尚书张昭一道,负责本年官员考核任免。陶谷想从李昉身上直接找瑕疵,以便加以陷害。但是一时间没找到,就想从李昉的身边人下手。听说左谏议大夫崔颂,跟李昉关系密切。于是就上言诬陷,称崔颂把自己的亲戚托付给李昉,让李昉帮忙搞个东畿令干干。东畿令是个什么官?大约就相当于今天北京市东城区区长之类的官职。当然,北京市有很多区,而大宋朝的都城,只有东西南北畿,而且没有区委书记一职。

诬告了别人,又怕皇上不信,就把张昭扯上,说是张昭最了解这件事情的原委。

陶谷大约是想着:一旦皇上发问,张昭不敢说自己不知道,如果他说不知道,也得跟着一起吃瓜落。

这就等于把张昭也给告了,因为如果张昭真是知情不举,就等于欺君!这可不是个小罪名。张昭毫不知情,街坊间有关这件事的传言,很可能也是陶谷派人故意散布的。

太祖把张昭找去询问,张昭顿时火冒三丈,忘记了在皇帝面前的礼数,把帽子摘下来,大声对太祖说:"陶谷罔上!"

什么意思,说陶谷撒谎,欺骗皇上。太祖很生气,又找其他可能的相关人员询问,都说不知道。

半月以后,宰相府上奏称:陶谷引张昭为证,张昭拒绝承认。说张昭在朝堂之上,肆意喧闹,惊扰了圣躬,有失大臣之礼。"事涉李昉、崔颂等,宜行责遣,以儆效尤。"有诏:李昉,责授彰武行军司马;崔颂,责授保大行军司马。

张昭见陶谷得逞,心里咽不下这口恶气。同时责罚了李昉和崔颂,就等于陶谷说的是事实。而自己当着皇帝的面奏称"陶谷罔上",自然也应当受到责罚。皇上虽然没有直接责罚自己,可是自己又有什么颜面这样低三下四地干下去?于是就连续三次上章,请求退休。太祖准奏,张昭就这样,以吏部尚书(《宋史》本传称"以本官致仕",就是在原来的官位上退休的意思)身份退休了。

朝臣在皇帝面前甩掉帽子、大声喧嚷,虽然"查无实据",但肯定"事出有因"。为了维护朝廷尊严,必须对"违礼"大臣进行责罚,要不然朝廷就没了规矩、没了尊严。

陶谷呢?诬陷完别人,自己就没事了吗?暂时没有证据证明诬陷他人事实,留任翰林学士承旨。陶谷这次虽然没有明确被责罚,但太祖在心理上一直看不起陶谷。

当年陈桥兵变,太祖回师东京,禅位仪式上缺少禅位诏书,陶谷顺手从长袖中取出说:"已经写好了。"

陶谷当年的那份禅位诏书,根本没人指使,而是听到传言,说是太祖兵变了,赶紧回去撰写,因为手快,禅位之前就写好带在身上了。他的做法,显然已经表明,其人是个行险侥幸的功利之徒。

不过陶谷还是不了解宋太祖,太祖爷不喜欢阿谀权势、攀附新贵,出卖旧主,同时也出卖自己尊严的人。从那天他拿出那份诏书开始,太祖就不愿再正眼看他。太没有操守,也太会见风使舵了。真让人瞧不起了,太祖心里早就对他蔑视透顶了。但是陶谷确实博学多才,国家刚刚建立,缺少这种人是不行的。不懂行的上来,一定会乱搞一阵。这是治理国家,不是任气使性子。所以,太祖也只能忍耐着,依旧使用这个人。

张昭,原名张昭远,五代老吏。从后唐开始为官,历经后晋、后汉、后周,一直充任朝廷要职。后汉时为了躲避刘知远的名讳,把远字去掉不叫了,只称张昭。宋初一直担任吏部尚书,官职和权力都相当于现在的中央组织部部长,负责官员任免、升黜、考核、督查之类。张昭为官,尽职尽责,撤出白起配享武成王庙的资格,以及其他武将、谋臣的升黜,都是太祖委命张昭召集大臣们讨论商量之后,才最后决定下来的。

张昭还将晚唐、五代以来的选官制度、考核制度等整理分类,为大宋朝的官员选拔、官员政绩考核评估、官员升等黜降、奖励责罚等规矩的确立,提供了有效的参照。为宋朝官制的完善和发展,做出了不小的贡献。

那就这么让张昭退休就完事了?那不是宋太祖的风格,太祖是古今帝王中绝少有的讲情谊的人。太祖让张昭退休,一方面也是张昭年纪大了,当时张昭已经七十一岁。太祖封张昭为"陈国公",张昭七十九岁过世。过世前,太祖有重要事宜,还派遣身边近臣亲自到张昭家里询问。

张昭跟范质、王溥、魏仁浦等官员退休之后,都成了大宋朝的"顾问委员会"的重要成员。张昭临终前告诫两个儿子:"我在好几个朝廷中都做过官,我死以后,不要向朝廷为我请谥,这样会加重我的罪孽。"

"请谥"是什么?就是跟皇帝要一个"谥号"。世称范仲淹为"范文正公"、胡安国为"胡文定公"、朱熹为"朱文公"、周敦颐为"周元公"之类,这里面的"文正""文定""文""元"字样,都是谥号。谥号是用来表彰大臣们的内在人品和行为风格的,谥号都是大臣们过世以后,由子女或者朝廷中的其他大臣提议,礼部审核、讨论之后,交给皇帝审批。得到皇帝认可之后,再由朝廷下发"红头文件"确认,请谥的过程就完成了。

张昭不让儿子为自己请谥,说是自己在好几个朝廷中任过职,伺候过不同的主子,这不是一件光彩的事情。

张昭离任退休才几个月,老宰相范质又过世了。

范质生病期间,太祖不断亲自探望,甚至亲自调药。

范质临终之前,也说了后来张昭过世前类似的话语,告诫儿子范旻,不要为自己请谥,不要立墓碑之类。说自己在几个朝廷中都任过职,这件事张扬出去并不光彩。

五代时期的宰辅们,多半都毫不吝惜地收受地方节度使的供奉,家资巨富。范质从周世宗时开始任宰相,入宋以后还一直担任宰相,家无余产,家庭用具简单,自己和家人的生活都很俭朴。据称五代以来,宰相不贪,宰相家庭不富,是从范质开始的。

后来在一次朝臣聚会的时候,太祖想起范质,还感慨地说:"朕闻范质居第之外,不置资产,真宰相也!"说他家里家外,没有多余的资产,什么多少亩田宅,多少间房,跟人家范质一点关系都没有。真正是个好宰相啊!

太祖闻听范质噩讯,痛惜不已,赠范质中书令,赐绢五百匹,粟、麦各一千石。

咱们现在可以把张昭和范质对自己的态度,跟前面说到的那位给很多朝廷当过宰相的冯道对自己的态度做个对比,就会看出明显的不同。

冯道自以为得意,吹嘘自己"胸戴数国勋章""身挂数国相印"。冯道讲这种话的时候,是在后周的世宗时代。这才短短十年左右的光景,人们的价值观变了。从寡廉鲜耻,变得害羞知耻了。

孟老夫子说过:"耻之于人大矣。"人生是否有节操,很多时候都得从是否有羞耻心上看。在风气醇厚的社会里,大家都害羞怕耻;而在风气混沌不堪的氛围中,人们的羞耻之心也就荡然无存了。五代时期社会风气的混沌不堪,通过五代时期文武官员和社会大众的无耻心态和无耻言行中,完全可以想象得到。而从大宋朝建立以来,那些在五代的大染缸里,浸泡得比泡菜还彻底的官员,开始讲究廉耻,开始顾及自己的声誉和影响了。这是多么惊天动地的伟大变化!为什么会在短短的时间之内,就会发生这种令人难以置信的变化?

太祖的做法和取向是最重要的导引风向标。太祖怀仁爱,行正道;孝亲敬长,善待友朋;不提倡贪功冒进,不喜欢阿谀逢迎;不急切于事功成就,不怠惰于日常事务;慎思明辨,沉稳持重;开朗直率,诚信待人;不吝赐人而自奉俭约。太祖的做法,首先感染了周围的大臣,进而又通过身边的大臣,影响到周围更广大的人群。大宋朝开国不久,社会的风气,就已经悄然不觉地发生了重大的改变。真是"好雨知时节,当春乃发生,随风潜入夜,润物细无声"啊!

风俗的改变,绝不是通过主观想象,然后再进行点客观宣传就能轻易实现的。风俗的改变,也绝不是靠经济奖励和物质刺激就能达成的。奖章和奖金,既不足以导引社会向善,往往还适得其反,激发人们的竞争之心和功利意识。一个急切于成功或者着急获取成就的社会,一个以经济利益诱惑大众的社会,一个以客观指标约束和引领人们的社会,一个以强制手段逼迫人们一定要如何如何的社会,是永远不要指望社会的风气有所谓真正意义上的根本好转的。

风俗的改变,首先靠的是在上位者的表率。太祖虽然原本读书不多,但是他的一身正气和两袖清风,务实肯干而不急功近利,在大宋朝刚刚建立之初,就为身边的大臣们做出了楷模性的示范,并通过身边大臣们的言行,潜移默化地渗透到社会生活和普通大众之中去了。正像南宋时期的大儒胡五峰先生所说的那样:要想彻底改变世间的不良风俗,首先得彻底改变君主的心术。

从宋太祖的执政风格和宋初社会风气的骤然好转,我们可以深深地相信,胡五峰先生的话真正是改造社会风俗的金玉良言。

因为范质和张昭们对大宋朝的贡献,他们过世以后,家庭和儿孙们都受到了太祖相应的关照。

大宋朝的新生政权刚刚有点规模和样子,朝廷里却闹翻了天,国内外什么事情也都出来了。太祖心里想着:"这当皇帝,确实真不是一件容易的事情啊!"

第九章 大事小情

第十章
虎视眈眈

参知政事

太祖爷独占权力的私心没有得逞,客观上我们得感谢赵普,尽管赵普也是出于维护自己权力的私心。太祖虽然不得不把宰相的签署权"还给"赵普,但却不想让他独揽大权,于是就打着给他找帮手分担劳苦的旗号,另外设立了两位"助手"。

太祖问翰林学士承旨陶谷:"下宰相一等的官名,历史上叫什么?"陶谷张嘴就来:"唐朝有参知机务和参知政事。""好,就叫参知政事。"赵普才当了一个月的宰相,太祖就派来了两位副宰相:一位是枢密院直学士兼知贡举薛居正;一位是兵部侍郎吕余庆。太祖本来想用吕余庆和窦仪,但赵普嫉恨窦仪,提议用吕余庆和薛居正。因为是给人家找副手,太祖也就没再坚持,就让吕余庆和薛居正"各以本官参知政事"。

"各以本官参知政事"的意思,就是各自还在自己原来的官位上,并且就以原来的官职兼任参知政事,不提升官职,也不罢免原来的官职。参知政事的意思就是参与国家最重要的大政方针的制定和重要政治事务的管理之类。

吕余庆在慕容延钊和李处耘将湖南收归朝廷之后,马上被太祖派到长沙,担任潭州知州,不久又调往湖北襄州担任知州。这不,刚刚又被太祖调回身边来了。

薛居正也在湖南到手之后,被太祖派往湖南,担任朗州知州。在朗州期间,挟持周保权逃跑未成而自己逃掉的那位叫汪端的"贼将",一时还没有抓获,不时出没城乡,攻城略地,骚扰常德、益阳等地。慕容延钊奉太祖之命继续追剿。汪端为了迷惑宋军,经常让自己的手下化妆成百姓的样子,有时干脆就混迹于百姓之中。一次战斗之后,汪端手下数千名参战兵将忽然间失去踪影。慕容将军手下的将官率兵追剿,途中看到一座寺庙,以为他们躲进了寺院。搜查来,搜查去,连个影子都没有。兵将们怀疑寺院的僧众是汪端的同谋,帮助他们隐藏,然后伺机将他们放跑了。于是就把寺院的所有僧众全都捆绑起来,准备当众处斩。薛居正感觉情况不对,就故意设计拖延,直到慕容将军的属下抓住汪端,才澄清事实:这些和尚跟汪端毫无关系,更不是他的同党。数百名僧众保住了性命,一齐向北叩头,山呼万岁,念经诵佛,祈愿太祖尽快平定天下。

此时的薛居正,也像吕余庆一样,刚从朗州知州的地方官任上被召回朝廷。

太祖让吕余庆和薛居正担任参知政事,一方面是为赵普帮忙,另一方面,显然也有限制赵普专断的意思。太祖了解赵普的专断性格,所以才采取了这样的措施。为了不使赵普感觉太不舒服,太祖没让两位参知政事直接参与政策制定和公文发放。规定两人不与赵普轮流"值日",不作为政府首脑领衔押班。只负责参与公文撰写之类,不过在签署时,要在赵普的名字下面署上各自的名字。看上去好像真的只是赵普的宰相助理一样。

两人多了份"兼职",虽然劳苦一些,但听起来也是参与国家大政方针的制定和审议,同时又多了一份收入。"先干着再说吧,皇上怎么想的,咱也说不准。"两位"助理国务卿",就这样在心里暗暗地想着。

割据一方的王者们

太祖既得荆南和湖南,就等于迈开了统一的步伐,下步棋下在哪里,怎么个具体下法?莫说别人,就连太祖爷自己,心里也没底。

太祖一方面尽心处理国内各项事务,一面操练水军,等待时机。太祖经常亲自观看京城边上的水军演练,还把长江北岸的迎銮镇,改成了建安军,指示长江北岸的"边防部队",加紧操练。沿江部队按照太祖的指示,几天举行一次军事演习,鼓声动地,杀声震天。唬得江南国主李煜心惊胆战,抓紧加强长江防卫,构筑工事,调遣重兵驻守长江沿岸。李煜还同时上表大宋朝,希望以后再给江南国下诏书(就是"下发中央文件")时,不要再叫"江南国主",直接称名字,叫"李煜"就行了。

"不允许!也不能够!干嘛叫他李煜?甭跟我装怂,也别跟我套近乎,没用!只要他不把土地、人民交回来,必叫他'江南国主'。"有大臣不解其意,问太祖说:"这样不等于承认他是一国之主吗?"太祖说:"不,只表示他还没有交出政权。实在不交,最后只能诉诸武力,收复江南之后,再叫他李煜不迟。"

太祖要先打江南国了吗?像。太祖一方面不断在长江沿岸举行军演,看似准备渡江的同时,也不断向大宋朝和北汉国的交界地带派兵遣将:李继勋、荆罕儒、郭进、武守琪、李谦溥、罗彦环、康延泽等。这些边将不断小规模地出击,侵扰北汉,招降纳叛,搞得北汉日夜不得安宁。就在太祖平定湖北、湖南的同时,宋将折德扆围攻北汉卫州(今河南卫辉一带),生擒了刺史杨琳,斩获千余;李继勋和康延泽等,还大举进攻北汉的石州(辖境相当于今天山西的三川河与湫水河流域)和辽州(今山西左权县、昔阳县、榆社县一带),致使北汉辽州刺史杜延韬举城率众降宋。王全斌也没闲着,攻占了北汉的乐平。北汉一共也就鸡窝那么大一点儿地盘,眼看要被吃光了,吓得北汉国君白天眼皮腾腾跳,晚上失眠难睡觉。不断搜刮境内的马匹、宝物奉献给契丹,强化跟契丹的"血脉联系",以防宋军突然袭击。

原来是要先打北汉,长江边上的军演,那是声东击西!咱还是先别下结论,看看其他割据王朝的情况再说。

盘踞在浙江一带的吴越国,现在的主子是钱俶。本来叫钱弘俶,太祖做了皇帝之后,为了回避大宋朝的祖讳,把"弘"字去掉了。人家太祖的父亲不叫赵弘殷嘛,钱弘俶就只能像打掉了牙齿吞掉一样,把"弘"字吃进了自己的肚子里。钱俶还不断给大宋朝奉献贡品,讨好大宋朝。同时,私下里又讨好大宋朝的朝内掌权大臣,比如赵普之流。钱俶知道,自己占据的浙江和福建沿海的一部分地方,早晚得还给人家太祖,只是迟一天、早一天的问题。钱俶还算是有自知之明的,他从来也没想过要跟大宋朝比划比划。而占据福建南部的陈洪进,早就向大宋朝明确地表达了这种心思,并且率先得到了宋太祖的肯定和表彰。

偏处两广的南汉国怎么样了呢?南汉国的国主刘鋹昏聩无明,虽然湖南被大宋收复后，自己已经与大宋朝接界搭边，仍然毫无顾忌地只求享乐，无度地食民膏血。朝内昏天黑地，边境军备废弛。死到临头，竟然不知祸患已在眼前。就在乾德二年九月，大宋朝的南面兵马都监丁德裕、潭州防御使潘美、朗州团练使尹崇珂、衡州刺史张勋，四位联合发兵，攻占了被南汉占据的湖南郴州，杀掉了南汉的郴州刺史陆光图，还捎带斩杀了南汉的招讨使暨彦赟。南汉兵将抱头鼠窜，逃回岭南，退保韶关。同年十月一日，太祖任命张勋作了郴州刺史。张勋为人，暴虐寡恩，以喜欢杀人著称于世。每攻破一个城邑，抓住敌方兵将，立即声言"且斩！"人送外号"张且斩"。两年前太祖得湖南，派张勋到衡州任刺史，吓得当地不法分子涕泣相告："张且斩来矣，吾属何以安乎？"太祖深知此人，所以把他派到郴州，以震慑南汉兵将。

郴州轻易丢失，南汉内部开始紧张。

朝臣邵廷琄不断在南汉后主刘鋹的耳边吹风说："咱们是借助晚唐混乱之际，才乘机占得岭南，建立国家。庆幸五十多年以来，中原政权不断更替，没有闲暇顾及两广。可是咱们的文武大臣和将校官兵，却以为天下无事了一样，只顾尽情享乐。外面的兵将，都快不认识旗鼓了；而朝内的大臣，更是早就忘了兴亡为何物。天下分割离乱了这么久，也该到重新统一安定的时候了。现如今，人家这位大宋皇帝，可不像咱们，雄心勃勃不说，励精图治，日理万机，秣马厉兵，整饬军备。真天子的气象，显露无余。人家出手不凡，轻易就夺得了两湖，看这势头，非要统一天下，否则不会罢手。咱得赶紧准备，以防万一。如果不行，就抓紧多送珍器重宝，派遣使臣勤跟大宋朝保持联系，增进情感交流，不能光在这儿眼看坐等了。"

南汉的这位"皇帝"，不知道脑袋让驴踢了，还是被猪拱了，傻傻地，愣愣地看着邵廷琄，不知他说了些什么话语，更不知他说这些话是为了什么。直到郴州失守的战报传回来，才感到有些害怕，这才任命邵廷琄为招讨使，率领一部分海陆军将士，前往宋、汉边界屯扎，以备宋兵来袭。

上面说的是占据两广的南汉国的情况，而蜗居在天府宝地的后蜀国里，也出了一位像南汉国邵廷琄那种还算有点眼力的人。

后蜀的宰相李昊劝谏后主孟昶说："依微臣感觉，中原的宋朝，跟过去后唐、后汉大不一样。目标似更远大，措施又果断坚决。"他缓了一下语气,接着说:"话说天下大势,分久必合呀。"李昊和邵廷琄是不是看过《三国演义》,怎么都说"分久必合"之类的话呢?哪能呢!那时候不仅这部传世的文学经典还没有问世,就连作者也要四百多年以后才出生。作品虽然没有问世,但作品也是表明世道的,世道如此,何必非看经典作品,才能说出这套话语呢?

李昊接着对孟昶说:"天下纷乱这么久了,恐怕到了重新统一的时刻。现在的大宋皇帝,那可不是个一般的角儿,听说人家长得狮鼻豹眼,虎背熊腰的。您再看看咱们,鼠目猪蹄,狼心狗肺的一大堆。要真玩意,没有。"

他敢这么跟自己的主子说话?那也是皇上啊!这是咱替他说的,反正他要表达的意思,就是人家宋太祖是翱翔在中原天空上的雄鹰,咱们后蜀国,不过是盘踞在巴山蜀水之间的蠢蛇。

李昊也像南汉国的那位邵廷琄一样,缓和了一下语气,然后继续对自己的主子说道:"咱们得早点跟大宋朝通气,经常奉献一些贡品,屈尊一下,表达友好的愿望。这样就不致惹兵入境,好保证咱们后蜀国长治久安哪。"还"长治久安",能吗?可是李昊总不能直接说"咱们这秋后的蚂蚱,还能多蹦跶几天"吧。那也是面对"君王"啊,多少得给自己的主子留点薄面。再说了,跟君主说话,太直切了,容易惹火烧身,弄不好还会挨宰,殃及家人。

孟昶本来既不懂什么叫国家,更不懂如何保卫国家,建设国家。治国?在他心里头从来没有生出过这种观念。国,在他的心目中,那就是家,也只是家。他爹留给他的江山,只是为了他这种兼具官二代和富二代双重身份的"后继者"享用的资源而已。只要能让他享用这种资源,那就叫治国安邦了。当他听了李昊的说法:如果给大宋朝多送点东西,就能保证继续享受家产和蜀中资源。于是就准备派遣使臣前往中原,给宋太祖送礼,跟大宋朝通好。

地球人都知道了:宋太祖要统一天下。但谁都不知道,宋太祖究竟先要从哪里下手。

其实太祖爷此时跟大家一样,也是摸着石头过河,边走边摸,边摸边走。

虽然太祖心里知道,东、南、北三方割据政权的实力,以当时而论,最强的莫过于江南国,最难缠的是北汉国。北汉本身的力量虽然有限,可是背后有契丹的支持。契丹不会眼睁睁地看着自己的这条走狗,被宋太祖轻易就给烹饪喽。所以打北汉,就等于连带契丹一起打,那是一匹狼,一匹来自北方的狼。其余的,太祖都没放在眼里。在太祖的眼里,那不过是一群鸡,想抓哪只抓哪只。只不过是先抓后抓的问题。

太祖考虑的不是这些割据王国本身的实力问题,也不畏惧当时号称天下第一强国的契丹。但他既不想杀伤太重,又不想伤亡过大,同时也不想费时太久。究竟先把哪个拿下,太祖也是连等带看。看时势的变化,等客观的机缘。顺势而为,才能减少损失,才能减少杀生,才能水到渠成。

为了统一大业,太祖再度陷入冥思苦想。太祖彻夜难眠,辗转反侧,忽然想起了王朴。王朴当年给周世宗上过一封叫做《平边策》的奏章,赶紧唤人找来观看。"半夜三更的,又作妖了。"太祖身边的下人心里说。赶紧去找大臣吧,深更半夜打开国家图书馆的大门,翻箱倒箧,折腾到天快亮了的时候,才把那份已经成为"历史文献"的王朴奏章找出来。太祖展卷阅读:"先江南、再吴越、闽、两广、湖湘,然后西蜀,最后北汉、幽燕。""王朴真是太有远见了",太祖心里说。可是现在的情况变了,跟从前不一样了,荆州和湖南先到手了。下一步棋,应该下到哪里呢?"啊……哈",太祖打了个长长的哈欠,"上床歇会儿,明天再说吧。"天都蒙蒙亮了。

呼声:打北汉,夺幽燕

第二天早朝,前线军校王明入朝觐见,将自己绘制的幽州作战图,亲自献给太祖,建议太祖征讨幽州。

太祖从登基开始,心里就"觊觎"着幽燕。包括幽州在内的所谓燕云十六州,虽然原本是中原汉王朝的领地,但却不是契丹用武力从中原夺走的,而是后晋高祖石敬瑭,主动"奉献"给契丹国主耶律德光的。

当年后唐边镇将领石敬瑭,是后唐明宗李嗣源的女婿,是当时后唐末帝李从珂的姐夫。这位"姐夫"为了夺取自己的主子——也就是小舅子的政权,胳膊肘往外拐,认贼作父,拜了个"干爹"。这位干爹,就是大辽国的皇帝耶律德光。为了祈求契丹出兵援助,石敬瑭把原属中原政权管辖的燕云十六州,拱手让给了契丹。算是这位龟儿子石敬瑭孝敬王八老爹耶律德光的见面礼。但是接下去的后汉、后周政权,都没有接受这样的事实。

后汉的主子刘知远,还没有来得及对燕云十六州有所动作,很快就过世了。后周建立之后,刘知远的弟弟为了保住刘氏的政权,与后周作对,考虑自己力量不足,就主动投靠了契丹。北汉也就从此成了中原政权通往燕云十六州的屏蔽。后周世宗一度曾经夺回过其中的三个州,忽然身染重病过世,之后又被契丹夺回去了。当时太祖作为军中将官,跟随周世宗亲自参加了争夺十六州的战斗。

这燕云十六州一带,后来就成了中原汉族王朝和北方少数部族政权之间的"麦克马洪线",有点类似前些年阿根廷和英国争夺的马尔维纳斯群岛,撒切尔夫人说是英国的,阿根廷人说是阿根廷的。

但是,燕云十六州这条"麦克马洪线",不是英国人麦克马洪划定的,而是当时中国的中央政权后晋,心甘情愿主动让渡的。宋太祖和后来的宋太宗、宋真宗们,虽然绝不认可石敬瑭跟契丹划定的这条地理分界线,但实际上这块地方已经是人家契丹的国土。

石敬瑭当年跟耶律德光签订的不是"丧权辱国"的城下之盟,而是"过继儿孙"的转让证书。太祖虽不认同燕云十六州是契丹的,一定要从契丹手里夺回来。但是契丹人却以为燕云十六州就是大辽国的,决不允许大宋朝前来"无理侵犯"。大宋朝不断在这里挑起争端,作为当时称雄世界的强大帝国,契丹人是坚决不能接受,也无法继续忍耐下去的。加上北汉主动要求契丹保护,而北汉一直认定他们的政权被手下的部将郭威篡夺了,他们不能接受。因此辽国不让大宋朝攻打北汉和燕云十六州,客观上的理据也是相当充分的。不仅如此,他们甚至可以据此认定,无论是当年中国的中央政权后周,还是现在的所谓大宋朝都是从北汉手里无理窃夺的,应该如数归还给契丹的附属国北汉。这样说来,大辽国对中国的中央政权应当享有绝对的全面控制权才对。

我们一直以来的历史教科书都因为宋辽战争中,宋朝一直没能处在绝对的优势地位,从而使得燕云十六州一直没能"回归"中国的怀抱,而指责宋朝的孱弱无能。其实这是一种狭隘的心理,是只站在中国汉族政权的立场看中国的历史。所有的历史都是世界史,历史上任何一个时期、任何一个地域,哪怕很短暂的王朝和狭小的领地,那里面发生的事情,都绝对不仅仅就是那里的跟别人无关的事情。只是关联程度的疏密不同,相互关系的大小也就不同了而已。

由于石敬瑭的"真诚奉献",加上北汉政权的卖身投靠,契丹就有了足够的理由,长期占据中国的北方地区。同时,似乎也有了觊觎中原中央政权的权力。而后来崛起于契丹身后的女真、蒙古,因为他们征服了契丹,而这些地方原本都被契丹认定是自己的。所以,他们甚至同样可以顺理成章地认定,这些地方也应该属于他们。如果您能暂时忘记一下自己是汉族人的先天身份,您就会觉得我在上面的这段分析,同样具有很难推翻的客观理由。而当我们转过身来,回到中国的立场上来看这个问题的时候,我们又不得不佩服法国的历史学家格鲁塞在《草原帝国》一书中的说法。

在《草原帝国》这部著名的历史经典级著述中,格鲁塞这样写道:"中国古帝国的完整,由于石敬瑭的卖国行径而出现第一道裂痕,且越来越宽。这直接导致了北部中国的沦陷,甚至对十三世纪全中国被蒙古人征服,也负有不可推卸的责任。"

其实咱们中国人自己,也不是完全没有这个见识。早在南宋时代,就有一位叫做刘荀的同志,这位同志是南宋的大文豪胡寅的弟子。如果您不知道胡寅,我还可以给你往上说。胡寅是"春秋学"大家胡安国的长子,著名理学家胡宏的长兄。胡安国著述的《春秋》,称为《胡氏春秋传》,是元明时代科举考试的标准教材。《胡传》与《左传》《谷梁传》和《公羊传》,在宋以后的中国历史上等高齐名,号称"《春秋》四传"。胡宏的《知言》,也是中国历史上少有的那种思想深刻的儒学经典。

这位刘荀在公元 1150 年前后写过一本书,现在已经失传了,书的名字叫《乱华编》,讲的是少数部族搅扰中国的历史。在《乱华编》的《序言》里面,刘荀讲了这样一句话:"方石敬瑭割幽燕遗契丹之日,孰知为本朝造祸之原哉!"这是古代汉语,我得给您解释解释,刘荀说:当年石敬瑭为了推翻自己的主子,夺取政权,轻易把燕云十六州割让给了契丹。后来石敬瑭完蛋了,可是他的这个无耻的卖国行径,却给咱们大宋朝留下了无穷的祸患。咱们大宋朝从建立以来就边患不绝,这都是石敬瑭造的孽。遗毒深远,祸患无穷啊!石敬瑭这个王八蛋,心里只想着自己夺权,只想自己当上统治者,何尝把民族、人民和国家的利益放在心上过?

看看人家刘荀同志的眼力,比当代的法国著名历史学家还智慧,显然得了名家真传。再看看今天咱们这些人,妄听评书《杨家将》,瞎说一气,以为大宋朝屡弱无能。真是只长了耳朵,没长过眼睛,更没长过脑子啊!当然,咱们不如人家幸运,没有得到名家的真传。这样说说,或许能安慰一下自己。

怎样才能增强历史的判断力?多读书,多想问题。把脑袋安放在自己的脖颈子上,别光听人家瞎鼓动、乱宣传。要是真想提高自己的识别力和判断力,除了多读书,用脑子想问题,没有什么别的办法。

好了,既然已经回到中国的立场上,咱们就接着说中国的话语:我们一定要夺回这块原本就属于、根本也属于中国的土地。"让中国的国旗"永远高高地飘扬在燕云十六州的上空!

宋太祖就是这样想的,所以,当王明前来献图献策,这位英明的君主立刻就兴奋起来了。

太祖嘉奖王明的勇气和用心,赏赐给他锦袍、银带等物,还另外从自己的腰包里拿出银两,赏给了这位虽然身居下位,但却忧国忧民的普通将领。

请读者诸君注意,我在上面说宋太祖想要收复燕云十六州时,使用了"觊觎"两字。其实这是实情。燕云十六州早已被石敬瑭像献血一样,无私而又无偿地"捐献"给了契丹。燕云十六州跟太祖已经没有关系。太祖想要用武力夺回来,就像今天的中国想要从俄罗斯手中夺回近代史中被俄罗斯强占去的土地一样。如果中国出兵去收复这些土地,俄罗斯人一定指责中国无端入侵,联合国和世界各国都不会站在中国的立场上说话。当年作为中国合法政权的清政府,已经通过"合法"条约,把这些土地割让给了俄罗斯。燕云十六州,则是中国当时的"合法政府",自己主动送给人家的。而近代史上,俄罗斯从中国手中拿走的一百五十多万平方公里的土地,是因为中国打不过俄罗斯,被逼得无可奈何,才不得不签订的"屈辱条约"。这是两者在原则上的不同。

宋太祖想把燕云十六州拿到手,到底算是"收复",还是侵占,这是一个很难说的事。所以我才使用了"觊觎"一词,感觉这样的用词在对外关系上或许比较贴近实情。当然,在太祖爷的心目中,燕云十六州就是中国的土地,所以他一直真心想要收回这片土地。他的民族意识以及为此所付出的用心和勇气,着实让后来的中国人敬服有加和钦佩不已。

由于王明的献图献策受到嘉奖,又有几位将军联名上书,请求首先攻灭北汉,顺势夺回燕云十六州。太祖看罢兴奋,晚上睡不着觉,披着狐狸皮大氅走到屋外,望着满天的飞雪,心里头竟然唱了起来:"望飞雪,漫天舞,巍巍崇山披银装,好一派北国风光……"唱着,唱着,太祖的心思也跟着飞翔到塞外去了。望着,望着,那翻飞的雪片,忽然间变成了鳞甲,变成了刀矛,变成了震天的喊杀。宋军的旗帜,插满了燕云十六州的城头,百姓们欢天喜地。在希望的田野上,炊烟在一排排住房上漂荡,小河在村庄旁流淌。一片冬麦,一片高粱,十里荷塘,十里果香……

幻觉中,太祖爷仿佛看到了麦浪,闻到了果香。

硌牙的獐子肉

太祖完全着迷了,落到脖颈里的雪片化了,凉冰冰的。太祖这才回过神来。"找赵普去。"太祖心里说着,"对了,来人哪,唤上皇弟光义让他也赶紧到赵普家里去!"

因为太祖不时会在夜间闯到自己家来,赵普不敢睡得太早。今天例外,因为这场大雪已经下了足足快有一尺深。"皇上不会来了",赵普想着,脱衣上床,刚闭上眼睛,就听到一阵拍打门环的声音。赵普扑棱一声,差点从床上掉下来。慌里慌张地穿上衣服,连下人都不敢叫,自己亲自跑出来开门。赵普知道是太祖爷来了?一定是,除了太祖爷,谁敢半夜三更乱敲宰相家的大门!

赵普打开大门的时候,太祖正站在雪地里,洁白的雪地映衬着太祖高大的身躯,帽子和大氅早跟大雪一样颜色了,连胡子和眉毛都成了白色。

赵普赶紧把太祖请进屋内,赵普的老婆急忙用掸子帮太祖扫去身上的积雪。

"胡子上还有。"太祖说。"不敢清扫龙须。"赵普老婆答道。太祖哈哈大笑。"快烤烤手吧,都冻红了。"赵普说。"是得烤烤,都快冻僵了。"

第十章　虎视眈眈

太祖答。赵普让老婆快去准备禽畜之肉,生火烧烤。

半夜吃烧烤?那当然,而且还得喝点。咱们太祖爷喜欢喝酒,这在历史上都出了名了。酒量嘛,也就是三大杯,一杯约莫也就两斤左右。那不是坛子吗,怎么叫杯呢?咱们姑且叫它杯子,又能怎样呢?像这样的杯子,太祖也就喝三杯,再多,再多就多了。因为太祖爷只能喝上三大杯,所以江湖人称"三杯即乱"。哈哈,咱的一个亲近的朋友,竟然跟太祖爷叫同一个外号!只是他用的杯小,还不到一两。

狍子、羚羊、野鸡、野兔,还有家猪、家禽之类,吱吱冒油、呼呼冒气,都端上来了。赵丞相家里挺有货呀?那当然。

赵普刚脱去外衣,又响起一阵"笃笃"的敲门声。"谁呀?"赵普说。"皇弟、开封府尹。"太祖答。"啊?!"赵普赶紧起身再去开门。

赵光义来了,还要赵普亲自去开门,人家都是宰相了?宰相?人家赵光义是开封府尹兼中书令,府里面有守备兵团,待遇接近于皇帝。上朝的时候,人家的位次,都排在宰相的前面。赵普虽然是宰相,但从大宋朝开国之后不久,一直到太祖过世之前,赵普都不是一人之下、万人之上,人家赵光义才是一人之下、万人之上。人家的哥哥,就是咱们的太祖爷,早就为这位皇弟将来当皇帝,铺垫好了一切可能的客观基础。赵普嘛,在大宋朝开国之初,也只是个"小三儿"。

赵普开门一看:呵,这位爷,比他当皇帝的哥哥更威风,不像他的皇帝哥哥那么随便。穿戴严整不说,谱摆得也比哥哥大。皇帝哥哥才带了一个随从,人家这位皇弟,带了四个。

"好嘛,哥俩今个晚上是组团吃我来了。"赵普心里说着。

赵普今天用的是小杯,一杯二两左右,三杯酒下肚,太祖的热情上来了,顺手从袖口里掏出将军们的请战书递给赵普说:"几位将军建议我先攻灭北汉,顺势把燕云十六州拿到手。不知宰相大人以为若何?""陛下,您可别管他叫大人,连奴家都羞煞了。"赵普的老婆一边给太祖施礼一边插话说。"嫂子辛苦,多有打搅。"太祖转头对赵普的老婆说。"快别叫嫂子,折杀民妇。""该干啥干啥去,别跟着瞎搅和!"赵普做出一副不耐烦的样子,狠狠地对老婆说。开封府尹赵光义坐在一旁听着,直想笑。

其实赵普早就知道了将军们请战的事情,装作认真看的样子,浏览了一下请战书。

赵普抬起头来,郑重其事地对太祖说:"微臣有不同的想法。太原这个地方不比别处,从晚唐以来就是各种势力争竞、抢夺之地。留着北汉,可以帮助我们分担来自西面和北面少数部族的军事压力。一旦攻下太原,西、北两面的骚扰和进攻,就都得我们自己承担了。况且还有契丹的全力支持,先拿它,会有很大损失,而且可能还会花费很多时日。不如暂时保留北汉,等咱们把各个割据的政权都平定了以后,再来收拾它。到那时,北汉这个只有狗肉丸子大小的地方,它还能蒸发了不成?"说完,赵普先看了一眼赵光义,然后把目光转向了太祖。

其实赵普先南后北的想法,跟王朴为周世宗设计的统一路线基本一致。太祖也知道这是比较"经济"的想法,但是太祖今天来,是想听到另外一种可能的说法。可是赵普实在是太"经济"了,太祖了解这个人,判断问题一向很"经济",很实惠,成本低,损耗小。

太祖看了皇弟赵光义一眼,赵光义故意做出只在专心品尝菜肴的样子:"真是上等食材,精湛的厨艺呀!"太祖这眼算是白看了。

太祖感觉到了,赵光义不想插话。于是就只能自己说:"妈的,这块獐子的骨头这么硬,硌牙。""啊?啊,圣上,今天的烧烤里没有獐子。""我是说北汉。""我还当今晚的烧烤呢,要是咯了圣上的牙,看我不打掉她的牙!""打掉谁的牙?""娘们!""别老在我面前装出硬汉的样子,说正经的。""啊,是。"

赵光义一直坐在旁边,这时有点儿忍不住。他也了解赵普,喜欢在外人前面做出完全可以控制住老婆的样子。从前他跟赵普在一起的时候,来赵普家做客,经常听到赵普同类的话语。今天终于被皇帝哥哥当面给揭穿了,感觉很有些开心,于是就哈哈大笑起来。

太祖本来很想听到赵普说出先拿下北汉,顺势夺取燕云十六州。而后暂时休整一下,转头向南,把那些小鱼小虾一般的割据王朝一口一个地吃掉。听了赵普刚才的话,太祖心里有些不痛快。赵光义此时的插笑,给了太祖一个心理缓冲的机会。太祖顺势笑着说:"其实我也是这么想的,故意试探你一下,看看咱们的想法是不是一致。"

赵普想笑,但是不敢,像太祖了解他一样,他也了解太祖。赵光义也知道哥哥的想法,哥哥今晚叫他一起来,他就知道哥哥想要听到的,不是赵普刚刚说出的那种话。但是他的想法,跟赵普的大致相当,让赵普说出来,比自己说出来,会让太祖的心里感觉稍好些。

太祖感觉到了这位被自己扶上要位的弟弟的心思,看来他也不想冒风险,将来也只能安然守天下,做个"太平天子"了。太祖忽然想到自己虽然不完全像三国时期东吴的孙策,而自己的这位弟弟,倒还真是有点像孙策的弟弟孙权,不想打天下,只能守天下。

天,又快亮了。

"唉!"太祖叹息了一声,两臂上举,伸了伸胳膊,做出疲惫的样子,向外屋喊道:"嫂子,不再烦劳,我们要打道回府了!"

"赵普这个混蛋,还有我那皇弟,他们都是现实主义者,不理解我的理想啊!"太祖心里说着,昏昏地进入了梦境。

一只想要撞死在木桩上的兔子

正当蜀主孟昶准备派遣使臣赶赴大宋朝奉献贡品的时候,冷不丁的,跳出一位拦挡虎——后蜀新上任的枢密使,也就是国防委员会主席。这位叫王昭远,他坚决反对李昊的建议,高声嚷着就走进了后蜀的朝堂:"什么大宋朝哇,不就是一个接一个地窃夺中原政权的军阀嘛。有啥了不起的?他有一个国家,我们也有一个国家,他有军队,我们也有军队。他是人,难道咱们就不是人吗?"

您还别说,像王昭远这样的无知狂徒,有的时候也能说出一句半句当理的话语,比如"他是人,难道咱们就不是人吗?"这句话,一不小心,还真让他说着了。

王昭远要跟大宋朝较量一下高低,比试一下雌雄。昏头涨脑的孟昶兄弟,忽然觉得他说得比李昊有道理,于是就委命王昭远,准备跟大宋朝玩玩武打游戏。

大宋朝这边呢,自打那天晚上从赵普家回来,太祖爷就感觉头痛,几天上朝情绪都不高。一天傍晚,天边出现了晚霞,太祖站在庭院里,眼见着火红的晚霞,渐渐地落到山的那面去了。站了好一会儿,太祖回到屋里,刚端起饭碗,忽然有人来报:赵普来了。

"他来干什么?告诉他,朕在进膳。""说是有紧急军情要汇报。""让他北书房候着。"太祖轻轻夹起一条小煎鱼,转动筷子反反复复地看了好几遍,然后放回到盘子里,起身来到后院的书房。"您还没开始吃呢……"后面的话音在太祖急速赶往书房的脚步声里,变得越来越遥远。

"西蜀的使臣要见您。"不等太祖坐下,赵普就迫不及待地说。太祖这气,每天都有各个国家来的使臣,占城国、三佛齐国、暹罗国、高丽国,还有江南国和吴越国的,非要赶在老子吃饭的时候,拿这点小事儿来干扰我,"找死呀!"太祖心里说。"明天上朝再说,朕还没有用膳。""我家贱内想再请圣上来家,吃吴越国新送来的海鲜。""嗯,这还有点儿意思。"太祖心里想着,是不是这小子看出我这几天有点不高兴,改变主意了。"好,那我就再去尝尝嫂子的手艺。"太祖怎么总管赵普的老婆叫"嫂子"?这是北方人的习惯,管比自己年纪稍大点的朋友的老婆都叫嫂子。当年太祖爷没当皇帝之前就一直这样叫,太祖不想改口,这样亲切。

"嗯,这葱姜大花蟹味道做得真不错。嫂子不是北方人嘛,什么时候学会做江南菜了?""启禀圣上,这不是江南菜,是山东菜。臣妾有个山东的娘家亲戚,我跟她学的。这不,人家村学究都被您提拔成宰相了,咱得好好表现,不能等着被抛弃呀。""嗯,他敢!"太祖的话音刚落,赵普就抢过话头儿,对着老婆故作凶狠的样子说:"哪凉快哪歇着去,我跟圣上有重要的话说。"

"连你们家的一顿螃蟹也不让好好吃完,该死的。""启禀圣上,臣不该死,西蜀孟昶该死。""这话怎么说?""他委派使臣,携带蜡书去联合北汉和契丹,准备夹击咱们。""啊?这不纯粹是自己找死,那就先拿下西川,朕这下还师出有名了。""我正想对您说这个。""好,就这么定了。"

原来占据四川的后蜀国里,有位山南节度判官,叫张廷伟。一直想巴结新上任的枢密使王昭远,以便顺势升官发财。他给王昭远出了个主意,说是王昭远新官上任,没有勋劳,不足以服众,所以要立点儿战功才行。这个试图与北汉两面夹击宋朝的馊主意,就是他给王昭远出的。他的意思不是要消灭大宋朝,有没有那能力咱先不说,他也没那胆气!他只是想着,大宋朝要是出兵跟北汉作战,后蜀或许可以乘机捞点小便宜。万一侥幸,夺回当年被周世宗夺走的秦、成、阶、凤,哪怕是其中的某个州,王昭远就算成功了。到那时,他能亏待咱吗?

王昭远一直想要立功服众,却找不到好的机会和"项目",正愁着呢。听到这个建议,顿时喜出望外。马上奏报后主孟昶。孟昶哪知道这其中

第十章 虎视眈眈

的利害："你去办就行了。"王昭远得到"圣旨"，立即施行，先派了枢密院的一位秘书和两个军校，携带蜡书前往北汉，约好一同发兵，让大宋朝腹背受敌。从西蜀到山西，必须经过河南，几位化装到了东京汴梁附近，越想越害怕，就先住进了东京城，像三国时期刘璋的使臣张松把地图奉赠给曹操一样，干脆把蜡书直接献给了大宋朝。

太祖高兴，让他们把后蜀国的山川险隘，还有兵力布防等情况，都画成了图表。

太祖下诏征讨：兵分两路，同时进川。

北路军从陕西凤州（今陕西凤县一带）起兵，自北向南打。以忠武军节度使王全斌为指挥并兼入川战役总指挥；侍卫马军都指挥使崔彦进为副将；枢密副使王仁瞻为北路军都监；给事中沈义伦为北路军资转运使。

东路军从归州（今四川秭归，原属荆南国，现已归大宋）进军，自东向西打。以侍卫马军都指挥使刘光义为指挥，并兼入川战役副总指挥；枢密承旨曹彬为东路军都监；均州刺史曹翰，担任东路军军资转运使。

两路各领两万步兵，加上东、北边境所在州各出五千步兵相助，总兵力共五万，都是步兵，两路并发，双管齐下。

张廷伟给王昭远出的这个馊主意，直接客观效果就是为太祖进川提供了一个正大的理由，使得大宋朝攻取四川的军事行动，变成了讨伐入侵之敌。"讨伐"两字一到手，太祖毫不犹豫，下令兵将立即出发，攻取四川的战斗就此打响。

太祖知道，后蜀的很多将领都是晚唐以后从北方流落到四川去的，所以先下了一道诏书："若有归顺大义，倒戈从善，愿为向导，为攻蜀大军提供军资给养，或献城献计的，必当转祸为福，受到优厚的赏赐。"同时严令入川将士："不得焚烧民房、寺庙，以及各种其他建筑；不得欺凌、殴打和抢掠川中官民、财物；不得挖掘坟墓；不得砍伐桑、柘等树木。违令者，必按军法惩处。"

被俘和投降的王者们

下令征讨的同时，大宋朝又颁布最高指示：在大宋朝的国都东京汴梁城内的汴河边上，为后蜀的国君孟昶，建造五百间房舍，一应生活用物,全部要在两月内配齐。

为什么还要给这个即将战败被俘的"敌对国"的国君,准备这些东西,难道抓他到汴梁来,是为了把他当大爷养的吗?他又不是大宋朝的功臣,而且又要联合北汉、契丹,主动攻击大宋朝。宰了不就完了!您过去看到的历史,多半都是以残暴、凶杀、暗算、猜忌为主调的故事。我今天给您讲的,是以仁爱为主调的故事,但却同样是历史的真实故事。

太祖不仅给后蜀国的孟昶在京城盖好了庄园式的别墅区,荆南国的高继冲、南楚国的周保权、南汉国的刘鋹、江南国的李煜等,在被灭国之后,都被太祖"请"到京师,统统享受诸侯王的待遇。后来太宗继续执行太祖哥哥的这项政策,吴越国的钱俶、南闽国的陈洪进,就连作为特号死敌,且不断勾结契丹作乱中原的北汉国主刘继元,都同样享受到了这种古往今来几乎绝无仅有的"被灭后的待遇"。

为了大家感觉真实可信,我把他们后来的待遇情况一一从史书中检索出来,排列于下:

荆南国高继冲,建隆四年(963)二月被灭国,宋太祖首先没有派人抓捕,而是派御厨使前往慰劳,给他做北方的菜肴吃。还赐衣服、玉带、器币、鞍马等物,任命他像从前一样,继续担任荆南节度使。不久高继冲入朝,太祖指示在京城最好的地方,建造庄园式别墅,赐给高继冲。太祖还把当年高保融等的后人、亲族一一封赏,加官。再后来,又授予高继冲徐州大都督府长史、武宁军节度使。高继冲死在宋太祖开宝六年(973),太祖爷为高继冲废朝两日,赠为侍中。还派遣朝廷礼官护丧,一切丧葬费用,全部由大宋朝负责。

南楚国周保权,建隆四年(963)三月灭国时只有十三岁。战败被俘,被礼送到东京汴梁。太祖赐金带、鞍马等物,银器千两,帛二千匹,钱一千贯。授千牛卫上将军,把京城里从前的古旧豪宅,修缮一新,专供周保权居住。又下令加固、加大、加高湖南朗州(常德)的周行逢坟墓。

后来周保权在宋朝还不断升官,升到右羽林将军,知并州。宋太宗雍熙(985)二年,高保权病死,一应丧事并全部费用,都由大宋朝承担。

后蜀国孟昶,乾德三年(965)正月灭国,乾德三年五月,奉太祖命至汴梁,太祖先在湖北江陵为治府第,以为中转。孟昶至京郊,太祖又命皇弟开封府尹赵光义亲自到郊外迎接,劳慰道途辛苦,赐宴压惊。至京城,

第十章 虎视眈眈

孟昶与太子孟玄喆，皇子孟玄珏、宰相李昊等三十三人跪伏于明德门外待罪。太祖下诏"方喜来朝，何劳俟罪"，命礼官扶起，赐袭衣、冠带等，备礼召见，设宴招待全部蜀中人员。又在京城为其建造特大宅院，授孟昶开府仪同三司、检校太保兼中书令，封秦国公。按最上等州郡长官标准，按期发放俸禄。太祖还授予孟昶三位弟弟官职：孟仁赞，右神武军统军；孟仁操，左监门卫上将军；孟仁裕，右监门卫上将军。同时任命孟昶长子孟玄喆为兖州节度使；次子孟玄珏为左千牛卫上将军。

孟昶因为恐惧、伤悔过度等原因，加上从前每日只在宫中玩女人，消损过度，到汴梁七天后就死了。太祖闻听，废朝五日。太祖还亲自穿素服，委命负责官员，在京城为孟昶发丧，又派了三千兵士一路护丧，将孟昶安葬在大宋朝的西京洛阳。太祖又于孟昶"三七"那一天，以正式完备的礼仪，册赠孟昶为中书令，追封"楚王"。太祖还为此专门下了一道诏书说："册赠之典，所以彰世祚而纪勋伐；继绝之义，所以旌异域而表来庭。"

您可能有些不懂宋太祖的这种做法，太祖爷的这种做法叫仁爱，叫仁德，叫大度。

看到这里，我们可以一起来回忆一件事，不久前，太祖爷把秦将白起撵出武成王庙。白起曾经残忍地活埋了四十万赵国的投降官兵，而人家太祖爷，却对所有战败被俘的割据王者倍加礼遇。太祖爷怎么能够允许像白起这样的魔鬼，在大宋朝的京都里享受祭祀？

早在夏商周时代，中国就有"兴灭国，继绝世"的传统。

就是你可以推翻前面的王朝，收取先前国家的政治统治权力，但是你不能把人家的血脉给斩断了。要给人家留封地，让人家的后代继续享受食禄。留后代，让人家繁衍生息，延续血脉，这就叫"兴灭国，继绝世"。

"兴灭国，继绝世"，这是传统中国政治的基本规则，是传统儒家仁爱精神的现实体现。春秋时代的宋国和卫国，都是商朝的后裔，是周朝建国后分封给人家的。有句成语叫杞人忧天，那个害怕天塌下来的人所在的杞国，则是夏朝的后代，也被周朝封了一块地方，建立小国家，延续后代子嗣。这都隔了一个王朝了。

"兴灭国，继绝世"，表明政权或者统治权的变易，不应带来更多的血腥，不应把前朝，或者前朝前的前朝的后代，都给斩尽杀绝。那是最不人道的、令人发指的恶行!在中国早期先民的心目中,可以夺取人家的政权,但不能剪断人家的血脉。这种仁慈的做法,体现的是中国古已有之的人道主义精神。不幸的是,这项伟大的人道原则,被后世残忍的争权夺利者们给彻底遗弃了。

从秦始皇兼并六国开始,情况就发生了根本的变化。六国的血胤,几乎被屠戮殆尽。而从汉高祖刘邦开始,又斩杀功臣,后来愈演愈烈。推翻前朝,就斩尽人家的子嗣;杀戮大臣,就株连九族甚至十族。中国早期政治的人道主义精神,就这样灰飞烟灭,荡然无存了。以至于后来的人们,都认定推翻前朝,就必须杀戮其子孙和亲信,把推翻政权,简单地等同为剪草除根式的杀戮。专制程度愈深,杀戮程度愈凶残,波及范围越广。战争就是杀戮,斗争就是吃掉对方,斩绝所有与对方相关联的一切人等,甚至对方使用的物品,经营的事情,都会被彻底拆毁、废弃、焚烧、砸烂。

一个强调历史连续性的优秀民族,就这样,转变成了割断历史联系的残忍种群。

太祖爷一反历史之恶,给孟昶等建造房屋院落,供养这些丢掉了政权的割据君王,可以说是从历史的纵深处,重新唤回了早已被扔进了垃圾堆里的人道主义精神。只此一点,宋太祖就可以名标青史,永垂竹帛,就堪称向后全部中国历史上的所有统治者中,最优秀的典范和楷模。可惜后来的人们,谁也没有再像太祖爷那样,仁爱地对待被征服的"敌人"。没有一个后来的统治者,意识到了宋太祖这种做法的伟大意义。他们只知道杀死敌人,杀尽敌人,不知道当敌人不再成为对手的时候,他们就已经不再是敌人,而只是普通的人了。当然,在这些后世君王们残忍疯狂的杀戮行径背后,是他们自己深不见底的自我恐惧。他们害怕敌人的后裔再度成长起来,他们对自己感化敌人的能力,缺乏基本的信心。仇视不喜欢的人,残杀曾经的敌人的背后,都是极端自私和极端不自信的心理在作怪。这不是强大的证明,而只是孱弱的另一种表达。

我们伟大的宋太祖就是以这样宽仁和自信的姿态,出现在10世纪人类的历史舞台上,扮演着以人道主义精神为主要特征的祖国重新统一者的崇高历史角色。

太祖爷用自己真诚的行动昭告历史:以儒家仁爱精神为指针的人道

主义政治原则,破天荒式地在大宋朝复活了!虽然后来的王朝依然盛行斩尽杀绝式的做法,但这刚好表明太祖的英明、伟大,刚好表明太祖爷的无与伦比和难以超越。

太祖爷就是太祖爷,太祖爷永远都是太祖爷!

为了让大家看个究竟,我把剩余的几位割据王者在灭国后受到大宋朝礼遇的情况,一并列在下面:

南汉国刘鋹,公元971年2月灭国,抗拒天兵,直至被俘。太祖释其罪,赐袭衣、冠带、器币、鞍马等物,授紫金光禄大夫、检校太保、右千牛卫大将军,封恩赦侯。后又改封彭城郡公、卫国公。宋太宗太平兴国五年(980)卒,太宗废朝三日,赠太师,追封南越王。

江南国李煜,公元975年11月灭国,依凭长江天险,抗拒天兵,严重阻碍太祖统一国家进程。被擒获之后,还是受到太祖、太宗的特别优待。太祖释其罪,封为光禄大夫、检校太傅、右千牛卫上将军,封"违命侯"。兄弟子孙,也都受到了各种封赏。宋太宗太平兴国元年(977),去其"违命"字样,改封陇西郡公。太平兴国二年,宋太宗赠钱三百万。太平兴国三年卒,太宗辍朝三日,赠太师,封吴王,国葬于洛阳北邙山。

南闽国陈洪进,宋太宗太平兴国三年(978)四月纳土归宋,详细的情况,咱们在上一章中已经约略述及,就不在这里添油加醋了。

吴越国钱俶,于宋太宗太平兴国三年(978)五月,将所据两浙之地,拱手奉献给大宋朝。太宗封其为尚书令兼中书令,改扬州为淮海国,并封钱俶为淮海国王。后又改封南阳国王、许王、邓王等,食邑一万户,实封一千户。后又改加封为二万户,实封三千户。封赠钱俶为"天下兵马大元帅",赐赠"宁淮、镇海、崇文、耀武、宣德、守道功臣"匾额。宋太宗还分别给钱俶的弟弟、子侄和亲眷等授予各种官职,同时在东京汴梁,为钱氏建造了仅次于皇家规模的深宅大院。钱俶死在端拱元年(988),宋太宗为钱俶废朝七日,追封为秦国王,赐谥忠懿。一应丧葬事宜,均由大宋朝廷负责,规格之高,场面之惊人,仅次于皇家。

钱氏后人在北宋初期,很多都居官显位。钱俶儿子数不清,仅以第十四个儿子钱惟演一系为例,钱惟演本人随父亲归宋之后,受封右屯卫将军。在太宗朝、真宗朝一路升迁,当过翰林学士、太仆少卿、给事中、知制诰、工部侍郎。仁宗时,升为枢密使同平章事,已经是宰相,不能再升了,再升就只有当皇帝了。钱惟演的儿子钱暄,依然袭封冀国公;钱暄的儿子钱景臻,袭封会稽郡王;钱景臻的儿子钱忱,袭封荣国公。封爵世世不绝,代代相续。

由宋代编纂,流传至今的《百家姓》中,钱姓位列第二,仅在皇家之后。可以说是一姓之下,万姓之上。作为降者,钱氏所受宋代统治者的礼遇之隆,古往今来无与伦比,在人类历史上,也绝对是吉尼斯所难容涵的。

北汉国刘继元,公元979年正月灭国。北汉虽是大宋朝的死敌,顽固不化,长期勾结契丹,威胁大宋边境。但在被攻灭之后,宋太宗还是饶恕了他深重的罪孽,还派遣兵将护送其一家老小百余口,安全到达东京汴梁。一路上供给食物,赐给京城内第一等豪华宅院,受封为彭城郡公,开府仪同三司。雍熙三年(986),宋太宗又加封他为房州节度使。刘继元死于淳化年间(990—993),宋太宗赠他为中书令,追封彭城郡王,还将他六岁的小儿子刘三猪更名为刘守节,授予西京作坊副使的官职。

能跟自己的亲人、朋友和谐、友好地相处一世都是那么不易。让自己的敌手、敌人甚至死敌,连同他们的家人和属下,在自己的统治下安全、舒适、幸福地过完一生,那得是怎样的襟怀?太祖的心胸真是要比苍天还辽阔,比大海更宽广啊!

第十一章
巴山蜀水

两路军团

大宋朝既发东、北两路大军攻伐后蜀,各路将官很快布置完毕。王全斌等将帅一同前来向太祖辞行,太祖在崇德殿为各位将军设宴送行。席间,太祖赏赐各位将军镶金玉带、衣服、鞍马和兵器等,各位将军接受赠物,叩头谢恩。

太祖唤礼官拿来四川山川险要和兵力布防图两份,分别交给王全斌和刘光义。然后看着大家说:"这次出征,能把西川拿到手吗?"

龙捷右厢都指挥使史延德,拍着胸脯向前走了几步,站在太祖的面前朗声说道:"西川若在天上,便不可取,若在地上,手到擒来。""臣等仗天威,遵庙算,西川指日可定!"王全斌等随后异口同声地回答,好像事先排练过一样。

太祖高兴,抚摸着史延德的肩膀,转头又对大家说:"一路上攻克城镇,只将杀人凶器收缴归公,不能胡乱杀人。所得粮食、银钱、布帛等物,都可分给将士们,我只要西川的土地。"王全斌等酒足饭饱之后,即刻动身,统领军队向四川进发。

几天之后,后蜀后主孟昶得到报告,说宋军要来攻打西川,北部蜀宋边境地区已经开始接战了。这位看上去也不含糊,马上分派将领:以枢密使王昭远为北面行营总统帅,并兼东、北两路大军总指挥;左右卫圣马步军都指挥使赵崇韬为都监,山南节度使韩保正为招讨使,洋州(今陕西洋县一带,当时在后蜀掌控中)节度使李进为副招讨使,率兵拒战。

孟昶还特意召见王昭远说:"现在宋军大兵压境,这可都是你招惹来的,这次就看你的了。努力为朕立功,朕将重重赏赐。"王昭远慷慨陈词:"本想讨伐他,他倒自己上门送死来了,真是太岁头上动土,老虎口中拔牙!"

王昭远就这样趾高气扬地统率兵将出征了。出发那天,成都四门大开,受后主孟昶委托,丞相李昊在城门口给王昭远等摆宴设酒饯行。王昭远接过一瓶"五粮液",仰脖朝天,一饮而尽。那时候有五粮液吗?反正四川自古生产好酒。王昭远醉醺醺地对李昊夸口说:"本帅这次出征,不只是要击溃来犯之敌,还要带领这二三万'雕面恶小儿',直捣大宋都城,顺手拿下整个中原。"听起来比岳飞的"直捣黄龙府,与诸君痛饮耳"还豪迈、还雄壮。真是江山代有英雄出,一朝不比一朝弱呀。

什么叫"雕面恶小儿"?我也不知道,大约是当时成都地区的土话,感觉上好像就是脸上刺字的一些亡命徒一般的坏孩子,或者就是刺面恶少的意思。

对于王昭远誓词般的酒话,李昊肯定不以为然,但是史书上没说他当时的应答和表情。

要说这位王昭远,还真看过几本兵书,对于行军用兵之道,自认程度也很高。这次率领二三万"雕面恶少"出城时,手里挥动着铁如意,自比诸葛亮,满怀雄心壮志,左摇右晃地就赶赴了战场。

王昭远离开成都的第九天,大宋北路军已经攻占了后蜀的兴州(陕西汉中一带,此前掌控在后蜀手中),缴获粮草四十余万石。后蜀的招讨使韩保正和副招讨使李进的军队,就驻扎在离兴州百里远的地方。听说兴州被攻破,不仅不去救援,反倒引军向南逃跑了。大宋北路军先锋官史延德只带了几千人,一路狂追,就把后蜀数万精兵打得七零八落,不仅生擒了招讨使韩保正和招讨副使李进,还缴获了三十余万斛粮食。宋军将领崔彦进和康延泽,也是追亡逐北,攻占了后蜀的嘉川(今四川旺川县西南一点的嘉川镇一带)。

蜀兵见宋军来势凶猛,巫巫惶惶地烧毁栈道,退保葭萌(今四川省广元县西南)。这是战斗开始之后十天内,大宋北路军的进展情况。

与此同时,大宋的东路军也是一路凯歌,在长江三峡的入口处,连破蜀兵数寨,光是后蜀国的连以上干部,就生擒了一千二百多名,还夺得了二百余艘战舰。就这样,刘光义率领东路大军很快就攻到了后蜀的夔州

第十一章 巴山蜀水

(今重庆市奉节县一带)。

后蜀军队为了保住夔州,沿江架设铁索当浮桥,在背后设置了三重埋伏,还架设了很多投石车甚至火器。大宋朝的将军们借着胜利的情绪,主张一鼓作气,强行冲过去。刘光义这时想起了太祖爷的密嘱。就在刘光义准备出发攻伐西川的时候,太祖单独把他留下来,指着地图上的夔州一带对刘光义说:"一路用兵,逆流而上,到夔州附近这个地方时,千万小心,不要在水面上争胜负。先派出一支军队,从陆地上抄蜀兵的后路。等他们一乱,舰船再出动,水陆两面进攻,夔州就到手了。"刘光义赶紧按照太祖爷的密嘱行事,派遣一支千人部队,从南岸的山僻小路,绕到了蜀兵背后,敌营顿时大乱。刘光义乘势指挥战舰出动,陆地和水面双管齐下,蜀兵溃不成军,仓皇向西败逃,越过白帝庙,躲进了夔州城。这白帝庙就是当年大诗人李白写《早发白帝城》诗的地方。战斗的实况,似乎也正像李白当年所描写的那样,真是"朝辞白帝彩云间,千里江陵一日还,两岸蜀军挡不住,宋师已过万重山"。

列位看官,您还记得宋军出征前,诸位将军们向太祖宣誓:说他们"仗天威,遵庙算",一定能够取得胜利这回事吗?什么叫"庙算",为什么这些能征惯战的大将军们都说要"遵庙算"?

庙算就是在庙堂里已经算计好了的谋略。中国春秋时期的大军事家孙武子说:"未战而庙算胜者,得算多也;未战而庙算不胜者,得算少也。多算胜,少算不胜,而况于无算乎?"人家宋太祖未及开战,已经把胜负都算计好了。不仅如此,还把具体战斗中的艰难,连同获胜方略,都设计得完满无缺。这就叫"庙算胜"。这就是那些将军们在临出征前宣誓说要"遵庙算"的理由。看看人家宋太祖,真想为他唱首歌:"逆流而上过三峡呀,宋太祖用兵真如神哪,宋太祖,用兵真如神,宋太祖用兵真如神哪,啊哈!"

蜀军逃入夔州城里。负责守备夔州城的主将,是后蜀国的宁江节度使高彦俦。此人一向小心谨慎,面对宋军的围困,冷静地对节度副使赵崇济和监军武守谦说:"宋军冒险远来,逆流而上,利于速战。咱们不给他机会,坚守城池,等他们师老坚城,咱们的援兵也到了,那时候我们再杀出城去,内外夹击。"监军武守谦不服,亢声说道:"敌军大兵攻到城下,还不赶紧出击,等他们攻破了城池,我们还出击个什么!"于是就私自率领一千余人,打开城门向宋军冲去。刚刚接手,就盔歪甲斜,慌慌张张地逃回城里,宋军尾随进城。高彦俦赶紧组织巷战,一会儿工夫,身上就挨了十余处刀剑。抵抗失败,夔州失守了。身边亲近将领劝说高彦俦赶紧乘乱出城,逃归成都。高彦俦感慨地说:"我奉命守东线,宋军连连得手,我却节节败退。就算皇帝不杀我,我又有何面目去见蜀中父老?""那干脆就顺势归顺大宋,我料宋军也不会亏待您。"高彦俦长叹一声:"我家小百余口都在成都,我活命了,他们都得被杀。今日之计,只有一死了之,才不会殃及他人。"高彦俦说完,回到家中,反锁房门,纵火自焚了。

刘光义抓到了高彦俦的那位亲信,根据他提供的线索,找到了高彦俦烧剩的碎骨。刘光义感慨此人的壮举,把他埋葬在了夔州城外。

大宋东路军既破水上三峡天险,接着便长驱向西挺进。

北路军方面,王全斌率军继续深入,夺城拔寨,生擒了后蜀国的监军赵崇渥等,蜀兵无奈,退守剑阁。

大宋汴京城里,得知两路大军进展顺利,太祖高兴,颁布诏令:"蜀中战败后藏匿不出将领,限期一个月投案自首,可以免受责罚。过期不出,罪责自负。"太祖深知:蜀地山环水绕,地形复杂,加以五代以来一直缺乏强有力的政治统治,战败兵将若是躲进山林,时出时没,很长时间都不易彻底安定下来。

传令官拿到圣旨,走出门外——门外正大雪纷飞。

太祖走到讲武殿门口,看着外面纷纷扬扬的大雪,顺口说了一句:"我穿这么多,还感觉寒冷,那些西征的将士们,怎么受得了哇!"说到这里,太祖似乎想起了什么,于是摘下头上正戴着的貂皮棉帽,顺手递给了自己身边的一个黄门官,让他乘"急脚递"赶紧追上传令官,跟传令官一道进川,把自己的貂皮棉帽赐给王全斌。太祖又对这个小黄门官说:"告诉王全斌,朕只有一顶帽子,不能遍赐诸将,一定要想办法御寒,不要冻坏将士们。"

什么叫"急脚递"?宋代最快的邮递,今天叫做快递。小黄门乘坐"急脚递",打马扬鞭,一路向西川方向飞奔,溅了快马一屁股雪泥。

王全斌哪敢戴太祖戴过的帽子,双手端着,跪在地上,痛哭谢恩。

黄门官回来禀报太祖,顺便带回了王全斌的一份报告:本次进兵西川的先锋都指挥使、陕西凤州团练使张晖,身先士卒,抚慰将士,一边参加战斗,一边担任军队后勤服务、伤病员治疗等。因积劳成疾,已病死在途中。太祖下诏:优抚张晖家属。

又过年了,京城张灯结彩,百姓欢聚团圆。

正月初一,太祖下诏:"后蜀将士因抵抗战死者,宋军负责妥善埋葬。受伤被俘者,宋军负责治病疗伤,并赠以布帛。"老百姓们都听说了,不住口地赞颂太祖爷:"就是活菩萨下凡,也赶不上咱们当今圣上仁慈啊!"

宋军一路高歌猛进,后蜀枢密使王昭远指挥下的东、北两路军队败报频传。坐镇成都的后蜀后主孟昶越听越害怕,赶紧出重金募集数万敢死之士,委命太子孟玄喆亲自率领,前往增援。

孟玄喆把所有的军旗都用锦绣装饰得色彩斑斓,还备足了锣、鼓、镲、唢呐、洞箫之类的乐器,准备出征。赶上出征那天,刚好下雨,孟玄喆害怕旗帜被雨水淋湿了不好看,就把旗帜都收卷起来。锣、鼓、镲也不便敲打,这下倒好,刚一出师就已经偃旗息鼓了。

走着走着,雨又停了。孟玄喆又让把旗帜张开,可是旗帜已经淋湿,都粘到旗杆上来,干打打不开。孟玄喆这次出师,随身还带了数十位姬妾,一路嘻嘻哈哈的,胭脂和香粉的奇怪味道,飘满了整个行军的道路。

乐器也不给力,东一声,西一声,响一声,闷一声的。"好像是去迎亲。""不像,好像是去送丧。""也不像。""那像什么?""反正不像出征打仗。"百姓们都怕笑出声来,直捂嘴。

刚到绵竹,就听说剑阁已经失守了,赶紧掉头往回跑。原来王全斌率史延德等一鼓作气,都没有使用三国时期邓艾的"偷渡阴平"之计,就把剑阁夺到了手里。这个一夫当关、万夫莫开的刀削斧斫般的雄关,在历史上曾经难倒多少英雄好汉!可是这回,就这么轻易丢了。蜀兵一路向南逃窜,王全斌等随后追赶,来到汉源(今四川崇庆县西北)。

在中国,几乎没有人不知道唐代大诗人李白的诗句:"蜀道难,难于上青天。"依仗三峡,卡住顺着长江上行的水路;凭借剑阁,堵死陆上进川之道途。在四川这块富饶的盆地里,古往今来涵容了多少割据王朝?

写到这里,作者不禁想起战国时代魏武侯和上将军吴起的一段对话。魏文侯的儿子魏武侯,一次跟上将军吴起一同乘船。武侯望着崇山峻岭,"指点江山,激扬文字"地对吴起说:"太好了,这美妙的山河险要,正是守卫魏国的天然屏障啊!"吴起却说:守卫国家的要义"在德不在险"。如果国君不修德,民心就会离散。到那时,就连同坐一条船上的人,都会成为敌人,山川之险又有什么意义呢?

后蜀国只知享乐,军政废弛,人心萎靡;而大宋朝方兴正盛,斗志昂扬,势如破竹。在这样的鲜明对比之下,得有多少三峡和剑阁,才能保住后蜀政权呢?

漫道雄关如铁,宋兵举步轻越。

在宋军夺取西川的整个战斗中,后蜀只有两个人还算战士:一个就是前面说到的守卫夔州的高彦俦;另一个就要数都监赵崇韬了。赵崇韬战败被擒前,还亲手杀死了几个宋兵。而那位自比诸葛亮的枢密使王昭远大人,却是一路奔逃,跑到东川(今四川中部),躲藏到百姓的家里去了。直到这时,还悲戚流涕地给跟在身边的亲随们朗诵了一首罗隐的诗:

  抛掷南阳为主忧,北讨东征尽良筹。
  时来天地皆同力,运去英雄不自由。
  千里河山轻孺子,两朝冠剑恨谯周。
  惟余岩下多情水,犹解年年傍驿流。

还"尽良筹"呢,没见他出过什么好主意。少智乏能,也只能用"运去英雄不自由"来自我解嘲了。

早已搜查到门外的大宋兵将还算客气,一直等他朗诵完毕,才进屋将他拿下。"你就是叫王昭远的那头猪吧?"宋兵问。"我不是猪,是虎。"王昭远嘴里喃喃地说。

王昭远出征的时候,不是夸口说大宋朝征伐西蜀,是"老虎口中拔牙"吗?王昭远虽然没长牙,算不得一只老虎,可一路逃跑,翻墙越壁,至少是只壁虎,他那二三万刺面的恶少呢?早跑没了。这些家伙,欺辱本分的老百姓可以,遇见正规军队,都像从屠宰场里侥幸逃出来的猪,跑掉了腰子都不吝惜了。

又一个谯周

正当大宋北路军一路向南,攻占绵竹,从北面向成都挺进的时候,大宋的东路军从夔州出发，一路上万州（今重庆万县）、开州（今重庆开县）、忠州（今重庆忠县、丰都、垫江一带）等州县望风归降。紧接着，遂州（今四川遂宁、潼南一带）也献城归顺了。如履平地一般，风驰电掣地从东路逼近了成都。

正在成都城里惶惶不可终日的后主孟昶，听说剑门失守，太子逃归，心神愈加不宁。又听说大宋的东路军已经攻到成都附近，脑袋就像熟透了的谷穗一样，顿时耷拉到肩膀的一边去了，连眼睛都闭上了。众臣赶紧扶起唤醒。孟昶睁开眼睛，无力地问道："现在怎么办？"一位姓石的老将军近前说道："东兵远来，利于速战，我等坚守成都，彼等疲敝，自会退去。"这是什么将军呢！整个四川都没了，只剩下成都一座孤城，还等人家疲敝了以后自行退去。退到哪去？最多也就是退到成都城外。啊，人家就这么着永远站在成都城外，看着你们继续在成都城里花天酒地，吃喝玩乐？！

宰相李昊这时站出来说话了："事到如今，只能封存府库，献土归降了。"孟昶无奈，委托李昊代写降书顺表。仅在一周之内，孟昶的"投降书"就传到了宋太祖的手里。

从孟知祥在后唐同光三年（925）入川平定前蜀，然后据蜀自立称帝，到孟昶广政二十八（965）年，后蜀共历四十一年。宋军从出师到灭掉后蜀，用时只有六十六天，而且仅只使用东西两路各二万五千，总计只有五万步兵。而蜀中参加战斗的各种军队，至少三四十万不止，连同在成都没有出动的兵力，总共应在六十万以上。西川平定，太祖得到四十五个州、一百九十八个县的土地，还有五十三万四千零三十九户人口。

后蜀就这样在中国历史进程的地图上被勾除了。

勾除是勾除了，一句有趣的话语，却紧跟着在川中民间流传开来。

也不是哪位滑稽大师，一天夜里，乘着月黑风高，把一幅写着"世修降表李家"的字幅，贴在了后蜀宰相李昊家的大门上。字写得也漂亮。

一时间，大家争相传抄，争相转告，成都人民还没有来得及感受亡国之痛，就纷纷被这个优秀的小品，逗得前仰后合，乐不可支了。

原本在前蜀投降后唐的时候，也是这位李昊，亲自撰写的投降诏书。四十一年之后，李昊再现文采，重书美文。

前蜀，作为割据的国家，是那个以"贼王八"著称于世的王建建立的。

王建的祖先大约是武大郎的前世,几代都是著名的炊饼制造商。著名的"王氏炊饼"注册商标,差点没受到知识产权法的保护。人家在成都城里摆设的,虽然只是个巴掌大的小摊儿,但却是成都有名的百年老店。当时要是有联合国教科文组织之类的国际机构的话,没准会给人家立一个"非物质文化遗产"保护项目什么的,那都是保不准的事儿。

王建从小不务正业,游手好闲,以屠牛、宰驴、杀猪之类为职志。他家不是卖炊饼的吗,他干屠宰行当干什么?好往炊饼里夹馅呀。光卖面饼,怎么能使祖传的产业,适应时代的需要,发生创造性的转化呢?没见过河北保定的驴肉火烧吗?那就是夹驴肉馅的烤饼,是从成都慢慢传过去的。还有全国各地的肉馅面饼,发明权都可能是人家王建的祖先。

王建为了减少成本开支,时不时还要去东邻西舍家顾看一番,偷只鸡摸只鸭的。经常有那本分的农家,早晨起来一看,拴在院内桩子上的驴子不见了。哪去找啊?早都让人家包馅卖给大家,吃到肚子里去了。王建家一般都是凌晨四五点钟当街杀驴,等到人们醒来上街的时候,热腾腾的驴肉馅面饼,已经出炉了。

王建后来不杀驴,改杀人了。参加部伍之后,慢慢做了校尉,后来得缘结识大宦官田令孜,拜田令孜做了干爹。黄巢攻破长安,田令孜挟持唐僖宗逃难到了成都,广树党羽,将自己的弟弟陈敬瑄任命为西川节度使。王建乘机巴结,田令孜一高兴,就给了这个义儿一个节度使。后来黄巢失败,唐僖宗回到长安。田令孜却一如既往地为非作歹,终为天下所不容。沙陀军阀李克用等,强烈要求唐僖宗赐死田令孜,僖宗不从。为了杀死田令孜,李克用带头举兵反叛,再度攻破唐都长安。这次唐僖宗似乎不再相信田令孜,但是田令孜硬是把唐僖宗再度胁迫出宫,逃到陕西汉中。后来唐僖宗回朝死了,唐廷再立昭宗。田令孜不敢回朝,自署西川监军使,留在成都,依托自己的弟弟陈敬瑄。因为惧怕被其他军阀攻击,想要增加自己的军事实力,就把王建招到成都。尽管后来变卦,却不妨碍王建既来之则安之。王建从此就在巴山蜀水之间,攻城夺地,最后还是杀死田令孜兄弟,占据了四川。

公元907年9月,乘着天下大乱,王建率先响应农民军的叛徒和唐朝的逆臣朱温的"伟大"号召,以成都为都城,建立了被历史上称为前蜀的割据王朝。王建当上皇帝的时候,朱温也才只当了五个月的皇帝。

第十一章　巴山蜀水

史书上说他在朱温称帝后，试图与杨渥、李茂贞、李克用等联合，共同讨伐朱温。那都是说给别人听的，千万不要真信。史书又说将佐们劝他称帝，他却为大唐之亡痛哭三天，然后才登上皇位。这种把戏，用东北话说，那叫扯犊子，瞪着眼眼说瞎话，纯粹是扯王八犊子！这个"贼王八"，哪有那份侠义肝肠！

梁末帝贞明四年（918）六月，王建患痢疾死了。临死前的最后一个晚上，梦见西川百姓环绕床前，质问他为什么横征暴敛，搞得川中民不聊生？早晨起来还问身边大臣："这是为什么呢？"还没等大臣回复他说"你猜呢"，就一命呜呼了。还有一种说法，说他是被自己的中书侍郎张格和枕边爱妾徐贵妃联手，在他们家祖传的炊饼馅里下毒毒死了。这种说法虽然未必属实，但是他家享誉天下的王氏炊饼，却从此名声扫地。

王建当了十一年皇帝，死掉之后，浪荡子王衍继承了这份"家产"，作了前蜀的后主。至于这位前蜀后主的荒淫无度，为了节省时间，咱就不说了。反正前蜀在公元925年，被后唐庄宗李存勖灭掉了。后蜀被灭的时候，也是这位李昊，奉命草拟的投降诏书。后来盛传当时他也是前蜀的宰相，其实不是，当时他只是前蜀的翰林学士。

"臣闻沧海澄波，纳百谷朝宗之水；皇风扇物，来万方向化之人。盖由负罪不诛，衔冤获免，郑伯沐焚棺之惠，许男荷解缚之仁。……"

这是替前蜀后主王衍，写给后唐庄宗李存勖的降书中，开头的几句。多深的学问，多美的文笔。您看了这样的降表，联想春秋时期郑伯和许男的事情，忍心杀降吗？

"臣闻三皇御宇，万邦归有道之君；五帝垂衣，六合顺无为之化。其或未知历数，犹昧存亡，致兴天讨之师，实惧霆临之罪。……今则皇威赫怒，圣略风行。干戈所指而无前，鼙鼓才临而自溃。山河郡县，半入于提封；将卒仓储，尽归于图籍。但念臣中外二百余口，慈母七十余年，……敢布腹心，恭听赦宥。"

这是替后蜀后主孟昶，写给大宋太祖爷的降书顺表中的若干话语。

写降书顺表，比写战斗檄文艰难得多！

写这么好的降书顺表，那得挣多少稿费！原来世界上还有这种专业，咱要是学会了，写上一篇，八辈子都不用愁吃穿！

唉，这种发财致富的美梦，没事您就别做了。就算你点灯熬油三十载,文化苦旅七十年,也永远赶不上人家。那需要天赋,那需要学识,那需要文才,还得对世道人心有深刻、精敏的体察。您行吗?

瞧瞧人家李昊,那降书顺表写得,怎么赞誉都不过分,就说六个字吧:"真是太有才了!"

因为李昊非同寻常的才华,成都人民又有了新的谈资。无论是在杜甫草堂的庭院里,还是在诸葛武侯的祠堂旁,成群结队的人们,围在方桌旁,端起大碗茶,一边修脚,一边掏耳朵,一边兴高采烈地摆起了龙门阵。有人把三国时期的谯周也扯上了,话题变得更多,更有趣了。还有人把谯周为刘璋和刘禅写给刘备和曹魏的两份降书顺表也找出来,说是当时也有人在他的家门上张贴了一幅"世写降书谯家"的字幅。联想两个时代,比较书法高低,品评文笔优劣,谈得兴致勃勃,吹得唾液横飞。成都人民,会过生活!不求钱多,就图乐呵!

说到这里,各位可能也想看看太祖爷的答书,我也把原文录在这里:

"朕以受命上穹,临制中土。姑务保民而崇德,岂思右武以佳兵?至于临戎,盖非获已。矧惟益都,僻处一隅,靡思僭窃之衍,辄肆窥觎之志。潜结并寇,自起衅端。爰命偏师,往申吊伐。灵旗所指,逆垒自平。朕尝中宵怃然,兆民何罪?屡驰驿骑,严戒兵锋,务宜拯溺之怀,以尽招携之礼。卿果能率官属而请命,拜表书以祈恩,讬以慈亲,保其宗祀,悉封府库,以待王师。追咎改图,将自求于多福;匿瑕含垢,当尽涤于前非。朕不食言,尔无他虑。"

这份回书,虽在文体上不及李昊的工整,文采上不及李昊的亮丽,但却实在而不矫情,方严且又正大。既不宽纵后蜀结寇欲侵之罪恶,又不傲睨孟昶失败之尊严。强调统一且关爱苍生,惩治前衍又容忍悔过。大方、大气、大度,确是大君的气象!

川中复乱

孟昶的降书是在正月十九这天递交给王全斌的。太祖得到这封降书,是在七天之后。四川到手了,太祖马上着手接管四川,好让四川社会秩序走上正轨,百姓生活恢复常态。

二月初二,太祖又把能干的吕余庆派出来,以兵部侍郎兼参知政事的身份，权且代理成都知府。还有其他一批文官，一同被派往四川担任知州。其中，枢密院直学士冯瓒，也被任命为梓州（辖境约略相当于今天四川的三台、盐亭、射洪一带）知州。

吕余庆初到成都，蜀中群盗蜂起。宋兵也以为有功，骄横跋扈，连主帅王全斌都禁止不住。街面冷清凌乱，吕余庆广布恩信，辛苦操持，终于有些店铺开张营业了。药市开张的那一天，负责市场秩序巡逻的官吏飞马来报，说是王全斌手下将校，在药市里借酒行凶，抢夺药物。吕余庆下令立即抓捕，就地正法。这些所谓的立功将士，这才感到害怕，开始收敛行为，成都秩序稍稍稳定下来。

梓州的情况也好不到哪去。冯瓒到任才几天，就有一伙在逃蜀兵数千人，还劫持了数万村民，装成大部队的样子，乘着天黑围攻梓州城。当时城中只有负责治安的三百兵丁，一时间人心惶惶，连睡觉都像兔子一样，支棱着耳朵。冯瓒朝围城的这些人看了一会儿，心说"乌合之众"。于是端坐城头，让士兵把守好各个城门，吩咐打更人加快数签速度打更，结果刚过半夜，就打到了五更。围城的蜀兵以为天快亮了，赶紧撤围逃跑。冯瓒却令三百兵丁全部出动，一路狂追，追散了这些乌合之众不说，还把为首的蜀将上官进生擒了。冯瓒于天亮后，打鼓敲锣，做大声势，把上官进拉到大街中央，当众斩首。这下可把周围的蜀兵吓坏了，再也不敢来梓州捣乱。

古时候乡下人没有公干，所以不需要更鼓。一般只有城里打更鼓，城外的人们，只能依据城里的更鼓声判断时间。冯瓒利用更鼓原理，让更夫加快数签速度，比如把数签节奏加快一倍，那么一更的时间就被误算为今天的一个小时，这样打更，打到五更的时候，实际上只相当于今天的夜里十一点左右。冯瓒略施小计，却获得了一次大胜利。

本来按照吕余庆和冯瓒等的做法，不久之后，四川就会平静下来，百姓就能重新安居乐业了。可是攻占四川的两路大宋军团，却开始争抢战功，北路军更是不像话，军纪越来越坏，而且开始公开劫掠了。

早在东路军占领遂州的时候，刘光义手下的很多将领，就想在遂州城里大肆抢掠一顿，被监军曹彬严厉制止住了。由于曹彬的努力劝说和严格要求，大宋进攻四川的东路军团军风极佳，秋毫无犯，深受川中官民欢迎。

但是北路军却完全不是这样，一路多有抢夺之事发生。到了成都以后，孟昶投降，他们以为居功甚伟，更加肆无忌惮。王全斌、崔彦进、王仁瞻等日夜饮酒，不问军务，还纵容属下抢劫财物，抢夺民女，川中百姓苦不堪言。

吕余庆呢？吕余庆既管不过来，也管不到人家。

宋太祖这次派吕余庆和冯瓒等到四川，本来就有防止军队抢夺的意图。吕余庆本人是兵部侍郎，相当于国防部长；冯瓒是枢密院直学士，相当于中央军委秘书长。两人在军中的地位很高，能够对很多将领起到相当的震慑作用。同时，两人又都有直接插手管理军队事务的权力。

王全斌自然不敢动吕余庆，也不会轻易招惹冯瓒。但是不断发生的军队抢劫事件，着实让吕余庆和冯瓒等疲于应对。要想彻底改变这种局面，只有从主帅王全斌身上下手，让他把部队带走。但是两人都管不到王全斌，作为远征军统帅，王全斌是直接接受太祖的命令前来的，除了太祖爷，现在谁也管不动他。

两路军队会合之后，东路监军曹彬看到北路军这个样子，不好直接讲人家的坏话，就不断以各种理由劝说王全斌，希望他赶紧班师回朝。说皇上正在急切盼望咱们带兵回朝，好给将士们计功颁奖。王全斌就是不听，他倒不想学习孟知祥，就地霸占蜀地，称王建国。借他八个胆子他也不敢。但是他居功自傲，想在四川多抢夺、饮酒、淫乐几天。于是就借口乱兵没有彻底消灭，不肯立即回师。手下兵将也都希望这样，好抓紧时间大肆抢人夺物。这些人一时间利欲熏心，仿佛以为自己真成了脱缰的野马，忘记了自己嘴上的缰绳，还紧紧攥在大宋朝廷的手里。

孟昶投降后，王全斌委命右神武大将军王继涛和供奉官王守讷，率兵护送孟昶一家老小赶赴东京汴梁。王继涛竟敢向孟昶索要宫女和金银财物。王守讷将此事告诉了王全斌，王全斌竟然没有治王继涛的罪，只是把他留在身边，另换了一位将军了事。

北路军的监军呢？

王仁瞻，每天只顾跟王全斌等饮酒作乐，早就沉瀣一气了。但是身为监军，总得做点什么呀。按程序检查川中各路投降部队的军资情况，查到了李廷珪。李廷珪受孟昶委命跟随太子孟玄喆出师增援剑阁，担任副元帅，兵败后逃回成都。为了不给宋军留下给养，李廷珪给孟玄喆出

第十一章　巴山蜀水

主意,将沿路的很多蜀军的军资、粮库都烧毁了。后主投降后,李廷珪跟着孟昶一道,被遣送到了汴京。

王仁瞻准备拿李廷珪开刀,治他个擅自烧毁军资粮库的罪。

李廷珪心里害怕,赶紧去找康延泽。康延泽当时是大宋北路军凤州马军都监。作为监军,与西川降将内外勾结,给李廷珪出主意,说"王公志在声色"。如果能满足他的欲望,他就会放你过关了。李廷珪明知这次失败不可避免,却烧毁军资,确实有些愚蠢。但也算是对蜀主的一份忠心。其人在蜀将中,原本还算清白,至少家中没有豢养妓女。夫人看到李廷珪一时半会儿想不出办法,为了解救丈夫,赶紧在娘家的亲戚里挑选了四个年轻的美女,又筹集数百万钱,一同送给了王仁瞻。康延泽自然也得到了很多"好处费",焚毁军资的事情,就这么大事化小,小事化了了。

由于王全斌等纵容部下抢掠无度,激起川中军民怨愤,一时间乱兵遍地而起。一股已经投降的蜀兵,在绵竹作起乱来。刚好后蜀的文州(今甘肃文县一带)刺史全师雄打此经过,全师雄本来不想参与暴乱,携家小并族人一起赴东京,去过一种被俘后改投新王朝的生活。半路上被乱兵发现,劫持他做了统帅。全师雄陷入了窘困的境地,正在想着如何设计脱身逃走,王全斌却委派将官朱光绪率领七百多军校,以安抚的名义突袭其家。朱光绪不仅无礼地抢走了全师雄的爱女给自己做小妾,还把全师雄一家老小全部斩杀了。全师雄忍无可忍,举兵反抗,一时间拥众十余万,声势渐大。王全斌借此大开杀戒,仅绵县一战,就杀戮作乱军民万余人,互相拥挤踩踏,掉进水中被溺死的,也已经超过万人。整个夺取西川的战斗,都没有杀伤这么多。

全师雄率师逃跑,改攻彭州(今四川彭县、都江堰一带)。宋将王继涛和李德荣共同抵御。李德荣被打死,王继涛身上八处受伤,逃到成都。全师雄占领彭州,一时间成都周围十余个县市都起兵响应。全师雄乘势自称"兴蜀大王",设置官府,选派官员,还任命了二十位节度使,分据各处,抗击宋兵。

王全斌不断遣将攻击,不断被全师雄击溃,将官高彦晖还被打死。全师雄堵住交通要道,川中宋军跟大宋朝廷之间,一月之内都没有得到对方的任何消息。当时还有三万投降的蜀兵,都被集中在成都南教练场中,王全斌害怕这些人投靠全师雄,就把三万人全部杀死了。康延泽希望放出其中的老弱病残和家属,王全斌不听。

全师雄派兵攻眉州(今四川眉县),眉州刺史赵延进是刚刚投降宋朝的后蜀官员。眼见对方人多势众,准备弃城逃跑,被通判段思恭制止。当时城中士兵都在观望,心无斗志。段思恭挑选几个勇敢的,率先登高御敌,还马上给了重重的奖赏。守城兵士见了,士气顿时大增。围城敌人一看破城无望,转身撤走了。段思恭假托圣旨,领出府库钱帛,厚赏守城士卒。后来被主管财务支出的官员举报,并请求下狱治罪。太祖却嘉奖此人果敢能干,善于临机处断,下诏不予治罪,并就地升任眉州知州。

紧接着,刘光义与曹彬大破全师雄,生擒万余人。全师雄逃跑途中,又遭到王全斌与王仁瞻的截击。王仁瞻攻破全师雄占据的陵州(今四川仁寿、井研一带),破其众万余,生擒刺史袁廷裕,将其押回成都,腰斩于市曹。

全师雄势力稍挫,退保州县。

正赶上宋虎捷军指挥使吕翰怨恨主帅王全斌对自己无礼,起兵反叛。一时间很多将领和州县长官再度作乱,或依附全师雄,或自行作起乱来。全师雄兵力剧增,势力转大。川中局面,越来越乱。

大宋东路军转运使曹翰,会合北路军都监王仁瞻,将吕翰围困在嘉州里,准备消灭。吕翰守不住城池,弃城逃走,曹翰夺回嘉州。吕翰逃出后,勾结数股乱军,聚众数万,约定三更会合,想乘着黑夜夺回嘉州城。曹翰得知消息,秘密指使更夫只打二更,天都亮了,三更的更鼓还没有敲响。吕翰发现上当,赶紧带着身边的几千人撤离嘉州,退保雅州(今四川雅安)。

敢情太祖手下的将领,很多人都会利用更鼓做文章,真是出人意料。

康延泽虽然也跟着王全斌等小有搜刮,但在平乱过程中立功不小,太祖委命康延泽就地留任,为普州(约略包括今天四川的安岳县、乐至县还有潼南县和遂宁县的部分地区)刺史。

由于乱兵当道,无法前往赴任,康延泽就去请求王全斌拨些兵丁,携带前往。王全斌却只给了他一百人。康延泽只好一路捡拾兵将,路过简州(今四川简阳一带)时,招聚流亡兵民千人,边走边训练。才到普州边上,就被一个叫申雕的小贼拦住了去路。康延泽指挥千人奋力战斗,击

第十一章 巴山蜀水

溃五千余众,生擒七百余人。康延泽一路安民,示以诚信,又有三千多流亡人员加入部队。康延泽就用这四千人击败叛乱分子刘泽率领的三万多兵将。康延泽终于进了普州城,刚刚进城,刘泽就前来投降了。消息传到大宋朝廷,太祖任命康延泽为东川七州招安巡检使。

宋兵一面平乱,一面还在抢掠。北路军的一位高级将领,竟然割妇人之乳而后将其杀害。有人将这个消息密报给太祖。太祖责令王全斌赶紧将这位将军押送回宋都,当众在大街上斩首。由于这位将军原本表现不错,近臣中有好几位前来求情。太祖坚定地说:"兴师吊伐,妇人何罪?而残忍至此,上天不容。速速斩首,再勿多言。"说完,太祖抑制不住,流下了眼泪。

又是一年春来早。

乾德四年正月,北汉和契丹都有小规模寇边行径,分别被宋军击溃。四川的秩序依然没有安定下来,全师雄既没有被消灭,又有很多乱兵乘机起事,遍地皆贼,很难分清归属于谁了。

二月,一个叫杜承褒的叛乱者聚众围攻渝州(今重庆),判官卞震,原本是后蜀降宋的官员,坚守城池,身负重伤。当时城中其他官员多半都是后蜀原来的官员,逃的逃,降的降。卞震带伤守城,并且说服了一员叛将,这员叛将临阵倒戈,这才击溃杜承褒,保住了渝州。

八月,王全斌攻破雅州,贼首吕翰在逃跑途中被部下所杀。十二月,全师雄病死,余党推谢行本为首,以罗七君为佐国令公(就是大军师和宰相的意思)继续与宋军周旋。宋将康延泽大败谢行本,生擒罗七君。宋将丁德裕和王全斌又四处招抚,直到乾德四年底,四川的叛乱才算平定下来,但还是没有彻底肃清。

赏功罚罪

这次平定四川,王全斌等是立下了功劳的。但是因为纵容部下掠夺抢劫,致使川中大乱,兵连祸结,数年之间未能彻底平息。虽然一时被压制下去,但四川民众不能在心里信服大宋朝廷,加上连年战乱,资源耗尽,民生凋敝,一时间难以恢复元气。王全斌等的行径,波及甚远,甚至直接成为宋太宗淳化四年(993)王小波、李顺起事的暗伏导火索。王全斌等不仅功不抵罪,而且严重影响了宋太祖在西川恩信的传播。

乾德五年(967)正月,王全斌等回朝,王仁瞻首先入见。太祖问川中抢夺财物、强抢民女等事。王仁瞻一推六二五,把责任全都推到其他将帅身上。太祖很生气,指着鼻子质问:"收取李廷珪送的妓女,私自打开封德府库,窃取其中的金银财宝,这些事情都是别的将军干的吗?"王仁瞻没有想到,太祖对诸将在四川的所作所为,竟是如此了如指掌。一时汗下,无言以对。太祖责令相关部门,彻查诸将在四川擅发府库,抢人子女,豪夺财物等不法事实,并将王全斌等一一找来对证。

刑部最后拿出结论,百官也都一致认为,王全斌、崔彦进、王仁瞻,按照违法程度,均当处以极刑。太祖考虑这些将领新立功勋,赦免了他们的死罪。有诏:

忠武军节度使王全斌,降为崇义军留后;

武信军节度使、侍卫马军都指挥使崔彦进,降为昭化军留后;

枢密副使、左卫大将军王仁瞻,降为右卫大将军。

其他征蜀将领,也都跟着一同被贬降处罚:

康延泽,被贬为唐州教练使。

太祖本来想当面训斥王继涛,可是王继涛得到诏书后赶紧赴朝,不知因为恐惧,还是因为战伤发作,死在半路上了。太祖考虑王继涛身披数创,依然顽强奋战,还有高彦晖也力战而死,死时已七十岁了。太祖下令厚恤两人家属,不再追究既往过失。

几天之后,朝廷再下诏书:追剿王全斌等一切贪赃、抢劫物品、钱财和女子,还给原主,并向原主致歉,还赠给受害人钱帛等物,作为补偿。

征灭后蜀的北路大军的将帅们,本来立了大功,诸将不自护惜,纵贪使欲,以致因功获罪,着实令人惋惜。

还有太祖身边的侍臣成德钧,被派往四川负责回押俘获的后蜀将领,半路向人索要贿赂,被人告发。太祖下令:斩于京师宽仁门外。

与北路大军相比,东路大军将帅则多半得功受赏:

内省使曹彬,升任宣徽南院使、领义成军节度使;

宁江节度使刘光义,升任镇安军节度使,依旧侍卫马军都指挥使;

龙捷军左厢都指挥使张廷翰,升任侍卫马军都虞侯,领彰国军节度使;

第十一章 巴山蜀水

龙捷军左厢都指挥使李进卿，升任侍卫步军都虞侯，领保顺军节度使。

所有参战将帅，曹彬受赏最厚。

曹彬既受赏，请求面见太祖。太祖亲切地接见了曹彬。

曹彬恭敬地对太祖说："这么多将军都获罪受罚，只有我一个人受到这么大的奖赏，我的心里头感觉十分不安。请圣上收回成命，曹彬不敢接受。"太祖看着曹彬说："王仁瞻遍诋诸将，独于爱卿，称颂清廉谨慎。以为只有你一人，没有辜负朕的厚望。以王仁瞻的为人，都能讲出这样的话语，足见爱卿有功而无过。又不自我夸耀，更当受赏。再者说了，赏罚是国家的规则，有罪必罚，有功必赏。要不然朝廷怎么取信于人？爱卿就接受吧，不必再推辞了。"

曹彬不再讲话。太祖顺势问曹彬："入蜀文职官吏中，有表现出色的没有？"曹彬不假思索："臣只负责监察军旅，官吏的优劣和才干的考察，不是臣的职分。"太祖认真地看着曹彬："但说无妨。""沈义伦这个人不错，也很能干。"

沈义伦，字顺宜，是开封太康（今河南太康县）人。后来太宗做皇帝，为了避讳，就只称沈伦了。伐蜀之战，沈义伦以陕西转运使的身份，充当北路军随军转运使。孟昶投降后，王全斌等抢掠妇女和财物，沈义伦洁身自好，独自居住在寺庙里。后蜀官员探知他的住所，携礼物前来送赠，沈义伦拒而不受。归来时，箱子里只有几卷书籍。

由于沈义伦在大家一同抢劫、贪污的情势下，还能独善其身，廉洁自律，加上曹彬的举荐，太祖很快就给沈义伦改派了新的官职：户部侍郎，兼枢密副使。这是北路军所有将帅中唯一一位受到嘉奖的高级干部，而且受到了超常规的嘉奖。这一点，也充分体现了宋太祖喜欢清廉，厌憎贪鄙的一贯作风。

平定西川之后，跟随孟昶入宋的后蜀官员及其家属等，也都受到了太祖的封赠。

李廷珪：前面提到了，原为后蜀侍中、成都巡检使。被孟昶任命为援军副统帅，与孟玄喆一道出师拒宋。兵败之后，一路焚毁沿途州县府库，不使宋军得到给养。随孟昶到东京汴梁后，被宋太祖授予左千牛卫上将军；

韩保正：后蜀宣徽南院使、马步军都指挥使。宋师伐蜀，为蜀军招讨使，统兵拒宋，战败被俘。入宋，太祖赐甲第，未及授官而死。太祖赠予右千牛卫上将军。

　　王昭远：后蜀枢密使，同平章事，为拒宋蜀师总指挥，战败被俘。跟随孟昶一同面见宋太祖。太祖质问他为什么要联合北汉攻击大宋？王昭远回答说："臣愚昧无知，只知道效忠自己的主子。"太祖释其罪，授予左领军卫大将军；

　　李昊：后蜀宰相，实际官职为左仆射、门下侍郎兼户部尚书、同平章事。为后主孟昶写投降书。入宋后，被太祖任命为工部尚书，死时又赠右仆射。

　　其他蜀国的将领和被俘的文武官员，还有很多受到大宋朝礼遇，为了不影响咱们写书的进程，就不在这里一一述说了。

　　各位可能会问：那位给王昭远出馊主意，让他联合北汉，一起攻宋的张廷伟呢？

　　下落不明。从那次出完主意之后，就消失在史书之外了。估计是在开战之后，见到情形不妙，乘乱逃到青城山里当了道士，或者隐居到九寨沟里，过与世隔绝的生活去了。

第十二章
铜镜春秋

由于王全斌等纵兵劫掠,蜀中大乱,从四川经陕西到汴梁的道路,安全系数很低。太祖下诏,让王全斌遣人护送孟昶一行,从水路沿着长江三峡而下,先到湖北江陵,然后再陆行前往汴梁。

后蜀李太后

太祖还派遣御使亲往江陵,为孟昶准备临时居住房舍、官署和生活用物。孟昶一下船,大宋官员就赶上前来迎接,安排酒馔,下榻临时建造的五星级宾馆。

这哪像是对待战俘?简直就是迎接联合国的特使。接下去,又给孟昶和后蜀李太后等安排好了陆行所需的马匹、车辆、仪仗,孟昶就这样一路被保护,一路受款待,来到大宋朝的东京汴梁。

大宋汴梁都城的京郊有一名苑,叫做玉津园。孟昶老远就看到了,也看到了玉津园门口站着的一大群人。这是一群大臣,可不是来看热闹的,是负责迎接孟昶的。当中一位,赫然入目,威风、稳健、锦衣玉带,举止不凡。

这位谁呀?

开封府尹,同平章事赵光义,大宋天子的同胞二弟。受皇帝哥哥的指令,早已在这里等候,不,应该说是迎候后主多时了。

又饱餐了一顿。然后,在赵光义等带领下,孟昶一家还有李昊、王昭远、李廷珪等三十三人,来到大宋朝的明德殿前。孟昶等立即长跪在地,等候太祖降罪。

有诏:释罪起身,赐诸人袭衣、冠带。

接下去,孟昶被带到殿里。大宋天子,高坐明堂之上,备礼接见后主孟昶、家眷和后蜀要员。接见之后,太祖在大明殿设宴款待孟昶一行,席间再度赐赠各种礼物、礼品。数日后,太祖又专门设宴单独宴请了孟昶一家。

太祖因为收复西川,下诏大赦天下,死囚徒全部免死,其他各种罪犯,分别减轻刑罚,稍轻一点儿的,全部就地释放回家。

太祖赠孟昶开府仪同三司、检校太师兼中书令、秦国公。

没过几天,不知是因为受了惊吓,还是因为感怀曾经的荣华一瞬间付诸东流,要不就是女人玩多了,身子被掏空了的原因,孟昶死了,四十七岁。

太祖闻报,辍朝五日,追封楚王,赐谥"恭孝"。一应丧葬事宜,全部由大宋朝廷承当。

孟昶的母亲李氏,原本是后唐庄宗李存勖的宫中侍妾,李存勖把她赐给了自己的爱将孟知祥。孟知祥喜欢李存勖的这位侍妾,带着她南征北战,也没胡乱猜疑是不是李存勖埋在自己身边的定时炸弹。这位还真争气,很快就为孟知祥生下了儿子孟昶。后来孟知祥受李存勖之命,前往西川平定前蜀王衍。李存勖为了拢住孟知祥,又厚加赏赐。谁知根本不管用,美妾收了,厚赏领了,四川也平定了。但是接下去的情况,就是李存勖所不愿看到的了。平定西川以后,孟知祥并没有回朝复命,而是占据西川,建立后蜀,成了新的割据王朝的皇帝。这位李氏,顺势也就成了后蜀的皇后。孟知祥死后,孟昶当皇帝,李氏被尊为皇太后。

这位李皇太后,曾多次跟随孟知祥东征西讨,尝过艰辛,加以原本是李存勖的幸人,颇知军旅与国家大事。孟昶当皇帝之后,她经常告诫儿子,不要太奢华,不要乱用人。起初孟昶还能听进去,后来干脆不听了,开始骄奢淫逸,奢侈浮华,花天酒地,姬妾如云。

广政年间(后蜀后主孟昶最后的年号,从939到967,共有二十八年),孟昶把王昭远等都提拔起来,李太后不同意。提醒孟昶说:"我给后唐庄宗李存勖和你父亲都当过老婆,看到过人家这些前辈怎样用人用兵。当年后唐庄宗与朱温大战,你父亲率兵抗拒契丹、平定两川,我都亲眼看见了。不是有非常大的功勋,不轻易提拔武将。你可倒好,把些没根没梢,没功没劳都提起来了。王昭远不过小时候陪你长大,伊审征、韩保贞、赵崇韬这些人，也只是些膏粱子弟，根本就不懂军旅之事。这些人只能陪你玩耍，到了国家危急之时，这些人怎么能够抵御大敌？要依我说，只有高彦俦，居心纯良，忠厚可依。为人又久经历练，关键时候不辜负国家的，恐怕只有他了。其他人全都不中用。"孟昶不听母亲劝谏，到宋灭后蜀的时候，这位李太后的说法，几乎全都应验了。

随孟昶来到东京以后，宋太祖看到李太后脸上经常有愁苦的表情，就劝她说："太后善养贵体，不要总是想着蜀国，等到四川叛乱彻底平息之后，就可以送你回去。"李太后回答说："妾身家在太原，如果能送我回到家乡，臣妾自然感激不尽。"太祖听罢说道："好哇，等我平灭了北汉的刘钧，就送你回太原。"李氏施万福谢恩。大约李氏心里还想着李存勖的英勇无敌，要么就是回顾了自己一生命运之后，觉得尽管自己曾经当过两位皇帝的老婆，还生了一个皇帝的儿子，最后还是孑然一身。世间的一切荣华富贵，包括男人和儿女，原本都不属于自己。只是从自己的身边经过了一下，他们同样都不能带给自己真正的心灵安慰。自己心里真正割舍不掉，同时也最能安慰自己的，或许还是小时候生长的故土。

孟昶死的时候，李太后没有流泪，更没有嚎哭。只是拿了一杯酒，轻轻地浇到地上说："孽子，你苟且偷生，不能为社稷而死，备受亡国之君的羞辱，也只不过是多活了这么几天。""咳，人哪，为什么就这么想不开，就这么贪生怕死呢！"李氏缓了口气，接着说道："我先前所以不死，就是因为还有你。现在你死了，我再在这个世界上苟活下去，已经没有意义了。"

李氏言而有信，从孟昶死的那天开始，不再进食，数日后就饿死了。

太祖闻听，嘉叹不已。委命鸿胪卿范禹偁护丧，将后主孟昶和后蜀太后李氏，一同安葬在大宋朝的西京洛阳郊外的一座小山上。

欧阳炯和欧阳迥

后蜀的宰相李昊，有才！但是后蜀像李昊一样有才的还有，咱们就说一个人，他叫欧阳炯，官封翰林学士，还兼着中书舍人。

据史书记载，欧阳炯是四川本地人，伺候过后蜀的高祖孟知祥和后主孟昶。其人极有文才，传世的作品不多，据说只有《武信军衙记》和《花间集序》。

吾国文化,以花比女子,由来已久。民间也是一样,说哪个女孩子长相好看,都用水灵灵的,像花一样美丽之类的词。《花间集》是后蜀一个叫做赵崇祚的人编辑整理的,不是他自己的作品,而是一些文人墨客描绘女孩子、撩拨女孩子、赏玩女孩子,以及女子怀春、男女牵挂之类的诗词集。这部词集共计18位作者,其中14位,或是蜀中墨客,或是因躲避战乱等原因客居蜀中的文人。他们穿梭在花丛之间,摘花招叶,然后把这些感觉,都用极其优美的文辞书写出来。这,就是《花间集》了。

举几个好懂的例子,各位连看带欣赏,算是读书累了休息,也可就此了解《花间集》的大致内容。

> 惆怅经年别谢娘,月窗花院好风光,此时相望最情伤。
> 青鸟不来传锦字,瑶姬何处锁兰房,忍叫魂梦两茫茫?

这是后蜀顾敻的《浣溪沙》词。

> 惆怅梦余山月斜,孤灯照壁背窗纱,小楼高阁谢娘家。
> 暗想玉容何所似?一枝春雪冻梅花,满身香雾簇朝霞。

这是韦庄在蜀中所作,也是《浣溪沙》。

两词中都有"谢娘"字样。这位谢娘,原本是东晋宰相谢安的侄女,名叫谢道韫。当姑娘时,就被称为"咏絮之才",有文化的人都知道。后来嫁给大书法家王羲之的儿子王凝之,从此被称"谢娘"。"谢娘"不是谢谢娘的意思,是有才的美女,也就是美才女的意思。"谢娘"一词,于是就成了后来有文化的人们,对美貌而又才华横溢的女子的通称了。

我再录两首欧阳炯自己作的《浣溪沙》:

> 花落残莺半日天,玉柔花醉只思眠,惹窗映竹满炉烟。
> 独掩画屏愁不语,斜倚瑶枕髻鬟偏,此时心在阿谁边?

> 相见休言有泪珠,酒阑重得叙欢娱,凤屏鸳枕宿金铺。
> 兰麝细香闻喘息,绮罗纤绊见肤肌,此时还恨薄情无。

看看这些词,不用解释,识字的人都能看出个大概。男女之间的思念,甚至那些私密的活儿计,都被无遮无拦地晾晒在光天化日之下。

第十二章 铜镜春秋

可能读者诸君会问我,你怎么光录《浣溪沙》,难道《花间集》里,就只有《浣溪沙》吗?当然不是,还有什么《菩萨蛮》《忆秦娥》《诉衷情》《恋情深》《好事近》《临江仙》之类,不一而足。我只是为了方便,才只录了几首《浣溪沙》。

后蜀为词成风,类似南唐。就连后主孟昶,也在玩耍女孩子之余,填字凑词:"冰肌玉骨清无汗,水殿风来暗香满。绣帘一点月窥人,欹枕钗横云鬓乱。……"玩得中宵不寐,玩得忘记流年。

后蜀君臣"醉梦拥搂娇姐姐,醒来嗔怪好哥哥",正当他们成天价跟女孩子们"眷方深,怜怜好,唯恐相逢少"的时候,大宋军队来了,却落得"翠华一去寂无踪,玉楼歌吹,声断已随风"。

这位欧阳炯,应主编赵崇祚的邀请,为《花间词》作序,那序写得,咱就不胡说乱评了,只录下一节,让有学识、有才华的人自己去欣赏玩味吧:

镂玉雕琼,拟化工而迥巧;裁花剪叶,夺春艳以争鲜。是以唱云谣,则金母词清;挹霞醴,则穆王心醉。名高白雪,声声而自合鸾歌;响遏青云,字字而偏谐凤律。杨柳大堤之句,乐府相传;芙蓉曲渚之篇,豪家自制。莫不争高门下,三千玳瑁之簪;竞富樽前,数十珊瑚之树。则有绮筵公子,绣幌佳人,递叶叶之花笺,文抽丽锦;举纤纤之玉手,拍按香檀。不无清艳之辞,用助娇娆之态。自南朝之宫体,扇北里之倡风。何止言之不文,所谓秀而不实。有唐以降,率土之滨,家家之香径春风,宁寻越艳;处处之红楼月夜,自锁嫦娥。在明皇朝,则有李太白应制《清平乐》词四首,近代温飞卿复有《金筌集》。迩来作者,无愧前人。今卫尉少卿赵崇祚,以拾翠洲边,自得羽毛之异;织绡泉底,独殊机杼之功。广会众宾,时延佳论。因集近来诗客曲子词五百首,分为十卷。以炯粗预知音,辱请命题,仍为序引。乃命曰:《花间集》,将使西园英哲,用资羽盖之欢;南国婵娟,休唱莲舟之引。

欧阳炯文采之旖旎、迤逦,举手折翠,停步叠彩,约略如此。

蜀中或许还有一个人,被史书写作欧阳迥。说是这个人笛子吹得特别好,经常给后主孟昶吹笛助兴。欧阳迥随后主孟昶来到大宋朝以后,太祖爷听说来了一位管乐高手,就在朝会休息的空当里,把他请进了便殿,让他吹奏几首,尝尝仙乐的味道。

欧阳迥振奋精神,清喉管,换笛膜,做好一切准备工作。带着满满的献身精神,来到便殿,为太祖连续演奏了好几首。是不是演奏了一些像什么《平湖秋月》《阳关三叠》《竹楼情歌》《鹧鸪飞》或者《幽兰逢春》之类,咱不知道。史书没有留下具体笛曲的名称。

嚯,这曲子吹奏得,那叫一个完美!把个大宋太祖爷都听入迷了,半天没回过神来。

便殿里太祖爷正在如痴如醉地欣赏笛子独奏,殿外的宫门却啪啪地被拍得震天价响。

谁呀,不要命了!

嗳,还真就有那不要命的。这位拍门人,是大宋朝的御史中丞,叫刘温叟。这位从名字上看,好像是个温润的老头儿,怎么今天采取了这么粗鲁的行动?是不是有什么特别紧要的公务?

殿门打开之后,这位二话没说,长驱直入,见到太祖爷,马上跪倒在地:"启奏圣上,大殿,是用于处理国家大事的地方,不宜让伶人在此演奏。"伶人,今天叫表演艺术家。好家伙,连太祖爷听首曲子也不行,这是什么大臣?嗳,咱得告诉您:这是诤臣,这是好大臣。人家是怕太祖爷沉溺在艺术的享乐中,忘了还有国家大事需要处理。当年孟昶就是整天沉溺在这种美妙的音乐之中,徜徉在花间柳絮之下,忘记了治理国家。这不,国已不国,家也不家了嘛!

要说音乐的魅力,美女的魔力,那可真是沁人心脾,几乎无人能够抵御。普通人随便找一个,抓来成婚,那叫过日子,不叫享受生活。而普通人享受音乐,却叫情调。有这般情调,咱得说人雅致。要是最高统治者沉迷其中,就会消磨意志,就会荒疏治理,就会萎靡心志。

这下您知道了吧?不要以为谁听音乐都是好事。当皇帝不容易,连听首乐曲都不合这个,不合那个的。

太祖轻轻扶起刘温叟,抚着他的肩膀说:"谢谢您的提醒。朕只是听说孟昶君臣们溺于声乐,这个欧阳迥,身居宰相之位,还迷恋笛子,说是极其擅长。我就是想听听他演奏的笛子,到底有多大的诱惑力。"刘温叟憨实地看着太祖说:"原谅臣下,一时鲁莽,不了解圣上的良苦用心。"

第十二章　铜镜春秋

又有一天,太祖在身边近侍的怂恿下,无故登楼观赏。刘温叟刚好从楼下经过。

按说大臣路上偶遇皇上,要立即下马长跪,直到皇帝金口允起,才能站起身来。有人看到了,偷偷告诉了刘温叟:"圣上正在楼上观赏。"可是这位刘温叟,竟然指使驾车人长驱而过,还故意吆喝了两声,仿似没有看见太祖一样。太祖心中有些不高兴。第二天,这位又来求见。太祖心说:"看你怎么解释昨天自己的行为。"刘温叟直来直去地劝谏太祖说:"按照朝廷的礼仪规定,圣上不到登楼的时候不能随便登楼。圣上一登楼,很多近侍和侍卫军校,就以为又有赏赐了。微臣所以呼喊着驾车通过,就是要告诉大家,圣上不到时候是不会登楼的。"太祖心中想着:"真是个好老头,也是个犟老头。"

西蜀有人才,当年唐玄宗为躲避安史之乱,带来一些;后来唐僖宗被军阀赶出都城,也跑到了成都,又裹挟来一批。这些跟着逃难皇帝进入西川的文人士大夫,为蜀地带来了中原兴盛的文化。后来又有很多文人士大夫,也都因躲避战乱等原因,纷纷寄居蜀地。后蜀虽然不长于治理国家,但在文化氛围上却不弱于南唐,更不要说湖湘、两广和福建了。

作为统治者,不能过分沉溺于自己的艺术品鉴和享受,甚至就不能有对于艺术欣赏的心理要求。欣赏艺术,那是别人的事。

当然,你也千万不能走到反面去。因为你本身不宜沉溺在文学艺术和声歌美乐的享受里,大臣不让你听笛子,你一来劲,说:"好!听笛子能亡国,从今以后取消笛子演奏,也不许任何人再听笛子独奏。"如此的话,笛子这种东西,慢慢的就会在这个世界上消失掉。这就是领导者的无知和不德了。宋太祖没有这样做,他没有阻止民众去欣赏文学和艺术。也没有用自己的标准,来裁衡文学和艺术、限制文学和艺术,更没有胡乱地给文学和艺术定调,说这是好的,那是坏的;这是先进的,那是落后的。领导者的胡乱评定,会给文学和艺术造成重大的损害,就会遏止文学和艺术的发展,甚至会扼杀文学和艺术。

文学和艺术,本来就是为人生服务的,为民众生活服务的。只要你也是为人民大众的生活服务的,那么你就不会因为自己的喜欢与否,或者适宜与否,来决定文学和艺术,是否有存在下去的理由和必要,也不会轻佻无知地规定它们各自的表达方式和表现形式。

统治者因为不德和荒诞而亡国,关女人、诗词和笛子什么事?俗语中有一句叫做"红颜祸水"。其实红颜不是祸水,是你沉溺红颜,耍弄红颜,不把红颜往好道上引领。你是主动者,你不把稳方向,转过头来把责任推到别人头上,就像你被石头绊倒时,把责任推给石头一样。除了脑残,谁会相信你对石头的控诉?!文学和艺术,对于人生,也是一样的道理。世界上大概没有人会说茅台酒不好,可是你天天喝,顿顿喝,成斤成瓶地喝个没完没了,醉死了怨谁?如果李白写了一首词,说:"交颈语,合欢身,的是仙中人;连绣枕,同被衾,霜天暖似春。"你有理由和权力,说李白就是为了摧残人的身体,消磨人的意志,是在故意害人吗?

　　宋太祖虽然限制自己欣赏笛曲,但却没有限制笛曲在世界上的发展与流行,真是一位严于律己、宽以待人的优秀统治者呀!

　　有关欧阳炯和欧阳迥,到底是同一个人,还是根本就是两个不同的人,史书没说清楚,咱也不敢叫硬。反正一般史书都分两处写,咱也就只能把他们分开来交代。万一就是一个人,咱也没说他们非得是两个人不可。

孟昶的夜壶

　　就在东、北两路兵团入川定蜀的同时,太祖还在汴梁城里继续处理新兴国家面临的很多问题。大军出征不久,太祖就将两名监守自盗的官员免职,流放沙门岛(今山东长岛县西北大黑山岛)。太祖一面命人继续疏通五丈河,给京城引水;一面又委命相关州府发粮赈济灾民,又有一些地方的民众受灾了。

　　当大宋朝的军队将要平定西川的时候,太祖特意委派左拾遗孙逢吉前往四川,收缴后蜀国的图书和其他孟昶在祭祀等礼仪、生活中所用物品。乾德四年(966)五月,孙逢吉回到汴梁,向太祖交差。太祖一看,后蜀的所谓"法物",多半不中规矩,就命人全部销毁了,只把图书留下,收藏在大宋朝的史馆里。

　　太祖看着这些孟昶使用的物品,太过奢华,连溺器,就是晚上起夜用的尿盆,都是金的,而且镶嵌着七种宝石,因此号称"七宝器"。太祖下令立即销毁:"自奉如此,想不亡国,可能吗?"太祖说。

第十二章　铜镜春秋

您可能不懂,说孟昶起夜不上洗手间,整个尿盆放在身边干什么?骚乎乎、臭烘烘的。那时候没有洗手间,更没有下水道。人们上厕所,都得去茅房。为什么叫茅房,直接叫厕所不就得了?厕所是文雅一点的名字,普遍都叫茅房。茅房里挖个坑,叫做茅坑。茅坑四周用些废木板条,或者玉米杆子、高粱杆子、向日葵杆子之类简单围住,稍露点缝隙不要紧,上面用点茅草之类,简单盖住,要不然下雨的时候蹲在里面,浑身都得被淋透了。

白天上茅房,晚上看不清,就在屋里放一个盆子或者罐子。盆子便于拉屎,罐子口不够大,只适合撒尿。普通人家的夜用之器,多半都是陶瓦之类原料,古代没有塑料,能用金属器皿的,都不是一般人家。

什么好材料做尿盆,一泡尿撒进去,还不都是一个骚味?

但人家孟昶是皇帝,用黄金给自己做尿盆,其实也没什么可以指责的。只是在尿盆上面镶嵌宝石、珍珠、翡翠、玛瑙之类,确实有些过分。

太祖生活一向简朴,身上的衣服穿脏了就洗,晒干了再穿,穿脏了再洗。床头的帷帐用的都是普通的青布,不加纹绣。宫中各处所挂帘布,比如窗帘、床帘、桌布之类,都是原色布料,不加任何装饰。太祖赏赐给臣下的物品,有些是自己用过的普通布料制品。一次将一件麻布上衣赐给臣下,说:"这是朕从前穿过的,赏给你了。"

受到皇帝的赏赐,确实是件荣光体面的事情,不过大臣们只是把这些赐赠的物品拿回家里放着,一是不舍得穿;二是不愿意穿,穿出去寒碜!

太祖不仅自己用度节俭,对身边的亲族要求也一样严格。

太祖生有六个女儿,其中三位都早早夭折了。剩下的三位中最小的一位,算得上是太祖的掌上明珠了,开宝五年被封为永庆公主。这位公主一次穿着镶嵌翡翠、还插了几根翎毛的新衣服来到皇宫,希望能够得到父亲的欣赏和夸赞。谁知太祖一见,马上正颜厉色地说:"把这件衣服换下来交给我,以后不要再穿这种华丽的衣服。"公主看着皇帝父亲严肃的样子,差点笑出声来:"我穿这么件小衣服,能用多少翡翠?""不那么简单。你穿这种衣服,亲戚和邻里就会效法,城里的羽毛和翡翠就会涨价,不法商贩就会乘机抬高物价,到时候平民百姓都会跟着受到侵害。百姓若是因此受害,就等于你是做害人了。"公主无话可说,不好意思地离去了。

还有一次,这位永庆公主跟太祖和宋皇后同乘一辆车,见到皇后的车子太普通,跟农民赶着进城卖粮的差不多,于是就忍不住说:"父亲皇帝做天子这么久了,难道就不能用点儿黄金装饰一下车子吗?"太祖听了以后,笑着对公主女儿说:"我拥有四海之富,就是把全部宫殿都用黄金铺设好,也能做得到。但我是天子,天子是替天下守护财物的,不是借机造害财物的。古人说,要以一人治天下,没说要以天下奉养一个人。如果我把天下的财富都拿来奉养自己,那天下人谁还会真心拥戴我呢!"公主无奈而惭愧,以后再也不在太祖面前说起提升生活品质,改善物质设施和衣食住行条件之类的话语了。

有一天,皇弟赵光义陪侍太祖在大内吃饭,兄弟俩说说笑笑,席间气氛和洽。赵光义顺口说道:"皇帝哥哥穿着太草率,都当帝王了,怎么也得穿得像点样子,要不然也影响朝廷威严不是!"

太祖听罢,脸色大变,当即严肃地训斥道:"难道你忘记了我们住在夹马营中的时候了吗?"

太祖和他这位弟弟,都出生在后唐都城洛阳郊区的夹马营(就是兵营)里面。小的时候,家境不富裕,养成了太祖简朴的生活习惯。艰困的生活,也锤炼了太祖顽强的意志。赵光义那时还小,他比皇帝哥哥小十二岁。他在六七岁上的时候,太祖经常带他前街后巷地跑着玩儿。后来为了减轻家庭经济负担,太祖独闯天下,浪迹天涯,若干年以后才又回到家中。大约直到后周的时候,太祖一家才从洛阳郊外的夹马营,搬到东京汴梁的城里。

说起这段往事,太祖的心思一时间又回到了从前。回忆过去,眼看今朝,太祖更加坚信:人生的意义不在于是否富裕,钱多钱少,跟人的心理品质,还有人生的品位,并没有直接的关系。没钱不要沮丧,有钱也不能任性!因为从前没钱,才能了解天下没钱人的苦衷;因为现在有钱,才能够帮助更多的穷苦人,过上稍微宽裕一些的好生活。这是太祖的信念。他把这种信念,一直带到了自己人生的最后。

跟赵光义的这次谈话没过几天,山东潍州(今山东潍坊)知州徐雄,贪赃枉法,侵吞官物案发。太祖生气,下诏"流放沙门岛"。紧接着,澧州(今湖南澧县)刺史白全绍,不守纲纪,于管辖之内,扰民敛财的案件又被揭出。太祖诏令免官。

第十二章 铜镜春秋

宰相当用读书人

　　自从王皇后过世以后，太祖一直未续娶。平定了后蜀之后，太祖爷挑选了一名后蜀原来的宫中侍女，把她安置在后宫中，偶或到她的房中过个一夜、两夜。时间久了，熟悉程度也就深了。一天早朝后，太祖来到这位侍妾的房中，这位侍妾正在对着镜子"自观造型"。太祖从身后搂住她的腰身，也把眼光凝驻在镜子里。"妾身等候陛下多时了。"镜中女人说。"你的镜子很不错呀，照人挺清晰的。"镜中的男人说。"这可不是后主送的。"这位宫女害怕太祖吃醋，故意说了这样一句话。"那是从哪得来的？"太祖顺嘴问了一句。"妾身五年前，托身边的小厮弄到的。""朕再看看你这镜子。"太祖放开宫女，把镜子拿到手里把玩。这是一块铜镜。古时候没有玻璃，女孩子们照镜子都用铜镜。铜这种金属，擦亮了以后，会映出人的影像，虽然不太清晰，但也还看得清楚。当然，只有有身份或者家庭很富裕的女孩子，才有这种劳什子使用。一般百姓家的女孩子，要想看看自己俏丽的模样，那就只能到河边上去，看自己在河水中的倒影了。

　　太祖随意翻来覆去地摆弄着这面铜镜，翻到背面时，看到上面明显地刻着"乾德四年铸"五个字。太祖顺手把铜镜放在台子上。"这镜子质地不错。"太祖说着，好像忽然想起了什么，赶紧把搂住了自己腰身的女子推到一边。再度拿起这面铜镜，翻到背面，认真细致的重新看了一遍。"乾德四年铸。"没错！是这五个字，字迹很清晰，一点儿都不模糊。

　　太祖抬手把铜镜扔到台子上，转身向外走去。刚走两步，又返身回来，把扔在台子上的铜镜顺手抄起来，神情庄重地大步走出了房门。"陛下，您这是怎么了？臣妾有什么不对吗？这块镜子真不是后主所赠，是臣妾自己托身边的小厮花钱……"太祖早已走出了大院。

　　太祖带着这面铜镜，再度来到朝堂。守门官员不知太祖又来干什么，赶紧走上前来问询。"告诉所有宰相、重臣，即刻都到我的便殿里来！"

　　值日官员听出了太祖的口气，哪敢怠慢，赶紧打发几个人，把这些刚出门的大臣们又叫了回来。

"怎么了？不是刚散朝吗？""皇上任性，你们又不是不知道。有时候经常半夜到我家里去，折腾半宿，啥事没有。这是又犯病了。得，咱们都回去看看吧。"赵普这个家伙，又带着大家一起返回来，给太祖爷"看病"来了。到了便殿门口，一个个鱼贯而入，各自站立在离太祖座位不远的两边。

太祖全然不顾，只管闷头喝茶。

等了好半天，赵普忍不住，问了一句："不是刚散朝吗？皇上要是没什么大事，就叫大家回去吧。"

"啪"的一声，太祖把铜镜扔到了赵普的面前："你自己看看吧！"

赵普莫名其妙，俯下身去把铜镜拾起来，仔细端详了半天："这不就是个铜镜吗？"大臣也都一个挨一个地拿过去看了半天，不明白太祖忽然间怎么跟这面镜子过不去。一个个看看太祖，又转回头来互相看了看，跟赵普的感觉一样：莫名其妙。

"你们都睁大眼睛看看，好好给我看看，后面是什么？"

"啊，敢情后面有文章啊。"有的大臣心里说。有的大臣已经看到字了，但是还是不明白，"有字怎么了？一般的镜子后面不都有字嘛！"

赵普又把镜子重新拿到手里，颠来倒去地仔细看了半天："皇上，这几个字不是写得挺好看的吗？您这是怎么了？"

"我怎么了？你还是看看你怎么了吧？"赵普一时间丈二和尚摸不着头脑，几位重臣都看着赵普，也不知道赵普究竟怎么了。

"看看上面写的是什么？念给大家听听！"

"写的什么？不就是几个字嘛。"赵普心里说着，嘴里却念着："乾德四年铸。""这有什么呀！"心里还在说着。

几位重臣也没听出有什么不妥的地方。

"咱们大宋朝今年铸造过这种铜镜吗？"各位面面相觑，谁知道民间有没有私自铸造的。"啊，明白了。原来太祖是想制止民间私自制造物品，打击黑作坊啊。还当多大的事呢。"几位重臣想到这里，心情都放松了，脸上的肌肉也都舒展开了。

"这是后蜀宫中的物品，而且几年前就出现了。"

"出现就出现呗，那时候后蜀也不归咱们管，人家制造铜镜，跟您有什么关系？发什么火！"大家心里说。

第十二章　铜镜春秋

"我们改年号为乾德,也才四年多,人家老早就有了乾德四年了。"

"哎哟!"赵普心里咯噔一下。

"赶紧把翰林学士陶谷和窦仪找来。"

两位也不知什么事情,蒙头蒙脑地就走了进来。"这面铜镜的背面,明明写着'乾德四年铸',除了我们之外,历史上还有哪个王朝叫过'乾德'这个年号?"陶谷正在想着,窦仪说话了:"前蜀的王衍叫过这个年号。"

公元918年,是前蜀高祖王建的光天元年。这年六月,王建死了,后主王衍接位,改明年为乾德元年,乾德一共叫了六年,直到924年底才改下一年的年号为咸康。也就是说,前蜀的王衍叫过乾德的年号,从918到924,共计六年。

话既说到这里,请允许撰书人卖弄点学问。

其实历史上还有一个曾经以乾德为年号的短暂王朝,而且也叫宋朝,说来多巧。

隋炀帝大业九年(612),山东章丘人杜伏威和好友辅公祐一起,纠合千八百人,举兵反隋,很快吞并一些小股武装,势力渐渐壮大起来。之后投降隋朝,进兵淮南,不久又反水,背叛隋朝之后,投靠了唐朝。唐朝让他们原地待命,他们就在淮南地区帮助唐朝打天下。两人势力不断壮大,杀死了占据江苏常州称王的沈法兴,还生擒了占据江都(今江苏扬州)称帝的李子通,把整个淮南和江东地区,都控制在了自己的手上。虽然他们把李子通押送给唐朝,可惜还是不被唐朝信重。唐高祖将杜伏威诱至长安(今陕西西安)做官,其实就是软禁。辅公祐觉得前途无望,打着受了杜伏威"指示"的旗号,于唐高祖武德六年(923)八月举兵反唐,建国号为"宋",定年号为"天明"。没过几天,又把年号改成了"乾德"。只是这个"乾德"年号,才用了短短四五个月的时间,唐朝就派兵平叛,大将军李靖击败了辅公祐。辅公祐被生擒处斩了。如此说来,这面刻有"乾德四年铸"的铜镜,不可能是这个"宋朝"制造出来的,跟辅公祐肯定没有关系。

窦仪虽然只知道前蜀后主王衍使用过这个年号,但是对于说明这面铜镜的来历,已经足够足够的了。

听完窦仪的话,太祖的眼睛就像铁钉子一样,死死地盯在了赵普的脸上。您再看赵普的脸哟：忽而红了，忽而黄了，最后，都快绿了。

太祖顺手从书案上抓起一支毛笔，蘸足了墨水走到赵普跟前："你不是说历史上没有人叫过这种年号吗？还说得那么肯定，好像自己真知道一样！"到了这个时候，赵普心里才反过味来：今天自己要倒霉了。把个赵普窘得，恨不得把脑袋揣到裤裆里，哪里还敢看太祖！

太祖就像一团火一样，绕着赵普转了一圈又一圈，赵普脸上热得，就像挨抽了八个大嘴巴一样。

"你就像那一把火，熊熊火光，烧焦了我。你的大眼睛，咄咄太逼人，就像红烙铁呀，要把我来戳。你就像那一把火，熊熊火光烧焦了我！"我改了费翔的歌词，放在这里，或许刚好适合当时赵普的心理感受。

"抬起你的狗头来！"

赵普只得把头抬起来，太祖一手似很亲切地托住赵普的下巴，一手拿毛笔朝赵普的脸上狠狠划了两个大黑叉子。赵普一动不敢动，像被钉住了一样。

我小的时候，经常看到张贴在墙上的那种枪毙犯人的公告，《水浒传》叫榜文。这种公告，都在被枪毙的人的名字上，打上一个大大的红叉，表示这个人已经被开除地球的球籍了。太祖爷今天要是不小心拿了一支红笔，赵普就等于被枪毙了！

"以后没事儿多读书，不要以为权力大了，就可以无知，就可以随意任性！"太祖把毛笔狠狠地扔在了地上，然后转过头来对着大家说："看来宰相不是什么人都能当的，任宰相必须得用读书人！"说罢，太祖转身离开便殿，头也不回地走了。

好嘛！您再看这几位大臣，半天没敢动，直到窦仪走了，大家才敢动。赵普是最后走的，一声没吭，也不敢擦掉脸上的黑墨，像躲避追捕一样，一路贴着墙边往家溜，连车都没敢叫。平日不都宝马香车、趾高气扬地走在大路的中间吗？怎么了今个这是？脸黑呗，要是让熟人看见了，一时间怕没好地方搁！

悄然之间

宋太祖大骂宰相，说他无知还不读书，吓得赵普赶紧回家找书读。

第十二章　铜镜春秋

赵大嫂一面整理衣物,一面看着满脸黑墨的赵普,直想笑。赵普感觉到了,没好气地说:"把我的书收拾哪去了?一天瞎他妈收拾啥!""谁看见你读书了?咱们家除了金银财宝,哪里有什么书哇!""怎么没书,老子那本《论语》呢?找不着我扒你皮!"赵大嫂心里这气:"你他妈无知不读书,让皇上臭骂了一顿,跟我撒什么邪乎气!"赵普抬手就是一巴掌:"别他妈跟我瞎嘚瑟!"这回他真打老婆了。

赵大嫂一看这老小子今儿个是真急了,赶紧躲开了事。

赵普在家里前屋后院一顿乱翻腾,终于在废品房里把当年自己哄孩子吃饭用的《论语》找出来了。连敲带打,把上面的灰尘抖掉。又转身回到自己的房里,翻开竹简,看第一策:"学而时习之,不亦说乎?有朋自远方来,不亦乐乎?人不知而不愠,不亦君子乎!"刚看了一句,就躺在床上睡着了。折腾了半天,累着了。

赵大嫂听见屋里没了动静,进屋一看,"好嘛,人家孩子们读书,都是'读''读''读'的,这可倒好,'呼噜噜'完了'呼噜噜','呼噜'半天还是'呼噜'。"

这下您知道了,读书不是一件容易的事儿!

以为端起书来就看呗,反正上面都是字。哪那么简单哪!有多少人,一拿起书就想睡觉,把书放在脸上,当遮光板用了。又有多少人,看了很多字,就是不知道书里写了些什么。还有更多的人,书是读了不少,就是不懂道理。读来读去,视野没有拓展开来,心胸没有豁达起来,脑筋没有灵活起来。读完了以后,跟没读时一样,甚至还不如没读的时候!这哪叫读书哇!

由于宋太祖的提倡,大宋朝满朝文武官员都开始找书读,大臣如此,小民效法,东京汴梁城里,悄然兴起一股读书的热潮,仿佛世界读书日来临了一般。也只几个月的光景,光是汴梁城的市场里,卖书的店铺就增加了三四倍,不知不觉间,迎街的面上和街道的转角处,也悄然"闪出"了很多卖书的地摊。书店里和书摊旁,总是有很多人转来转去,买书的,看书的,商量印书和进书的,络绎不绝。

宋太祖自己喜欢读书,平居无事,手不释卷。晚上失眠,也总是手持一卷。

宋太祖自小读书,不求甚解,知其大意而已。后来浪迹天涯,看到各种军阀你争我抢,你打我杀,感觉这些人之所以这样,很大程度上,就是缘于他们的无知。于是渐渐养成了认真读书的习惯。

后周显德年间,太祖追随周世宗进攻南唐,在淮南地区得到了很多史书。于是就装了一大车运回京城。路上被人告发,说是赵匡胤私自收受贿赂,还抢劫财物,现在正在往回运,装了整整一大车。周世宗赶紧派人前往查验,检察官打开蒙布,发现里面全是竹简、木简。除了书,还是书。周世宗闻报,就把太祖找到身边:"你是武将,现在国家正在武力征服和统一的进程中,不好好操练士兵,弄这么多书放在身边干什么?"太祖从容回答说:"臣孤陋寡闻,仅有一点武功而已。现在陛下正要大展宏图,我怕无知,不能帮助陛下出谋划策,所以才努力读书,增长见识,以便更好地帮助陛下。"周世宗听罢,大加赞赏了一番。

打那儿以后,太祖读书更加勤奋,虽然身边一直没有好的老师,但是通过自己的艰苦努力,太祖的学识不断增长,视野不断开阔,心胸也越来越豁达了。

被太祖爷臭骂一顿之后,赵普还真开始用心读书了。把个一本《论语》,记得滚瓜烂熟。后来赵光义当皇帝,一次召见赵普,问赵普说:"听人说你只读一本书?"赵普为自己辩解,同时也给自己吹牛打气:"臣只读《论语》。臣从前只用半部《论语》,佐助太祖皇帝平定天下。现在再用另外半部《论语》,帮助圣上您治国安民,创建太平盛世。"

这就是"半部《论语》治天下"这句话的出处。

乾德四年九月,太祖下令,寻访民间藏书。所有家中藏有古代书籍的人们,都可在自愿的原则下,奉献给朝廷。朝廷官员再将这些书籍分类处理,然后保存在大宋朝的国家图书馆中。太祖同时指示,献书人可以直接接受朝廷考核,如有适合为官者,当即授予相应官位和官职。通过这次民间义务献书活动,大宋朝国家图书馆共得遗失古书 1228 卷。参加《三礼》科科举落第的考生涉弼、参加《三传》科考落第的考生彭干,还有学究朱载等,都因献书和相关考核,被授予"同进士出身"的学衔。"同进士出身"就是跟进士出身具有相同的被任用资格的意思。

在乾德四年科考中落榜的孔子四十四代嫡孙孔宜,也因上书太祖,自述家世源流,被太祖授予了曲阜县主簿的官职。

在宋太祖和宰相、大臣们的带领下,一股前所未有的读书之风,像春

第十二章 铜镜春秋

雨一样洒遍神州大地。后来在宋太宗、宋真宗等的继续倡导之下，大宋朝的读书氛围更加浓烈。历史上流传至今的"读读读，书中自有黄金屋；读读读，书中自有千钟粟；读读读，书中自有颜如玉"，就是宋代真宗皇帝的话语。真宗皇帝还为当时号称天下四大书院之首的岳麓书院亲自题赠了匾额。整个大宋时代，是中国人在普遍的意义上，最看重读书的时代。从朝廷到地方，从官场到民间，从学校到家庭，大家都在努力读书。

在宋太祖"任宰相当用读书人"和"不得杀士大夫与上书言事人"的铁律之下，读书不仅成了最有效的进身阶梯，也成了受人尊重的最有效的法宝。

登基之后，宋太祖没有因为兵变而耽误科举。建隆元年二月，权知贡举扈蒙上奏，得合格进士十九人。建隆二年二月初，窦仪上奏，进士考试结束，得到合格进士十一人。建隆三年三月，主持科举考试的翰林学士王著上奏，得合格进士十五人。乾德元年二月，主管科举官员薛居正，上奏得合格进士八人。乾德二年三月，主管科举官员陶谷，上奏得合格进士八人。乾德三年二月，主管科举考试的官员卢多逊，上奏得合格进士七人。乾德四年二月，主管科举官员王祐上奏，得合格进士六人，诸科合格者九人。

"天子重英豪，文章教尔曹，万般皆下品，唯有读书高。"

编纂于宋代的《神童诗》，其实在很大程度上，只是对这种读书情况的一种描写。没有学问，在那个时代，被人耻笑，抬不起头来。要不都说宋代文化昌明，比任何一个王朝和时代的文明色彩都要亮丽，都要多姿呢。天子如此，朝臣如此，天下如此，文化能不发达吗！陈寅恪先生说："华夏民族之文化，历数千年之演进，造极于赵宋之世。"

人家陈寅恪先生，那是大历史学家。人家讲话，那是有根有据的。不像现在的一些人，一时高兴就信口雌黄。刚刚认识几个字，就以为自己有了文化，就敢把顺口溜当诗歌，还满世界宣传、张贴、发表，甚至还夸口自己就是先进诗歌文化的代表。顺口溜出这样那样的话语，嘴里也不感觉牙碜！没文化，好可怕！正应了那句古话：不当家，不知柴米贵；不读书，不知学问深哪！

第十三章
改写记录

乾德四年九月的一天,太祖接到官员报丧的奏函:淄州刺史李处耘病故了,四十七岁。

太祖很伤心,辍朝一天,追赠李处耘为宣德军节度使、检校太傅。太祖派遣身边近臣,代表朝廷前往护丧,还把西京洛阳城边一个叫"偏桥"的村庄,赐给李处耘作为墓地。

李处耘因为监察慕容延钊部队的军纪,两人发生矛盾,被太祖贬为淄州刺史,一直没有再被启用。后来太祖后悔了,感觉对李处耘的责罚过重,就让弟弟赵光义娶了李处耘的第二个女儿。李氏于雍熙元年(985)十二月,被宋太宗立为皇后。李皇后过世于宋真宗景德元年(1004),后世称为明德李皇后。

李处耘有五个儿子,都很不错,长子李继隆,更是十分了得。在太祖、太宗、真宗朝屡立功勋,升为镇安军节度使、检校太师,加同中书门下平章事。景德二年卒,年五十六。真宗驾崩后,受诏与李沆、王旦一起,配享真宗庙庭。

大宋朝征伐西川时,李继隆不满二十岁,积极踊跃申请报名参加,被获准,担任其中一支部队的监军。母亲怕他未经世事,放心不下,准备派两个李处耘手下的将领,做他的辅助。他却慷慨地说:"这次儿当自立功勋,不需要他们帮助。母亲不必多虑。"李继隆豪迈地走了,一路没立大功,可是小功没少立。回军途中,逢雨路滑,一不小心,连人带马掉进了十余丈深的悬崖。俗语说:"天不该死总有救。"人马分离之后,马摔得粉身碎骨,李继隆却被挂在悬崖里大树的枝杈上。被手下士兵用粗大的绳子,硬给拽上来了。

冯瓒被陷害了

自从那次太祖说了"任宰相当用读书人"之后,赵普一方面回去努力读书;另一方面也对读书人加起了小心。赵普虽然从前做过乡下的私塾先生,但那不算读书人,只是认识几个字的人。赵普想把自己改造成真正的读书人,可是已经来不及了。"书到用时方恨少",这下他可明白这个道理了。

一天傍晚,太祖在紫云楼下宴请宰相赵普、枢密使李崇矩、开封府尹赵光义,还有翰林学士窦仪、知制诰王祐诸人。席间有人谈到百姓太过无知之类的话语,太祖接住话茬说:"尽管百姓是无知的,可如果州府长官欺凌他们,朕却断然不会饶恕!""陛下爱民如此,简直就是尧舜再世,文武重生。"赵普说这等话语,虽然有讨好太祖的意思,但也未必全是忽悠。

说着说着,太祖又提起要多读书的事情,赵普一时间再度陷入沉默。

"冯瓒这个人,书读得很多。"窦仪说。"是呀,朕很少看见像他这样知书达理、通晓事机,而又才华出众的人。是个奇才呀!"停了一下,太祖接着说道:"这样的人一定要受到重用,国家才会有长远的希望。"

赵普坐在一边,越听心里越不是滋味,还不住地点头:"陛下英明仁厚,一定能招徕天下更多的贤士。"

太祖准备试验一下自己的判断,就在西川刚刚平定的时候,把冯瓒派到四川梓州当知州去了。太祖不知道,跟他一样关心冯瓒的,还有另外一个人,这个人就是他的宰相赵普。

冯瓒到了梓州,数月后就传回捷报,太祖对赵普说:"看看怎么样,我说冯瓒不同凡响吧!""圣上真是慧眼识英才呀!"赵普说。

自打那天太祖对冯瓒大加赞赏开始,赵普就已经跟太祖一样,刻意留心起这个人来。就在太祖把冯瓒派到梓州的同时,赵普也秘密指使一位亲信,故意去充当冯瓒的家奴,遵照赵普的旨意,秘密侦查冯瓒的处事和交往情况。

一年多以后,这位家奴按照赵普的指令,从四川逃回了东京汴梁。回来之后,把有关冯瓒在四川的所作所为,都一一跟赵普作了汇报。之后，又按照赵普的吩咐，击响了登闻鼓。向朝廷状告冯瓒在四川收受贿赂，以及违章、违法等事情。为了不使别人觉察是直接针对冯瓒，还把监军兼锦绫副使李美、通判兼殿中侍御史李楒也给顺手捎带上了。两位不明不白地跟着吃了瓜落。

赵普还装作不知道的样子，等到太祖问询的时候才出来说："怎么会这样，是不是有人故意陷害冯瓒，赶紧让御使查查。"

等到冯瓒回到京城以后，面见太祖。太祖毫不客气，当面就把冯瓒大骂了一顿。冯瓒不明不白地就被送到御使那里，开始过上了拘押受审的生活。

经过御使审查，赵普亲信所告多属诬陷。这是赵普始料未及的，他完全没有想到，他派出去的这个人为了讨好他，故意捏造了一些关于冯瓒的不法事实。

赵普恨不得一口把这个家奴吃掉，赶紧派人再去陕西潼关，查验冯瓒等的行囊。冯瓒这次够惨的，随身携带的东西还没到达，人已经被扣起来了。

终于在冯瓒等的行囊中，找到了金带和珍玩之类的物品。据说都是准备送给赵光义的幕府刘嶅的。当时这些东西都封存好了，专门放在一只箱子里。

得到确凿证据了，于是再度审讯，冯瓒等承认了事实。

冯瓒真的私下里想要贿赂赵光义，以为将来晋升铺设道路吗？不知道。我们现在不知道，赵普当时也未必知道。只是因为太祖不断表扬冯瓒，赵普已经感到冯瓒威胁到了自己宰相的位置，所以才暗下阴毒之手。

冯瓒等既然已经认罪，御使通报宰相赵普。赵普直接就去找太祖，说根据规定，冯瓒应当被处以死刑，立即执行。

太祖考虑冯瓒是天下奇才，准备减轻责罚，以观后效。赵普坚持说："圣上建国不久，如果因为自己喜欢就顺着情绪做事，将来如何使众人心服？都这么效法，以后国家怎么治理？""不能杀士大夫！"这句话太祖几乎是吼出来的，赵普无奈，只得让步，有诏：冯瓒"彻底除名，永不复用。"流放沙门岛。

太祖哪里知道，就是因为他的高度赞扬，险些害死了冯瓒。

就在冯瓒被流放之后不久的一天夜里，被赵普派到冯瓒身边去窥探

第十三章 改写记录

冯瓒言行的那位家奴,意外地死了。很多人都觉得奇怪,只是不敢详细追问而已。

这件事情搞得赵光义也很不爽,回家问刘嶅是否有这么回事。刘嶅说了实话:"是我想给您弄点西川的宝贝,也没多要什么东西,比王全斌他们轻多了。王全斌他们都没除籍,不知皇上怎么动了这么大的火气,把冯瓒给流放到沙门岛去了。"赵光义听罢,沉吟了半晌,"啊,原来是这样。你不能在我这里继续待下去了,也不要再对任何人说起这件事。我多给你点钱,回家过生活去吧。"刘嶅就这么被打发走了。坊间传出的话语,却是刘嶅本来没有朝冯瓒讨要东西,只是冯瓒一厢情愿,想通过刘嶅,加深跟开封府尹赵光义的联系,好让赵光义帮助说好话,尽快升官晋职。

虽然事情已经办完,赵光义还要对太祖皇帝有个交代,于是就说刘嶅确实不知情,但像这样的人,不能让他长期呆在身边,我把他赶出府去,让他回家种田去了。

赵普的另一个目标

自从平定了湖南之后,太祖派遣通判,前往湖南各个州郡。通判当时的地位没确定,既不是副手,又不是下属官员。经常跟州郡长官为了某种事情争吵不休,更有那些不善于处事的,自恃为钦差,直接对地方州郡长官摆谱装大:"我是朝廷派来的监督者,不是为了监督你,我就不来这个地方了。"地方长官无论做什么,都受到这些人的拉肩掣肘,感觉很头痛。

两三年以来,不断有通判与地方州郡长官的纠纷事件发生。有些地方州郡长官在调离的时候,竟然对身边的同事讲,只要调到一个没有通判的地方就行。

鉴于此种情况,太祖专门给这些人下了一道诏书:不得依仗自己是从朝廷派驻地方的身份而任意妄为,凡事必须尊重地方长官,跟地方长官联合署名,而后公文方可下达施行。

敢情问题还有另一面,设置通判,虽然解决了地方州郡长官权力专断的问题,却又在某种程度上助长了通判的专断,降低了办事效率。太祖这道诏令的下达,才使州郡长官与通判的关系渐渐缓和了下来。

太祖同时下诏,四川新得州郡,一并照此施行。

这也是赵普跟太祖的共同主张。要说赵普这个人,本事是有,可是心胸太狭隘,嫉贤妒能不说,用心太毒,下手也太黑。太祖只是表扬了冯瓒,还没有直接说想让冯瓒当宰相,赵普就差点要了冯瓒的命。

当了宰相之后,赵普越来越嫉贤妒能,看见谁有才能,就想方设法排挤对方,怕对方被太祖看重,威胁到自己的权位。

窦仪在后晋时就当过翰林学士,后周时还是翰林学士。宋初被改任为工部尚书,大理寺卿,不再担任翰林学士一职。刚好翰林学士王著耍酒疯闹宫廷被贬,太祖觉得翰林学士是个非常重要的职位,得用稳健持重的人。当时的宰相范质极力推荐窦仪,说窦仪"清廉耿直",最堪此任。太祖刚刚听信赵普的说法,将窦仪改任到端明殿当学士,怕窦仪心里有想法,于是就委托范质亲自前去劝请。就这样,窦仪又回到太祖身边,重新当上了翰林学士。

翰林学士归属学士院,学士院的长官叫翰林学士承旨,承旨不常设,经常由充任翰林学士时间长久者担任。大凡册立皇后、皇妃,封建王侯,任命宰相、枢密使,还有皇帝发布诏令等重大事宜,多半都是由翰林学士首先起草文稿,然后再由皇帝审阅后发布。

老宰相范质一向器重窦仪。窦仪在后晋时,给宰相景延广做过很长时间的私人秘书,后来又主持过科举考试。曾经跟随世宗征伐淮南,负责军中粮食、布帛等后勤供应。一次因为供粮不及时,惹怒周世宗,准备杀掉窦仪。范质当时是宰相,赶紧前往营救。周世宗故意躲避不见,范质就长跪不起。周世宗不出,范质继续长跪,痛哭失声:"窦仪之罪,不至于死。臣为宰相,眼见陛下将要承担枉杀大臣的历史恶名,这都是为臣的罪过。"周世宗被感动,释放了窦仪。

太祖对窦仪同样敬重。也是在南征南唐的那次,太祖当时刚刚攻占滁州,准备给手下兵将相应赏赐,于是就亲自去找窦仪,希望他打开府库,自己挑选。窦仪严肃地看着当时的赵大将军说:"以您攻占滁州的功劳,给属下多少赏赐,恐怕都不算过分。但是我这里是国家府库,没有皇上的旨意,谁也不能打开。"窦仪拒绝了太祖,太祖却在心里深深敬服他忠于职守,勇于承担的做法。都过了很长时间了,太祖还经常对人提起窦仪有坚守,不为武力和强权所动,实在是一位好大臣。

范质、王溥、魏仁浦同时辞掉宰相以后,赵普当上了宰相。太祖准备以配置副手的名义分掉赵普的权力,当时太祖就准备让吕余庆和窦仪出来担任副宰相——参知政事,赵普坚决反对。不仅如此,赵普还联合陶谷等,共同排挤窦仪,太祖也没有办法。对于赵普、陶谷等的行径,窦仪心里跟明镜似的,但却依然如故地坚守在翰林学士的工作岗位上,尽职尽责,一如既往。

一次,太祖坐在自己后院里乘凉,唤下人打了一盆凉水,自己坐在椅子上,把脚放在水里凉快着。太祖让人通知窦仪前来草制命令。窦仪来到后院,远远见到太祖的样子,站在门口不肯进入。守门官员上前奏报,说窦仪来了,就站在门口,但却不肯进来。太祖自己看了一下自己,笑了。赶紧把帽子、腰带和鞋子都穿戴好,然后招呼窦仪入内。"这次找你来,是要写……""大宋朝建国不久,陛下创业垂统,应该用礼仪规范自己的行为,好给天下后世做楷模。臣虽不才,不足以让陛下这么随便的看重。只是担心天下的豪杰之士,看到圣上这么轻率,从此就不再尊重,也就不再害怕了。"还没等太祖说出具体事情,窦仪就抢过话头说出了上面这么一大套话语。

太祖听罢,认真而严肃地对窦仪说:"感谢您对我的提示。"从那以后,太祖召见大臣,哪怕是身边近臣,都事先把衣帽冠带整理得干干净净、利利索索。

当着众大臣的面,太祖给赵普脸上画了个大黑叉子。虽然跟窦仪无关,但窦仪告诉太祖,说是后蜀王衍使用过"乾德"的年号。而且就因为窦仪的说法,太祖当即说了一句"任宰相当用读书人"的话语。这不明摆着是要让窦仪当宰相吗?赵普心里一直这样想着。

干掉了冯瓒这个可能的竞争对手之后,赵普又把目标锁定在窦仪身上。正当赵普准备指使陶谷等对窦仪发动不间断排挤的时候,窦仪病故了,五十三岁。

赵普去了一块心病,太祖却为失去一位大才而痛惜:"上天哪,为什么这么早就夺走了他的生命呢?这不是折断了我的一只膀臂嘛!"太祖都哭出声来了。太祖下诏:追赠窦仪为尚书右仆射。窦仪活着的时候没有当上宰相,死后却被太祖追认成了宰相。

太祖知道赵普暗地里勾结陶谷等,故意排挤窦仪,心里正烦呢。忽然得报,说有妖人叫张龙儿,伙同二十四位同党用幻术欺诈百姓,京城中还有几位官员也跟着起哄,准备图谋不轨。

"都他妈给我斩喽!"太祖怒吼了一声。

乾德五年三月,有一位后蜀投降的官员,叫做赵玭。后周世宗攻后蜀时投降后周。为人虽然有些轻狂,但却善于管理财政。入宋后,被太祖授予左监门卫大将军,暂时代理财政部长职务。这位看不惯赵普的妄自尊大,狂对狂,眼见赵普越来越骄横跋扈,不可一世。一赌气,不想再受赵普辖制,请求辞去财政部长职务。太祖正在犹豫,赵普来了:"这个人太狂妄,好像离了他,咱们大宋朝就没人能管好财政了一样。"太祖下诏:"同意辞呈,免去代理财政部长职务,保留原官,继续充任左监门卫大将军。"

赵普一面排斥异己,一面收拢人心。

殿前都指挥使、义成军节度使韩重赟,无视朝廷严谨私养兵士的三令五申,私下里豢养亲兵,给自己当亲随护卫,帮助自己看家护院。太祖闻报大怒,跟赵普说,想杀掉韩重赟,以儆效尤。赵普一副为国家考虑的样子:"陛下既然不能亲自带兵,总得找人统领才是。如果因为有人说他私自养兵,就把韩重赟杀掉,以后谁还敢给陛下当将军?""怎么是有人说呢?他就是私下里豢养了好几十个亲兵。""哪个将军没有几个贴身的护卫,未必就是故意私下养兵。"

太祖看了一眼赵普:那就免掉他的禁军军职,降他作彰德军节度使。

救下了韩重赟,赵普又让身边人放出风去给韩重赟听,说要不是宰相赵普营救,韩重赟就没命了。韩重赟闻听,深夜跑到赵普家里答谢。赵普又故意做出替国家挽救人才,并不出于讨好韩重赟的样子说:"告诉他,不应把个人感情搅进国家大事里面。"连面都不让韩重赟见一见。

太祖听说赵普不见韩重赟,心里觉得赵普这个人,还真能为国家着想啊!

太祖一高兴,又给原来就是门下侍郎、平章事的赵普,加了一个左仆射的官衔,同时让他充当昭文馆大学士。赵普俨然成了真正的读书人。太祖又接受赵普的建议,给枢密使、检校太保李崇矩加了一个检校太傅的荣誉官衔。

第十三章 改写记录

宋延渥的女儿

乾德六年二月十六日，宋太祖四十岁生日。世界各国使节照常前来祝贺，奉献礼物。大宋朝廷中比较亲近的官员，也都前来祝贺。

忠武军节度使、左卫上将军宋延渥，母亲是后晋石敬瑭的女儿。宋延渥的老婆又是后汉高祖刘知远的女儿，受封永宁公主。从后晋开始，宋延渥一家就经常出没宫中，后汉、后周时期，更是频繁。

建隆元年，宋延渥跟随宋太祖平定李重进叛乱，因功受赏，顺便带老婆和女儿到宫中致谢，还让女儿给宋太祖弹了一首古琴曲。太祖高兴，赏了她一些礼物。那时那位小女孩，虽然才只有九岁，却被宋太祖的英雄气概所吸引。后来又不断随母亲到宫中走动，对宫里的情况越来越熟悉。这不这次乘着给太祖祝寿，又跟着父母一起来了。不过现在人家可不是小女孩了，已经出落得亭亭玉立，风姿俊美了。加上出身显贵豪门，举止大方、稳重，言谈舒缓、得体，性格恬静、安闲。

宋延渥的这位女儿，这次给太祖献个小殷勤，惹得太祖心里喜欢得不得了，就把她留在了宫中。数日后立为皇后，当时十七岁。

就在册立宋氏为皇后的当天，宋太祖还给宋皇后的父亲改了个名字。

"我给你改个名字吧？""好哇。"嘴里虽然这么说，宋延渥心里却想着："嫁个女儿真不容易，自己还得跟着改名字。""你父亲叫宋廷浩，其中也有一个字跟水有关，你就不要再叫带水字的了，干脆就叫宋偓，你看好不好？"皇上赐的名字，谁敢说不好！"太好了，多谢陛下赐名！"

没听说女婿给丈人改名字的吧？见识短了，判断错了。养女儿都想嫁高人，嫁了高人就得遵守人家高人的规矩。嫁了不如自己的，装装岳父还可以。要是嫁了高人，那就得听人家的。给皇上装岳父，不行！这哪是装啊，本来就是嘛。本来是什么？本来你什么也不是，这才是本来就是。

从乾德二年十一月王皇后过世，到再立宋偓之女为皇后，中间经历三年零三个月的时间，宋太祖是在没有皇后的情况下生活的。

您可能会说，宋太祖耐力可以呀，不过，这样是不是有点太寂寞了？

省了您为太祖的操心和关怀吧。太祖是皇帝,身边还少得了女人嘛!不过话得说回来,宋太祖在古今帝王中,幸御过的女子,可能是数量最少的那种。

立了宋氏作皇后,宫中暂时安定了一些,要不总有人惦记这个位置。其实哪里都一样,就连号称世外的和尚庙里,住持或者首座一旦空缺,好多人也会就此惦记个没完没了。

乾德六年四月,成德军节度使兼侍中韩令坤,疽发于背,辞世了,四十六岁。

韩令坤是太祖的发小,自幼一起玩耍,后来一同辅佐周世宗,情同手足。宋朝建立以后,屡为太祖立功,在赵普建议下,被太祖解除禁军兵权,转为成德军节度使。镇守常山(今河北阳曲县西北)七年,北汉、契丹不敢轻犯,保护了大宋朝北部边疆的安宁。

噩耗传来,太祖伤痛不已,在皇宫大内的讲武殿里,亲穿素服,为韩令坤开了一个规模不小的追悼会。会上,下诏追赠韩令坤为南康郡王,还把韩令坤的两个儿子,都安排在朝中做了小官。

故友走了,日子还得过,国家还得治理。因为窦仪的过世,一时间翰林学士缺位,又没有特别合适的人选。太祖就把借酒佯狂被贬的老翰林学士王著又找回来,让他重新做了翰林学士。又给兵部郎中兼知制诰卢多逊加了一项任务,接替窦仪,负责史馆事宜,增加了一个史官修撰的官职。

就在这一年,李煜的江南国闹起了饥荒。太祖下令,发米十万斛,以救江南之饥。您可能会问,江南国现在不归大宋朝管理呀,他们既然不接受太祖的统一,就是大宋朝的敌国,怎么敌国闹饥荒,太祖还发粮救济,这不是狗拿耗子,多管闲事吗?

在太祖的心目中,天下的百姓都是他的子民,李煜只是帮助暂时代管而已。况且人家李煜,现在奉的是大宋朝的正朔,你叫什么年号,人家也就什么年号,自己没有另叫,形式上就是一个国家。宋太祖发粮救济江南,一方面是慈善悲悯;另一方面也是尽一份责任。

去江南国的大臣刚走,权知四川彭州辛仲甫的奏章到了:川中秩序仍不稳定。一伙强徒,准备在明年各地庆祝大宋朝长春节——太祖生日这天,乘乱起事,攻取彭州。现已抓获了一百余人,已经全部斩首。太祖

第十三章　改写记录

下诏褒奖。

文件刚发走，又接到水部员外郎兼知原州（约略相当于今天甘肃镇原县和宁夏固原县各一部分）胥昭盛的奏报，说是原州附近少数蕃部准备起兵入寇。太祖赶紧指示兵部查清敌情，好决定下一步的军事应对措施。谍报传回来，才知道胥昭盛传回来的是假情报，被人忽悠了，才上了这样一份奏章。

太祖这气："怎么当的地方主脑哇，啊？""拟诏：贬为左赞善大夫。"知制诰卢多逊赶紧把太祖的指示写下来，交给了宰相府。一句闲话没说，转身走了。

赵普看着卢多逊的背影，一句心里话差点从嘴边蹦出来："瞧他那样子，好像比我权力还大，都成了皇上身边的红人了！"

卢多逊刚走没多远，刑部的奏折又上来了：现任监察御史杨士达，从前在蕲州（今湖北黄梅、蕲春一带）担任通判时，无视法令法规，任凭己意定罪，致使很多无辜或罪不当死者被杀。前不久被人告发，现已被刑部和御史核对属实。太祖下令：将杨士达腰斩于市曹。

太祖心里想着，这一再三令五申的，怎么总是还有任意妄为，无视国法威严的官员呢？

围困太原

乾德六年七月，北汉的第二代国主刘钧病死了。

北汉是刘知远的堂弟刘崇建立的，建国时改名字叫刘旻。刘旻有个女儿，在后晋时嫁给了护圣营里的一个大兵，叫薛钊，生了一个儿子，叫薛继恩。后汉的高祖刘知远，当时作为后晋的禁军统帅，看到薛钊毫无本领就解除了他的军职。为了安慰这位侄女女婿，又给了他个小文官干干。可是这个窝囊废还是不行，于是就整天寄食在刘知远家里，无所事事。老婆见他无能，干脆不跟他见面，分居了。

时间久了，薛钊一个人耐不住，心里憋得慌，开始酗酒闹事。又借着酒劲去刺杀老婆。老婆烦他，早有准备，只刺破了点皮肤，跑到刘知远家去了。薛钊酒劲过了，怕刘旻和刘知远要了他的命，自己抹了脖子。没过几天，刘旻的这个女儿又改嫁给一位姓何的，又生了一个儿子，叫何继元。不久老两口都死了,两个儿子没着落,都被刘旻领回家里抚养。这两个小男孩,都不太知道自己的身世底细,就跟着外公刘旻,改姓刘了,一个叫刘继恩,一个叫刘继元。外公把这两位都放到儿子刘钧膝下,给刘钧做了养子。

刘旻死了以后,儿子刘钧嗣位。这下刘钧又死了,这位刘继恩就以养子身份接续了大统。还发书通报契丹,请求契丹国同意。契丹答应了以后,刘继恩就正式当上了北汉的第三代国君。

刘继恩刚当了两个月皇帝,就被手下一个叫侯霸荣的将军给杀了。据说侯霸荣这次杀死刘继恩,是受了北汉宰相郭无为的指使。郭无为反手又来了个"为国除奸,替君雪恨",把侯霸荣和十几名参与刺杀刘继恩的兵士统统杀死了。郭无为虽然摆脱了干系,北汉的日子还得过下去,接着就由刘继元出来,当上了北汉国的第四代君王。

短短两个月,北汉就发生了天翻地覆的变化。

原本在刘钧当皇帝的时候,曾经给宋太祖写过一封哀求般的"乞怜"信,信中说:"我的地盘和兵马,还不及您的十分之一多。作为臣下,我艰难地守护这块地方,实在不是想跟您作对,只是怕刘氏的血脉,断在自己手里。"太祖看罢,心生恻隐,就给刘钧写了一封回信。信中明确答应,要给刘氏留一条生路。所以直到刘钧去世以前,宋太祖都没有对北汉采取较大规模的军事行动。

就在刘继元得位的时候,党项直荡部首领咄信,勾结北汉将领侵扰宋境,但是很快就被宋朝边将击溃了。而北汉的内部,一时间却乱成了一锅粥。早在刘钧主宰北汉的后期,刘继元的原配段氏,因为生活中的一件小事情,被公公刘钧和婆婆郭氏训斥了一顿。按说古代公婆训斥儿媳,在任何一个家庭里都属正常现象。但是训斥之后不久,段氏就生病死了。刘继元当时就怀疑是郭氏故意害死了段氏,从此怀恨在心,总想伺机报复。这下好了,刘钧死了,自己当了皇帝,刚好郭氏还活着。于是就委派身边亲信来到刘钧的灵堂里,用绳子把郭氏活活给勒死了,连现场都没伪造,就是我把她杀了,看谁能把我怎么样?当时郭氏作为故去君王的皇后,正穿着孝服给刘钧守灵。

刘继元杀死了养母郭氏,又把养父(其实也是亲娘舅哇)的宫中姬妾、嫔妃一顿胡乱祸害,抢打奸杀,无一幸免。刘继元感觉还没有抒发出

第十三章 改写记录

心中的仇怨，又把外公刘崇就是刘旻的十个亲生儿子统统抓进了监牢，天天折磨不说，还不给饭吃，九个给饿死了，只有一位叫做刘铣的，装疯佯狂，这才捡了一条性命。刘铣虽然后来就没再露面，但他用来临时保命的这种招数，无意中竟被四百多年以后的明成祖朱棣学去了。这些刘锡、刘镐、刘锜、刘锴们，原本都是刘继元的亲娘舅，刘继元冒姓刘氏以后，也都得管人叫叔叔。小子够黑，杀群叔就跟宰群猪一样。

宋太祖闻报，心里说不清是种什么滋味。十一月改元开宝之后不久，太祖就开始向北部边境地区，增派兵力。开宝二年（969）正月的一天，太祖忽然命令宣徽南院使曹彬、侍卫马军都指挥使党进，各自统兵赶赴太原。

曹彬和党进出发后的第三天，太祖下诏亲征北汉。任命昭义军节度使李继勋，为河东行营前军都布置，提升建雄军节度使赵赞为马军都虞侯，命令两人先行起兵赶赴太原。

太祖任命皇弟开封府尹赵光义为东京留守，负责守卫皇都，让枢密副使沈义伦充当临时大内部署，负责宫中安全。

太祖行进在征讨北汉的路上，刚好韩重赟前来朝见。太祖任命韩重赟为主将，义武军节度使祁廷义为副将，负责从侧面阻击契丹可能的增援部队。太祖告诉韩重赟："契丹如果知道了我亲征太原，一定以为我只顾进攻，疏于防卫。他们以为镇州和定州一带相对空虚，一定会从这里前来增援。你们就在这里给我大破契丹军。"

太祖到了潞州的时候，天下大雨，军民连同随军运送物资车辆一时壅塞，太祖无法前行。太祖不满转运使的工作，就把枢密院直学士赵逢调来，担任随驾转运使。

太祖刚刚来到太原城下，北汉宪州（今山西娄烦县）判官史昭文，见太祖亲征，前来献城投降。

太祖命李建勋屯扎太原城南，赵赞屯军太原城西，曹彬屯军太原城北，党进屯军太原城东，各筑大寨，将太原死死围定。北汉屡次乘夜小规模出击，攻扰宋军大寨。一天夜里，北汉兵偷袭西寨，宋军主将赵赞亲自参加战斗，脚上被射中了一箭，北汉还是不退。刚好宋军一支后勤砍树部队，正在附近伐木，听见鼓声，前来增援，北汉兵这才退入城里。太祖一见这股增援部队并不精锐，正准备责怪，听说是砍树的部卒，太祖高兴，给这股小部队嘉奖、记功。

　　没过两天，北汉将领刘继业又率领数百名兵将夜袭宋军东寨，主将党进挺身率数名亲兵追击刘继业，刘继业一时慌急，只能躲藏在城边的壕沟里。

　　这位刘继业，就是家喻户晓的杨家将的老帅杨继业。本名杨重贵，是后汉时代麟州（今陕西神木县北）地区的土豪。从小善骑射，北汉建立以后，效忠北汉，以勇武著称，人称"杨无敌"。因为受到北汉几代君主的重用，赐同北汉姓，从此改叫刘继业。北汉被大宋朝平灭之后，还在跟大宋朝对抗，后来在北汉主子的哀苦劝说下才投降大宋。大宋朝令其恢复原来姓氏，于是更名杨继业。又为了躲避自己原来的主子刘继元的名讳，干脆就直接叫杨业了。

　　杨无敌这次不仅什么便宜没占到，几乎被生擒。直到天快亮了的时候，太原城上的北汉兵乘着宋兵退走的空当儿，偷偷放下绳索，把他从壕沟里拉上城去，侥幸逃脱了。

　　看到太原虽小，但城池坚固，易守难攻，有人主张再调兵将，加大攻城力度。右神武统军陈承昭，陪同太祖观察太原城西防御情况，顺势向太祖进言说："陛下身边有数千万军马，干嘛不用，还要去远方调兵遣将？"太祖一时间没有醒悟过来，陈承昭就用马鞭指了指从城边滚滚流过的汾河，太祖大笑。命人日夜筑造大堤，拦截汾水，准备灌城。

　　哗啦啦的汾河流水被拦住，城里已经察觉。刘继元心里紧张，赶紧再派勇士出城，向契丹求援，契丹兵分两路前来增援。

　　太祖得到谍报，契丹已来增援部队中的一支，确实从自己预想的道路前来，另一路则朝向曲阳的石岭关而来。于是赶紧召见驻守石岭关的棣州防御使何继筠，另外拨给何继筠数千散骑。太祖附耳授意，何继筠点头微笑。太祖对何继筠说："明天中午，朕就在这里等听爱卿的捷报。"何继筠领密旨，转身而去。

　　第二天中午，何继筠正率兵埋伏在河北阳曲北面，眼见契丹援军来了，一路上趾高气扬，尘土飞溅。"果然不出陛下所料！"何继筠心里说着，果断出击，大破契丹一路援军，斩首千余级，缴获战马七百多匹，生擒了契丹的武州刺史王彦符，还有属下一百余名将士。铠甲之类，缴获就更多了。何继筠获得了胜利，心里高兴，对太祖佩服得五体投地。自己

第十三章　改写记录

留下打扫战场，防备契丹卷土再来，同时打发儿子何承睿，扬鞭催马，赶赴太原，火速向太祖报捷。

时间已到中午，太祖走上高台，眼见一匹快马从北面扬尘而来："此必何继筠前来报捷！"马到近前，翻身下马叩拜："万岁英明！臣父按陛下所授计谋行事，已大破契丹于石岭关！"当时站在太祖身边的各位将军们都在笑。太祖用兵的神奇，他们早就见多不怪了。

契丹的另外一路增援大军，也如太祖所料，正从定州而来。韩重赟和祁廷义早已按照太祖的布置，像等待猎物一样，在嘉山里设下了埋伏。契丹大败，韩重赟一路穷追猛打，斩获三千级，缴获战马百余匹。太祖颁令嘉奖。

太祖见契丹援军已被击溃，下令放汾河水灌城，一天多以后，太祖指示：先出水军，驾小舟携带强弓硬弩，从东南方向试探攻城。太祖想乘着城里进水，人心慌乱之际，试试刘继元的应手，了解一下太原城的守备实力。

进攻太原的战役正式打响了。

横州（今广西横县）团练使、兼内外马步军都军头王廷义，登船击鼓，依仗自己长期在广西水乡统军的经验，连铠甲都没穿。正在指挥射箭，不小心被一支胡乱飞来的流矢射中了前额，栽倒在船舱里。抬回来以后，已经气绝身亡。殿前都虞侯、袁州刺史石汉卿，也被流矢射中，掉进水里淹死了。

第一次"试探应手"，宋太祖损失了两员将官。

太祖又下令从西面攻城，同时派出一支部队，围困北汉的岚州（今山西岚县北）。岚州守将赵文度，眼见太原快要完蛋，哪还有心思抵抗，不等宋军开始进攻，就主动献城投降了。

一个月过去了，太原虽然被围困得犹如铁桶，水也灌了不知多少万吨，但是太原城依然没有被攻破。

已经是农历的五月天了，军卒中已经有很多人中了暑热。太祖忽然想起关押在监狱里的囚犯，在这种天气里，该是多么难过！于是下诏给全国各州县，要求看守监狱的隶卒，一定要按期打扫牢房。看守监狱的长官，必须每五天亲自检查一次。保证监狱通风，保证监狱干净、卫生，一应用具等，都要按期清洗，以免囚犯生病造成传染。对于那些家庭贫困,家里不能提供伙食费的,由监狱负责供给。已经生病的,监狱负责发放药物。罪行不大的,就地释放回家。

太祖皇帝正在前线指挥紧张的攻坚大战,还想到这些问题,没事闲的吧？太祖是皇帝,必须想着天下所有的事情。不仅如此,打这以后,太祖每年都重申一次这样的命令,囚徒的生活待遇和健康权益得到了必要的保障。

敢情大宋朝不仅对知识分子好,对囚犯也好哇。不信,您可以穿越一下,到大宋朝的监狱里去坐上两年,管保比汉唐和明清的待遇高、环境好。

东方威尼斯

北汉宰相郭无为看到太原日益危急,准备投降大宋。于是就诈称要去夜袭敌营,请求刘继元批准。刘继元委派他作主将,给了他数千精兵,还给他派了刘继业和郭守斌两位副将。

郭无为本来打算裹挟这两位副将一同降宋,可是刚出城的时候还月明星稀,接着就乌云密布,大雨倾盆了。刘继业马失前蹄,腿摔断了,没办法继续前行,就让兵士扶着先回太原城了。郭守斌却在大风雨中迷失了方向,不知跑到哪去了。郭无为准备带着他们一起降宋,好增加投降的分量。到了这时候,只有身边千把人马,就暂时先回太原城,准备等待机会再说。

太原城原本有两道外城,最里面才是内城,宋军引汾河水灌城,其实一直都没注到内城里去。借助这场大雨的冲刷,汾河水才穿透两道外城注入内城。又赶上雨季,城里的水位不断升高,连平时行走的道路都被大水淹没了。北汉赶紧派部队堵水,宋军设在对面高台上的强弓硬弩开始说话了,北汉的兵将倒下一排之后,就只能远远地看着大水向城里猛灌。一向干旱少雨的太原城里,一日之内,平地积水,平均高出地面一尺多。军民出行,都得用船摆渡。

太原城,变成了东方威尼斯。

可是才到第二天,不知从哪里漂来很多茅草,又把太原城进水的口子堵住了。北汉部队乘机加紧抢修被水冲破的城墙,大宋的强弓硬弩,却都射在厚厚的茅草上面,城墙很快又修复了。

借着城里人心惶惶的劲儿,郭无为乘机劝说刘继元投降大宋。刘继元不听。刘继元身边的一位宦官,密报刘继元,说郭无为想要叛国投敌,造反迹象已经相当明显。北汉主早就对郭无为心怀怨恨,借助宦官的话,就把郭无为给当众处死了。杀了郭无为,北汉的军心重新稳定下来,太原城里的百姓也相对安稳了一些。

早在前一年多以前,宋太祖就派使臣前往北汉,除了跟北汉履行外交公务外,还私下送给郭无为一封委任诏书。郭无为还是北汉宰相的时候,就已经被太祖委任为大宋朝的安国军节度使了。

郭无为从拿到这份"委任状"的时候开始,就已经动了投靠大宋的心思。但是无论是刘继恩还是刘继元,他们都不喜欢,甚至不信任郭无为这位宰相。当刘继元刚刚当上皇帝的时候,契丹派使臣前来宣读认可诏书。刘继元大宴群臣,就是不找郭无为。郭无为为了引起注意,就自己拿剑刺伤自己,连哭带叫。刘继元无奈,只得让他参加宴席。就在酒席宴上,郭无为借着酒劲大声嚷道:"奈何以孤城抗百万之师?"可是那些山西将领却无动于衷,不知道是生性愚笨,没有听懂他的话语,还是根本就王八吃秤砣,跟刘继元铁了心了。其实也可能两者都不是,只是他们从来就没把郭无为这个人当回事。

不过我们这些历史的局外人,站在现在的立场上看来,郭无为这个人,至少在北汉的文臣武将中,宰相做得也太可怜了。一点威望没有不说,身边连个知心的人都没有。

这位北汉的宰相,姓郭,名"无为",字叫"无不为"。他这显然是在玩《老子》的游戏。恕咱们孤陋寡闻,咱还真是第一次听到,把名后面的字取成三个字的。

其实太祖起初也没有寄望郭无为真正投降大宋,但是如果他要能投降,里应外合,不是更省些气力,也能减少些损失。郭无为既然已经被杀,就已经真正"无为"了。"无不为"的可能性,已经不再存在了。太祖想要借助他导演的谍战片《潜伏》,也就只能中途停拍,就此罢手了。

不过宋军并没有就此罢兵。北汉的主子刘继元,感觉这样下去肯定守不了多久,就亲自领兵出城,准备烧毁宋军营寨,好逼使宋军退兵。结果被宋军杀得惨败,伤亡一万多。

就在当天深夜,宋军中忽然传出北汉主子又将出城,不过这次不是偷袭,而是前来投降。有人劝说太祖前往受降,太祖将信将疑,身边的近臣八作使赵璲对太祖说:"受降如同受敌。不能太轻易。哪有半夜三更,轻易许诺投降的?"太祖赶紧派人前往打探,结果是北汉的谍报人员散布的谣言。大约今夜是想用这种伎俩诱惑宋军,然后再从其他方向,偷袭营寨。

太祖生气,第二天一早,就命令李建勋部出动轻舟,携带火器,烧毁了太原城的南门。但是里面抵抗强烈,仍然没有攻打进去。

侥幸

这面太祖正在攻打太原,后方来报,右仆射魏仁浦病卒了。

魏仁浦本来是想要跟着太祖一起来太原的。临行前,太祖设宴招待文武臣僚,席间发现魏仁浦一言不发。太祖就以玩笑的口吻,对魏仁浦说:"这位老宰相同志,为什么不敬我一杯酒呢?"魏仁浦以为太祖真是想让他敬酒,就走到太祖身边。太祖却附耳低声对魏仁浦说:"朕欲亲征太原,不知老宰相以为如何?"魏仁浦从容对答:"欲速则不达,希望陛下慎重考虑。"太祖觉得他的回答很好,赏赐上等好酒十石,御膳羊一百头。魏仁浦随太祖出征,走到半路就病了。太祖命人护送他先回东京疗养,还没回到东京,就病死在半路上了。太祖心里难受,下诏赠为侍中,赐谥号为宣懿。

由于太原城久攻不下,激怒了宋军将士:"就这么个拳头大一块骨头,不信就啃不下它来!"东西班都指挥使李怀忠愤激作气地说。太祖答应李怀中的出战请求,李怀忠率众攻城,不仅没有攻破城池,还被冷箭射成了重伤。

看到这种情况,宋军将领心中焦急,殿前诸班的全体将士们,为了表达对太祖的忠心和对敌人的蔑视与仇恨,一起跪倒在太祖面前,要求由殿前诸班打头阵,率先爬云梯登城:"不攻破太原城,我等誓不生还!"

太祖感动地看着这些勇士们说:"诸位都是我亲自训练出来的,无不以一当百,这我非常相信。但是我把你们放在身边,就是想与你们休戚与共。我宁可不要太原,也不能就这么让你们冒着刀锋去送死。"兵将们一起山呼万岁,有的已经痛哭流涕了。

虽然没有攻下太原城,太祖却没有发怒,也没有急躁不安,还能如此体谅兵将们,珍惜他们的生命,确非历史上的一般君主所能相比。

太祖的仁心一方面感动了兵将;一方面也给身边的人进言提供了契机。当时宋军数万人,都屯扎在城外的干草地上。很多军校都已经中暑,浑身乏力。加上连日下雨,兵士们又开始腹泻了。

太常博士李光赞乘机上言:"陛下应天顺人,稳坐帝位,体恤苍生百姓,主宰华夏神州。设谋必中,临敌必胜。周边那些枉自称王称帝,凭借山河之险的割据政权,不久前还是我们的邻居,今天都已经成了臣下。就这么个小小的太原,哪里用得着您亲自前来讨伐!拿到手看不出多,不拿到手,也感觉不到少。况且治理国家,重要的是宁静,天道并不喜欢过于饱满。如果战斗再持续下去,咱们就得耗费更多的人力、物力和财力。《左传》上说:'邻国要是丰厚了,就等于自己被削弱了。'不如暂时起驾回京,派兵驻守上党,夏天收割他们成熟的小麦,秋天夺取他们的玉米、高粱,既免去了咱们自己长途运送粮草的辛劳,又节省了咱们自己的费用。太原城里能长几颗庄稼?一旦他们没吃没喝,不用动兵,就会自行毁灭了。诚望陛下理解臣的用心,早作决断。"

说到这里,李光赞诚恳地看着太祖,见太祖的脸上露出了笑容,就又接着说道:"再说现在已经进入炎热的夏季,天气热得像蒸笼,很多兵将都已经中暑,而且又到了雨季,要是黄河、汾水都涨水泛滥起来,道路就很难通行,军资和粮草的运输,都不能正常到达前线。到时候,您又得为这种事情操心、劳神。臣实在是不忍心,看到圣驾再添辛劳。没什么地方能帮您,就提这么个建议,不知陛下以为如何?"

太祖听着,既感觉十分在理,又感觉亲切温润,也就没有顾及所谓君王的面子,下诏撤围班师。

撤兵回师之前,太祖又接受了一个叫薛化光的"譬如伐木,先去枝叶,后拔根本"的建议,把太原附近的万余户百姓都迁往了河南和山东。还发给他们粟米,分给他们田地,让他们自耕自食,很快都成了迁居地的长住居民。

太祖回师的时候,还有百余名将士被围困在敌阵之中,太祖派遣一支部队,冲进重围,把他们全都解救出来了。

宋兵撤走之后,北汉主派兵出城,捡拾宋军所弃军资、军粮等,得米三十万斛,茶叶、绢布等数以万计。太原城在丧乱之余,就靠这点东西,勉强度过了一年的艰辛岁月。真够狼狈的!

捡到了大量物品之后,刘继元赶紧组织人力挖墙洞,向城外放水。浑浊的黄泥水,从城墙洞里向外喷射一样,哗哗地流淌。等到水放光了,城墙上的很多地方,还有城内很多房屋却顺势塌陷了——早被水泡酥了。当时契丹国的使者韩知璠正在城中,看了这种情况后,感慨地说:"宋师以水灌城,可惜他们只知道城市当时被淹,却不知道水退后会墙倒屋塌。要是知道这一点,并州(太原)这次就彻底完蛋了。"由于太祖关爱兵将,刘继元侥幸逃过了这一场大劫。

宋太祖一生,攻无不克,战无不取。这次围困太原数月,却没有攻破城池。虽然没有战败,但也没能取胜。这场战役,是宋太祖一生中唯一一次没有战胜的军事记录。这次的太原之战,改写了宋太祖战无不胜的历史记录。

第十三章　改写记录

第十四章
座右条幅

宋军撤走才几天,契丹的第二批援军又到了,这次前来的是契丹的南大王。南大王见宋军已退,就在城外转悠了几天,讨足北汉的供奉物品后,带兵撤回了漠北。

苏澄的养生秘诀

太祖撤兵回京,路上经过河北真定。远远看见真定城里的一座建筑,虽然不算太宏伟,但红瓦青砖,却也别具一格。这是一座道教的宫观,叫做兴隆观,道长名叫苏澄。这位老道长,早在五代时期就已经名扬四海了。道教讲究养生,这位苏澄道长,就是以养生著称于世的。从后唐到后晋一直到后汉时期,几个王朝的朝廷,都曾多次召苏澄入宫。人家却以身体不爽,有病在身,不便前往为理由,全都推辞掉了。不仅中原政权,就是契丹辽国的几任国主,在登基时都想给人家赐法号,可是人家就是不接受。你说牛不牛?

宋太祖进了真定城,派人去请这位道长。苏澄本来不愿意被世俗的王者接见,但这次是太祖诚恳相邀,人家就来了。"朕一向敬重道仙,前年在汴京城里建了一座建隆观,不知道长是否有意前来?"苏澄回答很阙快:"京师太大,人太多,一天吵吵嚷嚷的,不方便贫道修行。"

过了一天,太祖又亲自来到苏澄的住所,登门看望,赠送礼品。太祖看着苏澄说:"高道年逾八旬,而容貌却像青年人一样,容光焕发,不知用了什么神妙的养生秘方,能否教朕几招?"苏澄一点都不犹豫:"臣是普通人,普通人养生,不过精思练气而已,帝王养生却有不同。"苏澄连气都没缓,紧接着说道:"老子说:'我无为而民自化,我无欲而民自正。'无为无欲,凝神太和,从前的黄帝和唐尧,能够享国永年,用的都是这种办法。"太祖听罢高兴,又厚加赏赐,而后继续踏上回京的路途。

要说人家苏澄,那可真算是一位得道的高人。人家不是靠花巧的手段哄骗愚众,也不靠相面、算卦、看手相、观风水之类混饭吃。人家是真养生,养的不止是身体,尤其是精神。所以才能远离权力,远离世俗,不为世间的利欲所撼动。人家是真正理解了老子的无为、无欲思想的深蕴,也真正体会到了庄子《养生主》的真精神,是一位真正的逍遥神仙。

太祖一边走,一边停,遇州县就住,顺便考察民情和地方官政。到了易州,太祖还嘉奖了刺史贺惟忠,这位长期捍守边境,有功劳。就在易州城里,太祖还下了一道诏令:车驾一路所过州县,一概免除今年秋税。

太祖到滑州的时候,朝廷来报:江南国主派遣弟弟李从谦,到东京来献贡品,跟随来的,还有江南国的水部员外郎查元方。太祖让传令官先回京师传旨,由知制诰卢多逊负责接待事宜。

卢多逊接待期间,陪同查元方下了一盘围棋。卢多逊顺手下了一个手筋,然后得意地看着查元方,像是随口一样问了一句:"江南国的君臣现在都在干什么?"查元方不假思索:"江南国侍奉上国,十多年来,一直尽心尽力。除此之外的情况,在下一概不知。"卢多逊心里想着:"江南国有人哪。"

太祖一边走在回京的路上,还一边想着另外的问题。到河北邢台的时候,下了一道密令,把从前给他献北汉和燕云十六州地图的那位王明,临时调往湖南,改任荆湖路转运使。太祖把这位既干练,心里又装着国家统一大业的青年将领派到这么个位置上去干什么?当时虽然没人注意到,但是后来大家才回过味来:太祖这是要对南汉国下手了。

回京以后

太祖于开宝二年六月底回到东京汴梁,因为一路看见耕牛减少,回到东京后就下了一道诏书:为了保障农耕,从现在开始,无论朝廷还是地方,祭祀天地所用太牢牺牲品,均不要再用牛,而改用猪和羊来替代。生民比天地重要吗?不能这么说。天地的重要性却是通过生民的重要性体现出来的。天的一切感觉都必须而且也只能通过生存在天地间的生物来体现。人的天地,人心中的天地,尤其是要通过人和人心来体现。不重视生民而重视天地,那是欺罔天地。天地让你在人间建邦立国,你就要善待天地的子民,通过善待天地的子民,来回报天地的大恩;通过善待子民,来展现天地的生生大德。要是不这样的话,那就是对天地的不敬,就是轻慢天地,亵渎天地。

开宝二年八月,太祖罢免了知河南府兼任西京留守向拱的官职,把他挪移到安远军,去当了一个节度使。因为有人奏报,说向拱任西京留守兼知河南府十多年,整天只知搞建筑。当然,人家也不是专给自己家搞建筑,还为洛阳市搞建筑,亭台之类都算。向拱好声色,嗜饮酒,狎妓纵欲,疏于政务,致使社会治安情况自大宋建国以来未见好转,经常有白日抢劫之类的事件发生。向拱是太祖从后周带过来的老人儿,太祖本来不想挪动向拱,但这也太过分了,再不撤职,怎么对朝野交代呀!

开宝二年十月,太祖在自己皇宫的后苑设宴,宴请几位老资格的节度使。

太祖多喝了两杯,微带醉意地说:"各位将军都是国家的老臣,我还把你们放在关键的位置上,让你们身肩重负,实在与国家优礼贤达和养育老者的一贯做法不相称哪!"

凤翔节度使兼中书令王彦超听懂了太祖的意思,赶紧走上前去,给太祖深深鞠了个躬,然后诚恳地对太祖说:"微臣本来也没什么勋劳,这么长时间以来,一直占着位置,领国家俸禄,受国家尊崇。实在是不应该呀!现在又老朽了,请求陛下批准微臣解职归乡,这是老臣真心的愿望啊!"太祖欣赏地看了一眼王彦超。另外几位不识趣的,像安远节度使兼中书令武行德、护国节度使郭从义、定国节度使白重赟、保大节度使杨廷璋等,根本没听懂太祖的话语。还一个劲在那里争高数低,摆布自己从前的功劳。太祖扫视了诸位一眼,也没客气,直接就说了:"你们说的,那都是前代的事情了。"敢情这几位说了半天,是讲他们对后周的贡献,而不是为大宋朝立下的功勋。王彦超在一边听着,心里都想笑。

第二天上午,朝廷下旨:

武行德,改任太子太傅;郭从义,改任左金吾卫上将军;王彦超,改任右金吾卫上将军;白重赟,改任左千牛卫上将军;杨廷璋,改任右千牛卫上将军。五人都在同一天,被解除了节镇的兵权。

为了加强禁军的实力，同时削弱地方节镇的兵权，从乾德三年八月起，太祖接受赵普的建议，在禁军中挑选了数十名既强悍有力，又有身高优势，而且都是训练有素的精壮士卒，派送到全国各地去"巡回演出"。同时诏令各州郡，以这些士卒为标准，挑选本州、府的精锐士卒，送到都城，以补充禁军的不足。送来之后，太祖还亲自在便殿看这些士卒比武演练，甚至直接下手矫正各自的动作、姿势。这种做法，被后来的太宗、真宗们继承下来，成了宋代军事的一种定制。州郡的精兵都被送到都城，地方节度使的力量，再度被削弱。

可是这些新被选送来的士卒，多半都是单身，没有家眷，他们的生活问题需要解决。

早在乾德三年，太祖就曾告诉当时的统领官说："民人女子，只要有愿意跟他们成婚的，不用出聘礼，只需请他们喝顿酒就行了。"这位统领官叫王继勋，是王皇后的堂兄。一向自恃这种特殊身份，随意妄为。这次也一样，以为太祖给了他胡来的权力，纵容这些禁军新兵，在京城里强抢民家女子成婚。一时间闹得鸡飞狗跳，街市不宁。太祖闻听，下令立即捉拿，把一百多个参与抢劫民女的士兵全部抓获，退还民女之后，当街全部斩首示众。京城百姓这才安下心来。王继勋也被换了岗位。之后不久，又查出京城禁军中的十余名无赖，经常赌博，还不时干些坑蒙拐骗的勾当。太祖下令刺面，发配到义丰（今河北定州辖内）牢营。

太祖接受赵普的建议，严令全国各军节度使和各州郡长官，每年做好军费和行政开支预算，除了留足本州军使用的钱、帛之外，其他所余钱物，一律送到都城，不得擅自提留。为了保障这项措施的正常施行，太祖还委命京官明察暗访，有时还派朝廷大臣下到各军、州检查实施情况。不断根据实际情况，制定更加细致可行的实施细则。从此以后，这项措施渐渐被确定下来，成了宋代的一种规矩，地方节度使的财政权，彻底被朝廷收回了。这些曾经在晚唐五代以来不可一世的节度使和藩镇首领们，再也没有财力私自养兵了。太祖的这种做法，既从根源上解除了地方节镇游离于中央管制之外的可能性，同时也为地方百姓减轻了很多赋税负担。晚唐以来，方镇节度使尾大不掉的情况，彻底改变了。

太祖同时下令，各州郡务必将朝廷所下政令中，不符合实际情况、不利于民众生活实际、不便于社会稳定发展的条章，及时上奏朝廷，最好要能提出有效的改进措施,以便朝廷及时改正。

大宋朝建国才五年多一点的时间,晚唐、五代以来无规矩的局面,渐渐消失在了历史的深处。

进一步解除禁军和节度使兵权的同时,太祖又任命李昉和卢多逊轮流直学士院,原来学士院只有学士,没有直学士院。自太祖这次任命开始,直学士院,也成了宋朝的一种规矩和制度。

雷德骧揭发赵普

赵普一向专横、独断,拿到宰相签署权之后,一天天更加肆无忌惮。赵普在中书省庭院里放了一口大锅,诸臣及各州县奏章,只要没有重要急务或者有不合自己心意的,都扔进去烧毁,根本无法传递到皇帝手中。很多大臣心生怨愤。前此坚决要求辞去财政部长的那位赵玭,大约算是赵普同僚中的第一个"非暴力不合作"者。

太祖准备亲征太原的时候,赵普因为老娘病故,暂时离职。这是古代的规矩,爹娘去世要服丧,一般要三年。如果你是当官的,不管官多大,都得停职,当然不是反省,而是服丧,也就是守制。服丧就是穿丧服,要哀戚;守制就是遵守礼法的规定。服丧期间,不止做官的要暂时停职,读书也受限制。不管你学习多好,都不能去参加科举考试。个人的感性生活,尤其要受限制。不管感情多么深,不管是否已经约定好,不能在服丧期间结婚,包括儿女们都在内。就是不能娶媳妇,不能娶儿媳妇、孙媳妇,不能嫁女、嫁孙女,更不能在此期间纳妾之类。除非这期间皇帝有特殊命令,那叫忠孝不能两全,忠于君国胜过孝敬父母。别看赵普是宰相,一样不能超越礼法的规定和约束。

乘着赵普不再管理政务,又赶在太祖出征之前,判大理寺雷德骧,急切要求面见太祖。因为赵普笼络其他官员,包括大理寺的属官和堂吏,都依附赵普,凡事不经过必要程序,绕过大理寺长官,按照宰相自己的意图,随意增减法律条文,增删处罚名目。雷德骧作为大理寺的长官(主管全国犯罪人员的处罚、释放和监管之类的机构),忍无可忍,准备面见太祖,亲自奏明此事。

但是因为太祖准备出征,一时间没来得及安排接见,雷德骧等不及,就违背常规,直接闯到了讲武殿中。雷德骧除了向太祖禀报实情,同时又奏报赵普强买人家田宅,聚敛财富,收受贿赂。雷德骧越说越激奋,声音超过了大臣向皇帝奏事的分贝。而且不小心说出了"宰相仰仗陛下恩宠,肆意妄为"之类的话语。

太祖一时火起,抄起手边的小玉钺,迎面就给雷德骧来了一家伙,当场打掉了雷德骧的两颗门牙。太祖还愤愤地说:"铁锅还有两个耳朵呢,难道你没听说赵普是我的社稷之臣嘛!""来人哪,给我拉出去,斩了!"太祖发狠了。

雷德骧就这样被拖出了讲武殿,按倒在大殿门外。正当刽子手举起屠刀的时候,太祖缓过神来,觉得处罚太重了,心说"不能杀上书言事人"这是我自己不久前刚刚说过的话语。想到这里,太祖赶紧派人出来追赶:"刀下留人!"雷德骧被赶出大殿,太祖只按照无确凿证据而擅自闯入宫殿的罪过,贬掉了他的大理寺长官,降职为商州司户参军。

这位雷德骧,正直敢言,无所畏惧。到了商州之后,地方官员迎合宰相意图,雷德骧忍不住,又出言表示不满。刺史密报宰相,赵普诬陷雷德骧在商州作诗诽谤圣上,雷德骧的家被查抄了。结果确实翻出了几首朝廷处事不公之类的带着怨气的诗文。赵普想要致雷德骧于死地,太祖还是宽恕了雷德骧。从轻处理:削职为民,充军发配到灵武(今宁夏贺兰县)。

赵普乘机上言:臣因家母病丧,不能为陛下分忧,以至于陛下出征,朝中事情少人打理,竟然闹出了私闯禁地,肆意朝堂的事情。臣实在对不住圣上。

赵普的话,再度打动了太祖。太祖下诏,赵普夺丧,原官起复。才给老娘守了两个月丧,就又重新回到朝中,接着主持朝政了。

要说赵普这人,在刚当宰相的时候,确实意气风发,准备大干一场。《宋史》说他"以天下为己任",经常给太祖推荐一些"好干部"。一次推荐了一位,太祖不同意。第二天上朝,赵普又把这份推荐奏章呈给了太祖。太祖生气了:"除了这件事,你就没有别的事情上奏了吗?""这件事不解决,别的事情就得向后排。"太祖忍不住愤怒,"啪"的一声,把赵普上奏用的笏板(竹片)折断扔出老远。赵普什么话也没说,低头把笏板捡起来,回到家里粘好,第三天上朝又举给了太祖。太祖无奈,只得答应,据说那位上任工作,还蛮称职的。

还有一次,赵普上奏,一位大臣照例该升迁了,太祖不喜欢这个人,就不同意给他升迁。赵普却说:"人家该升迁了,这是规矩。"太祖十分生气地说:"我就不给他升官,看你这位宰相究竟能把我怎么样?"赵普却说:"赏功罚罪,古今都如此。况且刑罚和奖赏,是天下的刑罚和奖赏,不是陛下一个人的刑罚和奖赏。怎么可以因为您一个人的喜怒而决定呢?"太祖愤怒,转身离开朝堂,赵普就在后面跟着。太祖这气,我回宫里去了,看你还敢私闯宫闱不成?

太祖回宫以后,赵普就站在宫门外面不走。心说我不敢闯宫闱,我却可以在这儿站着,看你答不答应。过了很久,太祖命人出来一看,赵普还在那里站着。太祖心想为了一个小官升职,别把我的宰相站死在宫门口,于是就答应了赵普的请求。

赵普居丧起复的时间,是开宝二年十二月。就在这个月里,契丹国出事了,皇帝辽穆宗耶律述律被下人杀死了。

辽国的这位皇帝,后来被谥为穆宗。本来是辽太宗耶律德光的长子,辽世宗耶律兀欲被杀之后,被扶上皇帝宝位。当皇帝以后,整天就是喝酒、打猎。打完猎喝酒,喝完酒打猎。一生就是喝酒、打猎。喝醉了酒以后,还经常无故责罚下人。下人极其愤怒,终于忍无可忍。身边服侍他的一个叫小哥的侍从,在一个夜深人静的晚上,乘着这位皇帝大醉之后,联合给皇帝端盆子接呕吐物的小臣花哥,还有专门伺候皇帝的厨子辛古。就这么三个小人物,拿着做菜用的菜刀、棍棒、铜盆等物,一顿劈叉啪嚓,就把这位不可一世的大辽国的皇帝打成了一块肉饼。三个人溅得浑身是血,还粘了一身呕吐物。

皇帝没有守卫的军队吗?有哇,都防守外面了。身边服侍的小人物把皇帝杀了,他们根本就不知道,也根本就没想到。他们只看守外面,外面并没有人进来。这位皇帝被杀了,侄子耶律贤闻讯赶到,率兵追赶,把三个小人物缉拿归案,当众斩首了。杀死了弑君者,也顺势入主宫廷,受贺登位,就此当上了皇帝。这位耶律贤,就是后来历史上的辽景宗,原本是辽世宗耶律兀欲的第二个儿子。

王处士的格言

开宝三年(970)正月,张令铎病死了。张令铎现任镇宁军节度使,建隆二年(961)七月被解除禁军军职。太祖让皇弟赵光美娶了他的女儿,两人成了儿女亲家。太祖当年"杯酒释兵权"的时候答应过这些武将,说是要跟他们结成儿女亲家。太祖是说话算话的人,后来大将军高怀德娶了太祖的妹妹,宋太宗娶了李处耘的女儿,太祖还把自己的二女儿延庆公主嫁给了石守信的儿子石宝吉。

张令铎这次没有死在任上,本来就生病了,前一阵子来朝看太祖,顺便留在京城养病。太祖曾经亲自前往看视,赠给他家白银五千两、绢布五千匹,还赐赠了他的家人一些礼物。张令铎死了,太祖很悲伤,诏赠侍中。

太祖四十三岁生日那天,在后苑宴请元老。借着长春节的由头,前宰相王溥、还有刚被解除节度使军职不久的太子太傅武行德、左金吾卫上将军王彦超这几位到了一起,说起从前的事情,一高兴酒喝高了,都东倒西歪的,武行德还呕吐得一片狼藉。御使上奏弹劾,说他们有违臣节,无视朝廷对大臣跟皇帝在一起时的礼仪规定,影响了朝廷的形象。太祖也醉意朦胧,"喝高就喝高点吧,人生能有几次高!"御使哭笑不得,转身离去了。

今宵酒醒何处?太祖还在昏昏沉沉,宋皇后就前来求情了。因为有人通风报信,说是皇后的父亲被告了。皇后的父亲原来叫宋延渥,被宋太祖改名叫宋偓,是忠武军节度使。宋偓因为在地方当节度使,利用职权,开店赚钱,被人告发。不仅宋代,古代大多王朝都不允许官员经商,官员经商,是绝对违法的行为。

太祖看了一眼宋皇后说:"不可以因私情而废国法。"宋皇后不敢再说。宋偓不再担任忠武军节度使,被换了个小的地方,到静难军去当节度使了。太祖把忠武军节度使给了王审琦,王审琦被解除禁军兵权以后,担任忠正军节度使。担任节度使期间,不干涉地方政治,严格执行宋太祖把地方权力交给地方政府自行管理的决定,受到太祖嘉奖,提升为忠武军节度使。又过了一个多月,太祖把自己的长女昭庆公主,下嫁给了王审琦的儿子王承衍,王承衍以驸马身份,仍然担任都尉。

连老丈人都不放过?那当然。国法面前,人人平等。那时候虽然没有这个观念,但却有"王子犯法,与庶民同罪"的说法。何况老丈人,本非自己血族,又不是啥实在亲戚!

玩笑是这么开,太祖还是网开一面,减轻了责罚。还有那位王继勋,就因为是王皇后的哥哥,屡屡犯错、违法,太祖都是从轻处罚的。圣明的宋太祖,也有一碗水端不平,故意照顾自己私亲的时候。没办法,中国自古以来就是人情社会嘛!

离大宋朝的汴京城不远处,有一个酸枣县,酸枣县里住着一位老者,名叫王昭素。为人诚实笃信,从不欺罔,远近闻名。此人在五代的乱世中,洁身自好,守身如玉,不与世俗同流,更不与权贵合污。数十年足不登官门,朝廷给官也不做,地球人都亲切地叫他"王处士"。

据说这位王处士到市场上买菜,小贩们索价很高,但是买主可以讨价还价,按照讨还结果提货付款。这是市场习惯,叫做"漫天要价,就地还钱。""这小白菜多少钱一斤?""八块。""太贵了,一块怎么样?""不行,三块吧。""两块怎么样?""两块就两块,今天算你走运,反正我要收摊回家了。"这就成交了,普通人都这么买菜。王昭素不是。"多少钱一斤?""八块。"掏出八块,提菜就走。买主不干了:"对不起老先生,这菜不值这么多钱,您还是少给点吧。""那哪行!买卖讲的是货真价实,说多少就是多少,怎么可以胡乱要价?你既然说八块,就不能再往下减。赶紧把钱收起来,要不别人看见,该说你这个人不实在了。""啊?"王昭素走了,小贩的白菜价格改了:一块二毛一斤。姓张的小贩改了,姓李的小贩也跟着改了,全市场小白菜的价格都改了,全都一块二毛一斤。

一次,王昭素家正在盖房子,把一些木料堆到靠近房门口的墙边上。夜里来了一位小偷,准备偷他家里的东西。钻到屋里之后,却被这些木料夹在了中间,进不来也出不去了。王昭素察觉到了,叫醒儿子,把木料全都扔到院子里去了。然后对这位夜行者说:"赶紧走吧,小兄弟,要不然一会儿被警察抓住,就麻烦了。"小偷走了,不再到他家来光顾,也不再到别人家光顾。其他小偷也跟着学,不久之后,县里的小偷绝迹了。你说神不神?

这位王处士不仅善行如此,而且学有专攻,几十年潜心《周易》研究,还著有一部研究《周易》的"学术专著",叫做《易论》,有三十三卷之多。

太祖听说了,既惊讶又赞叹,就在便殿里召见了这位享誉民间的善人处士。

太祖看着这位须发皆白的老者,钦佩而温和地说:"为什么不出来当官做事,致使朕与你相见恨晚呢?""我不适合做官,只适合做普通人。"太祖让王昭素讲解《乾卦》。讲到"九五爻",王昭素严肃地对太祖说:"此爻正当陛下今日之事。"又援引经典和史实,暗示太祖要警惕骄傲情绪的产生。太祖高兴,又向他询问民间实际的生活情况。王昭素实话实说,不打折扣。太祖愈加欣赏。接着向他询问治国和养身之道。王昭素就说了一句话:"治世莫若爱民,养身莫若寡欲。"这句话说得简洁生动,明白晓畅,干净利落,雅致优美。太祖喜欢,就自己用毛笔写成条幅,悬挂在座位的旁边,不时抬头看看,用来提醒自己。太祖不是书法家,但是墨宝有颜体风格,阔大舒展,跟太祖的身体和性格很相像。

过了几天,老处士要回家了,人家在大城市住不习惯。高楼大厦,车水马龙的,哪如小桥流水,杨柳春风让人感觉舒服?太祖也不强留。有诏:王昭素以国子博士身份致仕。致仕,今天叫退休。这位善人处士,因为被太祖发现,七十大多了,却从普通农民一变成了国家高级退休公务人员,享受的,是省部级待遇,医保、社保什么的,朝廷都给办好了,不再用自己操心。要不怎么说,人得有德行,人得有本事呢!

儒家、道家和佛家

其实在这位王处士的身上,既体现了儒家的精神,也展现了道家的风貌。前面说的那位苏道士也一样,他的行为和话语,基本上是道家的底蕴,同时也充满了儒家的味道。在他们的身上,都有儒、道两家思想和文化影响的深刻烙印,这一点,太祖看得出来,也听得进去。

太祖一生尊贤、敬道、礼佛,提倡三教互相取用,不希望三教信徒互相攻讦。更没有像历史上的一些帝王,非要把道士和佛僧纠合到一起当场论辩,胜者奖励,败者流放或者杀头。那不是信重,而是挑剔;不是尊重,而是残害。

挑动教派之间的争斗,挑动群众斗群众,是不德的统治者,显示自己权力威严的一贯做法。通过制造人间不和谐,唤醒人性中最恶劣的潜在"贮藏",才能使权力更加威风凛凛,不可一世。才能最大限度地引起被统治者对于统治者的统治的重视。

太祖是大善人,怎么会像那些恶劣的统治者们一样,干这种缺德、作损的事情!

太祖开怀纳士,开科取贤,以文官担任知州、知府,还选派文官赶赴全国各地充任县令、担任通判、转运使等,奠立了宋代文官政治的基本格局。这种对儒生的看重,在他一生的政治实践中,随时随处都表现得淋漓尽致。尤其是"不得杀士大夫与上书言事人"的诫誓,更能表现崇敬儒者的真实心怀。

太祖对道士的尊重,上面召见并厚赐苏澄的事情,不过只是一个案例。世传太祖与陈抟的交谊不浅,还有有关太祖跟一位自称"混沌"的道士的关系,也表明了太祖对于道士的尊重,已经到了有几分迷信的程度。有关这位道士准确地预测了太祖的生死,这件事情本身是否可信是一方面,但太祖很相信道教,应该没有问题。登基不久,太祖就以自己的年号为名,在汴梁城里修建了一座很大的道观,这就是太祖想请苏澄来主持的那个建隆观。

太祖对佛教也一样尊重。传说太祖早年浪迹天涯时,曾经受到和尚的救助。但是登基之初,却因寺僧不守寺规,诱骗民女留宿寺院而杖杀住持僧辉文,还把其他十七名僧众各杖五十,流放到了海南岛。可是这件事情,并不能表明太祖对佛教有偏见,却只能表明太祖维护社会秩序和伦理规矩的决心。是太祖为了维护人间正义而"亮剑",不是太祖因为厌憎佛教而残害佛徒。

太祖跟随周世宗多年,周世宗毁佛的事情,太祖都亲自经历了。大宋朝建国之后,还有地方官员在砸毁佛像。太祖下令,不许再砸,但是暂时也不许再塑。

乾德四年,河南有个进士叫做李霭,是个标准的儒生。为人像头犟牛,认准一门,牛都拉不回来。其人坚定信仰孔孟之道,坚决拒斥佛教、佛徒。为了表达自己的反佛立场,专门撰写了一本小书,名叫《灭邪集》。把佛教的教主释迦牟尼和佛教的高僧大德并及一切小和尚、小尼姑,统统看做邪魔,将佛教的经典和教义,统统当成邪教。还故意把弄到的佛书竹木简牍,拆散展平,用来铺床、铺炕、垫地板之类。故意这样做,还造大声势,给周围信佛的邻居们看。邻居里的佛教信徒,把这件事告诉了寺院里的和尚。和尚们就集体到河南府去告官,说他故意诋毁佛教,侮辱神圣。河南府的长官,一时间不知如何处置为好,把卷宗送到了朝廷。

太祖下令:脊杖二十,流放沙门岛。

开宝改元之后,太祖又在汴京城里建造了一座大型寺院,同样以年号开宝来命名,叫做开宝寺。现今开封市的佛教铁塔,就在原来的开宝寺内。

以自己的年号作为道观和僧寺的名字,这件事情本身,就已经充分表达了太祖对道教和佛教的尊重和信奉。而在乾德年间,因为一面铜镜的缘故,又说出了一句"任宰相当用读书人"的话。这句话,则可以跟上面两个道、佛的宫观和寺院用统治的年号来命名,构成对儒、道、释三家并重的大鼎之三足。

这种对三教的态度,充分展现了宋太祖开阔的胸襟和阔大的视野。大宋朝能够成为中国历史上文化最为昌明的历史时代,都是在太祖这种胸怀、视野的感召之下,一代一代坚守下去的结果。

薪俸

赵普生病了,太祖亲自前往家中看望,赐给赵普银器五千两,绢五千匹。同时赐给赵普的老婆——和氏五十两银子,又给了这位嫂子三千匹布,留着做衣服穿。太祖对赵普,那可真是没的说了。

开宝三年六月,太祖感到五代以来冗官冗吏过多,办事效率低下,决定裁减官吏。同时考虑官吏俸禄一向微薄,很难指望他们真正清廉而有作为,"与其冗员而重费,不若省官而益俸。"于是下诏:"西川管内所有州官县令,以管辖户口为依据,裁减不必要的官员,所有未被裁削仍然留任的官吏,薪俸一律在原来工资的基础上,每月增加五千。"

以管辖区内户口数量来设定官员数量的具体规定如下:

州郡一级地方政府,约略相当于我们今天的地市级,管辖之内人口达到二万五千户和二万五千户以上的,除州郡长官以外,依旧设置被称为曹官的属员三名。即录事参军、司法参军、司户参军各一员。不满二万户的州郡,只设置录事参军、司法参军各一员,省去司户参军一员,司户参军的职任,由司法参军承担;不满一万户的,只设置司法、司户参军各一员,录事参军一职,由司户参军代理;户不满五千的,只设置司户参军一员,司法参军和录事参军所应处理的事情,均由司户参军一人负责。

录事参军、司法参军和司户参军,统称曹官。都是州郡长官手下的具体办事人员,三者的职权所在和责任义务分配大致如下:

录事参军,主要负责州府本身的事情,约略相当于今天的政府办公室主任;

司户参军,主要管理州郡里的户籍、税收、公务出纳之类事情,约略相当于今天的公安局户政科、税务局和财政局加在一起的情形;

司理参军,主要掌管狱讼、审讯刑事案件。约略相当于今天的法院审判科、司法局和检察院合在一起的样子;

司法参军,掌管制定法律条文,审议和判决案件,跟司理参军的职任差不多,只是增加了今天的监狱和看守所之类的职能。

在一般的情况下,司理参军和司法参军都是合在一起,全部司法、刑讯、判决、拘押等工作,均可由称为司法参军或者司理参军的官吏来具体负责。

这是州郡一级的情况。州郡下面的县级行政单位,也按照掌管户籍人口的多少,设置官员的数目。

拥有一千户以上人口的县,依旧设置县令、县尉和主簿,三名官员;人口不满一千户的县,只设置县令和县尉两名干部,主簿的工作,由县令代为履行;不满四百户人口的,只设置主簿和县尉,以主簿兼知县事;不满二百户的,只设置一名国家公务人员,称为主簿,管理全县事宜并兼任县尉。

县令,相当于今天的县长。后来宋代有知县,也是县令。有京官头衔的官员掌管一县,称为知县;没有京官头衔的掌管一县,称为县令。比如从京城派来一名官员,他有个京官的头衔叫太学录,那么他不管到哪个县去主持政务,都叫知县。

我们今天的县长都没有京官的头衔,所以只相当于当时的县令。假使哪位是教育部参议,或者全国政协委员之类,那么他去某县主持政务,那就相当于过去的知县了。当然,今天中央各部,不设置这些闲职官衔,所以也就没有真正的知县,只有相当于县令的县长了。

主簿,大约相当于今天的县委和县政府的两办主任,或者副县长;县尉约略相当于今天的县公安局长,掌管全县治安,纠察匪盗之类事情。

这条首先针对四川各州、县的行政改革措施,后来被推广到全国,成了一种定制。

开宝三年七月,江南国的韩熙载死了。

韩熙载可是个有名的人物,直到今天还有一定知名度。就在大宋朝重新统一全国之前,韩熙载官任江南国中书侍郎,离宰相只有半尺之遥。据说韩熙载尽忠李煜,敢于直言。宋太祖开宝元年十一月,李煜的皇后周氏过世。生病期间,李煜把周后的妹妹领入宫中留宿。周后看到以后很伤情,问妹妹什么时候进宫的,妹妹回答很长时间了。周后郁闷,转头朝墙,不再理睬妹妹。周后死后,李煜又把周后的妹妹扶为皇后。当时韩熙载为了这件事,还写诗讽谏过李煜。

各位不要以为韩熙载讽谏李煜,自己就是一个善于节制欲望的人,这完全是两码事。讽喻君王是臣下的责任,笙歌艳舞也是臣下必须的本分。韩熙载不仅是这样想的,同时也是这样做的。

韩熙载任性纵欲,家里养了四五十位小妾,经常夜里邀约各色政要和文化名流在家中饮宴,吹拉弹唱,赋诗纵酒,通宵达旦。因为自己享用不过来,这些姬妾们欲火难耐,纷纷跟韩家的这些宾客们私下交流"身心合一"的人生体会。搞得韩家简直成了男女勾搭的平台和牝牡交合的会所。江南国的后主李煜,也为此严厉地批评过韩熙载。

君臣互相劝谏,君臣各自却都没把对方的规谏真正当回事。

当然,韩熙载在后世的知名度,主要还是因为当时江南国的画家顾闳中的一幅传世名作——《韩熙载夜宴图》。这幅图,画了夜饮时在场的人物各具形态,听弹琴的,看歌舞的,喝酒聊天的,手里摆弄器具和珍玩的。无不亲切到位,栩栩如在目前。这是一幅绢布的画图,按照现在的测量,幅长28.7厘米,幅宽335.5厘米,是中国古代的十大传世名画之一。宋代的摹本,至今还收藏在北京故宫博物院里。据说故宫博物院新近已经把这幅画做成了电子高清版,如果各位去故宫参观,保不准还能一饱眼福呢!

韩熙载死了,李煜很悲伤,赠给他一个"平章事",算是了了自己想让韩熙载当宰相的夙愿。

"我当救此一方民"

与江南国君臣沉湎夜生活,纸醉金迷相比,南汉的情况更差。好在江南国已成规模,各项事务都还在有序的进行中。南汉国的国主刘鋹,却整天领着数百宫女、艺人,衣锦绣,吹玉笛,颠倒黑夜白昼,长夜饮酒淫乐。宫里除了吃喝玩乐,还要兴妖作怪,残害忠良。

就在宋太祖出兵征讨四川的时候,那位南汉国的有识之士邵廷琄,说服南汉后主刘鋹,把他派到南岭一带主持军务,训练士卒,准备抵御大宋朝的进攻。

邵廷琄请命到了南岭一带,这一带是南汉和大宋的交界地带,也是现代中国的岭南和岭北的地理分界线。这一带地区,山高岭险,林深草密,路径很难寻觅。如果防御得力,以当时的军事装备而论,大宋朝的军队要想越过南岭,还真要花费点儿力气。邵廷琄也确实比较能干,才到南岭南坡几个月,就把边防军队整治得既听从指挥,同时也具有相当的战斗力。可是把持南汉朝廷的那些妖孽们,却四处造谣,说邵廷琄训练军队,是准备谋反。刘鋹这个昏聩的家伙,在未加任何证实的情况下,就轻信谗言,派人送去一把宝剑,让邵廷琄自裁。邵廷琄手下的兵将很伤心,一再集体向刘鋹的钦差大臣请愿。大臣根本不听,更不想回去向刘鋹转达将士们的心声。邵廷琄就这样,稀里糊涂地被赐死了。尽管将士们为他立了个纪念碑,但是将士们的心里却彻底凉透,不再对南汉国朝中的君臣们抱任何希望和幻想了。

南汉国只有一个邵廷琄,就这么一个稍微像点样的玩意儿,还死于非命。南汉国的前景,不用深想,死定了那是肯定的。就像一只瘟鸡,什么时候被活埋,只待主人腾出功夫了。

太祖在征讨北汉的时候,宋朝军队也在小规模跟南汉交战。

在一次战斗中,宋军抓获了南汉的一名将官,叫余延业。潘美把他押送到了京城。宋太祖问余延业:"你在岭南担任什么官职?""小人在南汉国里,给主子当护驾的弓箭队大队长。"太祖命人把弓箭拿来让他试射。这位弓箭大队的队长,而且还是皇帝护驾的弓箭队的大队长,竟然连弓箭都拉不开。太祖看他用力而无效的样子,真是又生气又想笑。太祖又问他南汉国的国政情况。这位倒实在,把南汉国君臣奢侈糜烂、横征暴敛、残害生民和大臣等情况,一五一十地全都告诉了宋太祖,一点都没隐瞒。

太祖听了之后,紧皱眉头,只说了一句话:"吾当救此一方民。"说岭南的人民受苦了,我得赶紧去解救他们!

太祖从北汉回来的路上,就把那位对统一国家饱含热望的王明将军,特意调到湖南,去充当转运使。这可不是简单的人事调动,而是在为征讨南汉做准备。

太祖做事总是这样,为了做成某件事,很久以前就已经开始筹划、准备,从来不做那种"现上轿现扎耳朵眼"的事情。

开宝三年八月,太祖下诏书,命令南汉国君,停止割据,归还中华圣土。

太祖使了个心眼,并没有直接派人把诏书送给刘鋹,而是交给江南国的国主李煜,让他转交给刘鋹。李煜自然卖命,赶紧派朝臣前往南汉,代大宋朝宣读圣旨。同时劝说刘鋹,不要负隅顽抗,减少损失,减轻罪孽。

可是南汉国的刘鋹没看懂,还想割据下去,不同意交出土地。其实李煜也没看懂,这封诏书同样也是下给他的。当然,他也像刘鋹一样,就算看懂,也会故作糊涂,希望能够侥幸逃过被统一的厄运。

刘鋹既然不识时务,太祖只能诉诸武力。

九月初一,太祖任命潭州防御使潘美,为贺州道行营兵马都布置,朗州团练使尹崇珂为副布置,道州刺史王继勋为兵马都监。荆湖路转运使王明,为前军军用物资转运使。同时诏谕湖南各州、郡,发兵赶赴贺州附近集结,统一归潘美指挥,发兵攻打南汉。

攻打南汉的命令下达才八天,宋军潘美就率部攻克了南汉的富州,又过了六天,南汉的贺州,被宋军包围了。

第十四章 座右条幅

第十五章
春暖花开

当宋师向贺州附近集结的时候,南汉国的贺州刺史陈守忠赶紧向刘鋹告急,刘鋹委派内太师兼骠骑大将军龚澄枢前往宣谕,就是去宣读圣旨,慰问前军将士。

连下数州

守卫贺州的南汉将士,长期驻守边陲,待遇又低,听说大内总管兼全军主帅来宣读圣旨,一个个高兴得不得了。心说这回可以得点赏赐,吃顿好饭了。谁料龚澄枢这次只是带了一纸空文前来:"驻守贺州官兵,你等要尽职尽责,严防死守,不得让宋兵越过边境。违令者、怯懦不前者、临敌逃跑者,定斩不赦。钦此!"宣读完圣谕,龚澄枢连个招呼都没跟将士们打,转身吃陈守忠为他摆设的宴席去了。

"人家根本就没把咱当回事。"可怜的大兵们在心里怨恨地说着。

由于南汉士卒无心守边,宋军轻易攻下贺州周围的几座小寨,没费吹灰之力,就形成了对贺州的包围。龚澄枢见到势头不妙,乘坐一艘小船,在夜色苍茫中带着亲信跑回广州了。

刘鋹见龚澄枢狼狈逃回,赶紧召集群臣开会。有人提议要潘崇彻带兵增援贺州。据说这位潘崇彻还真有两下子,也读过几本兵书,曾从南楚的马氏政权手中,为南汉夺得了湖南的郴州。后来刘鋹怀疑他对自己不够忠心,就夺掉他手中的兵权,这会儿正在家里闲居着。朝廷使节来了,让他率兵抵御大宋军队。这位心里一直不满刘鋹夺了他的兵权,一听让他重新领兵,就以身体一直欠佳,而且现在正在生病为理由,拒绝了。

刘鋹很生气："缺了他潘崇彻这个鸡子,咱们南汉国还不做糟子糕了！武彦柔难道不会带兵打仗吗？"武彦柔就这样临危受命,率兵前往贺州救援。

刘鋹给了武彦柔五万部队,武彦柔率军乘船从广州珠江口出发,一路向西,沿着西江前行,过肇庆,在梧州东面不远的封开镇,转道向北进入贺江。行进到距离贺州不到一百华里的信都镇,舍船登陆,准备在包围贺州的宋军背后下手。

宋军早已得到探报,潘美在贺州到信都的中间地带设置了三重埋伏。武彦柔的部队下船之后,稍事整顿,就向贺州进发。行进十余里,伏兵四起,喊杀震天。南汉兵将登时大乱,武彦柔转头向回跑,想要乘船逃跑。可船上早已插满了宋军的旗帜,武彦柔没费吹灰之力,就被擒获斩杀了。

武彦柔这位被刘鋹信重的上将军,只用了不到两个时辰的时间,就把五万将士轻易葬送了,效率真够高的。除了被杀死和被俘投降的以外,五万兵将中的绝大多数,都乘机逃亡,他们早就不想给南汉政权卖命了。

宋军这次的做法,在军事上叫做"围城打援"。五万增援部队瞬间就被击垮,被围在城里的南汉军队更加紧张,只能坚守待援。

面对这种情况,宋军转运使王明提出加速攻城,防止援兵再来,也避免围城部队懈怠。因为贺州城易守难攻,潘美等一时犹豫不决。王明自告奋勇,率领自己手下负责转运的一百余兵丁,加上帮助转运的两千多民工,冒着箭雨,运土搬石。只用了半天的功夫,就把贺州城外两丈宽的护城河给填死了。贺州城上的南汉守军见了,无不钦佩恐惧。人家的搬运工都这么英勇顽强,还打个什么劲哪！干脆,献城投降了。

潘美开始还觉得王明胡闹,简直就是送死。到了这个时候,才想起太祖把王明调来当转运使的事情,心里想着："王明了得,当今圣上更英明,那么早就把王明派来当转运使,太有眼光了！怎么就知道这个王明有这两下子呢？"

乘着轻取贺州的胜利,宋军大肆声言要顺江直取广州。刘鋹一时惶急,只好再把潘崇彻请出来,任命为内太师、马步军都统治,率师三万,驻守在封开镇一带,试图堵截宋军顺贺江进西江、再转进珠江的水路。

第十五章　春暖花开

潘美这回真正是声东击西，声言向东取广州，却率领部队转头向西，先去攻打广西各州县。当昭州成了宋军的下一个进攻目标的时候，潘崇彻却安稳地坐在广东的封开镇，拥众自保，眼见昭州危急，就是不去增援。封开镇再向西十公里，就是广西的梧州了。

南汉的昭州（今广西平乐一带）刺史田行稠眼见援军无望，弃城逃跑了。桂州（广西桂林一带）刺史李承进更惨，连宋军的影子还没看到，也学田行稠，溜之乎也了。宋军没费枪弹，又拿到南汉的两个州。接下去，再克连州（今广东连州）。南汉的招讨使卢收，率众退保清源（今广东清源）。

消息传到南汉朝廷，后主刘鋹竟然对众大臣说："贺、昭、桂、连数州，原本就属于湖南。现在又都被他们拿到手了。他们不会再进攻咱们了。"我的天！这位南汉国的皇帝原来是个睁眼瞎子！连这样一个没长眼睛的家伙，都能割据称王，五代时期的混乱都到了何种地步！

三千破六万

宋师虽已出征，太祖还在国内处理政务。鉴于历代君王的坟墓被盗伐的严重情况，太祖下诏令，给以下二十七位古代君王再造陵墓，重新安葬：

周文王（名姬昌）、周成王（名姬诵）、周康王（名姬钊）、秦始皇（名嬴政）、汉高祖（名刘邦）、汉文帝（名刘恒）、汉景帝（名刘启）、汉武帝（名刘彻）、汉元帝（名刘奭）、汉成帝（名刘骜）、汉哀帝（名刘欣）、北魏孝文帝（名拓跋宏）、西魏文帝（名元宝炬）、北周太祖（名宇文泰）、唐高祖（名李渊）、唐太宗（名李世民）、唐中宗（名李显）、唐肃宗（名李亨）、唐代宗（名李豫）、唐德宗（名李适）、唐顺宗（名李诵）、唐文宗（名李昂）、唐武宗（名李炎）、唐宣宗（名李忱）、唐懿宗（名李漼）、唐僖宗（李儇）、唐昭宗（名李晔）

这二十七位各个朝代的古代君王的墓葬，虽然横跨时间前后一千五百多年，却都无一幸免地被盗掘过，有的已经被盗掘了不止一次、两次。太祖诏命，要求这些帝王陵墓所在地的州县长官，一定要各按原址，予以重新修建或修复。诏令还强调：这次全国性修复古代帝王陵墓，由朝廷统一布置,并在朝廷统一指挥下进行。朝廷给这二十七位并非本朝的帝王,每人各做一套皇帝衣服。这些帝王们不仅各自穿上了皇帝的新装,旁边还配备了一套日常换穿的生活服装。大宋朝还选用优良木材,给每位帝王各做内外两重的棺材一副,重新以礼安葬。太祖强调,上述帝王陵墓所在州、县,都得按照对待帝王的礼仪规格,年年按时祭祀。

各位看到这里,可能想起了我在第二章中描述温韬盗掘唐朝帝王陵墓的情形。两相对照,一个是菩萨,一个是恶魔,善恶对比该是多么的鲜明。

伟大的儒学思想家孟老夫子说过:"养生送死无憾,是王道之始也。"用心关怀生的,以礼葬祭死的,是传统社会里优秀统治的重要特征。太祖能够做到这些,并不是他非要按照这个标准去行事不可,也不是为了获取这些死去千百年之后的帝王们的欢心,而是他有一颗善心,一颗同情和关爱天下生灵的真正的善心。按照孟子的说法,这颗善心是每个人与生俱来的,是上天赋予人类的优良品质。世界上的很多人,之所以坏得都没了边了,不是因为上天没有在他们心里安放这种美德,只是他们为了个人的生存,张大生存的欲望,所以才变得自私,变得苟且,变得无耻,变得邪恶,变得残忍,变得不再像人,反倒像是魔鬼了。

宋太祖在浑浊的五代氛围中浸泡了那么久,竟然没有丢掉这颗善良的本心,主要还是人家有这份自觉,人家想要保住这个善根。人家并不想获得什么奖赏,只是不这样,自己的心里会感觉难受。这些帝王都不是宋朝的先代,他们的陵墓被盗掘,也都不是在宋太祖成为国家统治者期间。本来这些帝王跟宋太祖没有什么关系,宋太祖可以无视这件事情。但就因没有丢掉这颗仁爱之心,才使得宋太祖下了这样一道诏令,还要敦促朝廷和地方主管官员认真执行。用孟子的话说,这就叫"不忍人之心"。就是不忍看到别人无端受害、无端受苦、无端受冤屈、受困苦的那份心思。

太祖的宽仁做法,自然引发臣下效法。地方官员纷纷努力,就连朝廷要员也不例外。据说宰相赵普为了恢复唐太宗的墓地,四处寻访,搜求到了很多唐太宗的遗骨。地方百姓看到朝廷大官搜求遗骨,就把很多死人骨头收集起来,等待高价出手。地方上的有钱人也乘机出手,低价收购,高价出售。赵普费了好大劲,才把唐太宗的头骨,从一位土财主的手上买来,重新葬在了昭陵里。后来的昭陵里,确实应该有一部分唐太宗的遗骨,当然可能也有别的什么人的遗骨,都被当成唐太宗的遗骨,一起重新埋葬到里面了。假货真坑爹呀!

发布完恢复古代帝王被掘陵墓的诏令之后,太祖又下了一道针对前代名臣的诏令:春秋时期的孙膑、唐代的元稹等陵墓,所在地方州县,均要画出地界,分别由这些古代贤人的后代子孙看护,军民人等,一概不得进入界内采伐树木,射猎禽兽。

刚料理完别的王朝和别人家死人的事情,太祖家里也死人了。太祖的亲姨娘,就是老娘昭宪皇太后杜氏的亲妹妹、受封京兆郡夫人的杜氏过世了。太祖小的时候,这位姨娘经常来家,哄逗太祖和赵光义,跟太祖兄弟的感情不浅。太祖为了这件事,还停止朝会一天,在讲武殿里亲穿素服,为姨娘发丧。太祖又追封这位姨娘为齐国太夫人。

大宋朝发兵收取南汉的消息传到漠北,契丹立即决定出兵六万,想要乘虚而入,赚尽大宋朝的便宜。太祖只叫田钦作率领三千步卒,单独前往抵御。

太祖把田钦作叫到身边,亲授机宜:"敌众我寡,只能背城列阵,严阵以待。敌兵一到,立即出战,得胜以后,不能追击过远。"田钦作领命走了。

就拿三千步兵,去抵挡人家六万铁骑,简单嘱咐那么几句,能行吗?

行不行,你不能问我,得去问契丹。

契丹先头部队刚到蒲城(今河南长垣),田钦作立即出战,宋军英勇拼杀,契丹开始退却。田钦作率兵追击到遂城(今河北徐水),双方再度大战。从早晨一直打到中午,田钦作马失前蹄,手下赶紧为他换马再战。宋军以一当十,契丹伤亡不小。田钦作看看差不多了,抓紧撤退,带兵进入遂城。契丹依仗兵多将广,尾随而来,迅速包围了遂城。田钦作这时才发现城中粮少,赶紧重新整顿军队,打开西南门,从契丹包围的缝隙里奋勇冲杀。契丹兵溃,宋军突围而出。田钦作进入安全地带,检点人马,竟然连支箭头都没有损失。真有点像《三国演义》里说的东吴将领甘宁,夜袭曹军大营,竟然没有损失一兵一卒。

这仗打得够漂亮!很快就有一句话语,在契丹军队里流行开来:说宋军这次是"三千破六万"。评书《岳飞传》里说岳飞"八百破十万",那是夸张,人家这是真事儿。

捷报传回京师,太祖高兴,奖赏田钦作,并按每杀一名契丹兵给二十匹绢的标准,分别为参战兵将颁发奖品。太祖还就此事对朝臣们说:"我用二十匹绢,就能换得一颗契丹兵的人头。契丹一共也就十万精兵,我只要拿出二百万匹绢,就能灭尽契丹兵。"群臣听罢,哄堂大笑。

听说宋兵如此厉害,北汉的王兴等二十三位军校一道前来向大宋朝投诚。太祖欣喜,全数接纳。

朝外南北两面同时大战,朝内的事情还得处理。

开宝三年十二月,翰林学士陶谷病死了。

陶谷这个人,有文才,用今天的话来讲,人家在文化界里名声很大,大宋朝开国之初,有天下第一支笔的美名。但是其人野心不小,权力欲望过盛,为人又工于心计,喜欢私下里搞名堂、施手段。当年魏仁浦当宰相,他就一意逢迎,得机会就前往献媚,甚至不惜认人家做干舅舅。魏仁浦没办法,也不好直接不同意,就这么着,白捡了个才华横溢的干外甥。不过人家魏仁浦为人正直,虽然没有因为他的诏媚就推荐他当宰相;可是也没因为厌烦他,就在背地里跟太祖皇帝说他什么坏话。

当年太祖给赵普找副手,陶谷想借机窜上去,一顿折腾,没能得逞。于是就改变策略,拼命巴结赵普,排挤窦仪。刚好赵普嫉妒窦仪,两人一拍即合,就这么着,把窦仪排挤掉了。窦仪过世以后,陶谷还想当宰相,在万般无计可施的情况下,竟然指使党羽,在面见太祖皇帝时,故意为自己张本。说"陶谷作为翰林学士,起草各种词章,劳苦功高,实在应该给予提升重用"。太祖听罢,笑着说道:"我听说陶学士起草文件,都是把从前各个朝廷中的相关文件找出来,从里面捡些相近的文字,更改一下时间、地点、人物、事件之类,换换开头结尾,然后就上交了。也不过就是照着人家的葫芦,画自己的瓢而已。有什么劳苦功高的。"陶谷听说了之后,心里非常不平,就把自己不满的情绪写成诗歌,书写到翰林院的墙壁上。太祖听到以后,心里更加看不起这个人。心想:"这种自私自利而且又心胸狭隘的人,怎么能够当得了宰相呢!"

据说陶谷的夫人是个欲望特别强烈的人,经常跟别人私下里幽会、偷情。陶谷知道,可就是管不了。当然这是陶谷的家事,咱们不便插嘴,只要他自己愿意,别人也管不着。不过史书上就是这样写的,咱也只是顺手捡拾过来而已。陶谷留下一首词，词中写道："好姻缘，恶姻缘，只得邮亭一夜眠。别神仙，琵琶拨尽相思泪，知音少，安得鸾胶续断弦，是何年？"显然是在外面风流时的作品，但一不小心，也流露出了对自己婚姻的不满和无奈。

陶谷本姓唐，后晋时在朝为官，为了避讳石敬瑭的名字，把姓都改了。陶谷字秀实，文采的确秀逸，只是有点不实。

宋太祖虽然不喜欢陶谷的为人，但陶谷是大宋朝的翰林学士，他死了，大宋朝还得管。太祖照例委命朝廷大臣一路护送他的灵柩，按照固定的礼仪规格，把他送回家乡安葬了。

刚死了一位朝中大臣，又死了一位参战将领。

这次征讨南汉的监军王继勋病死了。潘美派人传信报给朝廷。太祖知道，军中不可一日无监督，潘美这是来要监军的，于是就任命郴州刺史朱献接替王继勋，担任征讨南汉的监军。

长驱直进

宋军从广西到广东，绕着南汉的周边向里推进。十二月，攻到广东韶关（今广东韶关）。

韶关守将李承渥，手下十万兵将，拉开阵势与宋军展开战斗。他首先派出一支特种部队：驱使大象打头阵，每只大象身上，坐着十余名兵士。这种战法其实没什么出奇的，就像北方兵士骑马作战一样。但是大象皮糙肉厚，一般的弓箭射不透，加上体大身高，容易把没见过这种阵势的北方兵将吓着。

宋军用强弩猛射，终于射破了象皮，射进了大象的身体。大象也是血肉之躯，疼痛难忍，转身向回奔跑。南汉的士兵们都被摔下象来。筋骨软的，当场就粉身碎骨了。大象一路狂奔，在南汉的军队中不断制造踩踏事件，南汉兵将们看到自己的"装甲车"，瞬间变成了宋军的"推土机"，顿时大乱。宋兵乘势出击，南汉的十万大军，就这样一齐作鸟兽散状，转瞬之间就分崩离析了。

宋军一战得韶关，还生擒了南汉国的韶州刺史，捎带一位南汉朝廷派来宣谕的谏议大夫。

李承渥身边只剩数百人,狼狈逃跑。逃跑途中,派人赶回广州,备说宋军了得,希望南汉的国主刘鋹投降。丞相李托闻听,当时火冒三丈,坚决制止了这种"投降"的言论。李托是坚定的抗战派吗?扯淡!这个家伙是最坏的那种,要不是他和龚澄枢,还有樊胡子之类,南汉也不至于像现在这样狼狈。他只是不想失去荣华富贵,想要继续弄权而已。这都要完蛋了,还弄什么权?

　　哎,这就是人性,人的恶劣的本性。如果说这是人被权力腐蚀的结果,那也没错。权力确实是一支魔杖,一旦掌握了权力,玩权力玩得得心应手,玩权力玩得走火入魔,拿权力玩人玩快乐了,谁都不想放手,多玩一天算一天,多玩一天快活一天。

　　正当宋军在南汉境内继续推进的时候,契丹又来骚扰大宋朝的易州(今河北长城以南的易县一带),被大宋朝守卫易州的监军任德义率兵击溃了。

　　在大宋朝攻打南汉的时候,不仅契丹有动作,想乘机大捞一把。江南国的李煜臣下,也想乘机起事,捞点便宜。

　　江南国的镇海节度使,坐镇武昌的林仁肇将军,给后主李煜写了封密信。说是可以乘此机会出兵,收复被后周夺走的长江以北的十四个州的土地。林仁肇分析说:宋兵连年征战西蜀、北汉和南汉,兵力疲敝,粮草供应等,一定出现了很多问题。现在是绝好的机会,机不可失,失不再来。

　　林仁肇希望李煜拨给他数万精兵,他自己亲自率兵从寿春出发,直接占据正阳。林仁肇还分析说:这一带的居民原本都是江南国的子民,现在还没有完全被宋朝同化。借助他们怀旧的心理,利用他们的粮食供应等,收复失地,恢复旧日的版图,是完全有可能的。如果成功了,受益的当然是国家。万一失败了,就说是我个人背叛江南国,起哄闹事,您就把责任推到我一个人身上,把我的全家都杀了,用来表达您对大宋朝的忠心。这样的话,宋太祖就不会嫁祸于您,也不会怪罪咱们江南国了。

　　看人家这臣子!

　　林仁肇的想法能不能真正实现是一回事,有这个想法,就证明林仁肇不是一个等闲之辈。可惜李煜害怕没有成算,反倒惹恼大宋朝,招来大兵之祸,林仁肇的请求就像船到浅水一样,搁浅了。

第十五章　春暖花开

江南国还真有人呢！那当然,而且还不止林仁肇一个。

与林仁肇的想法约略相当,江南国还有一位沿江巡检使,名叫卢绛。原本是江南国的枢密院承旨,跟枢密院的长官陈乔很熟悉。大宋朝攻打南汉国的时候,卢绛请求枢密使陈乔跟他一起去面见后主李煜。见面之后,卢绛跟李煜说:"现在北朝(当时割据王朝里的大臣、将领们在跟自己的主子讲话时,都管大宋朝叫北朝,管宋朝的军队叫北军)正在攻打南汉,后蜀已经被他们灭掉了。下一个目标很可能就是咱们江南国。而咱们东面这个吴越国,一向与咱们为敌,跟咱们是世代的冤家。一旦北朝对咱们用兵,吴越国不仅会充当他们的帮手,而且可能就是直接的向导。如果吴越国跟北朝一起攻打我们,我们就会腹背受敌。不如乘着北朝无暇旁顾的机会,咱们先把吴越国灭了,免得它将来成为北朝的帮手。"

李煜看了一眼卢绛,然后有气无力地说:"人家是大朝的附庸,受到大朝的保护,咱哪敢轻易对人家用兵啊!"卢绛早就想好了,没有多加思索,紧接着对李煜说道:"请求陛下允许,就说我依托安徽的宣州和歙州叛乱,然后您就率兵来讨伐,同时请求吴越国出兵帮助平定叛乱。等他们的兵马一到,您就率兵攻打他们,他们向回撤退,我就跟着他们一道进入吴越国。到那时,吴越国不就自然成咱们的了吗?"李煜又看了卢绛半天,还是有气无力地说了一句:"万一被识破了,偷鸡不成,反蚀一大把米。招惹大兵进境,恐怕人家的没成咱的,咱的反倒成了人家的了。"

跟林仁肇的建议一样,卢绛的建议也就这么轻易泡汤了。

咱们站在场外看历史,就国家统一的大势而论,割据的时代正在过去。割据的结束已经只是时间问题,而且为时确实不远了。但是如果从割据国家的生存和发展的角度考虑,林仁肇和卢绛的建议绝对都是好主意。是否有成算是一个问题,敢不敢想,敢不敢把这种想法付诸实际又是一个问题。李煜没有胆气,生怕大宋朝兵马进攻自己。可是宋太祖要统一祖国,不是看谁招惹了自己才去打谁,谁不招惹他,他也饶不了谁!道理既简单又清楚,因为你是割据者!人家宋太祖,会让你这个钉子户,永远钉在人家整个统一国家的建筑工地上吗?作为割据者,与其坐着等死,真还不如折腾折腾,折腾得越大,被攻灭的难度也就越大,存活下去的时间也就越长。折腾得比统一者还大,那统一者可能就不再是他,而变成了你。

可惜李煜既没有这种眼光，更缺乏这种勇气和魄力。于是，也就只有安安静静、消消停停等在原地，像只惊呆了的鸡一样，等着宋太祖腾出功夫来宰杀。

咱们先不说李煜，回头跟上大宋朝进军南汉的脚步。

开宝四年（971）正月，宋军转向广东东北部，攻克英州（今广东英德县），而后兵锋直指雄州（今广东南雄市）。那位被南汉大多数臣僚们唯一看好的潘崇彻将军，刚好在这里驻守。您猜怎么着，大宋朝的军队看来得费点气力，流点血了吧？

可惜您猜错了，潘崇彻一刀没砍，一箭没放，献城投降了。

大宋朝的军队乘胜进军，从四周一齐向南汉的都城广州挺进。

岭南的春光

与王全斌、刘光义等征伐四川的两路并进，各自都直指中央的"黑虎掏心"式的战法不同，潘美、王明等这次使用的，显然是四处摘荔枝，周遭捡芝麻，然后从四面合围，再到中间去切西瓜的招法。

眼见一座座城池，就像身上的一块块肉一样，被宋军一刀刀地割掉，刘鋹既被千刀万剐，却毫无办法，只能等待，等待人家来剖腹剜心。宋军的尖刀终于游刃有余地指向了南汉国的心脏。

当宋军到达广州北面一百三十里处的泷头（北江和滃江的汇合处）时，南汉遣使前来求和，同时请求宋军暂缓进攻。潘美看到泷头一带山险水恶，害怕南汉埋设伏兵，就命令部队挟持南汉的使臣，快速通过了泷头。宋师加快进军步伐，正月二十七日到达距离广州八十里处的马径（今广州市内马鞍山）。南汉的最后一批部队大约六七万人正在这里驻守，守将是郭崇岳。郭崇岳本来就不是将才，南汉无人，只能安排他在这里驻守。依据早已修筑好的军事防御工事，郭崇岳坚守不出，每日从早到晚都在祷告，祈求上天保佑，保佑宋军自动退师，不来进攻自己。宋军几次前来挑战，郭崇岳始终禁止手下将士出战。

乘着两军暂时对峙，正月二十八日，刘鋹准备了十几条大船，满载金银珠宝和妃嫔姬妾，打算下海逃跑。还没等自己上船，宦官乐范引一千禁军先行登船，把大船连同珠宝、美人劫走，消失在茫茫的大海之上了。

这下好,连鸡食带母鸡,还有鸡窝,让自己的手下一锅全端了。

刘𨰿吓得心惊肉跳,万般无奈之下,派遣右仆射萧潅和中书舍人卓惟休,一道前往军前,向大宋朝投降。潘美更绝,把两位直接派兵押送回汴梁了。

刘𨰿焦急地等待,左等右等,两人就是不回来。二月初一日,又派自己的弟弟刘保兴,率广州城里的数万兵将前来拒战。这位弟弟官不小,是所谓"判六军、十二卫",还受封祯王。

听说京城出兵了,郭崇岳手下副将植廷晓强烈要求出战,说咱们兵疲将残,人家如秋风扫落叶一样势不可挡。就这么守着,越守咱们的兵士越害怕,不如出去先打打看。我当前锋,你来殿后。郭崇岳挡不住,植廷晓率兵列阵与宋军开战,一会儿工夫就溃不成军,自己也战死了,郭崇岳亲眼看见了这一切,吓得浑身直抖,率兵再度躲回到军事工事里。潘美发现对方的防御工事外围是用竹板围成的寨栅,就跟王明商量说:如果用火烧了他的寨栅,里面肯定会大乱,到那时再乘势攻击,一定能获全胜。王明觉得有理,就亲自率兵前往烧寨,每人手持两支火把。南汉大寨起火,光焰灼天,军队当场大乱。宋军乘势攻入大寨,郭崇岳被杀死,刘保兴乘乱逃出,跑回广州去了。

广州城里南汉的那些重臣们现在在干什么?龚澄枢、李讬,还有内侍中薛崇誉们正在一起商量:"宋军前来,无非是要咱们的珍宝,咱们把这些东西放火都烧了,给他们一座空城,他们一看没什么宝物,肯定不会在这里待多久。等他们一走,咱们再回来。"

瞧瞧这些宰相、当权者们的嘴脸和心思,都被珍宝给迷瞎了眼,塞死了心了。自己喜欢什么,以为别人就会喜欢什么。他们自己财迷心窍,把个宋太祖也看成了跟他们一样的东西,令人想起苏联作家高尔基散文诗里的蠢蛇和雄鹰。蠢蛇不知道什么是天空,总以为雄鹰跟自己应该有同样的心思和想法。这哪里是一群国家的高级领导人?简直是一群乡下的土财主,而且还是被金银财宝迷死了心窍的那种土财主,连土豪都比不上。

广州城外的大火还没烧尽,广州城内又卷起浓浓的烟火,烟火越烧越旺,像原子弹爆炸后的蘑菇云一样,滚滚向上升腾。美好的华夏山河,从古到今都是这样,经常被这些下三烂的统治者们,糟蹋得昏天黑地、呛人刺鼻。

宋师整装逼进到广州城边的白田(不知是现在广州城里的具体什么位置),刘鋹身穿素服,骑在一匹白马上面,率领文武官员出城投降。宋军进入广州,俘获甚重。全部押赴京师,南汉灭亡。

自朱温建立的所谓后梁的贞明三年(917),刘岩开始僭越称帝算起,到宋太祖开宝四年(971),南汉国共经三世四皇,历时五十五年。岭南人民备受宰割,终于得见天光。

大宋朝平灭南汉,得了六十个州,二百一十四个县,还有十七万零二百六十三户人口。宋太祖终于实现了"我当救此一方民"的长久愿望,这一天是公元971年农历二月初五日。

潘美杀掉了一百多位宦官,然后将刘鋹、刘鋹家族,以及龚澄枢等南汉朝臣一共九十七人,全部押往东京汴梁,交给太祖亲自处置。

刘鋹君臣还在路上,太祖已颁布了暂时处置岭南的12条诏令:广南各州县,重新审核在押囚犯,轻者释放,受诬陷者平反;刘鋹过去实行的无根据的苛捐杂税,从此全免;各州县原有属官,暂时不变;现任岭南各州县官员,如实上报从前有害于民的政令、条规之类,一经核准,如数废除;逃往山林者,赶紧招抚;被驱逐的僧人、道士等,由官方发给度牒,愿意还俗的自便;没饭吃的官民人等,发粮赈济;宋军缴获的战利品,属于吏民百姓的,物归原主;俘虏中有为刘鋹家族守护祖墓的,全部放归;各州县官员,抓紧寻访山野遗贤,从前不愿意给刘氏割据政权卖命而隐居山林的,调查清楚,一并上报朝廷;广州和广南其他州县中的古代建筑,还有庙祠、坟墓,皆在保护之列,不得损毁;从今以后,禁止岭南地区花钱购买良家女子刺面留做奴婢的习惯做法。

太祖同时诏命:征讨南汉的主帅潘美、副帅尹从珂不回朝,就地留任,同为广州知州。同时诏命潘美、尹从珂抓紧选派合适官员,前往儋州(今海南儋州)、崖州(今海南西北,海南岛濒临北部湾沿岸处)、振州(今海南三亚市附近)、万安洲(今海南陵水县)去担任知州。两位遍地找寻,连一千多年以后才成为城市的一个叫做深圳的小渔村,都被太祖圣旨的光辉照耀到了。太祖又委命吏部:赶紧往广南地区各州郡选派通判官员。一顿忙乎,不容易呀。你道攻占一块地方那么简单?占到了州县,你得给人家治理好,要不然你攻占它干什么?

第十五章 春暖花开

马径和广州的大火已经扑灭，沉沉的烟雾开始消散。天晴了，日朗了，和风扑面送暖，流水笑逐颜开。遍地鹧鸪鸣叫，山山杜鹃盛开。被阴霾笼罩了半个世纪之久的岭南，终于迎来了花红柳绿、万紫千艳的春天。

春天在哪里

刘鋹一行行进到湖北公安(今湖北公安县)，押送官员负责让他们住在南汉国设在当年驻荆南国的一个办事处里，还让依然驻守在这里的南汉国特使前来看望刘鋹。"微臣前来看望主公！"刘鋹感觉很奇怪，这里怎么会有人管我叫主公？不解地询问站在身边的学士黄德昭："这是谁呀？他是哪里人？""禀主上，这人叫庞师进，是咱们南汉人。""他怎么会在这里？""当年高祖皇帝(指刘岩)还是藩镇，没称帝以前把他留在这里。每年负责把咱们南汉国的贡品送给人家中原大国。在这里设立了一个中转站，他是专门负责中转货物的官员。""我都当了十六年多的皇帝了，这还是第一次听说。敢情我们只是为人家守疆土的藩镇哪！原来我还以为岭南自古以来就是我们刘家的江山呢！"

刘鋹一路走着，既后悔又后怕，心想要是早知如此，早些按期给人家进贡，也不致落得今日的下场。抗拒王师，烧毁财宝，宋太祖非要了我的命不可！

怀着惶惑不安的心情，刘鋹一行终于来到了大宋朝的东京汴梁。

太祖下令，让刘鋹一行在明德殿外待罪。太祖让参知政事吕余庆先去问罪，吕余庆站在这些南汉战俘的对面，问刘鋹为什么先都投降了，然后又派兵出来抗拒？为什么要点燃府库，焚毁财物？"这都是龚澄枢、李讬、薛崇誉这些人的主意，臣本无此心。"

吕余庆进入明德殿，向太祖汇报。

太祖再打发刑部官员出来，继续审问龚澄枢、李讬、薛崇誉等，三人早已吓得不知道说什么为好。都到了这种时候，三个家伙还是拒不认罪，还想着把罪责推到别人身上。

南汉国的谏议大夫王珪实在看不下去，也实在忍无可忍了，就走到李讬面前，厉声说道："从前在广州，国家机务都掌控在你们这些人手里，大火又是从宫内开始烧起，不是你们所为，还能是谁干的！还想推脱责任,冤赖好人嘛!"王珪说着说着,气不打一处来,朝李讬脸上啐了一口唾沫,又扬起右手,狠狠抽了他一耳光!

王珪,行! 终于为南汉国的很多受迫害、遭欺压、被侵凌的正直官员们出了一口恶气!

龚澄枢等这才低头认罪!

紧接着,大宋朝的兵士们用绳子把刘鋹君臣一干人等,像拴蚂蚱似的拴成一串,一起都牵到大宋朝的太庙里。先告慰赵弘殷等列祖列宗,然后再拉回明德殿外,等候太祖发落。

大宋朝的刑部尚书卢多逊出来向他们宣读圣旨:"僭越国主刘鋹等,有罪当罚。"刘鋹都快尿裤子了,赶紧表白:"臣虽名为国主,僭越了十六年,自然有罪。但在南汉国中,臣实在说了不算,臣虽名为国主,其实就是大臣。一切都得听龚澄枢的,龚澄枢才是真国主。"说完之后,刘鋹跪在地上又叩头,又流涕。

卢多逊回到明德殿里,向太祖如实做了汇报。太祖向大理寺卿高继申发布命令:

将龚澄枢、李讬、薛崇誉等,拖到千秋门外,当场斩首示众!

如果您要是问我,后蜀的官员,太祖一个没杀,还都给封了官。怎么南汉的官员,太祖就容不了,杀了好几个? 人家后蜀的官员没做那么多恶,龚澄枢、李讬这些人,再杀六个来回,也泄不了南汉国官民的怨愤! 这是替天地铲奸除恶,替南汉国的大臣、将军和百姓们申冤雪恨! 这下您明白了吧?

这几位曾经在南汉国里称王称霸的恶鬼邪魔,终于受到了应有的惩罚。正应了那句民间话语:"善有善报,恶有恶报。不是不报,时候未到。时候一到,一切全报。"这些作恶多端的恶鬼邪魔,终于等到了英明的宋太祖当政处置他们的时候,邪气重又化为邪气,污泥再度还原成了污泥。

一直等到斩完龚澄枢、李讬、薛崇誉等,刘鋹还在地下跪着。

太祖宣诏:赦免刘鋹罪过,起身赐物。太祖赏给了刘鋹、刘保兴、王珪等冠带、器币、鞍马等物。

整个过程,程序严正、周密;次第清晰、分明。经历五代战乱以后,中华礼法大多被丢弃,没有多少人知道了。朝臣们一样不懂,太祖在刘鋹到来之前,特意派遣朝廷大臣前往已退休的前吏部尚书张昭家中,亲自

第十五章 春暖花开

询问。张昭口述全部过程，一条、一条，一道程序、一道程序地记录下来。这是人家张昭的功劳！

龚澄枢、李托等连宋太祖的样子都没见到，就被正义的刀斧送还了原来的化身。这也是张昭的安排。为什么这样安排？怕污了圣目！太祖爷的容颜是什么鸟东西都可以看的吗！太祖爷慈祥敏慧的圣睛，也不是为了看这些世间的俗恶之物而生的。

直到手里接过太祖的赏赐之物，刘鋹才战战兢兢地抬起头来：一眼望去，明德殿正堂宝座上，威风凛凛而又温润和蔼的一个人，身上闪闪发光。刘鋹以为见到了真神、活佛，揉了揉自己的眼睛，原来是连哭带吓，睫毛上的泪珠反光所导致。

虽然汴梁还没有感受到春的气息，但是太祖今天心情好，脸上直冒光，就像岭南的春天一样。

刘鋹吓了一跳，他感觉自己好像忽然又看到了小时候玩耍时仰望的山巅，一股浓郁的春风，好像正从宋太祖的脸上向他刮来。久违了，这种感觉。这些年来，刘鋹每天都龟缩在深宫里，跟嫔妃们昏天黑地地玩儿。为了让他过瘾，李托还给他淘弄来一位波斯美女。人虽然黑点，但是美艳无比。为了能够尽情享用这朵黑牡丹，刘鋹还打发人四处淘弄各种春药、房事用具，好跟这位波斯美女没黑没白地演绎"春天的故事"。

刘鋹哪里知道，真正美妙的春光绝不在这些美女的身上。真正明媚的春光除了在天地之间，就只能在太祖这种宅心仁厚、正义凛然、胸怀宽广、视野阔大的面容里。

一副马鞍一杯酒

取下了南汉，太祖心里高兴，大宴文武群臣。

过了几天，太祖授予刘鋹右千牛卫大将军。大宋朝开国以来，就没有这种官，只有左、右千牛卫上将军，这次封了刘鋹一个右千牛卫"大"将军，属于特设。太祖同时封刘鋹为恩赦侯，就是本身有罪，因为大宋朝宽宏大量，皇恩浩荡，才被赦免所犯罪过，还格外加恩，封给了一个侯爵的意思。因为是特设，连俸禄也跟着特殊化，在正常的薪水之外，另外每年给钱五万，米五十斛。

刘鋹的长相有点特别,身体肥硕,高眉梁,眼珠向外凸出,看上去有点像北京猿人。但是口才不错,善能辩解,手工活计做得也乖巧伶俐。他乘坐的马鞍,都是自己用一颗、一颗的珍珠精细编制而成,就连马镫之类,也都是用上等的珍珠,自己亲手编制的。太祖把他的马鞍和马镫拿出来,给皇家作坊的官员参观。大家都惊呆了:用料之豪华,手工之精巧,这些长期负责大宋朝工业产品生产的主管官员,别说不曾见过,连想甚至都没敢想过。

太祖把刘鋹的马鞍、马镫没收归公,按照所值,给了他一百五十万钱的补偿。太祖还说,要把这两件东西一直摆放在宫中的展览柜里,给后世的子孙当教材看,让他们知道:"如果把这份心思用来治理国家,怎么会轻易亡国呢?"

过了几天,太祖约了一些官员,一同前往京郊的讲武池,观看水军演练。太祖这次还特别约了刘鋹,让他也跟着一道前往观看。

太祖先到了,刘鋹也到了,一些官员还没到来。太祖命侍从赐给刘鋹一杯酒,刘鋹端着酒杯不喝,站在那儿直哆嗦。太祖觉得很奇怪,斜睨了他一眼。这一眼看坏了,刘鋹顿时泪流满面,号哭起来。太祖越发奇怪:"怎么了,这是?""臣只是继承了祖父的基业,不是故意跟朝廷作对。辛劳王师讨伐,罪故当死。陛下不杀臣,使臣得见太平天下。如今臣已是汴梁城里一个普通的百姓,祈求陛下让罪臣多活几天,好使陛下的重生之德,不致中途间断。罪臣也可以好好看看陛下治理下的和美天下,感受真天子的圣慈神威。"

"这个混蛋",太祖心里骂着,"当我是他了,净拿毒酒杀人"。

太祖命人把赐给刘鋹的那杯酒拿回来,自己一饮而尽。然后,命人又给刘鋹倒了一杯。刘鋹这才像个傻孩子一样,破涕为笑。端起这杯新倒的酒,也喝了个精光。太祖看着刘鋹说:"朕推赤心以置人腹,怎么会在酒里下毒呢!"刘鋹跪地拜服:"陛下勿怪,罪臣原在岭南时,确实经常赐给臣下毒酒。罪臣今天是以小人之心度君子之腹了。""混蛋玩意,就你这熊样,跟大臣都总玩阴的,能治好国家吗?"太祖看了看刘鋹那副猥琐的样子,心里骂着。

平定岭南,宋军没有胡乱杀伐抢劫的事情发生。太祖奖励参战兵将,把潘美从潭州防御使,提升为山南东道节度使;把尹从珂从朗州团练使,提升为保信军节度使;同时宣布,两人继续留任广州知州。太祖下

第十五章　春暖花开

令,在广州成立市舶司,也由两人担任主管官员,叫做市舶司使。跟担任广州知州一样,不分正副,只是排名顺序上潘美在先而已。

市舶司就是对外贸易船舶运输总公司。这是宋太祖建立的面向东南亚和世界各地的第一个改革开放的窗口,不过不在深圳,而在广州。

王明,大家或许早已经熟悉这个人了,这次担当转运使,又出非常之举。岭南不比其他地方,山高林密,既没有水路,又没有旱路。宋军翻山越岭,一路进军,粮草从未间断,一次都没迟误。这都仰仗人家王明了。王明雇用了挑夫,一担一担,翻山越岭地挑送,就这样保证了军粮和军资的如期供应。王明指挥并带领这些挑夫,每天二十四小时,不间断地给分散进军的部队挑运粮草,还直接参加攻城、战斗,功劳不小。

太祖下诏:王明加京官头衔为秘书少监,领韶州刺史,兼任广南诸州转运使。太祖还想让王明在向后的统一进程中,继续担任军队钱粮的供应工作,真是物尽其用,人尽其才呀!

听到太祖又得了岭南,复州的防御使梁延嗣,借着述职的机会来到朝中面见太祖,向太祖道贺。太祖亲切地看着梁延嗣说:"使高氏不失富贵,皆尔之力也。"太祖想起了当年荆南国归顺大宋朝,连一枪一弹都没费,就是因为当时的荆南国主高继冲听信了孙光宪和梁延嗣的劝告。梁延嗣诚恳地看着太祖说:"我也跟着弃暗投明,享受陛下的光辉了。"太祖高兴,封梁延嗣为濠州刺史。

永兴节度使、同中书门下平章事吴廷祚来朝,向太祖道贺,还没来得及回节镇,就病倒在汴梁了。太祖亲自带太医前往探视,命太医为吴廷祚针灸。吴廷祚起初稍见好转,几天之后复发转重,病逝了。

太祖下诏,赠侍中,丧葬事宜,均由朝廷统一办理。吴廷祚在大宋朝开国之初,担任枢密使。也是从五代时期过来的,跟太祖关系不一般。太祖平定李筠叛乱,吴廷祚曾经出谋划策。后来太祖为了让赵普当枢密使,吴廷祚就被改任为地方节度使,但是人家没犯什么错误,所以依然官封二品。

来给太祖祝贺的人太多了,包括吴越国、南闽国、江南国等国的使节,还有朝中的老旧大臣。也有想来来不了的,比如刘温叟那个可爱而又倔强的老头。老头儿今年已经六十三岁了,身体一直不好。

刘温叟从小跟父亲刘岳学文化,七岁就能写出一手好文章。还从小练就一手好书法,楷书和隶书都写得得心应手。后唐时期,刘岳官任太常卿，眼见天下大乱不止，看着自己的小儿子说："我儿风骨秀异，一定不是等闲之辈。只是从面相上看不出究竟能有多长的寿命。"刘岳说到这里，看了一眼窗外，接着说道："如今正是天下的劫期，大难不知道什么时候才能过去。咳，不管它了。等你长大了，就跟老夫一起，隐居在温水和洛河边上，做个忘情天下，逍遥自适的老头儿，也还是蛮不错的。"刘岳就因为这种想法给儿子取名叫"温叟"。

刘温叟从后晋初年开始做官，后晋末期当过翰林学士，后周时担任过中书舍人，后周恭帝时又担任工部侍郎、国子祭酒。宋初，改任刑部侍郎，后改御史中丞。这不，在这个职位上，人家一干就是十二年，尽职尽责，无怨无悔。史书上说他"性情重厚方正"，说他侍奉继母，极其孝敬。刘温叟秉公办事，严于律己，严格限制自己的欲望，跟他父亲刘岳一样，除了陪侍皇帝吃饭，从来不听音乐。当时有种说法，说是要讲"好古执礼"，就是真正钦慕古代，严格坚守礼仪，谁也比不上刘温叟。

刘温叟在宋初的同僚中，以廉洁固执闻名远近，从不贪取财货。开封府尹赵光义听说刘温叟廉洁清正，家里经济情况很差，想要帮帮他，派人专门送去五十万钱。赵光义是何许人也？人家是什么身份？刘温叟不敢直接拒绝，就告诉赵光义的手下，让他把送来的那只装满钱币的箱子打上封条，放在刘温叟办公室的角落里。

第二年赵光义又派这个人前来送礼物，这位来到刘温叟的办公室一看，去年送给他的那箱子钱，连封条都没开，还在原来的地方放着。一动都没动，箱子上已经落满了灰尘。回去以后，就把情况如实告诉了赵光义。赵光义感叹地说："我送的东西他都不接受，何况别人！"于是就打发这位送礼官员，再去刘温叟的办公室，用车子把东西和钱箱子原封不动地拉回去了。后来赵光义在一次跟太祖吃饭时，说到这件事，太祖听罢，赞叹不已。

在大宋朝出师征讨南汉的这段时间里，刘温叟因为病情日渐加重，请求辞去侍御使职位。太祖不仅不同意，还派遣官员到他家里去看望，同时赠送钱帛器币等物。

听说太祖平定了南汉，刘温叟想来给太祖道贺，可是已经爬不起来。由于心情激动，再加上有些着急，病情急剧恶化，几天之后就病逝了。太祖闻听，伤痛不已，委命礼官前往致哀，一切丧葬事宜，包括丧葬费用，都由朝廷替他家里承担了。

第十五章　春暖花开

第十六章
水灾人患

建武军节度使、棣州判官何继筠来到东京朝见太祖,顺便在京城家里住了几天,生病过世了。太祖闻听,悲伤至于流泪。何继筠这些年为太祖守卫边陲,使契丹和北汉不敢轻犯,可以说是功勋卓著。太祖派遣中使一路护丧,还钦赐宝剑一口,铠甲一副,作为殉葬品,一起埋到了何继筠的坟墓里。

亏本生意

江南国主李煜派弟弟李从善来给太祖道贺,同时照例朝贡。李从善按照李煜的嘱咐,来到京师以后,当天夜里先去拜会赵普,私下里给了赵普五万两白银。赵普知道太祖不喜欢江南国,而喜欢吴越国。心想要是太祖知道我私下里收了江南国的五万两银子,那还了得!于是就主动把这件事告诉了太祖。赵普完全没有想到,太祖对他说了下面这样一句话:"这些银子不能不接受,写封回信表示感谢,同时回赠送礼人一点礼品就行了。"赵普没听懂,以为太祖生气了,赶紧跪下叩头:"臣真的没有向他们讨要,确实是他们主动送来的。臣不能要这些银子,想送还他们,所以就赶紧向您禀报来了。"太祖看了看赵普说:"让你收下你就收下。你是大国宰相,他们给你送钱,那是应该的,这是大国的身份和尊严。你拒绝他们,让他们觉得咱们做事太拘泥。"赵普这才收下了这五万两银子。

按照赵普的安排,李从善第二天面见太祖,太祖除了正常的赏赐之外,也派人秘密给他送了五万两,但却不是白银,而是白金。与他们给赵普的数量一样,可价值更贵,价钱更高了。李从善回到江南国以后,这件事很快就在江南国的朝野疯传开了。太祖用这笔亏本的生意,维护了大宋朝作为大国的尊严,为大宋朝挣得了颜面,也让江南国的君臣们了解了他们自己的猥琐和小气,还换来了江南国的君、臣、民等,对大宋朝的雅量和大度的无比钦佩。

又过了几天,吴越国的国王钱俶也接着例行朝贡的机会前来道贺,不过他派来的使臣不是弟弟,而是儿子钱惟濬。

钱惟濬也像南唐一样,提前一天,乘着黑夜先到了赵普家里。钱惟濬还自带了二十名搬运工,两人抬一罐子,一共十个大罐子,整整齐齐地摆放到了赵普家客厅的墙边上。

送礼的人走了,赵普把送礼人送出大门。眼看着他们消失在夜色中了,这才叫下人把门关上,锁好,返身回到屋里。下人上好门闩,返身往回走。刚刚走到屋门口,"笃笃笃笃",又响起了敲门声。下人以为送礼人忘记了什么又回来了,"还没送够!多少才算多呀!"心里说着,取下门闩,打开大门一看:"哎呀我的妈呀!""咕咚"一声就跪在地下了。"怎么了?啊?"赵普简直就是跑出来的:"哎呀我的妈呀!"他也跟着喊了一声,学着下人的样子,"咕咚"一声,也跪在地下了。"怎么了这是,得病了还是中邪了?"太祖对赵普突然的一声叫喊感到很奇怪,又看看他跪在下人身后的样子,觉得很好笑。

"起来吧,进屋喝茶去。"赵普惊慌失措地把太祖引到客厅里。

"都这么晚了,您还光临寒舍,不是又有什么重大的事情吧?"赵普下意识地顺嘴说了一句。"出来走走,来看看你,听说你最近身体又有些不太舒服?""啊?啊。还好,还好。多谢圣上关心。""嚯,你这哪弄这么些大罐子干什么?腌酸菜呀?这也没到时候哇!""啊?啊不是。""那是什么?""啊,是这个……啊,刚才吴越国来人了,他们送给我的,说是一些新鲜的海物。""海鲜?朕最喜欢吃,快打开,煮点给朕尝尝。"罐子打开了,太祖一看,哪里是什么海鲜,纯一色的黄金,都打制成瓜子的样子。再打开一罐,还是。"咕咚",赵普又跪下了:"臣实在不知道里面装的究竟是些什么东西,他们说是海物,臣还没有启封,陛下您都看见了。要是臣知道是黄金,臣一定会向您奏明,也不会就这么接受了。"太祖看着赵普的狼狈相笑了:"收下无妨。他们都认为咱们大宋朝里你是当家的,你不能让他们失望。"赵普听不出太祖话语的意思,又惶恐又紧张。"像对待李

第十六章 水灾人患

煜一样,写封信谢谢人家。"太祖出门时,回头抛下了一句这样的话语。

夜已经很深,赵普还在床上翻腾来翻腾去的。虽然一夜没睡,可还是没想清楚。跟随太祖这么多年了,身前身后的,赵普太了解太祖皇帝了。"可今天这话说的,怎么咱就想不清楚到底是啥意思呢!"赵普狠狠地拍了两下脑门,心里还是安稳不下来。

其实太祖也没别的什么想法,赵普多心了。

第二天上朝,太祖接见吴越国使节,赵普细心观察,没有发觉太祖不同于往常,这才放下心来。

早在平定西川之后,太祖就在后蜀的侍卫亲军中,挑选了百余名弓马娴熟的兵士,建立了一支叫做"川班内殿直"的警卫部队。给他们的待遇,超过了原来身边的另一支警卫部队——御马直。

开宝四年十一月,太祖在南郊大祭天地。祭祀活动结束以后,给身边的侍从和亲兵们分发赏赐。这次御马直因为长期侍卫,受到了特殊的奖赏。兵士们除了得到常规的赏赐之外,每人还多得了五千块。川班内殿直的这些弓马手们,因为没有受到同样的待遇,联合起来,敲击登闻鼓鸣冤叫屈。说是按照惯例,他们也应该得到跟御马直一样的赏赐,闹得大内和都城沸沸扬扬。

太祖恼火,委命身边的中官向他们宣谕:"朕给你们赏赐,就是对你们的恩泽。哪有什么'照例'?难道你们自己可以定出惯例,让朕来实行吗!"太祖下令,把其中参与击鼓闹事的四十多名兵士,全部斩首,同时宣布解散川班内殿直,从此不再复设。

当时有一位叫李承进的近侍,刚好站在太祖身边。这个人曾经服侍过后唐庄宗李存勖。太祖转头问李承进说:"后唐庄宗那么英武,把中原都平定了,怎么才当了几年皇帝,就被人杀死了?"

李承进回答说:"庄宗喜欢打猎,又姑息手下将士。每次出去打猎,刚刚走到都城门口,手下的兵将就朝他讨赏赐。甚至经常拦住马头说:'天气寒冷,孩儿们都快冻死了,请皇上赶紧救救我们吧。'庄宗不分青红皂白,在毫无缘由的情况下,立刻就给他们分发赏赐。他经常这样做,身边的兵将渐渐不太把他当回事,军队慢慢就失去了控制。最后终于酿成大祸,惹火烧身了。"李承进说到这里,认真地看着太祖继续说道:"庄宗的结局,都是自己事先种下的。都是因为他赏赐无度,最后导致威令不行的结果。"

太祖听罢,拍着大腿说道:"可惜呀!二十年夹河征战,好不容易攻灭后梁,夺得天下。却因为不能约束手下部队,无端满足他们非礼的要求。把军队娇惯坏了不说,自己也失去了在军队中的威信。带着那样的军队,怎么能够取得战斗的胜利!"太祖温和地看了一眼李承进,接着说道:"朕不差钱儿,抚养将士,也不吝惜爵禄。可是有一点,谁要是违背了我的法度,那朕就只能用剑说话了。"

黄河决口

开宝四年三月的一天,赵普正赶着去上朝,斜刺里冲出一个人,当街拦住了去路。谁呀,这是?不要命了!敢拦截大宋朝的宰相?

赵玭,原来的三司使。跟赵普不和,辞职回家了。越想越生气,心想:"光是非暴力不合作,对于这种无耻的人是没用的。必须当面揭穿他贪污弄权、结党营私和贪赃枉法的事情。"怀着这种想法,赵玭了解清了赵普上朝的路线和时间,今个早上四点多就在这里等着了。赵普一见是赵玭,连车都不下:"你不是辞职回家了吗?不在家里好好看孩子,跑这来干什么?""你以为你贪赃枉法,弄权营私的事情没人知道,是不是?老天长着眼睛哪!""你不要血口喷人,说话要讲证据。胡乱诋毁,是要负责任的!"两人就这样在街上大吵大闹起来。太祖听说还有这种奇事,早朝后便把两人一起叫到便殿对质。赵玭也没客气,把赵普如何私下里贩卖国家禁伐木材,营造私家庄园的事情告诉了太祖。

赵普曾经私下里委派自己的管家,去陕西和甘肃一带,购买国家禁伐、禁运的好木材,然后顺着黄河水道拉回东京,营造自家的庄院。因为木头太粗、太长,而且又数量众多,竟然用了十余艘大船,有的还两三只船链接在一起。一路浩浩荡荡,沿河岸边上的人家都出来看热闹,看排场。

"哇噻!这是谁家的船哪?也太牛了。""宰相赵普家的。""我说嘛。咱家盖个猪圈,还得东挪西借的,找点废木料都不容易。您再瞧瞧人家,还得当官呀,当官就是不一样。""宰相跟咱们能一样吗?人家是宰相,宰相跟咱们不一样。""真不一样,不一样就是不一样。"

面对赵玭的指斥，赵普虽然没有当庭抵赖，但也没有如实承认。

太祖非常生气，促令阁门使召集百官，准备立刻罢免赵普。

为了慎重，太祖先派阁门使前去询问太子太师王溥，看看应该给赵普何等处罚。王溥跟阁门使一样，也出来附会赵普，说赵普私运的是普通木材，而且数量有限，赵玭因为跟宰相不和，故意诬陷大臣。

太祖这气！好你个赵玭，把私人恩怨都弄到朝廷上来了。"来人哪，给我打！"把个赵玭打了个皮开肉绽。赵普转换心思，赶紧上前营救，跪在地下给赵玭求情，说："赵玭虽然言过其实，微臣也有不是，没有处理好上下级关系，愧对陛下信赖。"太祖这才饶恕了赵玭，教人把他扶起来，责罚为汝州牙将。贬了好几十级。

太祖生气，一人走到皇弟赵光义家里，坐在家里不走，跟弟弟喝茶，说话。赵光义劝太祖不要太生气，以免伤了身体。太祖唤人前来，下诏赐给皇弟开封府尹赵光义十四支门戟。赐些这东西干什么？也不当饭吃。那是权力的象征，那是一人之下，万人之上的意思，比吃饭更重要。赵光义把门戟分成左右两排，每隔三十米左右安插一支，长长的排出去。那份气派，就甭提了！

开宝四年十一月，黄河在澶州决口，淹没了数百亩农田。

黄河在入冬以后，实际上已进入缺水期，怎么还会发生水灾？中国的温度，是南热北凉。澶州的很大一部分地区都在转弯后的黄河北岸，纬度低，气温比转弯之前的黄河水道先凉，一般农历九月以后就开始结冰。可是黄河在转弯之前的部分，还不到结冰的温度。上面下来的水流，被下面已结的冰面阻截住，水流如果不大，就会从冰面底下流走。水流稍大，河面冻层稍厚的情况下，河水就被阻截住，开始向河道外面溢。积攒到一定程度的时候，就冲破冰面，连冰带水一起冲出河道，造成冰水灾害。

黄河每年都有两次这样的特殊时期，一次在入冬以后不久，另一次是在春天刚刚开化的时候。当春天来了的时候，上流的冰面已经化开，开始向下流淌水，可是下游的河面，大部分还都被冰层覆盖着，也会发生类似的水灾。

宋时的澶州大约在今天河南濮阳的清丰县一带，原本就在黄河北岸的边上，后来黄河水道向南推移，离清丰县距离稍远了一点。这一带正是黄河忽然向北转弯处,转弯幅度不小,刚好是被今天的人们称为黄河凌汛的受灾地带。

这次在黄河凌汛期到来的时候,澶州地方官没有引起足够的警惕和重视,也没有及时向朝廷汇报。水灾发生以后,大量农田被淹没,太祖非常生气,责令御使前往调查核实。

太祖正在生气,赵普来了:"现已查明,知州杜审肇虽然有玩忽职守的嫌疑,但他事先已经把这种可能的危害性跟通判姚恕说了。姚恕不仅没重视,而且还说自己是朝廷派来的,甚至还扬言说:'我是从开封府赵府尹那儿来的,就不劳烦知州大人布置任务了。'他都这么说了,杜审肇也就不好再说什么了。"太祖听罢,火冒三丈:"姚恕弃市,杜审肇免官!"

姚恕就这么被杀了。杀了之后,直接把尸体抛到了黄河里。姚恕的家人开始还不知道,好几天没回家,这人哪去了?后来家人在黄河边上行走,看到了漂上来的尸首,正是姚恕,还穿着旧日的官服。去官府问明缘由,号哭了一场,就把尸首埋葬了。

其实姚恕并没有说出赵普讲的那套话。姚恕原本确实在开封府里做事,跟赵光义私交很好。为人也很能干,深得赵光义喜爱。一次赵光义让姚恕去赵普家里通报事情,正赶上赵普在家里宴请宾客。赵普让管家先把姚恕安排在耳房里等候,自己就去忙着招待朝廷显贵们去了。

姚恕左等、右等,等不耐烦了,就生气走了。管家赶紧告诉赵普,赵普这才让管家去把姚恕喊回来。姚恕也正在气头上,心说:"不就是宰相府里吗?跟我牛什么牛!老子也是从开封府来的,咱们府尹赵爷是谁,难道你不知道吗?"姚恕装作没听见,径直走了。管家回复赵普:"我说您有请,他却不予理睬。""走了?""啊。""走就走吧。"

赵普从此对姚恕怀恨在心。后来澶州守令杜审肇要求朝廷给自己派名副手,好更有效地开展工作。赵普就竭力推荐姚恕,想把他从赵光义身边拉开,好下手报复。太祖不知道他心里怎么想的,为什么非要举荐赵光义身边的人去。赵普就对太祖说:"让姚恕去比较合适,他在开封府里跟了赵府尹这么多年,只当开封府尹的亲信不行,也得为国家效效力。"

太祖找到赵光义,把意思跟弟弟讲了。赵光义觉得姚恕在自己手下很得力,不太愿意放人。赵普知道了,又对太祖说:"既然姚恕能干,就更应该派下去。再者说了,开封府里人才不少,不能都留着给府尹一个人使用,当给国家效力的时候,也该给国家效力,他们毕竟也是国家的人才呀!"

嘿,这话说的!太祖听罢,怕让赵普感觉自己过于袒护弟弟,于是就决定把姚恕派下去,赵光义无奈,只得放人。

就这么着,姚恕来到了澶州。赵普本来还想找另外的机会,报复姚恕。可是黄河在澶州决口了,而且淹毁了不少农田。赵普心说:"这回你可怨不着我喽!"就这么着,把个姚恕给清除了。

杜审肇虽然捡了一条性命,心想这次虽然受了水灾,可是没有那么严重,开封府尹身边的这位红人,怎么就这么给杀了?

姚恕刚来的时候,杜审肇派人私下里了解过,知道这位因为一时任气,得罪了赵宰相。但他怎么也没想到,这位赵宰相出手这么狠毒。心想如果将来赵光义问起此事,又得找我当证人,那时我说什么?无论是宰相府还是开封府,谁要想取下咱的脑袋,那不都是很简单的一点小事儿,只要轻松一个动作,就足够足够的了。

官场太险恶了!杜审肇越想越害怕,于是赶紧上章,以失职为理由,再加点身体不好,年龄不小之类的理由,提出要提前退休。太祖正在气头上,没多想,准奏了事。

太祖回头指示颍州团练使曹翰,马上赶赴澶州,负责堵塞黄河缺口,同时疏导河道,赈济周围受灾民众。太祖同时委命澶州刺史安守忠,作为曹翰的副手,全力佐助曹翰,立即展开抢险救援工作。

知州行医

十一月,太祖接到奏报:邕州知州范旻上任以后,勤政爱民,政声斐然。不久前邕州又被贼兵围困,为了守卫邕州,在身负重伤的情况下,坚守七十余日。太祖诏令:立即护送归朝,沿路雇人抬轿、使用车马,以及住宿、医疗等费用,朝廷全数报销。

范旻,字贵参,是老宰相范质的儿子。

邕州的州治所在地就在今天的广西南宁。这个地方长期以来,重视鬼神巫术,人要得了病症,不去看医生,却去杀鸡宰猪,到地方上的小鬼、小神的庙宇里供奉。相信给鬼神奉献祭品,会得到鬼神的保佑,疾病就能不治自愈。宋军平定南汉以后,范旻被宋太祖派到邕州当知州。范旻到了邕州,那里正在闹瘟疫,全城百姓既受病魔煎熬,心里又紧张害怕。纷纷来到小庙里烧香叩头,奉献祭品。

范旻一到任,立即下令禁止祭祀小鬼、小神之庙。

这些小鬼小神的小庙大都很简陋。现在两广、云贵、湘赣、闽蜀地区,还有很多这样的东西。这种地方上祭祀小鬼、小神的简陋庙宇,历代都称为"淫祠"。范旻发布政令:禁绝百姓祭祀淫祠。

但是百姓疾病缠身,家人心里紧张,政令难以服人。

范旻精通中医,掏自己的腰包,派属下买来很多种中草药,亲自动手配制、煎熬。把煎熬好的汤药,派人送到有病患的百姓家里,治好了一千多位患者。邕州百姓既感激太守的爱民之心,又赞美太守的再生之德,同时也钦佩这位范知州"妙手回春"的精湛医术。一时间,"扁鹊在世""仲景重生"之类的赞誉,传遍邕州各地。

范旻正在城内为百姓治病,城外却来了匪盗。

南汉的邕州知州邓存忠,在南汉被平定时,逃离邕州。连挟持带号召,纠集了过去南汉的残兵败将,外带地方土豪等十二万人,包围了邕州城,想要攻破城池自立为主。

范旻率领城内千余兵丁,列队出战,前胸连中数箭。虽然身负重伤,仍然坚持不下火线,继续指挥战斗。敌兵看到范旻抵抗顽强,稍稍向后退却。范旻乘机率兵回到城里,坚守不出。同时派人赶紧前往广州,向潘美和尹从珂求救。

敌兵层层包围,把邕州城围困得像铁桶一般。范旻派出去求救的兵将,一个接一个,都在出城时被人抓住杀死了。都派出去十四个了,还是没能冲出围困。范旻在"敌军围困万千重"的危难形势下,依然坚守邕州城,"我自岿然不动"。虽然森严壁垒、众志成城,但是敌兵毫无退意。邕州城内兵将又少,食粮也已罄尽。范旻把城内唯一一员较强的偏将派出去,带上数百人马,终于杀出重围。回头一看,只剩下自己单人独骑了。

气喘吁吁的偏将,终于跑到广州,把消息报告给潘美和尹从珂。当广州的援兵来到邕州城下时,邕州已被包围了七十多天。城里不仅没了粮食,就连官、兵、民等,都已经奄奄一息了。

第十六章 水灾人患

救下邕州城之后，潘美把范旻的情况如实上报朝廷。接到太祖圣谕，把范旻送回京城的时候，已经是年末了。太祖派人前往看视，还赠送了礼品和药品。范旻伤势痊愈之后，又被太祖派到镇州当通判，认真履行职责，赢得了同僚和当地民众的交口称赞。太祖赞叹不已，赏钱二百万。

可靠的小道消息

就在朝廷使臣奉命去邕州迎接范旻的时候，太祖又接到了右补阙梁周翰的奏章。这次梁周翰没有用骈体作文，只是直来直去，希望太祖减轻各地赋税，太祖高兴接纳。梁周翰不久前犯了一个错误，改任绫锦使，就是国家织布厂厂长。期间有织工做工粗糙，被梁周翰拿鞭子狠狠抽打了一顿。太祖听说了以后，准备抽打他一顿："看你把人家都打成什么样子了？你身上长的是肉，人家身上长的不是肉吗？你知道疼痛，人家没有知觉吗？"梁周翰低下头去，诚恳地对太祖说："微臣空负有才之名，办事不力，不当鞭打织工，有负陛下重托。"太祖见他态度诚恳，就没有责罚他。

太祖知道梁周翰有文才，准备提拔他充任知制诰。刚好石守信来朝，太祖顺嘴跟石守信说起了这件事。敢情梁周翰和石守信关系很密，石守信私下里告诉了梁周翰。梁周翰赶紧上书感谢皇恩，太祖见他知道了这件事，于是就打消了想法。太祖不希望大臣私底下传递小道消息，这样会影响朝廷威信。朝廷的事就是天下的事，都得放到桌面上来决定，怎么可以在私下里事先通风报信呢？

就因为事先泄露国家机密，梁周翰没有当成知制诰。

吴越国来报，前国王钱倧死了，太祖打发礼官前往致祭。

吴越国现任国主不是钱俶吗，怎么前任国主还活着？

没错。古代的帝王，虽然都得前任国君死了，才能登基继位，但是特殊情况也有不少，而吴越国又是特殊中的特殊。

钱俶本名叫钱弘俶，大宋朝建立以后，为了避开人家宋太祖父亲的名讳，把"弘"字去掉了。钱弘俶是钱元瓘的第九个儿子，前任国主本名叫钱弘倧，也是大宋朝建立以后，去掉了名字中间的"弘"字。钱弘倧是钱元瓘的第七个儿子,是钱弘俶的七哥。公元947年,这一年叫后晋的开运四年,也叫后晋的天福十二年,其实就是刘知远建立后汉的那一年。那年掌握吴越国政权的钱弘佐死了。钱弘佐是钱元瓘的第六个儿子,钱弘俶的六哥。钱弘佐死了,吴越国的权力轮到钱弘倧来掌握。可是钱家的这位七少爷有些自负,经常羞辱身边将校。有一位叫做胡思进的将军,不小心露出了自己从前杀猪的身份。钱弘倧就抓住不放,经常拿这件事当话把儿,羞辱胡思进。胡思进怀恨在心,乘着钱弘倧会宴宾客的时候,突然率兵闯进宫中,强行把钱弘倧给软禁起来,另立钱弘俶当了王者。

钱弘俶当时答应出来当王者的条件之一,就是要保全他七哥钱弘倧的性命,胡思进一时没有另外的人选,自己又不敢篡位,只好暂时答应。

钱弘俶登基之后,胡思进百般劝说,希望钱弘俶杀死钱弘倧,免除后患。钱弘俶表面上不厌其烦地耐心跟他解释,说这样做如何如何不妥,私下里却派兵保护钱弘倧。胡思进无计可施,同时又害怕有一天钱弘俶"翅膀硬了",回过头来跟他算账,治他个擅自废立君王之罪。越想越没主意,越想越害怕,恐慌之余,疽发于背,死了。

要说钱弘俶这个人,还真够可以。他不仅没杀哥哥,还给哥哥建造别墅山庄,多送歌儿舞女,把一座很大、很大的大山都送给这位七哥,让他在里面尽情享乐。

这位钱弘倧也够率性,整天在山间别墅里饮酒泡妞,还吟诗作赋。每年元宵之夜,把整个山的周围挂满灯烛,山巅上结满彩绸之类。生活用度的豪华程度,比昔日当王者时更过分。有时来了兴致,还亲自击鼓,让一群舞女跳舞,自己却跟另外一群美女,玩起了现在小孩们玩的那种叫做"击鼓传花"的游戏。鼓声传到山外,负责看护他的将官吓坏了,以为里面要出兵复辟。赶紧跑回宫里,报告钱弘俶。钱弘俶却说:"吾兄现在胸怀闲适,尽情享乐人生。没有鼓声,怕不能尽兴过瘾。"钱弘倧就这么着,在既是王者又是九弟的钱弘俶的供养之下,潇潇洒洒、快快乐乐地乐呵了二十四年。

要不说宋太祖喜欢人家钱俶,不仅是因为钱俶有眼力见,会溜须,人家钱俶也真仁义。太祖一生最喜欢仁义和清廉的人。

第十六章 水灾人患

七十五岁的新县长

打发走了去吴越国的使臣，江南国的使臣又来了。

因为占城国（今越南）、阇婆国（大约在今天马来西亚的沙捞越一带）、大食国（占据古波斯——今伊朗一带的阿拉伯国家）遣使给江南国送贡品。李煜不敢接受，赶紧打发使节，把礼品转送到大宋朝来了。太祖接受了礼物，同时下诏给李煜：以后人家再给你送，你就接受，不要再辗转送到我这里来了。

陶谷死后，太祖又把欧阳炯的翰林学士给撤了，翰林学士不够用。考虑年底事情多，太祖就让卢多逊以兵部侍郎兼知制诰的身份，暂时充任了翰林学士。

新年伊始，太祖诏令黄河、汴水、清河、御河沿河各州县，除了原来被获准种植桑树和枣树之外，长吏要负责鼓励和督促农民，多种榆树和柳树等适合当地土地生长的树种。责任落实到每个家庭，按照户籍人口数量，分为五等，第一等人家必须种植五十株树木，以下每等递减十株，有自愿多种的，任由自便，孤、寡、穷、独者不在指令之内。

诏书一经下达，大宋朝掀起了一场规模宏大的植树造林运动。数年之后，中原几条河流的周围，已是郁郁苍苍，满目青翠。太祖下达这项指令，主要是为了巩固沿河堤坝，防止河水出槽，同时也有治理土地沙化的功效，客观上还美化了生活环境。

太祖身着便装，在几位近侍的陪同下，站在汴河的边上，看到农民种树的热情很高涨，心里非常高兴。廷臣来报，说是山东郓城县前任县尉，特意一个人从山东跑到京城，说有事情要面奏太祖。

"要是每个县尉都来见我，还要你们这些朝廷官员干什么？""他非要见您，说是自己已经七十五岁了。""七十五？明日早朝后，把他带到便殿来。"太祖尊老，所以就答应了请求。

老人来到太祖面前，立即跪下说："启禀陛下，臣已七十五岁年龄，得见龙颜，真是没有枉生世间一回。""您老有什么具体的事情吗？""臣叫许永，今年七十有五，臣兄今年八十有一，臣父还健在，今年已经九十九岁了。""啊呀，一家高寿，同堂欢喜，好哇！""这都是托陛下您的洪福。

可是臣家境贫困,不足以赡养父亲,照顾兄长。臣请陛下给个县令当当,挣份薪水,好买米下锅。"太祖眼泪差点掉出来。唆了唆酸涩的鼻子,半天才缓过劲来,问了老头儿一些事情,感觉记忆还行,头脑也还没糊涂,就直接下达了命令:"通知吏部,马上给他安排,回家去当县令。"太祖为他这份心思,还给了一些赏赐。

三月,太祖得报,李煜把江南国的所有官员并爵禄都贬损了一格:改中书省和门下省为左右内史府,翰林院也改名叫修文馆了。李煜还把已封的王、侯,都变成了公爵。如把弟弟李从善,从韩王改为南楚国公;把弟弟李从镒,从邓王改为江国公;弟弟李从谦,从吉王改为鄂国公之类。把个国防委员会,就是枢密院,也改名叫做光政院了。那位枢密院使陈乔,现在成了光政院的院长,听起来有点像今天大学里的一个院系主任。李煜还把所有宫殿上象征王者的装饰去掉,以示彻底放弃国家规模,表达甘愿永做诸侯王的心愿。

李煜这是吓的,去年太祖平定南汉以后,李煜就委派弟弟李从善前来道贺,太祖顺势把李从善留在了京城,没有放他回去。太祖还赐给他一栋别墅,封他做了大宋朝的泰宁节度使。

太祖让李从善给李煜写信,劝李煜亲自来京师朝贺。李从善欣然应命:"臣兄以微薄之才,嗣位守护祖先宗庙,陛下开天地覆载之恩,允许他来归朝廷,这是千年万载都碰不到的机缘。"李从善真是正儿八经地给李煜写了封信,可是李煜不听劝告,还回书催促李从善赶紧回到江南。

李从善就是想回去也已经身不由己了。李煜重视兄弟情谊,尤其是对李从善,两人是同母所生,打小一块长大,有很深的依恋情结。李从善的王妃也思夫若渴,天天去李煜那里,让他想办法要人,搞得李煜心烦意乱。李从善的王妃,对李从善还真是一往情深,不久之后,就因为思念李从善而死了。李从善却真心留在大宋朝里,搂着身边的小妾快乐地做起官来。

计除林仁肇

李煜一方面从外表形式上贬格降等,一方面却加紧修筑沿江工事,调动军队,随时准备抵御大宋朝的"来犯之敌"。

李煜把林仁肇调到南昌，任命为南都留守兼知南昌。江南国怎么还有南都留守呢？当年李煜的老爹李景（璟），为了躲避大宋朝的恐吓，不是一度把都城迁到江西南昌了吗？后来不适应，又把朝廷迁回了南京。南昌既然已有都城的规格和建制，就留下作了南都。林仁肇的职任就是负责守备和治理南都南昌。

太祖早就知道林仁肇这个人，当年跟随周世宗征伐南唐时就听说了。虽然林仁肇没有跟太祖直接正面交过手，但太祖回到汴京后，还不断听张永德说起过这个人。

林仁肇是福建建阳人，原本跟哥哥林仁翰一同给南闽国效力，官任裨将。作战勇敢，人送外号"林虎子"。公元945年8月，南唐攻破建州，南闽国君王延政被俘，南闽国灭亡了。林仁肇一时无所依靠，带领自己手下若干人，在江南国里空转悠了好几年。

后周显德二年十一月，周世宗攻伐南唐，围困寿州。南唐援军被宋军击溃。当时南唐缺少将才，有人就把林仁肇推荐给了李璟。李璟直接就把林仁肇提升为将，让他率军援救寿州。林仁肇率偏师攻击后周扎在寿州城南的大寨，立了战功。接着又攻破了后周在濠州的一个水寨，被提升为淮南屯营应援使。

寿州久攻不下，周世宗返京，所得南唐淮北州县，大多又被南唐反手夺回。显德四年二月，周世宗再度亲征南唐，林仁肇奉命又来增援。当时后周殿前都点检张永德主攻寿州。为了顺利进攻寿州，阻截南唐援军，张永德率军在正阳架设浮桥。林仁肇率兵驱火船前来烧桥，周兵一时紧张起来。刚好风向反转，林仁肇没能得逞，张永德乘势出击，林仁肇大败，只身一人逃遁。张永德是有名的神箭手，善射强弓，开弓连射数箭，林仁肇不慌不忙，等到箭镞到了跟前，回头用枪杆轻轻一拨，箭镞都落到了地上。张永德大呼："敌国有人，不可穷追！"

能轻易躲过张永德连续发射的好几只神箭，林仁肇确实不是等闲之辈。这件事早在后周军队里传开了。太祖当时就记住了林仁肇的名字。

不久前，太祖又听说了，说在大宋朝出兵收取南汉的时候，林仁肇秘密上书李煜，想要乘机收复江北失地。连当时林仁肇说服李煜的话，太祖都了解了。太祖佩服林仁肇的胆识和才能，感觉这个人确实是个了不起的将才，将来大宋朝发兵攻江南，林仁肇一定是个巨大的隐患。

太祖做事都是事先很久就开始准备。这次把李从善扣留在京城里，不仅是要留着他给李煜写信，太祖还给李从善优厚的生活待遇，好让江南国的大臣和武将们都知道：来到大宋朝，一定还有富贵的生活。同时，太祖也把李从善当成了《三国演义》里的蔡中、蔡和，让他暗地里给江南国传递虚假情报。

太祖想好了除掉林仁肇的办法，于是就派遣精明的细作，以做生意为掩护，潜伏在江南国的南都南昌城里，伺机偷来了一幅林仁肇的画像，外加一把经常佩戴的护身宝剑。太祖把这幅画像悬挂在宴会厅旁边的小茶房里，把那把宝剑也挂在了画像的旁边。

安排好了以后，太祖先在宴会厅里宴请李从善。太祖故意多喝了两杯，等李从善也酒足饭饱之后，又请李从善到茶房里陪着喝茶。

李从善看着这幅画像，感觉有些熟悉，想了想说："陛下的这幅宝墨，是哪个朝代的名画呀？怎么画上的这个人有点像我们江南国的林仁肇将军呢？""我哪里懂什么名画，哪像你们江南国的君臣，个个都是书画专家。""雕虫小技而已，哪像陛下您，济世救民，经纶天下，真正是雄才大略的英明君主哇！"太祖轻轻地喝了一口茶，若无其事地接着说道："眼力不错呀，这就是江南国的林仁肇将军。他跟你一样，识时务，有眼光，也相信咱们大宋朝。过一阵子，林将军就会来东京了，到时候让他跟你一道，再劝劝你那位糊涂的哥哥，赶紧来我这里朝贺，朕是不会亏待他的。""这墙边的短剑好像就是家兄赏赐给他的。""那我不知道，反正是他派人送来的，说是当做信物。"说着说着，太祖打了一个大哈欠，侍从赶紧说："陛下劳乏了，该回去休息了。""啊，好吧，那今天咱们就喝到这里吧。""陛下晚安！"李从善赶紧起身鞠躬。"今天你好像没喝好，改日朕再请你。""谢陛下隆恩！"

太祖回宫休息了。这一夜，太祖睡得格外香甜。李从善却翻来覆去，怎么也睡不着，天都亮了，还在床上烙饼呢。天亮以后，李从善急忙叫过身边的一个亲信，让他赶紧回到江南，把林仁肇私通大宋朝，还有随时准备投降的事情，尽快告诉后主李煜。

李从善也不含糊，就以要回江南为老婆下葬为理由，前往说服宋太祖。太祖自然不会放他走，他就请求派个身边的人回去。太祖故作无奈："那你就派个人回去看看吧，要是方便的话，也可把儿女们顺便都接

第十六章　水灾人患

过来住住。"李从善就这样堂而皇之的把身边的亲信派走了。

　　李煜得报,吓了一跳。心说:"好你个林仁肇,吃里扒外的东西!多亏朕当年没听你的建议,要是听了你的建议,当时就带兵投降大宋,返身引兵前来,江南国可能都等不到今天了。"

　　经过一番谋划,李煜以犒劳林仁肇为名,派人送去了毒酒。林仁肇感觉李煜还行,尽管没听自己的建议,还是蛮在乎自己的。机会虽然失去了,那也没有办法,主上性格怯懦,以后怎么样,就只能走一步看一步了。一扬脖,就把毒酒干了。

　　林仁肇原本脑血栓,虽然已经调理好了,但却留下了后遗症,总是顺着嘴角向外流涎水。喝了毒酒之后,涎水当时就不流了。林仁肇刚要感谢主上的好药,头就栽到一边,永远地睡去了。

　　这是什么药哇,这么厉害! 一剂两用,连治病,带致命。林仁肇的病被治好了,命也被治没了。中药呗,没听毛主席说:中医学是个伟大的宝库,应当努力发掘吗?

　　除掉了林仁肇,太祖再度宴请李从善。"我上次让你看了林仁肇将军的画像,怎么才这么几天,林仁肇将军就被害死了?"太祖紧接着狠狠地问道:"这事跟你有关系吗?""没关系。陛下对微臣如此厚爱,臣就是肝脑涂地,也不足以报答陛下的恩德,怎么敢私下里坏您的大事?""你说的是真心话吗"太祖又逼问了一句。"臣从小就不会说谎,不信您问问臣身边的下人。""朕相信你,也不用问他们。不相信你,问他们也没用。以后朕有什么紧要的事情,还是不要当你面说的好,以免你落嫌疑,也省得我猜忌,影响咱们君臣关系。"李从善听到这里,悬了半天的那颗心才又重新落回到肚子里。太祖更高兴,为将来扫平江南,去掉了一块心病。

媚川都和宫禁女

　　平定岭南之后,太祖把太子中允周仁俊派到琼州(今海南省琼山县,辖境包括今天的海口市、文昌市、琼海市和安定县、屯昌县、临高县等地)担任知州,同时下令:把儋州、振州、崖州和万安洲统一归属琼州管辖。太祖对赵普说:"海南道(相当于今天的省,宋初叫'道',后来改称'路')是个荒僻遥远的地方,瘴疠盛行。除了琼州以外,其他各州暂时不必另行派遣知州。让周仁俊就地选择南汉过去的官员,考察合适了以后,暂时先派到各州去。"周仁俊到达之后不久,就向朝廷汇报,说已经挑选了四位。太祖转谕周仁俊:"先让他们当检校官,管理州中一切事务,能否胜任知州,观察一段时间再看。"又过了两个月,发现派到振州去的南汉旧官不得力。太祖下令,把崖州的州治改到振州的州治所在地去,两州合并为一州,取消了振州的行政建制。海南岛这面,官员大致就算派定,暂时可以行政了。而岭南地区地广人稀,加上刚得岭南,一时人才匮乏,难以满足行政需要。太祖传旨给潘美和王明,要他们根据实际情况,减省行政建制。不久之后,两人上报得准,又把岭南原有的白州、长乐州、南义州取消掉,还在各州中合并县级建制,又在岭南所设州中,取消了五十六个县级单位。

开宝五年五月,太祖下令废除岭南道的"媚川都",并禁止岭南民众从事下海捞取和采集珠蚌业务。

这也太蝎虎了吧,连捡贝壳都不让?

这可不是简单地捡拾贝壳。在刘鋹统治时期,专事奢侈豪华,建立"媚川都"——一支专业捞取和采集珠蚌的民工队伍,人众两千多。这些民众要用绳索栓系身体,沉到海水之下五百米的深处去搜采海珠,危险性极大。为了这件事情,每年不知要淹死多少人。刘鋹的那副马鞍,还有那两只马镫上的珍珠串,虽然是他自己的手工,可那也是无数平头百姓的生命!

刘鋹还用这些渔民兄弟采集来的海中宝珠,把所有的殿堂、栋宇装饰得色彩斑斓、光辉映日。宋军攻占广州时,龚澄枢、李讬等把珠宝连同房屋全都烧毁了。潘美进城以后,在废墟中捡拾到了一些玳瑁、珍珠、翡翠之类,送回朝廷,交给太祖处置。同时附带上书,说明采珠的危险性等情况。太祖立即把这些东西拿给宰相赵普和参知政事们看,同时下令:立即废除"媚川都",并严格禁止滨海渔民冒险下海采集和捞取珍珠等的行为。

入夏以来,大雨连绵不绝,黄河又在澶州的濮阳县决口,太祖又把曹翰找来了。曹翰正在家里躲雨,太祖派人来请了。

曹翰来到朝中,太祖在便殿里接见了曹翰。太祖对曹翰说:"这些天来,大雨连绵不断,黄河也决口了。朕两天两夜都没睡好觉了,焚香祷告上天。如果是我一个人的毛病，惹恼上天，降下灾害，愿上天只惩罚我一人，不要殃及无辜百姓。"曹翰看着太祖伤心的样子，忍不住脱口而出："从前的齐景公，只不过是个诸侯而已，但是他开口一发善言，灾星都感动得退走了。如今陛下心忧苍生之苦，如此诚心祝祷上苍，肯定会感动上天。臣即刻出发，前往澶州濮阳抢险救灾，上天一定不会让大雨下起来没完没了。"

曹翰走了以后，大雨依然还在不停地下着。太祖望着无色的天空，柳条一般的雨线，密密麻麻，就这么从早到晚，一直从天上到地下不间断地垂挂着。太祖心情十分忧郁。

上朝了，太祖对赵普和大臣们说："大雨就这么没完没了地下，保不准什么地方又要闹水灾了。朕这些天心情沉重，寝食难安。该不是朕在行政上有什么大的疏失，上天才降下灾异吧？"赵普赶紧抢过话头说："陛下自临御天下以来，忧思劳瘁，每日不辞辛苦，处理各种政务，有害必除，有弊必改，闻义必徙，闻善必行。何来为政之失？至于大雨连续不停，乃是臣等失职所导致，与陛下有什么关系？"

太祖看着赵普，觉得他说的是实话，隔了一会又说："我想了很久，可能是宫中女子过多。把人家这些女孩子放在宫中，像囚禁一样，影响人家嫁人成家。"说到这里，太祖喝了一口茶："昨天我让中官统计了一下，宫中现有各类女子三百八十多名。我已经下令中官，让他召集这些女子，宣布我的意思：有愿意回家的，悉听自便。有一百五十多人表示愿意，中官已经发给他们必要的补助和川资，放她们回家去了。"赵普和众臣听到这里，全数跪倒，山呼万岁声，顿时响彻朝堂。

中官就是太祖身边的宦官，负责帮助太祖管理宫中事务，传递临时指令之类。

原来宋太祖也在宫中养了那么多小三、小 A、小 X 呀？这您就不懂了。哪个皇帝的宫中，没有几个女孩子，那还像个皇帝吗？可是人家宋太祖宫中的女孩子，在整个中国历史上，可以说是最少的那种，而且这些人也并没有都被宋太祖占用。很多只是在宫中伺候皇上、皇后和皇室中人，职业身份不过是丫鬟、保姆、小指使、钟点工之类。

像什么隋炀帝之类的昏君咱就不说了，唐玄宗的后宫佳丽三千人不止。晋武帝司马炎，光是一人所用，就多达两万多人。

战国时代，魏国有一位国君叫梁惠王。一天正在大殿里朝会群臣，活圣人孟子来了。孟子劝他实行仁德的政治，好让穷苦百姓活命。梁惠王说他做不到，说是自己好色的毛病改不掉，也不想改。孟子说：这也不算什么大毛病，不改也无妨。只是你好你的色，但却不要让宫中很多女孩子产生怨恨的情绪。

咱们宋太祖这次的做法，完全符合孟老夫子的主张，而且做得太出色、太杰出了。

尽扫岭南残敌

宋太祖虽然把一百五十多名宫女都放走了，大雨还是下个没完。看来这大雨跟女孩子无关。

太祖派人请来了青城山的住持刘若拙，这位老道擅长服食丹药，善于呼吸吐纳，法术十分高明。人都九十多岁了，走起路来，还是步履轻盈，身形矫健。太祖封他为功德使，把他请到大内，设坛祭祀天地鬼神。

老道忙乎了好几天，依然没有奏效。黄河在大名府的朝城县又决口了。这个消息还没落地，又有奏报：黄河在武阳县决口、汴水在郑州和宋州决口⋯⋯

太祖都快哭了。圣旨：发诸州兵士和民夫五万人，立即赶赴各河岸边，抢险救灾，堵截河流缺口。各地抢险军卒和民工，统一归曹翰指挥，所在各州县全力配合曹翰行动，所需人、财、物力，一并听从曹翰调用。

圣旨下达之后，太祖再下诏书："近来诸河泛滥成灾，朕虽选派官吏抢救，黎民百姓还是备受其害。朕心情沉重，夜不能寐，起床燃灯，翻阅古代治水文献。发现当年大禹治水，也只说'疏导'河流，让它流进大海。至于具体到个别地方，因为山川地理形貌不同，未及入海而已然成害。即使高筑堤坝，也只是缓解一时之急，不能解决长久隐患。天下臣民，若有在治水方面经验丰富，见识独到，能够提出在治水方面收获长远功效的方略和建议，均可越级直接向朝廷上书。朕将亲自观览，并予奖励。"

瞧宋太祖这道圣旨下的，爱民之心，昭然天地；好学之志，尽显无遗。

您还别说，真有一位提出了有参考价值的意见。此人闲居山东日照，名叫田告。平常在家没事就留心治水问题，还著有一部专门研究治水的学术专著——《禹元经》十二篇。太祖览罢奏章,准备授予官职。人家却以父亲年迈,需要奉养为理由,拒绝接受。

正是上有所好,下有所效。太祖用心在于治水利民,人家也就用心于献计献策,而不计较受赏升官这些事情了。

太祖准备调拨物资,运往抗洪抢险前线。三司却上言仓储不多,按照正常供应也只能用到明年二月。太祖当时大怒,把三司主管官员(当时叫判三司,后来叫三司使)楚昭辅叫来一顿臭训:"国家没有九年的储蓄,那就叫国用不足。你可倒好,连一年的储蓄都没攒下!到了这个时候,才想要调用民船运输。洪水泛滥,人命关天,百姓还需要船只运载生活物资,一时间你上哪里弄那么多船来?把你放在这个重要的位置上,就是让你白吃饭的吗?关键时候要是误了我的事情,我只有砍下你的脑袋,向天下百姓交代了!"

楚昭辅?这个名字好熟悉呀。对了,记性不错,人家是陈桥兵变的功臣之一。

楚昭辅吓坏了,他从来没见过太祖跟他动这么大肝火。想来想去,也没想出好办法,赶紧跑到开封府去找赵光义。老朋友了,而且人家是当今天子的弟弟。楚昭辅说明来意,希望赵光义想办法救他的性命。赵光义答应帮助想办法,楚昭辅起身离去。

赵光义问身边的侍从陈从信,有没有什么办法弄到足够的民船,加快运输速度?同时又不能影响京城百姓的日常生活。陈从信说他见过湖南、安徽、山东一带的船只运粮情形。之所以运送速度缓慢,主要是因为驾船的艄公们,经常中途停下船来,下到岸边生火做饭。仅这一项,耽误时间就不止一两个时辰。要是给他们叫好"外卖",备好"盒饭",就会省去很多时间。陈从信又说:现在要是把所有船只都调走,京城百姓生活用船就成了问题。不如先调集一些坚固的大船去运米,把稍破旧些的船只,留给百姓自己运送日用品和柴草之类,这样就两不耽误了。然后,再下令沿河各岸中转码头处的检察官员,不要拖延,随到随检,还会省些时间。如果一切都有序无误,原来每年只能运送三趟,现在每年就可运送四趟。

赵光义觉得陈从信讲得有道理,就赶紧把陈从信的想法报告给了皇帝哥哥。太祖允诺施行,第一批粮米运回来的时候,仓储还没有用光,太祖不再追究,楚昭辅捡回了一条性命。

北方是中原各处水患,随时报警。两广却是遍地盗寇,不时攻扰城市。

岭南平定以后,南汉的一些残兵败卒,还有原属南汉国的一些官吏,地方少数部族,山泽之间的盗匪等,都纷纷借着政权交接的空隙,或出没海上,或攻略城镇,抢劫府库,劫掠民众,两广一带,混乱不堪。

前述范旻在邕州被困七十多天,只是其中一个地区的情形。

南汉的朝官乐范,还有地方土豪周思琼,各自聚集了数万人,忽而上陆抢劫,忽而下海隐匿。几次都被广州知州尹从珂率兵击溃,还是贼心不死,时出时没。太祖派遣身边的侍奉官前往督战,费了好几个月的时间,才算最后平定下来。

广州附近刚刚安定,广西容州(今广西容县)又被包围了。这次包围容州的不是南汉的旧部,而是獠兵。獠兵是土著獠族的武装。一直以来,獠族就生活在广东、广西、湖南、贵州的崇山峻岭之间,是我国南方境内最古老的少数部族之一,跟今天的壮族、侗族、仡佬族和苗族等少数民族都有血脉上的渊源关系。这次包围容州城的獠族武装,至少有两万余众。潘美得到救援的报告,赶紧派遣行营兵马都监朱宪前往救助,经过半月激战,终于击走獠兵,解除了他们对容州的围困。

几乎就在同时,广东英州(今广东英德市)也遭受了獠兵的围攻。附近的连州赶紧派兵救援,两面夹击,总算把这些獠兵赶走了。

海门镇(今越南海防市安阳北,当时属中国,大宋朝统一之前,归属南汉政权)被周边非法武装侵扰,都监赵令镕领兵出城。刚把这些人击败,城内的倒盐富商,又因对新政权限制投机倒把、倒买倒卖,心怀不满,聚众数千人,围攻州府,焚烧府库。赵令镕返身回城平叛,斩首三百余级,海门暂时安定下来。

崖州守门的将领陆昌图,乘海南官员尚未齐备作乱,抢劫并烧毁了崖州政府办公大院,随后又聚众自立,控制崖州半个多月,才被琼州知州周仁俊派来的兵将平定。

康州(今广东德庆)在南汉投降后,一直在南汉旧官手里,拒绝宋朝招抚,被尹从珂派兵收复。

广东一片乱局,而四川的乱局尚未结束,又有乱兵攻占了壁州(今四川通江县、万源县一带),一月之后,才被宋兵重新夺回。

第十六章　水灾人患

第十七章
罢免赵普

两广和四川的秩序还在稳定之中,北汉和契丹又前来骚扰,因为规模不大,都被宋军守边将领击溃了。远在漠北契丹背后的女真族,也开始活跃起来,有小股部队冲进宋朝的白沙寨,抢掠马匹等物。之后又派人把马匹当做礼物献给宋太祖,太祖扣押了献马使者。不久,女真首领勃海那亲自带人前来朝贡,太祖下诏,"责其抢马,而嘉其归顺"。之后,释放了事先来献马的女真使者。

云里雾里

深秋的一天傍晚,宋太祖独自一人,坐在后花园中,无心欣赏绚丽的晚霞。今年整个中原地区,因为入夏以后的大范围洪涝灾害,农业几乎没有什么收成可言。

太祖正在那里发愣,身边的近侍来了。"有事吗?""小臣听说一件事情,不知当讲不当讲。""当讲不当讲你都讲了,就接着说吧。""小臣听说",近侍停了一下又接着说:"宰相赵普的儿子赵承宗,新近娶了枢密使李崇矩的女儿,不知皇上是否需要派人前往祝贺?如果派人,小臣愿意效劳,顺便讨两位大人一点儿赏钱,好养家糊口。"

太祖听罢,心里一震。"派人?不派!"扔下这句话之后,太祖转身走了。

太祖了解清楚了,赵、李两家确实已经联姻,而且都迎娶好长时间了。可是赵普和李崇矩,谁都没跟太祖说起过这件事情,太祖心里非常生气。

列位看官,你若是以为太祖生气,是因为两位宰辅的儿女亲事,没有告诉太祖,搞得太祖在这件事情上有些被动,那就是太祖小心眼了。不过您这样想或许并没有错,因为您关心日常生活,不必想得太多。宋太祖就不能这样,他是皇帝,皇帝就不能不懂政治,更何况宋太祖这种既精明,又有敏锐察觉力的政治家!

赵普是宰相,执行并相当程度地操纵着国家用人和行政的大权;李崇矩是枢密使,执行并相当程度地掌控着全国的军队。两家联姻,什么意思?赵普一直帮助宋太祖限制禁军、节度使、州郡长官的权力,宋太祖会允许他的宰相和枢密使,无限地扩张自己的权力吗?

几天之后的早朝会上,赵普和李崇矩依然站在班首,若无其事,也不知道发生了什么事。

"臣有一本",还没等赵普说下去,太祖把手一挥,示意他先退下去。

"今日早朝,不听奏本,只发布一项诏令。"主持早朝的官员上前说道。接着就从袖口里拿出圣旨,郑重其事地开始宣读:"有名郑申者,本枢密使李崇矩门客。今年科考之后,郑申击登闻鼓,状告李崇矩接受太原人席羲叟黄金贿赂。李崇矩为席羲叟请托主考官扈蒙,授予席羲叟甲科。是否收受他人黄金贿赂,虽然至今尚未彻底查明,但是李崇矩干预科举之事,确属事实。作为枢密使,只应管理军事,不当干预其他政务。为进一步明确各自分工,李崇矩不宜再担任枢密使,改任镇国军节度使。"

赵普还想说什么,礼官已宣布散朝了。李崇矩愣愣地站了一会儿,转身向赵普走去,想要跟赵普说点什么。赵普赶紧转身,不予理睬,乘轿回家了。

李崇矩把女儿嫁给赵普的儿子,试图增进跟赵普的关系,巩固自己的权力;赵普让儿子娶了李崇矩的女儿,想要扩张自己的权力,树植更多的党羽。宋太祖识破两人的心思,当机决断,先把李崇矩罢免了。

要说李崇矩只懂军事不懂政治,干出这种愚蠢的勾当,还算情有可原。但赵普可是个政治家,而且是个政治权谋家。他怎么会冒险做出这样的事情?被利欲冲昏了头脑,被太祖对他的一再忍让和宽恕给惯糊涂了呗。

等到太祖罢免了李崇矩,赵普心里忽悠一下,吓出了一身冷汗。可是李崇矩不知道赵普的心思,还想跟赵普说说。赵普怎么敢在那样的大

第十七章　罢免赵普

庭广众之下,再和他搭讪?那不是纯粹自己给自己上眼药吗?怎么保护自己,还得回去仔细好好想想。哪有闲工夫,再去同情你李崇矩?

从古到今,联姻不仅是国与国之间实施外交的有效手段,也是家族与家族之间增强实力、扩充家族经济积累、张大家族政治权力、扩大家族社会影响力的有效途径。

生活在现代社会的人们,基本已经忘记了这一点。以为结婚这件事,仅仅就是两个相亲相爱的男女之间的事情,跟双方家长、家庭、家族,还有周围社会群落没有关系。

其实纯粹两个男女之间的关系,那叫爱情,不叫婚姻。

仅仅依靠爱情就旁无他顾地走进婚姻,显然是一种无知,同时也是一种轻率。这样的婚姻将来一定会面临很多经济困扰、人际关系困扰等诸多麻烦,两人的感情也会因此很快淡化,严重的还会化为乌有。婚姻里没有爱情自然不行,可要是光靠爱情就结婚,那肯定也是一件非常棘手的事情。

尤其是身居要位的家庭或者家族之间,在讲求门当户对的同时,还要考虑婚姻本身的危险性问题。就是在现代发达的西方国家也一样,要是国防委员会主席跟国务院总理联姻,肯定是犯大忌的,一样会被弹劾,会被免职。

因为今年夏天中原地区的遍地大水,太祖想到了秦朝的蜀郡太守李冰。当年李冰为了防治水灾,在四川成都附近因地制宜,没费很大气力,却修建了一个直到今天还在起着重要疏导、灌溉作用的长堤。这个根据河流本身的流向,依山为其开道,顺田使其浇灌的水利建设工程,叫做都江堰。太祖下诏:追封李冰为广济王,表彰他的治水功绩,怀念他给后世生民留下的千载福荫。太祖还下令:重新为李冰修筑庙宇,责令地方官员,每年按期祭祀一次。

转眼又到了年末,可是中原地带却连一场大雪都没下。太祖把那位青城山的老道又请到了宫中,筑坛祭祀天地,为中原人民祈雪。老道又忙乎了好几天,终于感动上天,快腊月底的时候,中原地区普降了一场大雪。

太祖送走老道,又听说皇弟开封府尹赵光义得了怪病,连人都不认识了,赶紧赶去家中探望。太祖看着弟弟半梦半醒、糊里糊涂的样子,心里一阵不忍。太祖在赵光义家里,从上午九点,一直待到下午四点多。太祖亲自为弟弟搅拌药物,用汤匙喂送下去。还亲自给赵光义烧艾针灸。赵光义"哎哟"一声,烫着了。太祖就先在自己的胳膊上试验,感觉不烫了,再给弟弟使用。太祖用右手的拇指和食指,轻轻转动银针,赵光义像小孩一样,在皇帝哥哥亲切的治疗下,不知不觉地睡着了。

回宫之后,太祖把太医叫来,嘱咐他好好给弟弟看病,这几天没事可以守在那里,不要回宫来了。

才隔了一天,太祖又来到赵光义家里探望弟弟,见弟弟的病情稍见好转,给了太医厚重的赏赐。

"瞧我这一年过的!"太祖心里说着。

后周末帝

过年的爆竹声还没有彻底消退,太祖又去看望赵光义,弟弟这一病,已经好几个月了。

从赵光义那里回来之后,四川彭州的知州辛仲甫,来朝面见太祖。

早在去年冬天的时候,太祖问赵普:"儒臣中有没有很懂军事的?"赵普就把彭州知州辛仲甫推荐给了太祖。太祖下诏召见,赶了一两个月的路,辛仲甫终于到了京城。

太祖请赵普作陪,召见了辛仲甫。谈了一番话语之后,觉得这是个心里装事的人。辛仲甫原本是个文官,太祖心想:如果他也能带兵打仗,那就更好了。于是就问辛仲甫:"可以上战场打仗吗?""臣原来在郭崇的幕府里,屡从征讨,穿过甲胄。"太祖感觉此人既有本事,同时也很谦虚。"你看到王明了吗?已经被朕提拔为刺史了。你这个人忠厚淳朴,如果能勤于公事,不久之后,朕也会让你担任州牧。""谢陛下厚爱,臣一定尽力公事,以不负陛下厚望!"辛仲甫叩头谢恩。

太祖把辛仲甫改任为西川兵马都监,辛仲甫起程赴任去了。太祖转头对赵普说:"五代以来,地方藩镇横行肆虐,百姓深受其苦。朕选拔一百名能干事的儒臣,让他们分别去担任大郡的守令,就算他们都去贪污,也比不上一个武将贪污得那么过分。他们毕竟读过书,心里有一定的操守,行为也有一定的底线。"

第十七章 罢免赵普

没过几天,太祖又接到捷报:广东韶州城内原属后汉静江府的一百多名士兵,在城中鼓噪,为外面攻城的贼寇作内应,已经全部擒斩。

太祖知道,广东要想彻底安定下来,还需要一段时间。一边想着,一边又来到赵光义家中看望弟弟。赵光义的病情已经有了很大的好转,太祖高兴,赏赐给弟弟一些袭衣、马鞍,还有一条嵌玉的皮带。

开宝六年三月初一,太祖接到丧讯:让位后周皇帝、受封大宋郑王的周世宗之子柴宗训殂了。

帝王死了,都叫崩殂,也可以分开来叫崩,或叫殂。崩比殂似乎又重大了一些,后世有将殂和普通人之死联系起来的词语,比如殂落。但普通人的死亡在汉语的话语体系中,却始终没能跟崩字发生关系。

死的说法,跟人的身份等级相匹配,这也是中国古代的礼法。

春秋时代,诸侯王死了叫"薨",后世受封王爷死了,也就依循这种历史传统,跟着叫薨。唐朝以后,又出新说法,《新唐书·百官志》里,似乎做了规定性的说明:受封王爷,还有二品以上官员死了,都叫薨。五品到三品之间官员死了,叫卒。六品以下官员死了,就跟咱普通老百姓一样,直接都叫死了。当然,咱们老百姓也有自己的讲究,可以叫过世、谢世、老了、上山、登仙、驾鹤西行之类,以示尊重,尽量避开这个不太令人喜欢的"死"字。

宋之郑王,周之逊位皇帝柴宗训死了称"殂",这是《续资治通鉴长编》的说法。而《旧五代史》,却直接就叫"崩"了。您千万不要以为《续资治通鉴长编》的作者李焘是宋人,所以不敢把柴宗训的死叫崩。《旧五代史》的作者也是宋人,而且就是太祖身边的大红人薛居正。薛居正就是按照宋太祖的指示,领导一群文化人,修编五代时期的历史。如果宋太祖忌讳,他是不敢把郑王之死叫做"崩"的。

《旧五代史·恭帝纪》是这样写的:"皇朝开宝六年春,崩于房陵。今上闻之震恸,发哀成服于便殿,百僚进名奉慰。寻遣中使监护其丧,以其年十月,归葬于世宗庆陵之侧。诏有司定谥曰恭皇帝,陵曰顺陵。"《续资治通鉴长编》卷十四说:"开宝六年三月乙卯朔,房州言周郑王殂。上素服发哀,辍视朝十日,命还葬庆陵之侧,曰顺陵,谥曰恭帝。"

两条可以互补,相比之下,"呜呼史",也就是欧阳修编撰的《新五代史·周本纪·恭帝》,只写到后周末帝柴宗训于显德七年正月逊位,向后只有两个字:"宋兴"。然后呢?然后就没了。

《宋史·太祖本纪》说:"(开宝)六年三月乙卯朔,周郑王殂于房州,上素服发哀,辍朝十日,谥曰恭帝,命还葬庆陵之侧。"

本书作者把这些史料都罗列在这里,好像有点影响全书的进程,同时也影响阅读者的兴趣。不过通过这些史料,让大家真正了解宋太祖对后周末帝之死的态度,进而了解宋太祖这个人,应该还是很有必要的。

诸书都对后周末帝简称"周郑王",这是当时的行文方式,就今天的理解是不对的。因为"郑王"不属于后周,是大宋朝封赠的。要不就叫"郑王薨",要不就叫"周末帝崩"或者"逊位周帝崩"。后来的宋臣像李焘等,撰述这件史实,都有自己的一点心理顾忌。如果单说"郑王",不提后周,恐怕被后世误解。提到后周,却又不能称帝,怕宋朝的皇帝不高兴。其实不管怎么写,都会令人感觉不顺畅。直接用"逊位周帝、郑王殂于房州",也不行。"崩"也好,"殂"也罢,都只是对着帝皇的,不是对着王爷的。"郑王"架不起"崩",也担不动"殂"。史官们陷入了困窘,就只能用"周郑王"字样,虽然大家都明白这话的意思,但却不符合历史实际。周只有恭帝,没有郑王;宋只有郑王,没有恭帝。

宋代写这段历史的诸位贤达,哪个不比咱有学问?但是为什么会出现这样"不伦不类"的用词?其实这也怨不着他们,是"禅位"这种特殊的权力转接方式,造成了汉语使用的"左也不是,右也不是"。还不如人家薛居正,身份在前面说了,到得此时,直接就说"崩"了。

在通常情况下,不想肯定不对,但是有些时候例外,想多了更麻烦,还不如不想。

后周柴世宗皇帝,原本有七个儿子,前三个儿子,都在950年11月被后汉满门抄斩时杀了。这位后周末帝柴宗训,是柴荣的第四个儿子,当皇帝时才七岁。太祖入主皇宫以后,封他为郑王,让他奉祀后周的祭祀,延续后周的血脉、香火。同时,又封后周的太后符氏为周太后。这位后周的符皇后,不是他的生母,他的母亲是谁,连他自己也不知道。周世宗的七个儿子,没有一个知道自己的生母究竟是谁的,后周的大臣,包括宰相范质、王溥、魏仁浦这些大员,也没有一个人知道。只知道他们是周世宗的儿子,但都不是各位皇后所出,大约生完孩子,宫女就得靠边站了。古代很多王朝都是这样,皇子、皇孙都不是亲爹、亲娘养大的,都是

第十七章 罢免赵普

在各种奶妈、保姆、宫女等的抚养,还有老师们的教育下长大的。只是血脉上是皇爷的种而已。不像咱们老百姓家的孩子,都是父母或者爷奶、外公、外婆们看护着长大的。

当年柴宗训把皇位"禅让"给宋太祖,起初宋太祖还让他们依旧在皇宫里居住,把皇宫里西面的院落,留给他们,就是依然住在西宫里。住了差不多三年,才把他们请出皇宫,安置到房州居住。

要不然不方便。不是生活不方便,是处理国家大事不方便。总有他们在边上听着,又跟他们没关系,大家都不免有些尴尬。就从这个角度考虑,太祖把他们迁到房州居住。生活上的一切需求都由大宋朝来满足;生活上的一切开销也都由大宋朝负责到底。

房州的州治,唐代、五代和宋初都在房陵县,就是今天的湖北房县。房县北面是今天的十堰市,南水北调工程的重要关节点之一。房州稍微向南一点,就是今天的神农架自然保护区。那时候自然环境比现在好得多,保不齐这位后周的末帝,还经常能够见到大熊猫这种珍稀野生动物。

柴宗训在西宫住着的那三年,还有在房州居住的这十多年,究竟做了什么,心态和生活状况怎样?所有的史书都没有任何记载。当时人们的注意力都集中在宋太祖统一国家和治理社会等重大问题上,就算有过去的大臣关注他,也只是在生活上关心一下而已。他和那位后周的小符皇后(世宗在世时,大符皇后就生病死了。之后,世宗又把符皇后的妹妹册立为皇后,就是这位小符皇后),也就自然消失在人们的视野和历史的记录之外了。他们后来关系怎样,柴宗训如何对待他这位非亲妈的皇后母亲,咱们也就不得而知了。现在咱们只知道一件事,就是柴宗训过世时,已经有二十二岁了。

后周的这位末帝死了。按照宋人的记载,太祖异常伤痛("震恸")。各位大臣劝阻不住,就联名上书,请求太祖节哀,说是还有重要的国家大事需要处理,希望太祖保重龙体。太祖这才亲穿丧服,就在皇宫里直接给柴宗训开了个大宋朝开国以来,仅次于昭宪皇太后的隆重追悼大会。这个您别挑理,昭宪皇太后,那是人家宋太祖的亲妈!

为了表达柴宗训的过世是国家的重大哀戚事件,宋太祖还停止了十天的朝会。太祖敦促礼部官员,根据这位后周末帝的行为,抓紧草拟谥号。礼部官员接受命令,经过仔细斟酌和反复讨论,觉得给他个"恭"字的谥号比较合适。太祖准奏。准奏以后,他就被称为周恭帝了。接着,太祖又委派身边的中官,赶赴湖北房州,护送周恭帝的灵柩,一路运回东京汴梁附近后周的陵墓群里落葬。下葬地点就在周世宗的陵墓——庆陵的西侧不远的地方,给他的陵墓取了个名字,叫顺陵。

  古代帝王陵墓的名字,跟谥号一样,都不是随便取着玩的。其中说法特别多,咱就不在这里说个没完没了。把柴宗训的陵墓叫做"顺陵"的意思,就是肯定他顺应天命,把政权安安全全、消消停停地让渡给了宋太祖。这是对他的表扬,说他顺天应人,识时务,晓天机。"恭"字的意思,跟"顺"字差不多,本指庄重严肃,同时含有明显的顺服意思在里面。

  这位周恭帝,就在把政权顺顺当当地让给大宋朝之后的十五年左右,入土为安,到另外一个世界里,跟柴世宗父子团聚,过上了一种既不受朝贺,也不必去朝贺别人;自己不再受累,也不去劳累别人;不再怀疑别人,也不再受人怀疑的舒适、休闲的生活去了。

  人的一生都是这样,游来荡去,忙来忙去,争来抢去,杀来打去。最后谁都得空着手、光着身子离去。曾经抓在手里的东西,哪件也拿不走。地位和身份也一样,皇帝、宰相,谁都不会成为例外,就像《红楼梦》里的《好了歌》中唱的那样——"古今将相在何方,荒冢一堆草没了!"每个人死了,到了一个新地方,都得被清零。一切的一切,又都得重新开始。

  就在周恭帝的追悼会结束之后,太祖再下诏书,重申禅位时的铁令:不管出于什么理由,大宋朝不得杀柴氏的后人!

科考

  大宋朝的科举,并没有因为建立新政权而耽误。大宋朝通过科举考试,建隆元年得合格进士十九人,建隆二年得进士合格者十一人,建隆三年进士十五人;建隆四年(乾德元年)进士八人;乾德二年进士八人;乾德三年进士七人;乾德四年进士六人,诸科九人;乾德五年进士十一人;乾德六年(开宝元年)进士十人;开宝二年进士七人;开宝三年进士八人;开宝四年进士十人;开宝五年进士十一人。

  因为把关严格,每年进士录取人数十分有限,跟不上国家对于人才需求的发展形势要求。从乾德四年开始,宋朝科举考试又增加了"诸科"

项目,录取人才数量,还是很有限,而且此后若干年,诸科都没有人选人员。一方面是诸科不常设,一方面也是没有合适参考人选。

说到这里,我得简单解释一下进士与诸科有什么不同。

宋代科举考试起初只有进士。进士的考试内容主要有诗、赋、论、策,还有帖经和墨义等。"诗赋"主要是延续唐代的做法,用来检验考生的文辞、文采,也能考验作诗赋者的见识是否广博。"论"主要考察考生对古代的经典,是否有自己的见解;就是让考生们谈自己对于经典的理解。"策"主要考察考生对于现实问题是否关注,是否有自己的想法,是否能提出比较合适的解决方案。"帖经"就是今天的填空,把经文中的某些字词去掉,让考生再填上去。宋初帖经的对象主要就是《论语》。"墨义"就是默写,把经典从哪到哪,全部默写出来。

这是进士的考试项目。帖经和墨义在宋代科举中,从一开始就不受重视,因为死记硬背经典没用,主考官基本也不把这两项内容当成录取的参照,差不多形同虚设。论和策的区别主要在于:"论"重视的是理论性;"策"重视的是现实性。

诸科是用来考核参加考试者对某一部经典,或某一门专门学问的熟悉和掌握程度。比如"三经"(《诗经》《书经》《易经》)、"三传"(《春秋穀梁传》《春秋公羊传》《春秋左氏传》)、"三礼"(《周礼》《仪礼》《礼记》)之类。通晓这些专门经典或者经典门类,就通晓了从古到今的某方面的事宜。比如通晓了"三礼",就一定会对古代的"吉、凶、军、宾、嘉"五礼有深入的了解,就一定会对国家在什么时间、什么地点,以什么样的方式从事礼仪活动,有重要的指导和措置作用。

中国古代选用人才从汉代开始的察举制度到魏晋的九品中正制度都是一种"荐举"制度。就是用推荐的方式选用人才。一直到北周结束以后,甚至直到唐代,这种"荐举"制度都还在用人过程中占据着主导性的地位。这种制度虽然起初的立意是为了摆脱世袭,实际上还留有很强的世袭阴影。因为被考察人是否能够成为被举荐的对象,被定为九品中的哪一品,主要还是操控在主管考察的官员们的手上。

隋朝以后,文帝杨坚在北周废弃了用门第作为取用人才标准的基础上,又废除由"中正"官来推荐人才的制度。开皇七年(587),隋文帝下令各个地方州郡,每年必须向中央提供三位后备官员人选。这些人选经过中央考核之后，可用的就授予官职，不可用的就不用。推荐了不可用的官员，地方州郡还要担负责任。这就是科举了，虽然正式以考试的方式选用人才的科举制度，是在隋炀帝的时代才开始实行，但是科举的最早先声，应该是隋文帝杨坚发出的。

唐代在隋朝的基础上，科举的规模越来越大，也形成了州郡和中央两级考试的制度，每年举行科举考试。科举在形式上已经成为选拔官员的主要方式。好像科举的事业已经大功告成。实际上还差得相当遥远。

从考试内容上看，唐代的科举对考生治理国家的能力和理解经典的能力重视不足，主要强调诗赋的写作水平，不容易得到真正的有用之才。

从考试的方式看，虽然有地方州郡和中央两级，但还没有殿试这一环节。这种做法使得很多考生只认识老师，只感激老师，不感激朝廷，不感激皇帝。皇恩在科举的过程中浩荡不起来。这在专制主义时代是一大弊端。因为实行科举制度就是为了给天子找帮手，为了给国家取人才。没有殿试这一环节，这些获得进士资格的士人心中的国家意识就不够强烈，忠君的意识也没有因为科举得到加强。科举这件事情本身，对于维护中央集权没有起到应有的重要作用。

从考试的结果来看，唐代科举进士，只是取得了做官的资格。接下去还要经过吏部的身、言、书、判四科考试，然后才能被授予实际的官职。

从考生的来源上看，唐代的举子也叫举人，就是被推选参加由礼部（开元二十四年，即736年以前，主要由吏部的叫做考功员外郎的官员主持。开元二十四年以后，改由礼部负责主持）主持的中央一级科举考试的候选人。其中的绝大多数，都还是通过"公荐"的方式产生的。"公荐"信也叫通榜贴，都是由社会名流和达官显贵们来书写，普通人没有资格。考生的家庭出身、家族社会背景，是能否获得"公荐"的非常重要的条件。贫寒子弟要想脱颖而出，难度极大。就算有超凡的材质，也要首先想办法找到门径，认识这些"明星大腕"，去拜谒，去请托，去送礼，去拉关系。就是那些特别有才能的，也要先把曾经的作品——发表的论文、诗歌、散文、骈体文之类，事先托人送到荐举人和主考官员的手里，获得他们的推荐，是赢得科举考试成功的最关键的环节之一。

真正的科举考试，必须在"纸上"见高低。背后的任何条件，都不能出现，都不应该发生效用。尽管科举的获胜者中，确实有一些缺少实际能力，只会读死书的人。但是"纸上见高低"，却彻底摆脱了家族、门第、社会影响力之类的严重干扰，使得取用人才的考试，真正有了所谓的公平可言，至少在形式上是这样。而唐代的科举，在这方面还差得相当遥远。

因为太祖实行文官政治，通过科举考试取用人才就成了新兴王朝的主要手段。科举考试也就成了那些普通士子们改变命运、参与社会和获得官位的有效途径。科举成了热门，科举中的问题也是越积越厚，表现也越来越明显。

开国之初，太祖忙于平定叛乱，此后又忙于惩治五代弊端，忙于选派官员，忙于治理京城河渠，忙于稳定新生政权。百废待兴，日理万机，还没有来得及对科举问题进行认真思考。

乾德元年（963）九月，太祖鉴于唐代遗留的"公荐"习惯，严重影响科举考试的公正性，于是下诏给礼部主持科举的官员："从今以后，禁绝公荐。违者严惩不贷！"

这可不是一项简单的行政命令，太祖这一声令下，革除了从隋朝开始近四百年的科举弊端，为参加科举考试的士子们，铺设了一条公开、公平、公正的康庄大道。

乾德五年（967）二月，主管科举官员卢多逊上奏，又得合格进士十人。太祖诏命参知政事薛居正，在中书省进行复试。复试结果出来了，全部合格。诏赐诸人进士及第。这又不是一件小事，这是科举制度中复试制度的开始。我们今天的研究生、博士生考试，都有复试环节，那都是人家宋太祖当年的发明。

开宝元年（966）二月，权知贡举王祐奏报科考结束，得合格进士十人，其中有翰林学士陶谷的儿子陶邴，名列第六。第二天，陶谷入朝感谢太祖，太祖没做声。陶谷出去以后，太祖看着这份名单说："听说陶谷不善教育儿子，这里怎么会有他儿子的名字？"太祖要求中书省重新复试，陶谷的儿子还是名列其中。太祖并不是针对陶谷一个人，而是针对当时的科考体制。太祖下诏："科举是用来选拔人才的，不能因为照顾私亲，影响考试的公正性。从今以后，重要国家干部子弟参加科考，都要另外单独考试。"

这又是一项发明，跟主考官有血缘、亲属或师生等门第关系的考生，从此以后都要单独考试。不是为了给他们提供方便,而是为了防止他们家长的身份、地位,对考试发生作用。后来宋太宗把这种高官子弟的考试,放在正式考场之外的其他院子里进行,叫做别头试。别头试的发明权,也在人家宋太祖手上。

开宝五年(972)二月,新任翰林学士扈蒙,权知当年贡举,奏报该年科举得合格进士十一人,诸科十七人。

太祖分别召见于讲武殿,见其都有真才实学,才下诏皆赐进士。这是面试的开始。

开宝六年的科举主考官,是中书舍人、直学士院李昉。具体科目的考官还有杨可法等。三月,李昉等奏称,今年科考阅卷工作结束,得进士合格者十人,诸科合格者二十八人。

太祖于讲武殿召见这些新科进士,顺便问询一些事情。发现进士里面的一个叫武济川的,还有"三传"科里面一个叫刘濬的,两人学识浅陋,"材质"拙劣,应对语无伦次。太祖下令,取消两人的进士资格,赶出大殿。太祖听说武济川是主考官李昉的同乡,心里很不高兴。

刚好有参考举子徐士廉等击登闻鼓告状,太祖当晚就召见了徐士廉,翰林学士卢多逊在一旁作陪。太祖问徐士廉怎么知道其中的隐情,有没有想到今后朝廷如何解决这些问题?徐士廉状告考官在评阅卷过程中,因个人私情而取舍排名,顺势奏请皇帝亲自主考,说这样既能主持公道,同时还能将对举子和进士的师恩,收回到陛下自己的手中,以避免主考官和考生之间产生新式裙带关系,结党营私。"只知有座师,不知有君上。"

太祖待徐士廉讲完之后,转头问卢多逊了不了解相关情况。卢多逊回答:"臣也只是听说,好多人都在这样讲。"

太祖让贡院把最后一场考试落榜的名单拿上来,共计三百六十人,太祖全部召见,之后选出一百九十五位,加上李昉所上奏的进士十人中的八人(赶跑两个了),诸科二十八人,共计二百三十一人,临时换了两位主考官重新考试。太祖亲自阅卷,结果共得进士二十六人,击鼓鸣冤的徐士廉,名列其中;又得"五经"四人,"开元礼"七人,"三礼"三十八人,"三传"二十六人,"三史"三人,学究十八人,明法五人。诸科总计得进

第十七章 罢免赵普

士九十九人。还赏赐了状元兼殿元的雍丘人宋准二十万钱。

　　唐代女皇武则天当年虽然也在朝堂里主持过一次考试,但那是代行礼部的职责,还是两级考试。真正的三级考试,是从宋太祖开始,以后每年考试结束,太祖都要亲自面试一次,形成宋代以后科举考试的固定制度。这既是面试制度的开始,同时也是三级考试制度的开端。殿试考试的结果,跟州郡考试的结果、礼部考试的结果,名次的排列经常不能完全一致。于是才有州魁或者乡魁(地方州郡考试第一名,也叫乡试第一)、省魁(礼部考试第一)和殿魁(皇帝亲试第一)的不同,才有了连中三元(州郡乡试第一叫解元,礼部会试第一叫状元,皇帝亲自在宫殿里面试第一叫殿元)的说法。

　　由于进士录取名额渐多,太祖下旨,把这些人的名字按照顺序书写清楚,张贴出去。这叫放榜,科举的放榜,就从这一年,也就是开宝五年起,成为所有后世王朝科举考试的通行惯例。今天的所谓公布高考成绩,其实就是放榜。放榜的意思就是用文告的形式,把考中科举人士的姓名、名次和籍贯之类信息张贴公布出去。

　　宋太祖,真是一位太具有原创性性格和本领的人了!

　　科举的事情经过太祖这些年一步步改进,渐渐步入正轨。后来太宗、真宗,还有仁宗,又在太祖的基础上,不断改进细节,科举制度至宋代而彻底完备。包括"锁院",就是提前一月或五十天把主考官请到朝廷"软禁"起来,以避免考官泄题;糊名:就是把考生信息先隐藏起来,像今天把考生的名字和考号之类装订起来一样,不让阅卷老师看到,以免透漏徇私;誊录:就是把全部考生的考卷,委派誊录院的官员全部重新誊写一遍,以免考官和考生在"笔迹"上联合作弊;又将礼部考试分三场:策论、经义、诗赋。先考策论,这场不过,下面就没资格再参加,直接落第,以检验考生是否具有真才实学,是否能够经理国家事务。那些只会记诵第一、第二、第三,整天眼睛直勾勾地冲着墙壁,背诵"鸟,鸟,有翅膀,有翅膀"或者"台湾岛是我国第一大岛,台湾岛是我国第一大岛"之类的庸碌之辈,再也没有机会在科举中获得名次了。国家也因此获得了越来越多有真本领的真人才。

建材风波

开宝五年正月刚过,太祖就任命兵部侍郎刘熙古,以端明殿学士身份参知政事。又给赵普添了一位"副手"。可是这位副手身体不太好,到了开宝六年五月,就以"足疾"为由,四次请求辞去参知政事职务,要求提前退休。太祖准奏,刘熙古就以户部尚书的身份和资格告老还乡了。

刘熙古告老还乡的理由是"足疾",但是心里的理由是自己年纪大了,不想跟赵普合作,不想被赵普当成敌手。都七十来岁了,谁想陷入权力争斗的境遇里难以自拔?还不如回家过几天安稳的日子去。

就在刘熙古退休之前的几天,李崇矩因为不大的错误再度被贬,责授为左卫大将军。

大宋朝建国之初的那些年,工程建设项目不少。当时的建筑用木,大都是陕西关中和甘肃陇右地区出产的优质木材。大官僚们也乘机使用这种木材改建自家的宅院。还有个别官员通过转手倒卖这种木材从中牟取暴利。当年赵玭拦路怒斥赵普,就是揭发他的这项罪恶。开宝六年五月,又有官员在这个问题上出事了。

主管朝廷物资储备供应的官员李守信带着皇帝和朝廷的使命,手里拿着诏书,前往关、陇地区购买木材。公干之余,通过私下里跟买主的"猫腻",获利额度巨大,被身边跟随人员告发,中途畏罪自杀了。太祖委命司勋郎中、主管京城商业税务的官员苏晓,前往调查此事。最后查明:李守信通过自己的女婿秦州通判马适,把上好木材钉成木筏,当船运送,沿途高价出售,得利分成。这样的做法比直接把木材装到船上运输,手段更为高明,极不容易被人察觉。

苏晓不负圣望,把李守信为此写给马适的私人信件都搞到手里了。

因为马适和李守信事件的牵连,秦州、京城,还有运输路上,为此事提供方便,同时获取贿赂的各级、各类官员,抓捕了一大堆。苏晓拿着那封密信,向太祖汇报案情经过和初步审理结果。

太祖开始想要放马适一码,但是苏晓却以证据确凿,影响很坏,为严明朝廷法度,坚持要求从严处罚。太祖下令,将马适"弃市",所有参与官员,一并入家抄查,没收全部非法收入。

太祖感觉苏晓办案认真，执法如山，把苏晓提升为右谏议大夫、判大理寺事，仍然负责督查京城商业税务。

就在绝大多数官员都在用心费力扩建住宅院落的时候，枢密副使沈义伦却处之泰然。李守信事发以后，很多购置秦、陇木材营建私宅的官员都赶紧向太祖说明情况。沈义伦也来跟太祖说明，他曾为母亲建造一座小祠堂，也在市场上购买过几根别人倒运来的秦陇木材。太祖笑着对沈义伦说："你没有违反高级干部不许营私的规定。"

太祖知道，沈义伦一向节俭生活，当京城高官的"高大上"住宅纷纷亮相在街面上的时候，沈义伦还住在简陋的旧房子里，连重新装修都没做，依旧安然度日。太祖委派自己身边的中官，带领五百名民工，特意为沈义伦翻修房屋，所用木材全都由太祖私人负责提供。

沈义伦私下里跟中官讲，把太祖给的规格缩小三分之一，使者回禀太祖。太祖说："人家不想铺张，那就照他说的做吧。"

别人都因为修建住宅犯了错误，沈义伦却因没有修建住宅，太祖亲自命人来给整修了。正像那句广告词说的：不一样就是不一样！

一系列的案件使太祖了解到很多腐败官员就隐藏在自己身边。太祖开始察觉到，宰相府、三司、中书省、门下省等的很多具体办事官员，背后作奸犯科，营私舞弊的情况比较严重。

前此为了揭穿赵普枉法营私而被贬的雷德骧，有一个儿子，叫雷有邻。刚好就在后堂（太祖大殿在前院，宰相府和三省等其他朝廷部门在后院，因此这些官员都被统称为后堂官吏）为官。父亲被贬以后，一直受到赵普排挤，心怀怨愤，伺机报复。借助长期在后堂为官，人事精熟的便利条件，了解了很多后堂官员的不法事实。然后据实上奏太祖。太祖正准备着手治理这些不大不小的官吏一下，马上指示主管官员彻底调查。

不久之后，情况查明了，后堂官员互相请托现象严重。更有甚者，还敢在赵普的庇护之下，欺上瞒下。一位叫刘伟的官吏，还伪造公章，提供虚假身份和履历，以谋求晋升。另有一位宗正丞赵孚，不久前被太祖任命到四川去，竟然以身体有病为由，公然推脱。赵普还为他庇护，太祖以为他真有病，取消了任命。

太祖下令：刘伟弃市，赵孚等杖责而后除名。

太祖心里很不高兴，感觉赵普背后的很多做法，损害了朝廷的法度。

于是诏令参知政事吕余庆和薛居正,升堂理事,与宰相一同讨论政事。两位知道,这是太祖在故意分割赵普的权力。赵普心里很不爽,表情也失去了旧日的晴朗。太祖看得出来,心说瞧你干的这些勾当,你还不高兴了。

正当太祖对赵普怀疑日渐加深的时候,翰林学士卢多逊又乘机指责赵普,把赵普任宰相期间的擅权、营私、拉拢和庇护后堂官员的情况,向太祖做了几次汇报。太祖对赵普的信任度愈加下降。于是再下诏书:参知政事与宰相轮流值班,执掌印绶。

吕余庆和薛居正自从出任参知政事以来,太祖规定他们不升政事堂、不议政、不押班、不执印、不宣制,至此都已彻底改变,两位参知政事,跟宰相实际上已经没有区别。助理国务卿,变成了真正的国务卿。

赵普知道自己要完了,整日没精打采,无心于政务。终于在开宝六年八月,等到了被罢免的诏令:左仆射兼门下侍郎、平章事赵普,罢为河阳三城(治所在今河南孟津县一带)节度使,同平章事,授检校太尉。

赵普在太祖朝当宰相的岁月,至此宣告终结。

赵普在赶往河阳的路上,还给太祖写了封信,继续为自己辩护。说别人讲他诋毁赵光义,纯属无稽之谈。

贬掉了赵普,太祖任命雷有邻为秘书省正字,同时把已经削职为民的雷德骧从灵武调回来,担任秘书丞。雷有邻之后专门揭发不法事件,不久突发暴病,死了。传言死前梦见因他揭发而被太祖处斩的刘伟,于是夜里惊呼,病情加剧,天亮不久就断气了。

类似雷有邻这样的传言,在苏晓身上也有发生。苏晓虽然没被吓死,但是他却一生没有儿子,只有一个女儿。就在他办完李守信案件之后不久,唯一的一个女儿病死了。传言说是因为他办案太狠,用心太毒,遭到报应了。

以上的两个传言,一方面表明了国人的善心,尽管人们都犯了错误,但是下手不能太狠,尽量给人家留下一条生路。另一方面,也表明大宋朝承五代乱局而来,贪赃枉法之类的腐败情势还异常严峻,反腐倡廉,不是单靠强硬的打压就能真正奏效。

太祖贬掉赵普没几天,吏部侍郎兼参知政事吕余庆,就以病体缠身为理由,请求不再担任参知政事和吏部的工作。太祖准奏,罢为尚书

第十七章 罢免赵普

左丞。

吕余庆跟赵普，还有李处耘，在太祖还是后周节度使的时候，一同给太祖当秘书。后来赵普先发达，李处耘也很快升任枢密副使，吕余庆却毫无怨言，甘于寂寞。当年李处耘跟慕容延钊发生纠纷之时，太祖怒贬李处耘，等吕余庆从湖南回来后，太祖问询吕余庆，吕余庆把情况如实告诉了太祖，为李处耘做了一些回护。太祖觉得有些对不住李处耘，就为赵光义迎娶了李处耘的女儿，后来成了李皇后。这次赵普违逆圣意，很多官员一起上言，准备乘机彻底倾覆赵普。只有吕余庆委婉向太祖解释，太祖情绪稍微缓解了一下。要不是吕余庆，赵普还会继续被贬斥。

吕余庆温润的做法，赢得了当时同僚们的交口称赞，说他有真正的"长者"风范。

赵普被贬，加上吕余庆隐退，太祖朝的要员一时需要调整，太祖思前想后，数日后决定：

皇弟开封府尹赵光义，封晋王，上朝班位，排在宰相之前；

皇弟山南西道节度使赵光美，为永兴节度使，兼侍中；

皇子贵州防御使赵德昭，为山南西道节度使，同平章事；

吏部侍郎、参知政事薛居正，为门下侍郎，平章事；

枢密副使、户部侍郎沈义伦，为中书侍郎，平章事；

天平节度使石守信，加兼侍中；

归德节度使高怀德，加同平章事；

忠武节度使王审琦，加同平章事；

翰林学士、兵部员外郎、知制诰卢多逊，为中书舍人、参知政事；

左骁卫大将军、判三司楚昭辅，为枢密副使。

这差不多就是调整后的新"政治局常委"名单。在这份政府新大员的名单里，有宋太祖的两个弟弟和一个儿子。其中一个弟弟赵光义，不仅封了王，还明确规定位列宰相之上。第二个弟弟赵光美，虽然没封王，但也做了侍中。儿子赵德昭也以山南西道节度使的身份，同军国平章事。家天下王朝的特征，异常明显。这是整个中国古代社会的共同特征，似乎也没有什么更多可说的。不过赵光义封晋王，位列宰相之上，似乎预示了一点什么东西。

引人注目的还有，建隆二年被解除禁军军职的三位老将军，又回到了核心权力机构里。石守信、高怀德、王审琦，尽管三人中一个是侍中，另外两位也只是"同"军国平章事，但是关键时候，是可以列席参加"政治局常委会"的。他们不仅是过去的老将军，现在又都成了太祖的姻亲。当年太祖接受赵普的建议，削夺了他们手中的禁军兵权，现在把赵普免掉之后，却把他们又重新招回来了。这几位重新还朝，参与国家大事的讨论和决策，既有佐助家天下的明显特征，又表现了太祖尊礼宿将的实际用心。是不是还有给赵普"发送短信"的客观功效，告诉他说："老子就相信他们，看你怎么样！"那咱就不知道了，反正这是一个很值得注意的现象。

上面这些人虽然都很重要，但是实施行政运作的权力，显然是掌握在薛居正、沈义伦、卢多逊，还有楚昭辅等手里。这四位现在两位是宰相，一位是副宰相，一位是国防委员会副主席。

宰相薛居正是老人，宰相沈义伦也不算新晋。国防委员会副主席楚昭辅，既是陈桥兵变的重要策划者，前此又因赵光义出手相救，肯定已是赵光义的人了。

只有副宰相卢多逊，是太祖新提拔的人才，不过也不是做直升机上来的，此前人家就已经是翰林学士、兵部侍郎、知制诰了。

这次卢多逊被提升为参知政事，成为实际的副宰相，是太祖不久前的决定。卢多逊虽然在太祖身边很久了，但是三个月以前，江南国主李煜过三十七岁生日，太祖派卢多逊前往江南，充任生辰信使。出使期间，很得江南君臣喜欢，自然传回大宋朝的都是关于卢多逊的好话，太祖听后高兴。

卢多逊是一个很有心计的人，临回来的时候做了一件事，让太祖觉得此人可大用。当时卢多逊离开江南国，到了江边却忽然停舟不发，派人再进江南国大殿见李煜。说是"朝廷现今正在重修天下图经，史馆里只缺少江南数州的地图，请求送他一本，好回去参照"。李煜不知是计，赶紧让大臣们夜以继日地誊写了一份，派人送到船上，交给卢多逊。卢多逊这才开船过江，回到了东京汴梁。卢多逊把这份写有江南十九州地形地貌、军队驻防和人口分布之类的地图带回东京，交给了宋太祖。同时对太祖述说在江南的所见所闻,提出了江南国此时正处衰弱时期,可以出兵攻取江南的建议。太祖当即就在心里决定:"启用卢多逊!"

太祖这边在重新组建新的领导班子,那边岭南来报:收复了浔州(今广西桂平一带)和宾州(今广西来宾市宾州镇一带)。岭南还有乱兵匪盗,太祖委派唐州刺史曹光实,担任岭南诸州巡检使,曹光实到了以后,出兵四处进剿,岭南总算彻底平定下来了。

第十八章
征讨江南

开宝六年六月,广州来报:与潘美同知广州的尹从珂病卒了。

尹从珂不仅是广州知州,还是开封府尹、晋王赵光义的大舅哥。赵光义年轻的时候,娶了尹从珂的妹妹。赵光义的这位尹夫人死得很早,赵光义当皇帝之后,追封她为尹皇后。太祖得到尹从珂过世的报告,心中伤感,赠侍中,派遣中使护丧,归葬家乡洛阳。

十月,受封燕国长公主的太祖妹妹也病逝了。太祖闻听,抑制不住悲哀,亲自临丧,痛哭失声,废朝五日。

太祖有一个姐姐,一个妹妹。传说姐姐在陈桥兵变之前,当时京城传言:要在出兵之前先立点检为天子。太祖心中不安,回家问询如何是好,被姐姐臭骂了一顿:说是大丈夫生在世间,一切事情都应当自作主张,回家问女流,不是男人的做法。连骂带打,手提擀面杖,把太祖轰出了家门。之后,又赶紧带着母亲躲到了一座寺庙里。太祖的这位姐姐在太祖即位后没有再见到相关记载。据《宋史·公主列传》说,太祖的那位姐姐早在没有长成的时候,就夭折了。当陈桥兵变之时,太祖三十三岁,呵斥他的姐姐如果还在,不可能没长成。所以,呵斥宋太祖的,不会是他的姐姐,很可能就是这位妹妹。

宋太祖的这位妹妹,当时已经嫁人,先嫁了一位叫做米德福的人,此人不久过世。太祖妹妹暂时回娘家居住,此间发生了陈桥兵变的历史事件。之后,太祖登基,建隆二年七月解除石守信、高怀德、王审琦等禁军兵权,答应将来跟诸位将军联姻。随后不久,就把自己的这位妹妹,转手下嫁给了高怀德。转手还是下嫁?那当然,没看人家是什么身份!

共同经历了这么多事情,太祖跟妹妹的感情一定不同一般了。而能够拿起擀面杖轰赶哥哥,不仅说明太祖妹妹性情刚烈,敢于主事,尤其可以说明太祖的这位妹妹,跟太祖之间,胸中毫无芥蒂,差不多已经不分彼此了。

开宝七年正月,太祖命令,将妹妹落葬在安陵之侧,到另外一个世界,去陪伴自己的父母去了。那位高怀德将军将来是没有机会夫妻团聚了。因为无论如何他也没有资格下葬在人家太祖的祖先陵墓之侧。

妹妹刚刚下葬,太祖又得丧报:高继冲病死了,三十一岁。

高继冲作为荆南割据政权的末代君主,自建隆三年举荆南国归附宋朝,被太祖赠为侍中,授予武宁军节度使。太祖派他镇守徐州,到他死的时候,已经主政徐州十一年。高继冲当国君虽然不行,做地方长官,还是蛮有业绩的。当地百姓对他是既怀念又舍不得,请示朝廷,要把高继冲就地安葬在徐州,以表达徐州人民对他的怀念之情。太祖不允,下诏葬在西京洛阳郊外。大宋朝把所有"降王"都葬在西京洛阳郊外,一方面是记录自己统一国家的历史功绩,另一方面,也表示给他们以"诸侯王"的待遇,同时也方便统一殡葬管理。高继冲过世,太祖废朝两日,以示特别纪念。

据说高继冲精通中医,主政徐州其间,撰写了一部《伤寒论》,奉献给宋太祖,算是对太祖宽恩厚德的回报了。

跳槽的书生

卢多逊从江南一走,李煜感到太祖似乎要对江南动手了。于是就派遣使节前来,请求太祖把江南国降格册封,以示臣服。太祖不允,同时遣使再赴江南,说是大宋皇帝准备在今年冬天举行隆重而盛大的祭天仪式,盛情邀请江南国主李煜前来参加。届时,大宋天子还会在东京汴梁请李煜吃烧烤。

"别不是拿我当烧烤吧?"李煜越想越害怕,没敢答应。其实太祖早就知道,李煜从根本上是不可能乖乖"归顺"的。事情已经到了这个份上,就只有用武力解决问题了。

李煜这个人还是蛮重兄弟感情的。李从善是他在诸位兄弟中,唯一一位同母所出的兄弟。李景(璟)死在南昌的时候,遗命由李煜承继大统,李煜当时没在现场。李从善乘此间隙,心怀异想,向宰相徐游要遗书,准备乘机自己当皇帝,遭到徐游的严厉拒绝。等到李景的灵柩回到南京,徐游就把这件事情告诉了李煜。李煜没有因为李从善的这个僭越举动而生气,更没有对他下毒手,反倒对他越来越好。这次李从善被宋太祖扣留,李煜十分想念,把每年例行的很多宴会都取消了。

李煜想念弟弟李从善,派遣江南国常州刺史陆昭符到大宋朝贡,顺便请求太祖放还弟弟。李煜还写了一篇《却登高》的小短文,让陆昭符私下里送给李从善。文中写一些天苍苍、雨蒙蒙、风凄凄、泪涟涟之类的话语。太祖不允,李从善有什么办法?

太祖不仅不放人,还把李从善身边的人都封了官,接着又把李从善的生母,也是李煜的老娘,封为吴国太夫人。太祖既扣押人质,又收买人心,显然是利用李从善分化瓦解江南国。

这次来的这位常州刺史,在江南国跟执政张洎有过节,太祖早就了解清楚了。于是就像说闲话一样:"你们国家的结喉小儿张洎,一向善于弄权害人,为什么不让他来朝贡?你回去之后转告李煜,下次派他来,我想看看这个家伙到底是什么嘴脸。"

"张洎是江南国的主政大臣,又兼知制诰、中书舍人之类,让我回去说叫他来,恐怕不等他来,我就先去了,去另外一个世界里玩去了。"这位常州刺史越想越害怕,干脆不回江南,直接留在大宋了。这下好,强行扣押了一个,又自愿留下一个。江南国出使大宋的道途,都快成了大宋朝招揽人才的"丝绸之路"了。

江南国有一个举子叫樊若冰,考进士没考上,上书给李煜也没得到回音。一气之下跑到江边,盖了两间小土房,一住就是两三年。两三年间,装作钓鱼的样子,经常在夜深人静的时候,把一条极长的细绳索拴在长江南岸的一块大礁石上,然后顺风划船到北岸,在绳索上做好标记,北风刮来的时候,再划船回到南岸。就这样,进行了五六次试验,把长江两岸的实际宽度测量得精确无误。

怀揣这份测量好的数据资料,樊若冰跑到江北,直接赶奔东京,投靠大宋。樊若冰请求太祖接见,给太祖献计,说是要建造浮梁渡江,用来攻取江南。

太祖指示礼部官员,对这位樊若冰的学识进行了测试。结果人家确有真才实学。太祖下诏,赐给樊若冰一个进士及第的身份,还给了他一

第十八章 征讨江南

个右赞善大夫的京官头衔,同时又授予他舒州(治所在今安徽怀宁县)团练使的官职。太祖接受樊若冰的建议,马上派人到湖北荆州,打造了数千艘大、小号战舰。同时还特意派人到湖南常德,打造赛龙舟用的黄、黑两色"龙舟",另有重要用途。讨伐江南的准备工作,大致准备就绪了。

太祖正式出兵征讨江南国之前的一个月,吴越国的使臣来了。太祖让他回去转告钱俶:"江南国主倔强,不亲自来朝贡,朕将兴师问罪。回去告诉你家主子钱俶,届时当出兵助我。"太祖又说:"朕在熏风门外,建了一所豪华的大宅院。无论是你家主子钱俶,还是江南国主李煜,两个谁先朝贡,我就赏赐给谁。"钱俶得报,再派行军司马前来朝贡,太祖厚赐钱俶钱物,还把正式出兵的日期,以回书的方式,秘密告诉了钱俶。

钱俶的使臣走了,太祖身边的新常委之一,老将军王审琦忽然病故,五十岁。王审琦暴病期间,太祖亲临家中探望。王审琦死的时候,太祖又亲临家中哭祭,赠中书令,追封琅琊郡王。王审琦下葬之日,太祖废朝一日,又赐赠给他的家人很多银器和钱帛。

诚恳的使者

开宝七年(974)九月,宋太祖命令颍州团练使曹翰,率兵赶赴荆南;宣徽南院使曹彬、侍卫马军都虞侯李汉琼、判四方馆事田钦祚,各自率兵,随后也都奉命赶赴荆南。

兵将都分拨已定,太祖还想找个借口,使这次出兵江南,听起来更加名正言顺。

太祖想找个合适的人选再到江南跑一趟,直接宣谕,令李煜入朝面圣。太祖想让左拾遗、知制诰李穆去。太祖知道李穆是卢多逊的学生,就把卢多逊找来问话:"我听说李穆为人仁爱,善良,除了作制诰文辞之外,好像什么事情都没干过。""其实李穆会做很多事。这个人品行端正,临事果断,生死当前,都不改变气节,是那种既有仁德而又勇敢无畏的人。""是吗?那这次我就让他跑趟江南,宣旨让李煜入朝觐见。"卢多逊知道太祖的意思,只要说到位,李煜来了自然好,不来也就有了出兵的借口了。

李穆到了江南国,在朝堂上向李煜宣读圣谕。李煜知道,这叫"最后通牒",这次再不去,就没有机会去了。到底去不去?李煜正在犹豫,江南国的光政院院长陈乔挺身向前,表示坚决不能前去:"臣等与陛下俱受元宗(李璟死后被谥为元宗皇帝)遗命,这次要是去了,一定被扣留,江山社稷怎么办?将来我死了,又有何面目见元宗于地下!"江南国的右内史,中书舍人张洎也起身向前,反对李煜前往东京。李煜相信这两位政要,于是就以身体不适,需要调理为名,拒绝前往东京朝觐。李煜被逼无奈地对李穆说:"江南国卑身侍奉上国,希望得到保全,李煜将永记恩德。如果一定要逼我前来,那我就只能以死明志了。"

李穆说:"是否前去朝觐,国主自己处置吧。我想说的只是朝廷现在兵甲精锐,物力雄富,恐怕是很难阻挡的。您应该再好好想一想,不要到时候后悔,那可就来不及了。"

李穆回来了。李穆这次出使,江南国觉得李穆实在,不欺人。宋太祖也觉得李穆所言,既简捷明了,又切中要害。

李煜既然再次公开拒绝,太祖似乎就有了进攻江南的理由。您可能会问,这算什么理由?这是理由!因为江南国一向自认是大宋的属国,大宋皇帝让你去朝觐,你却坚持不去,哪有这样的属国?这不是心怀别想,另有企图吗?

太祖再下命令:山南东道节度使潘美、侍卫马军都虞侯刘遇、东上阁门使梁回,即刻领兵赶赴荆南。

太祖刚要下殿,忽报武胜军节度使张永德前来献船。太祖立即召见。张永德这次自出家资,为太祖平定江南打造了三十多艘大型战舰,随船还携带了个人出资购买的一万斛军粮,一路从顺阳沿着汉水向汴京开来。太祖高兴,下令:张永德所献船只和军粮,不来汴梁,直接开赴湖北黄州地界,交由曹彬接收、处置。

第二天一早,太祖在几位老将军的陪同下,来到东京城外的讲武池,指示水军进行出征前最后一次军事演习。军演完毕,太祖下令:讲武池中所有水军战舰,自汴京城东水门开出汴河,顺大运河直接驶向扬州,准备向江南国进发。

在震天的喊杀声中,讲武池中用作军事演习的数百艘战舰,徐徐驶出东水门,然后转向东南方向。作为征讨江南的另一只船队,快速开赴扬州前线。

第十八章 征讨江南

李煜吓蒙了,赶紧又派遣原来受封邓王、后来绛封为江国公的八弟李从镒,带着水部郎中龚慎修,两人一道前来朝贡。太祖这次更狠,扣押全部人员,连个回音都没给李煜。

渡江战役

冬十月,曹彬等众将军一起来到讲武殿中,跟太祖辞行。太祖对曹彬说:"江南之事,就全都委托给爱卿你了。千万不要暴虐生民,要广布恩信,尽量让他们自行归顺,不要急切攻击。"太祖又嘱咐说:"千万不要再像当年收复西川时,胡乱杀人了。"曹彬诚恳地回答说:"臣要是不告诉陛下,可能陛下永远都不会知道。其实当年臣并没有想要斩杀降卒,那份文案我今天都给您带来了,我并没有在上面签字同意。"曹彬说着,就把文书递给太祖。太祖接过手中,上面果然没有曹彬的签字。"你既然不同意他们斩杀降兵,为什么要跟他们一同请罪?""臣与全斌等一同出征,诸位都有杀降之罪,就剩我一个人清白,不能这么处事。""那你还留着这份东西干什么?"太祖够厉害的了。"臣一向知道陛下关爱苍生百姓,当年因为杀降,使那么多无辜生灵惨遭屠戮。臣以为陛下必行诛戮,臣死了也就死了,怕家中老母受到牵连,就把这份文书留在家里,告诉家人说:'万一陛下处臣以极刑,来抄家时就拿出这份文书,保全老母的性命。'"太祖听罢,一时语噎。

稍停了一会,太祖顺手把自己的贴身宝剑摘下来,亲自赐给曹彬。太祖严厉地对众将军们说:"我把宝剑赐给曹总指挥,剑在如我在。副将以下,有敢不听命令,擅自杀伐劫掠者,可以先斩后奏!"

众将闻听,心里一时惊悸,就连潘美,都吓得低下头去,不敢正视太祖严厉的目光。

太祖任命曹彬为征讨江南西南面都布置,就是总指挥;潘美为副总指挥,曹翰为先锋都指挥使。曹彬等辞别太祖,起身出殿,各自率领自己的部队,踏上了平定江南的征程。

太祖又任命吴越国王钱俶,为本次战役的东南面行营招讨制置使,就是东南方面军总司令的意思,促令钱俶出兵进击江南国。

攻打南唐的战役正式打响了。

曹彬与潘美、李汉琼等，各率先头部队，从长江北岸的蕲阳（今湖北蕲春县西南的蕲州镇一带）渡过长江，攻破了江南国设在江边的一个屯兵军寨，斩杀八百人，生擒二百七十人，其中包括三名牙将。先头部队占领对岸之后，迅速控制了附近十公里之内的地区。曹彬毫不懈怠，命令后续部队抓紧跟着渡江，同时率军一路沿江东下，由李汉琼打头阵，直扑池州（今安徽池州）。江南国的池州守将叫戈彦，还以为是江南国主派人前来犒师。几年来大约都是这个时候，江南国朝廷都会派人送点牛羊肉，送几百担酒来，犒赏沿江守备将士。等到发觉情况不妙，宋军已来到池州城下。这位一时惶急，带上几个随身护卫，弃城逃走了。

曹彬顺利进占池州。

当时江南国的领地很大，西到今天江西与湖南交界的萍乡，西南到与湖南、广东交界的吉安、赣州。就是宋军这次渡江地点的身后千余里的广大地区，包括武昌、南昌、九江等地，也都在人家江南国的掌控之下。曹彬就不怕江南国的军队，从他们身后前来夹击吗？

这就叫做出其不意。

这次曹彬选择过江的地点是在今天的九江以东，安庆以西的一个对面没有渡口的地点，江面宽度至少也有四五公里。就在这次渡江地点的西面和东面，都有比这里稍窄一些的地方，江面宽度两三公里左右的地方也有。选择在这里首先上岸是宋太祖的密旨。这次要直扑南京，渡江地点离南京太远了，会因沿路遭受阻截而耽误时间；太近了，人家防守森严，渡江的损失会很大。

军事上的出其不意，并不是一件简单的事情。宋太祖不是纸上谈兵的人，每次战役都经过长时间的考量，也都经过了长时间的准备。就在曹彬的主力部队渡江的同时，湖南地区的宋兵也进入江西萍乡一带，虽然被江南国打回去了，却也牵制了这一带的兵力。同时，大宋朝汉阳军的知军李恕也出兵对江南国开战，斩获三千余。还有，各位没有忘记那位王明吧？太祖早就把王明从广东韶州刺史换到了湖北，任命为黄州刺史。王明到黄州之前，面见太祖，太祖面授机宜，王明立即着手准备，加紧训练士卒，打造船只。

这次为了配合曹彬渡江，王明被太祖任命为从安徽池州到湖南岳阳一段的沿江巡检使兼战船都布置。就是沿江守备部队总司令兼沿江水军总指挥的意思。王明这次跟曹彬同时从不同地点起兵渡江，威逼武昌，击败江南国军队万余人。一方面有利地分散并牵制了江南国西部地区的兵力，使他们自顾不暇，无法抽身向东增援；同时也为第二战场赢得了辉煌的战果。

大宋朝从湖南潭州出发，进攻江西萍乡的部队，其实只是一小股地方武装。湖南地区的主要部队都调去两广平叛了。之后，又都被潘美带走，与曹彬会合了。湖南进攻江西的这次小失败，那是宋太祖故意送给江南国的一个小甜枣。江南国吃了这枚小甜枣，却挨了两大巴掌。其中一巴掌是王明打的，目的是为主力部队扫清后路，牵制增援。王明这巴掌打得够狠，打晕了江南国池州以西的全部部队，他们就地眩晕，失去了东进增援的主动性。曹彬能够无所顾忌地从江南国中部直接插入，就是因为身后有王明在。王明抢占武汉之后，来往于从岳阳到池州之间，一个月之内，就把关涉长江航运的两岸所有地点，牢牢地控制在了自己的手中。

池州刚到手，宋太祖立即任命献计人樊若冰出任池州知州。樊若冰一到池州，曹彬立即交接，然后率师继续东进。曹彬离开不久，驻守在安徽南部的江南国军队，企图乘虚夺回池州，四五千人直扑池州，很快就被樊若冰击溃了。

与此同时，大宋朝的都监田钦作也在江苏溧阳附近，跟江南国大战了一场，一万多江南兵将两天之内就溃不成军了。

因为诸处同时遭到进攻，江南国一时间弄不清宋军主力究竟在哪里。就在这时，李煜又得军报：吴越国蠢蠢欲动，在两国交界的很多地带都出现明显的兵力调动情况。李煜一时陷入慌乱，西面的情况没看清，还得腾出一只眼睛，专门负责向东瞭望。

一月之内，宋军突然渡江，进展顺利，宋太祖为这次渡江战役设计的第一步棋，下完了。

历史上的第一座长江大桥

太祖马上下出了第二步棋：命令将作监八作使，就是当时中国建筑工程总局的局长，率领国家建筑工程队的七十多名"高级工程师"，还有三千名"工程兵",立即赶赴湖北宜昌江边,同时命令当地驻军,率领已经调集好的上万名地方民工,在一个叫做石牌口的地方,架设长江大桥,沟通长江两岸。

干什么?建造跨越长江两岸的大桥?

我国历史上第一座真正的长江大桥——武汉长江大桥,可是在现代化的建筑条件下,在当时科技最先进的苏联老大哥的帮助下,用了三年多的时间,1958年建成通车的。宋太祖要在长江上架设桥梁,这不是在开玩笑吧?

从来没有过这样的事情!宋太祖是不是喝高了?怎么造哇?江阔水深,历史上不仅没人造过,连想都没敢想过!

您可能看过《三国演义》,当年东吴为了阻截西晋顺江而下的雄狮,不是设置了很多连通两岸的铁索吗?"千寻铁锁沉江底,一片降幡出石头",有这句诗吧?当然有。不仅如此,就在十年前,宋太祖遣师攻取西川的时候,西川的部队就在三峡的入口处,设置了很多铁索,以拦截宋军的兵船逆流而上。怎么说没有人造过江桥呢?

实话告诉您,东吴和后蜀设置的,只是沿江障碍。就用几根铁索,用来拦阻进攻船只。真正直接跨越阔大的长江水面,用来运兵、运粮、运送军用物资的大桥,在宋太祖之前,别说没人造过,连想都没人想过!

因为史无前例,就连身边的大臣,枢密院的高层领导,还有前军的重要将领们都感到心里没底。

"那好吧",宋太祖说,"那就先找个稍微安全点儿的地方,试验一下吧。"按照宋太祖事先的规划,是直接在采石矶(今安徽省马鞍山市西郊,位于长江南岸南京西面约一百公里处)假设跨江大桥。因为众臣持有异议,太祖决定先在石牌口作试验。石牌口就在宜昌附近,平定西川之后,这里已经是大宋朝的国土,算是相对安全的地带了。但是为了防止大桥被破坏,太祖还是专门派遣了一位持重稳健的将军率领三千兵丁,专门负责保护看守桥梁。

拿什么材料造桥,怎么下到江里去,如何连接两岸?

这您就不用操心喽,太祖爷早就想好了!

大宋朝的工程兵和能工巧匠们夜以继日地工作,把数千只在湖南常德事先打造好的黄、黑龙舟,统一划到石牌口的江面上。这些往日用于竞渡的龙舟,每只二十多米长、二米多宽。中间全部做成平直状,两边龙头、龙尾各高出舟身一米多。按照樊若冰和太祖设计好的图样,工匠们把这些龙舟全部横列,按照单黄、双黑的顺序,不留缝隙,靠拢排开。黄龙舟一律头东尾西,黑龙舟一律尾东头西,以保持桥身两面受力均衡。先在下面用棕绳把这些龙舟牢牢栓系在一起,做成今天桥墩的样子。然后用无数五六米长短的粗壮竹竿细密地铺平,用结实的缆绳拴系起来,再将这些竹排中的每一根竹竿,牢牢拴在黄、黑龙舟上。这就是桥面了。然后,把两岸的石壁或者巨石凿穿出六七个粗孔,让粗壮的绳索从石孔中穿过,再牢牢地捆住这些凿孔的巨石和石壁。这些绳索的另一头牢牢拴住桥头和桥尾。最后,再为这座大桥的桥面两边用竹竿和绳索连接龙头、龙尾高出来的部分。一米多高的护栏做完之后,美丽、宽大、平稳、结实的长江大桥,就这样建成了!总计共用黑、黄龙舟各近一千只,直径八公分左右,长度五六米的竹竿五六千根。绳索没法统计,粗略也难估计。

大桥建成之后,两岸兵士往来如履平地;运送车辆也都能顺畅通过。

当这座人类历史上第一座长江大桥,巍峨雄壮,屹然而安稳地横跨两岸,安卧在浩瀚的长江三峡水流湍急的江面上的时候,人们心里就只剩下四个字了:无法形容!

大家美在心头,赞不绝口:"咱们当今圣上,那真是古往今来第一人!瞧人家那创造性的想象力!瞧人家那超前性思维!咱们?不行,别说想都不敢想,做梦咱都不敢梦!""要不人家怎么能当皇帝?那叫真命天子,兄弟!""别说不敢想不敢梦了,咱现在看着都觉得眼晕!""真是又好看又好用,隔些日子,咱把老婆孩子接过来看看,饱饱眼福,也顺便到江南玩玩。""让你那傻娘们好好开开眼吧,这辈子跟着太祖爷,可真是没白活呀!祖宗八代看不到的东西,咱都见识了!"又一位接上来了:"跟着咱们陛下干,想吃啥饭吃啥饭;跟着当今圣上走,想喝啥酒喝啥酒!好日子还在后头哪,您就走着瞧吧!"敢情这位是个酒蒙子,心里只想着喝酒。

瞧人家那大桥建造的,宽二十米,长近三公里。我国现有的长江大桥,无论是南京长江大桥、武汉长江大桥,还是宜昌长江大桥,如果不算引桥,主桥也都未必有人家宋太祖当年建造的桥长。人家在那样的条件下,运用那样简陋的材料,竟也能建造成如此震撼人心、抢人眼目的长江大桥!要是把历史的贡献也能算在今天,什么詹天佑设计奖、什么鲁班建造奖,得主都得是人家宋太祖。就连诺贝尔科学最高奖,都得把金杯乖乖地送到人家宋太祖的手上。要不然的话,那就叫没眼力!那就叫不公正!

我要说宋太祖是一位了不起的政治家、军事家、外交家、战略家,那没意思,因为您早就知道了。我要说他也是了不起的人才学家、管理学家、大慈善家,您差不多也已经相信过了。我要说他是杰出的教育家、经济学家,看完我讲述的关于他整治科举考试、训斥三司使的故事,您也不会有太大的疑问。但是我要说他是头号的科学家,打死你,您也未必会信。别说你不信,连我都不信!

但是这些事实就摆在这里,咱们不信行吗?!咱们连自己的眼睛和自己祖国的历史文献都不信,那咱们还能信什么呢?!

要说宋太祖建造成了一座跨江大桥,那可真是一件伟大的历史性创举。这是中国历史上第一座真正的长江大桥——"公元十世纪大宋朝太祖号石牌口长江大桥!"这也是人类历史上,跨越这么宽阔水面的第一座大桥!

行走在大桥之上,不晃荡,不动摇,就是稍微有点儿颠簸——竹木制品,没办法,您只能稍微忍着点了!

宜昌附近的石牌正在造桥,曹彬等继续率兵挺进,沿着长江南岸,一路东下,向纵深发展。占领池州之后的第八天,再夺铜陵。获战舰二百余艘,生擒八百余人。又三日,拔芜湖,再二日,兵逼当涂,当涂守将举城投降。曹彬进占采石矶。

与此同时,王明一路却没有向东进军,而是往来于岳阳和池州之间,坚守长江两岸。王明首先击溃了江南国鄂州方向前来的数千援军,斩杀三百余人。接着又击溃了江南国南昌方向来的两万援军,斩杀二千余。安徽南部前来反扑池州的万余援军,也被王明击溃了。

王明为什么不和曹彬等一起直接向东进军,直扑南京?这是太祖的密旨,让他保证曹彬等的后方不受攻击,同时让他确保长江沿线水路运输的畅通,为太祖的第二步好棋提供重要保障。

王明即已控制沿江全线,太祖下令:将建造于石牌口的长江大桥,不许拆卸后重新组装,全体挪移到采石矶去!

干什么?横行挪移长江大桥,还不让拆卸?小孩子拼装积木,挪移

第十八章 征讨江南

的时候都得首先拆卸，之后再重新组合。现在要把一座三公里长，二十米宽的长江大桥，不拆卸，整体一块，挪移到一千五百公里以外的采石矶去。不是想吉尼斯世界纪录，想疯了吧？

太祖这个号令，可不是小女孩玩摆家家游戏。为什么不让拆卸？一是拼装过程相当复杂、艰难，至少需要两个月时间。长江之上，风云变幻，两月之间，天气发生怎样的变化，谁都无法预料。一是采石矶不比石牌口，石牌口完全在大宋朝的控制之内，整天敲打也不会有危险。采石矶可就在李煜的眼皮子底下。人家能看着你在那玩上五十天、八十天，无动于衷吗？况且过江部队不足，急需快速增加，军队进展速度又快，急需补充军粮和物资。如果两三个月以后再重新建成，哪里能满足前方战事的需求？这仗还能打吗？

战争不是儿戏，时间真是生命。耽误一天，就不知道会增加多大的困难，付出多大的牺牲。

太祖这个貌似儿戏的命令，正是严肃认真的战争心态所驱使。

这回可有热闹看了！

沿江百姓，从古到今，谁见过这样壮观的景象——把一座世界历史上第一座最长的跨江大桥，连大桥的护栏都没有拆卸，只解开了两岸栓系大桥的几条绳索，然后就把大桥通身转向，由横的方向转成竖的方向，两边齐整整排列艄公、船夫，每面都有上千位，摇橹的摇橹，划桨的划桨，改桥为船了。

这哪是什么船哪，这不是"航空母舰"嘛！

就是这艘人类历史上的第一艘"航空母舰"，在中国的长江里诞生，又在中国的长江上——昂然前行！

为了使桥船少受江水阻力，出发之前，能工巧匠们又把顺过来的桥身两头，用木板，按照上外下里的倾斜方向，全都包裹得严严实实。这个庞然大物，就这样，一路自西向东，洒然而去。

艄公和船夫们，各摇桨橹，一路歌唱，一路顺流东行。前面用数只大船牵引、开路，后面又有数只大船护卫、推助，两边还各有数十只中、小船只保驾护航。每只护航船上都有数十名兵士，手里拿着强弓硬弩。每只护卫船上，还配备三四名水兵，穿着与众不同，随时准备跳到水中，帮助桥船转身、躲过礁石。桥船的前面还有数十艘大号军舰开路，一路清理障碍,防止江中出现敌军。长江两岸,成群结队的大宋军卒,戈戟耀目,刀剑生辉,跟随桥船一路前行,以防陆地上敌军突袭,保护桥船安全通过。

这可真是千古奇观! 有人类历史以来,闻所未闻,更不要说亲眼看见了。把两岸的百姓们喜得哈哈直笑,啧啧赞叹。小孩子们更忍不住,有的竟然一路跟着跑,跑出去几十里,从早晨一直跟到晚上,连回家吃饭的事情,都忘到九霄云外去了。桥船通过以后,好多人家都发现自己的孩子丢了,有的人家还丢了好几个。

还有那江南国的数百名士兵,本来是来搞破坏的,看到这种场面,早把使命忘了。竟然想要上前帮忙,稀里糊涂地被大宋朝的军队生擒活拿了。"让我看完再抓我!""让我看完吧,杀了我也不白活一回呀!"

"自从盘古开天地,三皇五帝到如今",别说中国人没见过,地球人谁见过? 就连外星人也没见到过。

走着走着,船的前头不远处,竟然出现了三百多头野生中华鲟,排成一队,好像商量好了来为桥船引领方向一样,时而浮出水面,时而沉入江底。海鸥也成群结队,环绕桥船上下翻飞。一会儿翅膀碰着破浪,一会儿又箭一般的直冲向云霄,它们欢跳着,它们叫喊着。就在这些鸟儿欢快、勇敢的叫喊声里,桥船劈波斩浪,越漩涡,过险滩,一路向东,飞驰而去。

两岸的青山在感叹,两岸的大树在挥手,两岸的人群在欢呼! 就连长江里的礁石,都像是在听从宋太祖的命令一样,主动"潜伏"起来,给桥船让开了道路。

三天三夜以后,桥船顺利到达采石矶。火红的太阳正从东方的地平线上,冉冉升起……

早在数月前,按照太祖的指示,大宋朝潜伏在江南国的"余则成"们,就已经跟当地的僧人联合好了。他们剃光头发,装成僧人的样子,以在采石矶建造佛塔的名义,把用来栓系大桥的石孔事先都凿好了。江北的石孔,更是早已完工。桥船一到,立刻转身,又由竖的变成横的,被放置进已经选好的位置上。不长不短,正正好好。

怎么这么准确? 樊若冰早就为太祖算计好了。这位可不只是个落第的秀才,人家精通算学,是"宋代的史丰收"。瞧人家这事儿办的,那叫一做一个准儿,分毫不差,毫厘不爽!

长江大桥整块一体,从宜昌附近的石牌口下水,以船行的方式,经历三天三夜,运行了一千五百多公里。仅在两三个时辰之内,又被重新架设到了采石矶附近的江面上。还是那座长江大桥,不过因为移动了位置,现在改名字了,叫做:"开宝七年号采石矶人行、车行两用长江公路大桥!"大桥挪移完成时,已是宋太祖开宝七年十一月了。

在长江之上建造"浮梁",是江南的落第举子樊若冰给宋太祖出的主意。这座主要以竹木为原料的长江大桥,是宋太祖和樊若冰两人的合作科研成果。宋太祖排名第一,樊若冰排名第二。这和现在那些不干活,还要把名字排在前面的领导不同,没有宋太祖的决策,樊若冰的想法永远都只能是脑子里的一张图纸,根本没可能成为现实。这是从建造的意义上来讲,要是平行挪移,把大桥变成航空母舰式的桥船,绝对是宋太祖的个人创制!

小时候学过一篇课文,叫做《南京长江大桥顺利通车了》。那时咱无知,不懂历史。根本不知道,早在一千年前,宋太祖就建造过长江大桥。这座大桥的建成,使长江两岸实现了陆路通行。北岸的军队、粮草和军资,轻易就被运送到了江南。那可真是"一桥飞架南北,天堑变通途"哇!有了这座长江大桥,江南国所能凭借的难以逾越的长江天险,瞬间变成了便利快捷的陆上通道。

什么叫奇迹?我要是不说,你以为小男孩一泡尿浇活一棵草就是奇迹;我要是不说,你以为一天一层楼的深圳建设速度就是奇迹;我要是不说,你以为詹天佑建造京张铁路时,设计一个人字形铁路翻越长城就是奇迹;我要是不说,你还以为航空母舰这种东西,最早是由美国人率先发明的;我要是不说,你还以为中国古代先人,只会使用木筏、竹筏和羊皮筏子过江渡河。

宋太祖设计建造的三公里长的长江大桥,那可是在一千年以前,而且没有使用一块金属,更没有使用哪怕是一公斤混凝土。之后还把大桥通体一块的,在长江中挪移了一千五百多公里。桥、船瞬间转换,变戏法似的变成了航空母舰,转眼又变回到大桥,架设到了另一处江面上。这才真正是奇迹,真正是人间的奇迹,真正是宇宙间的奇迹!

大桥初成,曹彬先派遣一支五百人的骑兵部队,跑回江北,试验大桥的承载能力,同时向太祖传递大桥已经建成的消息:禀告太祖,人马可以通行了。

一时间,等候在江北的数万宋军官兵,还有运粮车队,分批次、有秩序,浩浩荡荡地开赴江南。

宋军过江,宋朝的军资也跟着渡江。还有很多牛、羊倌,也赶着牛羊渡过江来。他们来干什么?江南的草质好,放牧牛羊吗?哪里话!这是大宋朝的犒赏物资,这些人都是慰问团的,来到江南慰问前方将士。长江之上,又出现了从古到今不曾见过的壮阔景观——车水马龙,络绎不绝。

宋太祖这次平定江南,可是让沿江两岸的民众开了眼了。

江南国军队发现宋军在采石矶架桥,赶紧报告国主李煜。李煜紧急召开御前军事工作会议。本来很严肃、很紧张的会议,因为讨论这座长江大桥的问题,反倒使这场生死攸关的会议,充满了喜剧的味道。

"这大宋朝的皇爷……是个小孩子吧,有史以来,也没听说过在长江上架设浮梁的。这能行吗这个,啊?"李煜说着,疑惑地看着光政院的院长陈乔。有人插嘴说:"西汉末年的公孙述,好像造过这种东西。""瞎扯!那不是用来过人、走车的,只是拦截对方船只过江的障碍铁索。"清辉殿学士张洎说。

确实呀,古人把所有横在江面的桥梁、铁索之类都叫做浮梁。咱要不仔细辨别,就会被搞晕掉,把两者混为一谈。

"胡闹,简直就是胡闹!"陈乔说。一时间,江南国君臣一起哈哈大笑起来。隔了一会儿,陈乔接着说道:"不管怎样,还是先派人去把它烧掉为好!"

李煜派遣江南国镇海节度使、同平章事郑彦华,率领水师一万人,顺江而下,前往烧桥。同时又委派殿前都虞侯杜真,率领一万步兵,从陆路前往烧桥。李煜对两位将军说:"你二人要偕同合作,水陆联合行动,一定能取得胜利,烧毁江面上这个怪物。"

这是"怪物"?李煜还是大诗人,怎么这么缺乏想象力?

两位领命而去。杜真率江南步兵万余众,试图从陆地上前往烧桥。连桥样都没看清,就遭遇了曹彬的伏击。双方一顿混战,杜真惨败。郑彦华眼见杜真被围困,却停舟江畔,并不下船援救,陆路烧桥部队就这样覆灭了。郑彦华正在幸灾乐祸,潘美率步军突然袭来,一时间万箭齐发,郑彦华大败,开船侥幸逃走。当时大宋朝的过江战舰不够使用,潘美亲率步卒,涉水与江南兵激战,夺得战舰二十余艘,斩杀近千人,生擒团长以上干部七位。

江南国第一次烧桥的军事行动,至此宣告破产。

潘美顺势进攻,又夺下附近一座水寨,驻兵其中,并把缴获的大船也拴在大寨之内。同时派人向太祖报信,太祖马上指示潘美,赶紧把缴获战舰等物移出水寨,防止劫营。潘美立即执行命令,做好反劫营的准备。就在潘美接到太祖指示的当天夜里,乘着月黑风高,江南国的军队果然前来劫营,打算借助黑夜的掩护夺回水寨,或者顺势烧毁寨中的船只。由于潘美事先准备充分,江南国的这次夜袭行动未能得逞。

数日后,曹彬留下李汉琼等足够部队,守护长江大桥,率潘美等继续攻击前进。

通过长江大桥,军队和军资依然在源源不断地向南运送。

江南国在西边受到宋军迅猛攻击的同时,东面也受到了吴越国的沉重打击。

吴越国在动手之前,宋太祖先派人送去马匹等军需物资。

李煜也没闲着,抓紧时间,在吴越国出兵参战之前,给钱俶写了一封"肝胆相照,荣辱与共"的密信。就在这封信里,李煜如泣如诉地对钱俶说:"今日无我,明日岂有君?将来赵天子统一天下,您也不过就是汴梁城里的一介平民百姓而已,比我也强不到哪去。"

钱俶赶紧派遣使臣到大宋都城,一是感谢委任他为攻打江南国的东南方面军总司令,还有另外一个心思,就是把李煜写给他的这封密信,直接上交到宋太祖的手里,以表明自己心甘情愿为大宋朝效命,坚决不跟李煜这种顽固不化的割据者同流合污。太祖指示吴越国使臣,回去之后传话给钱俶:"不要受别人'皮之不存,毛将焉附'等话语的蛊惑,朕信重他的忠心。"

太祖派遣内客省使丁德裕,跟随吴越国使臣一道前往杭州,送一千兵给钱俶,还赐给钱俶宝剑、铠甲和马匹等物。同时指示丁德裕,留在钱俶军中,担任都监。诏谕钱俶刻日发兵,直取江南国的常州(今江苏常州)。

使臣回来以后,钱俶准备正式出兵。吴越国的宰相沈虎子不同意,进言劝告钱俶说:"江南国是咱们吴越国的屏蔽,大王出兵帮助大宋攻打江南,这不是自撤屏蔽吗?您还想不想要江山社稷了?"钱俶丝毫没有犹豫,立即撤销沈虎子的宰相职务。率领五万兵将,"御驾"亲征,配合大宋朝,即刻兴师,攻入江南国境。

钱俶可不像李煜,人家嘴甜,能说会道,讨得了宋太祖的喜欢。因为跟大宋朝的关系越来越亲密,他相信大宋朝不会对自己强硬下手。钱俶也是想开了,赵皇爷要统一全国,谁能挡得住!人家是何许人也?那是神仙下凡,人家是真天子!不要论理想和襟怀,就说智慧和力量,除非自不量力,哪一点咱能与人家相比?阻截人家统一国家的进程,连一点可能性都没有。不仅白白送死,毁了自己未来的富贵前程不说,还得让天下的百姓跟着遭殃,何苦呢!咱不跟人家作对,人家啥时候要这块土地,咱就拱手奉献了事。

钱俶既然已经彻底想通,就亲自率兵,以大无畏的精神深入江南国重地,让大宋朝的监军丁德裕作先锋,一路从东向西推进,攻克江阴、宜兴,俘获县令等,很快兵逼常州。开宝七年底占领常州牙城,斩杀江南国兵士二千余人,生擒千余人,还缴获了很多战马等物资。紧接着拔掉常州的另外一个卫星小城——吕城。在常州城北,又击溃江南国部队一万余众。钱俶高兴,赶忙派人向宋太祖报捷。

就在吴越国围困常州的同时,曹彬等已经攻逼到江南国的都城金陵,也就是今天的南京市区之内。曹彬率军夺下江南国京郊的重要港口新林港,击垮江南国水、步、骑三军,斩首二千级,烧毁敌方战船六百余艘。

江南国至此才宣布京师金陵戒严!

李煜同时下令,不再使用大宋朝的开宝年号,但也没敢继续使用自己的年号,只是改用了干支纪年,称大宋太祖的开宝七年这一年为"甲戌岁"。这是公元974年底的事情。

第十八章　征讨江南

第十九章
围困金陵

开宝八年,也就是公元975年年初,大宋朝得报:汉阳方面,击溃江南国军队三千余人,缴获战舰四十余艘;金陵方面,击溃江南国反扑新林港的部队,斩首二千级,缴获战舰六百余艘。湖南潭州知州朱洞也来奏报:兵进江西袁州界,斩杀江南国兵士二千余。这次来真的了,不再当诱饵或者迷魂药。

边境贸易

征讨江南的大军还在继续前进。

太祖收到湖南新送的奉献贡品。这次湖南进奉的贡品,是安化古老的黑茶,茶饼厚重,味道可人。税官请求给这种特制的黑茶定个高价,太祖不同意:"茶叶虽好,一旦给这种茶叶定了高价,其他各州郡都会效法,茶工也会耗费更多的心力,百姓们还买不起,这不等于坑害民众吗?"太祖下令:从今以后,改为一般性制作,不必翻新花样,以防困扰百姓。

早在开宝六年四月,宋太祖就下诏命,让薛居正领衔,由卢多逊、张澹、李昉等共同参与,修撰五代时期的历史。到了开宝七年闰十月,薛居正等完成任务。上交到太祖手中的这部书,共一百五十卷,书写的都是五代时期的人物和事件。这部史书,被后世称为《旧五代史》。

太祖拿到手的当天夜里,就把后梁的部分读完了。就在第二天的早朝上,太祖对薛居正、沈义伦、卢多逊等说:"朕昨夜观览卿等所上新史,看到梁太祖竟然那般暴虐、丑陋、污秽,难怪他称帝不久,就被人诛杀。真是咎由自取呀!"几位宰相点头表示同意,顺势夸赞太祖好学,同时规劝太祖注意休息。

太祖攻打江南,北汉国想要乘机赚点便宜,把国中十七岁以上男子,全部抓来当兵。还把百姓家里的所有马匹也都抢来当成战马。终于凑集了二万兵马,由代州(今山西代县、雁门一带)刺史蔚进率领,前来攻打大宋朝的平阳(今山西平阳)。太祖命令权知晋州(今山西临汾一带)武守琦率兵抵御。武守琦在洪洞县与北汉兵相遇,双方展开激战,武守琦击溃北汉前锋五千余众,大获全胜。北汉兵溃败,转身逃回了太原。

北汉寇边,刚被击溃,西戎也来搅和。本来这些年大宋朝设立了边贸市场,跟西部边陲的少数部族,在专门固定的地点,进行和平贸易交流。为了维护当地秩序和边贸安全,宋太祖任命田仁朗为权易使,同时担任庆州(今甘肃庆阳县一带)知州。让田仁朗前往主持边境贸易工作,同时负责保卫周边安全。权易使,相当于今天的边境贸易中方负责人。

田仁朗还没到任,西戎部族的军队就先行来到,破坏边境贸易,抢劫财物、攻打城镇。田仁朗率兵亲自出击,双方就在市场里和大街上展开近身战,像摔跤和拳击比赛一样,满地滚爬了整个一上午。衣服都撕碎了,脸也都抓破了。有人被打得鼻青脸肿,有人被打得满地找牙。最后宋军得胜,田仁朗把西戎部队的两位指挥官绳捆索绑,拉到自己的大旗下面,当众斩首,以振军威。被打倒在地上的西戎兵士们,这才知道恐惧,纷纷跪地祈求饶命。

田仁朗又乘势出兵,与西戎兵在野地里交战,大破戎兵。西戎其他部落的酋长们闻听,相继前来求和。表示不敢再来扰乱市场秩序,更不敢攻略城镇,抢劫财物、人民。田仁朗在打怕了这些部族的兵士之后,又把西部边陲各个部落首领召集到一起,设宴款待,让他们当场发誓,将来不再捣乱。田仁朗一面武力打击、一面怀柔的"两手都硬"政策,获得了成功。在此后相当长的一段时间里,西部少数部族的军队,再也没敢前来挑衅、破坏,西部边陲城镇和边贸活动,都得到了安全的保障。

一个月后,一份盖有太祖玉玺的表彰嘉奖证书,被朝廷信使亲自送到了田仁朗的手中。

西南方向,也不安宁。湖南地区的侗民和瑶民的武装,趁着宋军主力不在境内,也想乘机捞点油水。数月之间,潭州(长沙、湘潭一带)和邵州(邵阳一带)的七八个县市,都遭到了抢劫。太祖下令,免除湖南境内被劫掠的县市一年的租税,同时派遣供奉官李继隆,率三百步兵,只许拿

第十九章　围困金陵

刀盾，不许携带长武器和弓箭，前往湖南驱赶蛮族武装。李继隆是李处耘的儿子，受命前往湖南，刚从长沙出发，路上就被数千蛮兵拦住。李继隆率兵勇猛冲杀，蛮兵被杀散。李继隆身上挨了十几支毒箭，三百士兵也有一百多身负重伤。有人向太祖告状，说李继隆轻敌，才使那么多兵士受了重伤。太祖经过了解，断定李继隆的行为不是轻敌，而是果敢。宣谕：褒奖李继隆。

西北、西南暂时安定了，北汉还是不死心，继续小规模骚扰边境。

北汉国主刘继元生性凶悍不说，还心胸狭隘，喜欢猜疑臣下。继位以来，把身边重臣和将军当成牲畜，宰杀了不少。大内都点检刘继钦、殿前都虞侯张崇训、侍卫马军都指挥使郑进、岚州刺史张昭敏、辽州刺史韦侑、都引进使李隐等，一前一后，尽遭杀戮。

辽、宋议和

跟北汉与宋朝的敌对不同，作为北汉宗主国的契丹，却一改旧日做法。

新上任的这位契丹国主，也就是辽景宗耶律贤，有些厌倦北汉了。看到北汉连年与大宋作战，连年失利。光给自己不断增添麻烦，没给自己带来相应的好处。加上大宋朝越来越强大，攻灭后蜀、攻灭南汉，这又快要把江南国攻灭了。于是就暗示与宋朝邻界地区的军政长官，由他们先出面，去跟大宋朝讲和。

开宝七年十一月，契丹的涿州刺史，大辽国的宗室耶律琮，写信给大宋朝的内团练使、权知雄州孙全兴，请求双方和解。孙全兴不敢做主，把信件转呈给了皇帝陛下。太祖展开信件："大辽与尔宋，初无嫌隙，希望自今而后，仍归于和。如果贵国能够派遣一介之使，表明愿意讲和的心思，双方就会再度成为友好的邻邦，这该是多好的局面呀！"

太祖懂外语，能看懂契丹文字？不知道？契丹懂汉文，也只是一部分人，就像宋朝也有懂契丹文字的人一样。两国之间，为了交流，一定都需要翻译，没有懂对方文字的人，怎么能行？

太祖并不在乎"大辽与尔宋"这样的文件抬头话语。我们在乎，但是在乎不着。宋朝的官员，在书写这段历史的时候，早把这样的开头话语省略或改动了。或者根本就在翻译的时候,直接写成"辽国与大宋"了。太祖看罢,感觉契丹确实怀有诚意。为了将来攻打北汉时,契丹不再轻易出手,更为了边境地区的长久安宁,太祖授意孙全兴回信答复,表达大宋朝同意讲和,同时也表达大宋朝愿意跟契丹友好相处下去的良好心愿。

契丹国主见到大宋朝的回信,指示耶律琮先派使节前往大宋,两国对立了十几年之后,终于实现了邦交正常化。

契丹在跟大宋朝恢复外交关系的同时,下诏书给北汉的国主刘继元,告诫他要看清形势:"以你衰弱无能的小邦国,没事别去招惹人家强劲如风的大宋王朝。"

刘继元看到信件,知道自己从此可能失去契丹的保护,死了亲爹一样的感觉,登时涌上心头。刘继元心里想:北汉这么多年来,一直像孝敬亲爹一样孝敬契丹,反遭契丹一顿无端谴责。契丹年年吃自己的贡品,还替自己的仇敌说话。"操他奶奶的,真他妈不是东西!"刘继元对北汉被契丹蒙骗了好几个时代,又找不着地方说理,感到异常憋气。胸闷,胸中郁闷,胸间太郁闷了。刘继元无处抒发,又无法对人诉说,大哭了一场,宣布立即改元。把年号更改为"广运",以示自己不弱。一气之下,准备发兵攻打辽国,被身边的大臣苦苦哀求,好不容易才算劝住了。

刘继元虽然终于没敢去攻打契丹,但也没有听从契丹的劝告,还是不停地骚扰大宋边境州县。太祖下令,让权知潞州药继能率兵进入北汉疆界,夜袭营寨,斩首千余级,以示严正警告。

刘继元不听警告,委派刘继业和马蜂两元大将,再度领兵攻打大宋朝的晋州。宋太祖依旧命令武守琦负责防御,武守琦再次在洪洞县境内击败北汉军队,入侵者像上次一样,灰溜溜地逃回到太原城里去了。

此后一两年内,契丹和大宋不断互派使节,交往关系日趋常规化了。

开宝八年三月,契丹国主耶律贤,亲自派遣一个名叫科妙骨慎思的使节,揣着契丹国主的信件,出使大宋。太祖得讯,派遣阁门副使郭崇信前往边境线上迎接。科妙骨慎思这次带来的十二名随行人员都被安排在叫做都亭驿的京都客栈里居住。

太祖第二天就接见了他们,分别赐给他们一些衣带、器币等。太祖在长春殿设宴,款待辽国使臣。之后,又在便殿接见他们,请他们观看大

第十九章 围困金陵

宋朝殿前诸班的骑射。太祖还"恩准"他们中的两位，一同参加骑射活动。这两位的名字也很奇怪，一个叫袅屋六，还有一个叫除骨。这些名字都是啥意思？咱哪知道！

这两位作为辽国的代表，跟大宋朝殿前诸班的若干武士们一道，参与了箭射毛毯，还有箭截柳条的游艺、演练活动。"箭射毛毯"就是朝向被抛到空中，或者被扔到地上滚动的毛毯射箭，射中者为胜。"箭截柳条"就是用箭镞射断五十米远的柳树枝条。辽国使臣归国之前，太祖再次召见了他们，又分别给了这些人一些赏赐。

辽国使臣走了，太祖颇多感慨地对身边的重臣们说："自打五代以来，契丹作为北面的劲敌，一直自以为大。主要还是因为中原政权本身贫弱，所以才导致后晋的末帝被人活捉，备受屈辱。这大概就是《周易》里面讲的，到了'否'的极致。现在'否极泰来'了，契丹主动要跟咱们讲和，还首先派来使臣，表达诚意。像契丹这样横行无忌的国家，能够屈身来到咱们大宋朝廷，完全是出于仰慕，时运真是不一样了。咱们要是没有强盛的经济和强大的军队，要是卑躬屈膝，自己挺不直腰板，人家会来吗？"卢多逊赶紧接住太祖的话茬："这都是陛下的盛德，没有您的文武全德，契丹怎会甘心如此！"

为了礼尚往来，太祖派遣阁门使郝崇信和太常丞吕端两人作为大宋朝的使臣，回访契丹。这位吕端，是吕余庆的弟弟，后来成了太宗朝的名宰相。

郝崇信和吕端刚刚回朝，契丹的使节又来了，这次的规格更高。契丹国这次派来的是左卫大将军耶律霸德、契丹国弓箭库库长摇橹骨、契丹国的外交部长兼左监卫将军王英。三位重量级人物，带着国家一级翻译，共同作为使节，一起来到了大宋朝。他们给宋太祖带来了御衣、玉带等礼品，还奉献了十匹名马。

太祖分别给了每位使节厚重的赏赐，随后又带着他们一起，到京城的近郊射猎。太祖箭无虚发，奔跑中的兔、狐，飞翔中的鹰、隼，在弓弦的震响声中，或栽落不起，或倒地不爬。辽国的使臣通过翻译传过话来说："陛下神武无敌，射必命中。像这样的皇帝，我们从来都没见到过。""这只是我家皇上的牛刀小试。治理国家，扫平天下，对于他来讲，那就像翻转自己的手掌一样，不过是轻而易举的小事。"大宋朝的陪同官员通过翻译回话说。

开宝八年十一月,太祖委派校书郎兼直史馆宋准,作为大宋朝的特使,前往契丹,给契丹国主祝贺新年。当时这种祝贺新年的行动,被叫做"贺正旦"。十二月,契丹国也派遣右卫大将军耶律乌正、礼宾使萧护里果,还有左千牛卫将军陈延正,一起作为使臣,来到大宋朝,给宋太祖拜年。太祖赏赐有加。

契丹与大宋,昔日不共戴天的敌手,两年之间竟然变成了亲密友好的邻邦。

保卫长江大桥

曹彬等指挥宋军进逼江南国国都金陵,就是今天的南京。

行营马军都指挥使李汉琼,率所部渡过金陵城边的秦淮河(现在南京市内),用巨舰装载芦苇等易燃干物,顺风纵火,抢占了对方一个水寨,斩首数千级。

江南国反扑,十余万将士雄列秦淮河对岸。当时宋军舟船来不及跟上,潘美出阵大喊:"潘某提骁勇果敢将士数万人,为圣上实现统一而作战。一路战必胜,攻必取,就这么个一衣带宽的小河之水,还能阻挡咱们前进的道路吗?弟兄们,潘某今日与诸君同生死,共患难。忠于陛下的勇士们,跟我冲啊,让皇上和家乡的人们看看,咱们到底是不是爷们!"

好家伙,就这一声喊,把很多人的泪水都喊出来了。跟着潘美噼啦扑棱,下饺子一般都跳进了水里。淹死的和踩死的肯定不少,可多半还是登上了对岸。一顿狂砍乱杀,把个江南国的十多万大军杀了个七零八落,抱头鼠窜。

江南国在白鹭洲也陈兵数万,以待宋军。曹彬率军奋勇冲击,大败敌军,斩首五千级,缴获战舰五十艘。

江南国都告急,下令周边诸将,紧急赶往京师,救助君王。南都南昌留守、镇南军节度使,这位叫朱令赟,林仁肇被赐死之后,接替了林仁肇的职务。在圣旨的一再催促下,朱令赟率领十五万水陆大军,浩浩荡荡从南昌赶来救援。

负责守备长江水路的王明得到军情,立即派人向太祖禀报,请求太祖打造三百只战舰，准备在水上与朱令赟决战。太祖告诉军使赶紧回去：打造三百只战舰？不行。情况紧急，等打造完了，朱令赟都把金陵的包围解除了！太祖告诉军使转告王明，等朱令赟水军一过，立即在他身后的江水中，插起众多大树干和大竹竿，都做成舰船桅杆的样子。先把朱令赟唬住，然后配合东面曹彬的军队，两面夹击，朱令赟必败无疑。

王明立即按照太祖的指示加紧准备。当朱令赟的上千艘大船、巨舰刚刚转过一个江湾，忽然发现背后出现无数桅杆，以为中了宋军的埋伏，喝令部队暂时停止前进，派出十艘战舰，回头查看情况。回报：我军上当，后面树立的不是战船的桅杆，只是一些普通的竹木杆子。朱令赟这才重下命令，大军继续向东进发。就这么一折腾，两个时辰过去了。潘美已奉曹彬将令，从金陵城外返回到采石矶附近。王明也率领大军尾随而来，这回朱令赟可是真正进入了包围圈。

朱令赟用大船装载芦苇硫黄，一路向采石矶浮桥冲来。到了采石矶附近，突然点燃，熊熊火船径直向浮桥撞去。宋军眼看支撑不住，忽然风向逆转，火船向回飘去。烧得朱令赟的兵将们哭爹喊妈，纷纷跳水逃命。

潘美挥师穷追猛打，王明又从背后奋力杀来，把个朱令赟的十五万大军，瞬间就打得落花流水，稀里哗啦了。朱令赟眼见胜利在望，忽然惨不忍睹，情急之下，想要跳到火里自焚，却被王明的部下发现，当即按倒在地。

采石矶，这个保护江南国都城的水上重要渡口，成了吞噬江南国最强大军队的特号虎口。

江北扬州也向太祖奏报，斩杀千余江南国的兵士，而远在江西中南部的吉州（今江西新干、万安、安福、永新一带）守令，眼见大势已去，脱身出城，一个人跑到江北，投诚了。

东线战斗

与西面的战斗同时进行，吴越国主钱俶还在率兵攻打常州。

太祖派人前往犒师，钱俶受到激励，继续猛攻常州。常州知州禹万诚在外援被各个击破之后，终于在开宝八年四月，献城投降。李煜赶紧再写信给钱俶，希望他退兵，答应可以把常州让给他，并且不再追究出兵助宋攻打江南的罪过。钱俶连信都没开封,就派人送到宋太祖的手中。

江南国这么不禁打吗?吴越国轻易就可攻取它的重要城镇、州县?这不是借助大宋朝的威风嘛!要是不借助大宋朝的威风,就能轻易取得常州等江南重镇,那不早就下手把江南国灭掉了嘛!

太祖得到钱俶的报告,即刻派遣使臣前来祝贺,封赏,赠送钱俶军衣五万件,分发所有参战将士。劝慰钱俶,不必劳勤贵体,可以先回吴越国休息。太祖同时下令:丁德裕不必回朝复命,直接留任常州知州。

钱俶回杭州了。为了表达对宋太祖的忠心,留下大部分军队,配合宋军将领继续前进,去攻占润州(今江苏镇江),然后从东面逼近南京。

常州被夺,李煜心情烦闷,登楼一看,金陵周围皆是宋兵,赶紧把光政院长陈乔找来询问。原来负责守卫都城金陵的主将,是当年被宋太祖在滁州用剑砸死的皇甫晖的儿子,叫皇甫继勋。这位可不像他老爹那样能征惯战,是个标准的官二代。虽说身居高官显位,实在没有统军本领,靠父亲的影响力一路爬上来,属于"我爸是李刚"那类人物。不只自己无能,他还嫉贤妒能,封锁宋军包围南京的消息,不让人告诉后主李煜。李煜也一样,人家都打到自己家门了,他能不知道吗?只能继续在宫殿里,跟女孩子们玩点诗词歌赋之类,能乐呵一天算一天了。这一登楼,才突然感到真要完了。众兵将一致要求,加上陈乔的一再坚持,李煜这才下决心,杀了皇甫继勋。

当吴越国部队正在向润州进军之时,陈乔建议李煜,委派大将刘澄前往救援。

润州(镇江)是南京的东大门,西边已经没地方了,东面再丢光,那还怎么坚守?李煜听从劝谏,把亲信刘澄派到了润州。

刘澄是李煜身边的老人儿,李煜还是藩王的时候,就在李煜府中当参谋。刘澄这次算是临危受命,临行前,李煜把他叫到身边,诚恳而又哀婉地教导了一番:"爱卿是朕身边的亲人,与朕情同手足。朕知道,你不愿意离开朕,朕哪里又舍得与你分离?时势所逼,万不得已。"说到这里,李煜哭了,哭得好伤心,好伤心!过了好大一会儿,李煜才回过神来,接着对刘澄说道:"现在朕身边没什么人了,只得派卿前往。爱卿此行,为朕尽心,不要辜负朕的厚望,希望来日还有见面的机会。"说着说着,李煜忍不住,又痛哭起来。

第十九章　围困金陵

刘澄也哭了,哭得涕泪涟涟。

刘澄回到家里,把家里能够找出来的金银财宝都翻腾出来,装了满满一大车:"这都是主上赐给我的,留着也没用,这次我把这些东西都带到润州,就地卖掉,招兵买马,誓死守住润州!"

刘澄进了润州城,城外还有江南国的一员大将,叫做卢绛。卢绛本来在西面作战,屡获小胜,受西面将校的嫉妒,被排挤来守护润州。刘澄不让卢绛进城,约好他在城外,自己在城里,等吴越国和宋军的联合部队攻城时,好里应外合,两面夹击。

吴越兵来了,还没扎下大营,刘澄身边将校请战,希望出其不意,赶走吴越军队。刘澄严厉地对将校们说:"单方面出击,肯定会招致失败。等外面的援军来了,再里外夹击,才有取胜的可能。"卢绛援兵到了,刘澄还是不出城。卢绛这次不想再在城外的野地里呆着,干脆直接进城了。刘澄想找个理由把卢绛杀掉,卢绛有所察觉,加强了警惕。刘澄收买了卢绛手下的一员裨将,请他喝酒,顺便挑拨说:"卢将军一向看不上你,我都知道。现在又赶上他连连失败,心情烦闷,保不准会嫁祸到你身上。你要多留心,要不然性命就没了。"这员裨将赶紧向刘澄问计。刘澄附耳对他说:"先回去把卢绛杀了,然后咱们一起投降大宋。""我的一家老小,现在都在金陵城里,我投降了,主上非杀了他们不可!""我跟你一样,我的一百多口家小,也都在金陵城里。大丈夫当危险来临的时候,要拿得起来,放得下去。自己先想办法活下来,留得青山在,不愁没柴烧。天下女人有的是,娶个老婆算啥难事?娶了老婆,还愁生不出儿女?"刘澄,够损的!这还不算,接着又说了:"舍不得孩子,套不住狼。不要再犹豫了,已经没有时间和机会了。"这位裨将还真被他说动了,但因卢绛防备甚严,一直找不到下手的机会。

这招没灵验,刘澄直接去找卢绛,直截了当,开门见山地说:"都城金陵都守不住了,我们两个在这儿守个润州又有什么用?"卢绛听出来了,"这他妈是在撵我,妈的!老子还不愿意跟你在这里一起厮混呢!"领着自己的八九千部队开出城去,走了。

就在卢绛离开润州城的当天晚上,刘澄就派出亲信,来到吴越国大营,送上了早已准备好的投降书。

第二天一早,刘澄召集众将,准备宣布投降。又怕生出意外变故,就先用话语试探身边的将校们:"刘某奉主上之命来润州,坚守城池,已历数十日。立志不负圣望,诚心对得起国家。但是事到如今,大势如此,应该做个计较。不知诸位有何想法?"诸将无言以对,尽皆大哭。刘澄一见,自己也跟着哭起来。边哭边说:"刘某受主上之恩,肯定比诸位厚重。而且父母妻儿都在金陵,难道我不知道尽忠尽孝吗?但实在是力量不如人,无法跟人抗衡啊!"说着说着,刘澄竟然放声哭起来。将领们都被他哭蒙了,一时没了主意。刘澄擦了擦泪水,挺身站起来,慷慨地对将校们说:"要杀也是先杀我一家!为了挽救兄弟们的生命,我豁出去了,各位请跟我一起,开城投降!"啧啧啧,瞧这王八蛋这话说的!就这么轻松加愉快,把个润州城,拱手献给了吴越国的军队。他那金银财宝呢?都封存在车上,委派士兵看护得好好的,谁都没敢动一动。

消息传到金陵,李煜傻了!愣在那里,一两个时辰都说不出一句话来。

"圣上","圣上"!陈乔来了。"啊?""刘澄背主降敌,跑了和尚跑不了庙。他家的百十口人都在金陵,杀他一家,以儆效尤。""朕跟他有很深的感情,朕舍不得这样做。"陈乔想说:"他对你也有很深的感情啊!"只是没敢说。陈乔转换口吻:"不这样做,咱们就不再像个国家了!"在陈乔的一再坚持下,李煜下令,把刘澄的亲爹、亲妈、一大堆儿女,还有若干兄弟和七八个老婆,老少百余口,全部推到当街斩首示众了。

刘澄有个女儿,已经许嫁给别人家,只是还没迎娶。行刑官员根据江南国的法律,考虑可以赦免她。因为她在名义上已经不再是刘澄家里的人了。这位小女子却说:"叛逆之女,有何颜面活在人间!"自己主动申请,加入了被斩杀的行列。

刘澄后来的结局,因为史书没有记载,咱们已经无法知道了。最好是不被宋太祖知道下落,要不然他得死八个来回!咱们就祈望他在人间多活几年吧,反正这个世界上一直都行走着很多畜生,也不多他一个。刘澄,真正是白披了一张人皮呀!

卢绛哪去了?

这位卢绛,咱们前面提到过。在宋军征讨南汉的时候,曾经给江南国的李后主提过建议,说是要乘间先灭掉吴越国,免除后患。这次不仅正如他当年所料,而且还由他来防御吴越。本来想要一展身手,却被刘

第十九章 围困金陵

澄赶走了。出了润州城,卢绛想回金陵,围困太严,过不去,就暂时躲进宣州。金陵被攻破以后,坚持不降大宋。宣州守不住了,打算跑到福建去,也想当回割据的王者。经过歙州时,刺史龚慎仪不放他进城,他就强行攻进城中,杀了龚慎仪,灭了人家一门,只留下人家的两个女儿,一路上就让姐妹俩轮流侍寝,还准备把姐妹俩一起,拉到山里去做压寨夫人。一天他躲到庙里喝酒时,两位女子乘机上吊自杀了。卢绛在金陵被攻破以后,流窜江南各地,剽掠城镇,为害一方。

宋太祖一度派他的弟弟卢袭去招降他,答应可保他不死。他开始想杀死自己的弟弟,以表不降之志。但是后来仔细一想,还是投降了。到汴京以后,宋太祖授予他一个冀州团练使,结果被仇家认出来了。龚慎仪的弟弟龚颖,当时也已经投降了大宋朝,还当上了大宋朝的赞善大夫。偶然在路上碰到了卢绛,揪住不放,连拖带拽,来到宋太祖面前鸣冤:"我哥哥正要举歙州归顺大宋,却被他给杀了。他还害死了我哥哥一家,两个侄女还没完全长成,就被这王八蛋给糟蹋了,现在也不知被他弄到哪里去了。"太祖这气,下令斩杀卢绛。枢密使曹彬知道这家伙有两下子,希望太祖留他一条狗命,将来或许有用。太祖不同意:"哪有杀人一家,冤家找到了,还可以饶恕的!"其实在若干年以前,太祖就处理过一个同样的案件。有一位将军杀了人家一家十二口,结果被一个漏网的一直盯着,最后向朝廷揭发。当时那位将军还在守边,有人提出要放他一马,太祖就说了类似上面的话语。

太祖还说:"此人状类侯霸荣,不能让他留在这个世间!"怎么长相跟侯霸荣相像,就成了不能留在这个世间的理由?侯霸荣是北汉的一位武将,反复叛降大宋,又反复叛降北汉,最后杀掉北汉主子刘继恩,想要把刘继恩的人头献给大宋,好再来叛降大宋,结果被当时的宰相郭无为给杀死了。

不是太祖迷信,人的长相有时还真能在一定程度上表现出人的内心世界?这是符合现代心理学原则的。只是判断长相的人要有丰富的人生经验才行。像卢绛这种人,长得跟杀人犯似的,把他留在世间,周围的人还能有好日子过吗?

卢绛的确是侯霸荣那种类型的人,别看他不投降,绝不是为李煜,更不是为江南国,而是为他自己。虽然他作为江南国的降将,被宋太祖斩杀了，咱却不能把他当成江南国的烈士看待，他是这个世间真正的恶人。此人自幼偷窃、抢劫，无所不为。后来流落南方，依然如故。据说偷盗技术高超，一个晚上到同一府内，出没十几次，竟然没被人发现。比《水浒传》里传世的小偷——鼓上蚤时迁的手段，不知要高出多少倍。后来人家给他机会学好，让他进了白鹿洞书院，希望他读圣贤书，学作人事。他可倒好，听不懂人家之乎者也，反倒在养育圣贤的书院里大开偷戒。把正在背诵《论语》的同学的钱物全都偷盗干净。有位同学刚刚背诵到"君子多乎哉，不多也"，忽然发现肚子饿了，赶紧回去找钱，进屋一看，早就不翼而飞了。这回可真是"君子多乎哉，不多也"了。

当书院学生期间，卢绛还跑到街上装成《水浒传》李鬼的样子，模仿李逵拦路抢劫。学官要治他的罪，他就逃离书院，从此亡命江湖。后来不小心被江南国的枢密使陈乔看中，用为将军，就一路这么过来了。

这小子在临受刑之前，还在大声喊叫，指责宋太祖言而无信。说宋太祖招降他的时候，答应给他丹书铁券！这件事除了他自己知道以外，地球人都不知道。连刽子手都听不下去了："你算干嘛吃的？亡命徒，烂瘪三，地痞流氓。"卢绛还在喊冤，刽子手又说话了："别叫了！你冤？我这刀都觉着冤。招谁惹谁了，就杀你这么个臭无赖！"

"咔嚓！"无聊的喊叫声，终于停下来了。

吴越国既得润州，随后继续向西推进，从东面包围了江南国的都城金陵。与西面曹彬等对金陵的包围配合一处，两个半圆，刚好合成一个完整的圆圈。

金陵外援已绝，又被四面包围，已经危在旦夕了。

虱子和尧舜

前方战事如火如荼，宋太祖稳坐宫中，安然阅读前朝典籍。太祖看到唐太宗善于纳谏一段，深有感触地对身边的宰辅们说："从古到今，所有的君主都很难自正其身。像唐太宗这样，已经很令人赞赏了。但是依朕的想法，与其先犯错误，再让臣下去批评，而后再做出虚心接受的样子，还不如管好自己，不犯错误。非要自己先犯错误，再让臣下犯颜，有故意陷大臣于不义的嫌疑。长此以往，忠信的风气就会因此变薄了。无论是君王还是大臣,在这样的模式里活动,很少会有最终得到福报的。我感觉《贞观政要》这部书,要从这个角度理解,效果或许更好些。"宰辅们都感觉太祖善于看到问题的根源,想得也过于深远,不住地点头称善。

要说人家江南国,虽然在治国理想和治理国家的用心上,远不及宋太祖高明,但是人家确实也是重视文化的邦国。这不,只剩下一座被困的孤城了,还在坚持科举考试。宋太祖开宝八年(975)二月,江南国在覆灭之前的最后一次科举考试结束,宣布张确等三十人,被授予新科进士称号。江南国从国主李璟的保大十年(952)开始,直到亡国的975年,二十多年间,一共举行过十七次科举考试,共得进士九十三人,九经一人,总计九十四人。

太祖闻听,不住地赞叹。

到吃饭的时间了,供奉官把御膳房调制好的御膳,放在太祖面前的桌子上。太祖心里想着事情,手里提着筷子,一眼看见有只挺大的虱子,就贴在菜盘的内边沿上。

太祖把端菜的供奉官叫到近前:"这种动物,是不是营养成分高哇?""哎哟,我的个天妈呀!""咕咚"一声,供奉官差点把膝盖骨跪碎喽。"这可不是微臣身上的东西呀,皇爷!不信您看,这都煮熟了,一定是厨子干的。""我没说是你身上的。"忽悠一下,供奉官又从地上站起来:"看我不打死他!"边说边要往外跑。太祖赶紧把他叫住,对着身边的人们说:"不要告诉厨子,也不要对外人讲,这件事情就此压下,谁也不要再提了。"

这件事就了了?您可能会说:不了还怎么着?还打人哪?

您要是真这么想,那您就太不懂得什么叫皇帝了。就这件事,要是把御厨打个皮开肉绽,那叫网开一面。要是抽他几大板子,扣罚全年薪水,就地解雇掉,那得说是皇恩浩荡了。

这是个事件,对于皇宫里来讲,这就是个异常重大的事件!说你恶心皇上,说你以下犯上,说你图谋不轨,说你谋害皇上,说你什么都不过分!

就是这只小小的虱子,再度表达了太祖无限的善心。

太祖心怀仁爱,经常以宽恕的态度对待天下苍生,一次读罢《尚书》的《尧典》和《舜典》,感慨地对大臣们说:"在尧舜的时代,四凶犯了那么大的罪过,也只是限于流放。怎么后世惩罚越来越重,法令越来越多,法网越来越密了呢!"

"天地之大德曰生",太祖之大善曰宽。

宽厚仁慈的宋太祖,自即位以来,不断减轻刑罚。从建隆二年到开宝八年,十四年间,就有四千一百零八名死囚犯,因为太祖的宽恕,获得赦免、减刑,捡回了已经死定的性命。

开宝八年六月,符彦卿病卒了。这位爷当时的身份是大宋朝的凤翔节度使,封太师,又兼中书令,魏王。

太祖得报,心中伤痛,辍朝三天,以表怀念之情。太祖又派遣中使护丧,丧事和丧葬费用都由官家负责。

整个一个夏天,江南捷报频频传来。太祖把李从镒找来,放他回江南,让他劝说自己的皇帝哥哥李煜,抓紧献城投降。

李从镒走了之后,考虑金陵城一时攻不下来,天气又暑热难耐,北方的将士们受不了南方那种湿热的天气,一定辛苦不堪。太祖打算暂缓攻击,让曹彬等撤离南京,退到江北的扬州一带驻扎。等待深秋时,再进兵攻打南京。

参知政事卢多逊力劝太祖不能轻易撤兵,说要是让江南国乘机得到喘息,将来再度攻打的难度就会更大。太祖没有被卢多逊的说法打动。正在这时,扬州知州侯陟因为贪赃枉法被部下告发,朝廷命令他赶紧回朝接受调查。侯陟回到汴梁,为了减轻责罚,找到老相识卢多逊。卢多逊指示侯陟,赶紧向皇上面陈江南国危殆不堪的情况,这样一来可以保全自己,二来可以改变太祖撤兵的想法,说不准还能立功受赏。

侯陟以罪臣请罪并同时献言的理由,受到了太祖的接见。

侯陟一见太祖,开口第一句话就说:"江南危在旦夕,陛下为什么想要罢兵?应该顺势直接攻破金陵。罪臣刚从前线回来,对江南现在的实际情况了如指掌,他们已经撑持不住了。如果罪臣的话语,误了陛下的大事,陛下杀我三族,我毫无怨言!"太祖让左右先都退下,只把侯陟留下来,单独听他详细述说江南国的实际情况。侯陟讲完了,太祖这才在心里打消了撤兵的想法,同时也把侯陟的贪污罪刑给赦免了。

太祖决定继续攻打江南,心里一时舒爽,就带着身边的卫士到京郊狩猎。一只兔子从草丛中窜出来,太祖纵马追赶,稍不留神,胯下骏马被地上的藤萝绊了一下。马失前蹄,太祖从马背上翻身跌落地下。太祖站起身来,二话没说,顺手抽出宝剑,照马肚子就是一剑。骏马当即倒地,哀婉地看着太祖,抽搐着死了。

太祖这后悔,直拍大腿:

"这匹可怜的老马,曾经跟随我十多年了。我这次一时气恼,误杀了自己这个老伙伴……"

伤心了好半天,太祖转头对身边的侍卫们说:"朕是天下之主,而轻事田猎,这哪是马的罪过呀!"自此之后,直到过世,太祖再也没有出来打猎。

卧榻之侧岂容他人鼾睡

金陵被彻底包围之后,李煜想要投降,陈乔和张洎不同意。两人给李煜出主意,说坚持就是胜利,只要坚持到底,大宋朝的军队就会自行懈怠下去。李煜也没别的办法,只得如此。每天找些和尚、老道来到宫中,吟诵《道德经》,讲论《周易》之类。

李从镒回到江南,把太祖让他来宣谕的事情说了。陈乔和张洎却说:"金陵固若金汤,哪那么容易就被他攻破了。别听他的,咱们就是不投降。再等一段时间,他们攻不破城池,就会自觉无趣。到那时,他们自然就会撤兵回去。"话虽这么说,陈乔和张洎还是劝说李煜派使臣赶赴东京,请求太祖延缓攻击。

曹彬按照两国交战的礼节,派兵将把江南国的使臣徐铉等送到了汴梁。

徐铉是江南国的辩士,博学多才,口齿伶俐。一路之上,徐铉把准备跟宋太祖要说的话语,包括请求延缓攻击的理由,就像背诵演讲台词一样,背了个滚瓜烂熟。

大宋朝的朝臣们都知道徐铉嘴茬子厉害,是江南国的名嘴。希望太祖做点准备。太祖一摆手,笑着对臣僚们说:"都去吧,不用你们担心。"

徐铉来了,开口第一句话就说:"李煜无罪,陛下师出无名。"

"哟呵,还真是位说客。"太祖心说,"那就请你说说,他哪无罪,我怎么个师出无名?"

徐铉滔滔不绝地说了半天,最后总结说:"李煜以小国侍奉大国,尽心尽力,就像儿子侍奉父亲一样,完全没有过失,为什么被兴师讨伐了?""既是父子,为什么要两处吃饭?"太祖只用了一句话,噎得徐铉哑口无言。徐铉第一次出使游说,就这样轻易失败了。徐铉根本没有想到,太祖只用了一个老百姓生活中父子同堂的简单道理,就把他准备了七天七夜的演讲台词全部驳倒了。

徐铉回到江南,报告国主李煜:"事情就是这么个事情,情况就是这么个情况。"李煜说不行,你还得再去一趟。徐铉又事先做了更加充分、详尽的准备。反反复复,不厌其烦地一再跟太祖述说:"李煜以小国侍奉大国,谨小慎微,恭谨庄重,没有什么失礼之处,反倒遭受攻伐。所以没来朝觐皇上,完全是因为身体欠佳,不出于本心。请求太祖宽缓攻击,以保全一邦之性命。"徐铉越说声调越高,太祖恼火了:"李煜确实没罪,但是天下属我一家,卧榻之侧,岂容他人鼾睡?!"徐铉这下傻了,原本以为自己这副唇舌,怎么也跟宋太祖比划几个回合,没想到太祖又是只用了一句话,噎得自己直嗝喽。这位江南国的"第一辩手",又同上次一样,轻易败下阵来。其实,这也不是徐铉无能,而是整个江南国的无知。还以为没有什么对不住大宋朝的地方,人家就不应该来攻伐他了。想什么呢?不懂政治呀?不懂政治,干嘛占据地盘,设立政府,建立国家呢?政治不在于你有没有毛病,而在于人家想不想让你有毛病。

说你有病你就有病,没病都有病!

说你没病你就没病,有病也没病!

对于大宋朝来讲,李煜就是前者,而吴越国则是后者。为什么会这样?你要是真不知道,就只能去问大宋朝的太祖爷了。可惜就算你过去了,他老人家也未必有工夫接待你。

徐铉再回江南,李煜无计可施,只能坐以待毙。

太祖上当

前方的宋军一方面在继续清理江南国中的残余势力;一方面把金陵更加严密地包围起来。大宋的太祖皇帝,却依然在京城处理日常事务。

河南邓州有个土豪,名叫高准,称霸一方,无人敢惹。武胜军节度使张永德正好管辖这块地盘,查证其家欺压乡里,横行无忌的各种不法事

第十九章　围困金陵

实,按法当斩的斩了,按法当抓的抓了,按法该罚的也罚了。高准伺机报复,向朝廷告密,说是张永德据守险要,设立十多处军寨,企图谋反朝廷,自立为主。

"张老道造反?"太祖听了直想笑。朝臣们却说:无规矩,不成方圆。还是按照规矩办。有人告发,就得派人查验。"那就查吧。"太祖若无其事地批准了。查验结果出来了:属于蓄意诬告。把高准找来对证,这个家伙倒还实在,也不抵赖,直接就承认了:"张侍中把我们家的人都快杀光了,我只是想找茬报复他,其实他没有设立什么寨子。"查证的人员回朝禀报太祖,太祖笑着说:"我就说张道士不会造我的反嘛!"太祖直接面对张永德时,一直都还称他为驸马,背地里说张永德时,经常管他叫"张道士"。张永德酷信道教,所以太祖才这样称呼他。太祖命人把高准捆绑好,交给张永德自己处理。张永德当街给他松绑,狠狠抽了两鞭子,然后就把他放走了。一时围观群众,无不佩服张永德的雅量和大度。

开宝八年十月,监察御史刘蟠,让太祖皇帝上了个小当。

要说刘蟠这个人平日里还是挺能吃苦的,也很耐劳,就是有个毛病,总想把事情做在明面上。要是让他无私地给朝廷和社会,或者别人做点爱的奉献什么的,基本没有指望。不让领导知道,只是自己默默无闻地做好本职工作,那可不是他的长项。

刘蟠奉命监管朝廷染院的工作,就是代理或者兼任染布厂的厂长。知道太祖要来"视察工作",判断好了太祖具体到达的时间,就在这之前不大一会儿的工夫,脱去长袍,换上短衣,还把衣服的后襟掖到了后腰带子里。靴子也脱了,只穿一双简易的木板拖鞋,跑到染缸旁边,挥杵子亲自染布。一会儿工夫就折腾出一身大汗,还弄了一身色彩斑斓的各色染斑。刚好这工夫太祖进来了,夸赞他能干,表扬他身先士卒,以身作则,还赏赐给他二十万钱。

刘蟠心里高兴,心说看我多聪明:一身汗,就换二十万。再瞧瞧你们这些傻瓜蛋!整天认真干,腰都累弯了,领导没看见,有用吗?跟咱学着点吧,好钢,你得用在刀刃上!

刘蟠把拉钱的车一起带回到家里。把钱往屋地一撒:"都过来,都过来,都来开开眼!"几个儿子都来了:"哇噻,老爸,你今儿个中彩了?哪来这么多钱哪?""你老爸我今儿个真中彩了,中了皇上的大彩了!"

嘀,刘蟠得意,还把自己的这种做法大肆向儿子们宣传了一番:"你们都给我听着点:活儿呢,得干,但是不能闷干、傻干。干活儿,得让领导看见。领导没看见,那就等于白干。傻瓜才那么干!"按照刘蟠的逻辑,干工作不是为了完成本职工作,也不是为了展现才华,更不是为了锻炼才干,而是为了干给领导看。

刘蟠今天来了演讲的热情,接着慷慨陈词:"领导看见了,自己就能得赏钱;领导没看见,干了也白干。白干谁还干?干完了得能得到好处,那才是会干。"刘蟠最后还像作总结似的说:"不怕不能干,就怕不会干。能干不管饿,会干才有饭。"

儿子们都听傻了,看着堆了一屋子的钱,再看看老爸那铜钱色的脸,尤其是老爸的眼睛里,那闪烁着铜钱的亮光,都不约而同地在心里说:"老爸你真是太有才了!"

第二十章
时光凝滞

最后一次演奏

江南国的都城金陵被围困了几个月了,外面的援军也都被歼灭,城中居民出不来,连烧饭用的柴草都用光了,一个个心情沮丧,情绪低落。

与城里人的心态完全不同,围城的宋军将领们斗志正盛,急切地期盼赶紧攻下城池,获取最后胜利,好回朝跟皇上报功请赏。可是主帅曹彬却像无事一样,迟迟不发布总攻的命令。眼看胜利的果实只在眼前,不用费力,只要向前稍微一伸手,就可以轻易拿到,为什么还不下达命令?"咱们自己冲进去不就得了,还等什么命令!""千万别开这种玩笑!出征前皇上可是说了,副将以下不听命令的,可以先斩后奏。人家曹总指挥手里拿着的,可不是扫地用的笤帚,那是尚方宝剑!""那也不能土豆条子炖酸菜,在这干挺着呀!"

大家心情焦急,不断来催促曹彬。

其实曹彬的心里跟大家一样焦急。跟这些凶猛的将帅们不同,曹彬有另外的使命。

早在临出征之前,太祖就对曹彬讲过,让他看管好军队,不能暴虐生民,要广布恩信,要争取让江南国自己主动归顺,不要急切攻打。渡江以后,太祖又不断通过来往使臣传话给曹彬,千叮咛、万嘱咐。尤其是围困金陵之后,太祖又传过话来:即使江南国拒不投降,困兽犹斗,也一定要保护好李煜一家老小的生命和财产安全!

金陵破在旦夕,曹彬的心情反倒日渐沉重。曹彬不希望江南国继续进行毫无意义的抵抗,以耐心的等待,寄望李煜早日醒悟过来。可是李煜在陈乔和张洎的架拢之下,就是执迷不悟,每天只在城里无所事事地捱着。曹彬无奈,派出军使进城,向李煜下达最后通牒:"十一月二十七日之前,江南国必须自动缴械投降,过了这个期限,宋军将不再继续忍耐下去!"

李煜想投降,可是陈乔和张洎坚持说金陵城牢不可破。曹彬再遣军使,告以二十六日之前必须出降。李煜昏头胀脑,完全在陈乔和张洎的掌控之中,根本没有自己的主意。都二十五号了,城里还没有投降的意思。围城的将军们个个摩拳擦掌,准备大显神威了。正在这时,主帅曹彬却忽然重病不起了。

大家心里这个急呀,赶紧前来探望。端水的端水,递药的递药。曹彬看到几路大军的主将都到齐了,平和而严肃地对大家说:"我的病,不是药物能够治好的。"大家一听:"那怎么才能治好,您这得的是什么怪毛病啊?""诸公若能发誓,进城之后,绝不枉杀一人,我的病自然就好了。""敢情是怕我们胡乱杀人哪。没问题!"诸将们就在曹彬的病床前,指天发誓:绝不枉杀一人!

曹彬从床上下来,二话没说,发布命令:"明天早上五点,攻城战斗开始。诸位将军,勇敢向前。入城之日,不枉杀人,为英明的陛下,赢得江南臣民的真心拥戴。有违令者,定斩不赦!"

刚好就是十一月二十七日,金陵被攻破了。

曹彬命令所有攻城部队:严禁暴虐江南官吏、士民,不得擅自留用人家妻女,不得擅自劫掠府库;所有官兵人等,一律在江南国皇宫门外等候,任何人不得擅自闯入皇宫,等李煜自己出来投降。

江南国就剩一座皇宫了。

本来坚持到最后的建议是陈乔和张洎两个人的共同主张。城破以后,陈乔和张洎又一同来到皇宫里,相约要双双自杀,向国人谢罪。见到李煜后,陈乔首先说:"是臣害了陛下,辜负了陛下的厚望。请陛下杀我一家,以正国威。"哪还有国了,还正什么国威?李煜没精打采地说:"国家的运数已尽,爱卿徒死无益。"陈乔说:"纵使陛下不杀微臣,臣又有什么脸面去见国人!"说完,就躲到一边,掏出绢带,上吊自杀了。

陈乔死了,李煜看着张洎说:"你不是说要跟他一起自杀吗?怎么还不动手?""臣与枢密(指陈乔)共掌国家机要,国家已亡,本当共同赴死。

但是刚才臣又忽然想到,陛下入朝,要是大宋天子问起抗拒缘由,连个帮助说明的人都没有。臣死都不怕,还怕生吗?干脆留下来,陪您一同进京,面见宋帝,帮您把情况说明了再说。"

曹彬等还在宫门外面等着,李煜终于出来了,穿着白杉,带着群臣,把准备好的投降书呈递给曹彬。

曹彬宣布大宋皇帝的恩赦令,说大宋朝不仅会保证李煜家人的安全,而且还会以礼相待,大宋皇帝正在等待召见他。之后,曹彬请李煜到帅船上喝茶压惊,让副帅潘美一同作陪。

李煜走到船边,不敢踩踏木板上船。犹豫了半天,被曹彬看出来了,曹彬就让两位将官把他搀扶到了船上。上船以后,李煜看到两位大将军坐在船中央的位置上,连主次都没分清,先朝潘美作揖,潘美起身还礼。李煜又向曹彬下拜,曹彬让身后的将官告诉李煜:"主帅甲胄在身,不便还礼。"潘美心想:不怪皇上让人家当主帅,真有样啊!

考虑到李煜长期过惯了骄奢淫逸的生活,将来花费少了受不了。曹彬告诉李煜:路途遥远,到了朝廷,俸禄都是有定额的。曹彬让李煜先回到宫里,把该拿的金银细软都带上,也跟那些整天厮混在一起的宫女们告个别。曹彬跟李煜约定,傍晚时分出来,登船赶赴江北。曹彬还特意派了一千名士兵,看守在宫门口,不得让任何外人进入。

曹彬真够仁义的,那当然,要不太祖爷怎么就能相信他!

可是诸位将官有些担心了,他们生怕李煜乘机跑掉。就算不跑,万一回宫自尽了,咱们怎么回去向皇上交代?潘美上前把这种疑虑说给了曹彬。曹彬看着潘美笑了:"刚才你没看见吗?他上船时连木板都不敢踩踏,搀他上来,两腿还直发抖呢。"曹彬接着说:"都已经向他保证,不杀他们了,他不会寻短见的。这位爷平日里就没主见,现在能有什么另外的想法?"曹彬说的虽然有理有据,潘美等还是免不掉意外的担心。

曹彬若无其事,诸将却在焦急地等。当晚霞映红天边的时候,李煜如期来了。

怎么这么久,不就是收拾点细软什么的吗?李煜净让别人伺候来着,连细软在哪他都不知道,还不得耽误点工夫?再者说了,人家李煜是诗人,诗人遭逢这种命运,那还不得感慨良多,逡巡不舍,左看看,右摸摸,没点工夫哪能行!

李煜还在晚霞初起的时候,召集宫廷乐队——教坊里的女孩子们,把自己刚刚作好的一首叫做《破阵子》的词交给她们,让她们最后为自己演奏一次。这些女孩子们,有的眼含热泪,有的已经泣不成声。她们不像皇后和妃子们,有资格跟随这位曾经的陛下到新的国家里去,她们将来的命运怎样,完全不由她们决定。

四十年来家国,三千里地山河。凤阁龙楼连霄汉,玉树琼枝作烟萝。几曾识干戈。　一旦归为臣虏,沈腰潘鬓消磨。最是仓皇辞庙日,教坊又奏别离歌,垂泪对宫娥。

宫女们从来没有看过她们的陛下这么感伤的诗词,李煜也从来没有听到宫女们奏出过这么动人的曲子。

全体在场的各色人等,无不痛哭失声。

李煜就以这样的方式,告别了他的皇宫,告别了他的宫女,告别了他的父母之邦。连脸上的泪痕,都没心思擦去,就踏上了永远不归的途程。

当晚霞黯淡下去了的时候,李煜乘坐的大宋朝"俘虏"号超级豪华客轮,在哗啦哗啦的桨橹声中,离开江南,渐渐北去,消失在夜幕中雾霭凄迷的长江里。

火烧云天

曹彬派人把李煜送走之后不久,江南国的皇宫里,忽然冒起了浓烟,烈焰跟着冲天而起。负责守卫的宋军官兵赶紧冲进宫中,很快就把大火扑灭了。

原来江南国主李煜有一位宠妃,姓黄氏,本湖南常德女子。年轻时被割据湖南的马殷的哪个儿子弄到手里,成了人家的侍妾。那年江南国中主李璟,乘着湖南内乱,派大将军边镐攻入湖南,灭掉了马氏政权,这位黄氏就被边镐收归了自己。后来被李煜发现了,边镐又把她转让给了李煜。

从十五六岁实践男女之事,到了李煜手里,已经二十三四了。正在青春年华的劲头上,加上经验丰富,身段纤软,容姿顾盼,冠绝一时。李煜喜欢得不得了,赏玩不舍。后来两位大、小周后垄断了后宫,这位黄氏就很难得到李煜的光顾了。因为这位女子擅长书法,李煜就封她为"保仪",把宫中的图书馆交给她管理。

就在前些日子,李煜给她交代了一项任务。说是宫中图书和所藏字画,都是稀世的珍宝。万一都城被攻破,你就点火烧掉这些东西,不能让它们轻易落到敌人手里。

都城被攻破的时候,李煜还在宫中,黄保仪不敢放火,一是怕惊吓着李煜;二也怕招惹宋军打进皇宫。估计李煜走远了,黄保仪也无望了,就在宫中点起火来,开始焚烧图书字画。宋军不知道里面出了什么事,赶紧冲进来,扑灭了大火,也把黄保仪抓了起来。经过问询,知道她也是李煜的重要妃子,就派人把她作为第二批战俘中的一员,送到了东京汴梁。

黄保仪一把火,没有烧到皇宫里的什么人,却把距离皇宫几十里的一座尼姑庵里的尼姑烧死了八十多人。

怎么回事,是这大火会飞,还是黄保仪发射了飞毛腿导弹?怎么近的没烧着,却把远的给烧了?

原来这座尼姑庵,叫做浮德尼院。这不是普通的尼姑庵,是一所类似于今天的尼众佛学院之类的高等尼姑庵。这所尼姑庵,充满文化味道,里面的尼姑都是歌曲演唱和乐器演奏高手。不仅如此,这些尼姑原本都是江南国皇宫里的妃子、侍妾、女乐工,她们看到李煜被大、小周后姐妹两个独占了以后,就以崇信佛教为名,出家来到了这里。可是她们的心里还是深深地惦记着李煜。跟李煜在一起的那些日子,足够她们回忆一生,也足够她们在回忆中快乐一生了。

可是就在金陵被攻破之前不久,李煜忽然来到这里,哀婉地跟自己这些旧日的老少情人们,诉说国之将亡的悲愿。当时大家一起抱头痛哭了一场。李煜面对这群美女们,忽然来了英雄气概,声言国亡之日,要投火自焚。这些女子们一听,各个都表示愿意追随自己的情人君主,到另外一个世界里去,重新过上一种没有战争、没有仇怨、永不分离的生活。

金陵被攻破的时候,李煜光想着自己未来的前途和命运,把这事给忘了。可是这些尼姑们却把这事看得比活着还重要。当黄保仪在宫中点火烧书的时候,她们都以为是李煜投火自焚了。就在浮德院里点起了一大堆火,纷纷投身火海,竟然没有一个人畏缩。转瞬之间,八十多位美女们就化作了一缕缕香烟,袅袅地升到了昏暗夜里的云天中。大火燃尽了的时候,灰烬中只剩了一些烧碎的玉骨。

江南国在地球上消失了。没有几个人为李煜的所谓江山社稷献身,但却有无数鲜花般的女子为李煜而舍弃了这个世界。

"问人间情为何物?直教生死相许。天南地北双飞客,老翅几回寒暑。天也妒,未信与莺儿、燕子俱黄土。"来世再相聚吧,令人沉迷的李后主!

真要说鸿蒙开辟以来,第一个情种肯定不是《红楼梦》里的贾宝玉,他只是个官二代,小混混,闹着玩扯淡行,哪懂什么真感情?要说当之无愧,那得说是人家江南国的李后主。看人家那情诗写的:

云一緺,雨一梭,淡淡衫儿薄薄罗,轻颦双黛螺。秋风多,雨相和,帘外芭蕉三两窠,夜长人奈何!

林花谢了春红,太匆匆。无奈朝来寒雨晚来风。胭脂泪,留人醉,几时重?自是人生长恨水长东。

无言独上西楼,月如钩,寂寞梧桐深院锁清秋。剪不断,理还乱,是离愁,别是一番滋味在心头。

云鬓乱,晚妆残,带恨眉儿远岫攒,斜托香腮春笋嫩,为谁和泪倚阑干。

一重山,两重山,山远天高烟水寒,相思枫叶丹。菊花开,菊花残,塞雁高飞人未还,一帘风月闲。

这些诗词,有才情的女孩子们见了,听了,要是哪个不动心、不动情,没感觉,没反应,那就是块木头,没开窍,也开不了窍了。根本就没长那副心窍,上哪门子去开!

恩赦侯奚落违命侯

开宝八年十二月初一,李煜还没到,平定江南的捷报先到了。李煜投降不才三天吗,怎么这么快捷报就传回来了?您别忘了,人家有长江大桥。有了这座长江大桥,从江苏南京传信回河南开封,那就是顺丰快递了。何况这种快递?还是八百里加急的专线!

大宋朝平定江南,共计得到十九个州、三个郡(约略相当于下等州)、一百零八个县，人口六十五万五千零六十五户。

群臣尽皆前来祝贺，太祖却痛哭失声："寰宇分割，民受其殃。朕虽广布恩信，倍加用心爱护，攻城之际，终不免有横罹刀锋者。实可哀也！"太祖当即下诏：发米十万斛，赈济江南百姓。

两天以后，太祖再下诏书：江南国旧有官吏仍在办理事务的，依旧原任不动；经历战乱之地，免两年租税；未经战乱之地，免一年租税；僧、道、隐逸之流被一时胁迫当兵的，全部发放度牒，出家、还俗，听任自便；江南诸州尽快上报过去的行政条章，有赋税繁重现象的，立即废除；宋军俘获的人口，七岁以下，直接释放还家，七岁以上，同样释放还家，加补五匹绢布。

太祖还专门下了一道特别诏令：妥善保护李煜祖先父子坟墓，如有侵伐，定斩不赦。

太祖又委派官员急速赶往江南，把李煜宫中所藏图书尽快送到大宋朝廷。

不是都让李煜的那位黄保仪给烧毁了吗？没烧多少，被宋军制止了，另外他处还有很多藏书。江南国重视文化，各种各样的书籍还少得了吗！

十二月十九日，吴越国使臣奏报：吴越国主钱俶主动申请前来汴京朝觐天子。他自己不是也叫天子吗？早就不叫天子了，谁是真正的天子，人家钱俶心里有数！太祖爽快应允，吴越国使臣赶紧起身回浙江传递消息去了。

江南平定了，契丹关系也和好了，吴越国君又要前来朝觐，太祖一高兴，把南汉后主刘鋹找来吃饭，还把他的"恩赦侯"改成了"彭城郡公"。

"恩赦侯"的意思就是你有罪，但是我赦免你的罪，还给你封个侯爵。现在改叫"彭城郡公"，意思就是以前的事情，咱们从此不提了，你表现不错，我再给你升一等，从侯爵，变成了公爵。公、侯、伯、子、男，是传统时代的五等爵位，高低在次序上就能看出来。

把个刘鋹乐得，屁颠屁颠地，像个小孩子一样，在太祖面前跳来跳去。太祖感觉很好笑，心想："瞅你那死出，国家都噷瑟丢了，还这熊样，没长心哪！"

有情有义不免死，没心没肺照样活。这就是天道，上天不会为了狮虎的雄威，不让猪熊生在世间。更不要想着生下猪熊，就是为了衬托狮虎，那是你自作主张，上天什么都没想。

开宝九年(976)正月初四，曹彬委派的翰林副使郭守文带着江南战役的胜利报告，连同李煜君臣、子弟共五十五人来到朝堂，向太祖献礼。十六年前的这一天，太祖正式受禅做了皇帝，今天的太祖高坐在明德殿上，春风满面，等待受献。李煜穿了一身素服，在殿外候罪。怎么穿素服，也没死爹娘？国亡甚于死爹娘，哪有心思穿戴花巧哇！

太祖下诏，赦免李煜抗拒之罪。给李煜君臣人等，分别赏赐了一些衣物、钱币等。有大臣提出异议，说是对刘鋹比对李煜严厉。对李煜，怎么连战报都没公布，也没问罪，直接就开释了。太祖说："李煜从前奉过正朔，比刘鋹不同。"说是李煜曾经使用过大宋朝的纪年，不像刘鋹这个混蛋，一直就自行其是。刘鋹坐在边上直点头："那是，那是。"

太祖指着徐铉说："你夸口跟我较劲，明知无力抵抗，为什么不早劝李煜投降？""臣本江南大臣，江南国亡，臣故当死。除此之外，陛下不当再问我其他事情。"徐铉答道。"忠臣哪！"太祖感叹了一声，接着说："以后对待我要像从前对待李煜一样，现在我是你的主子了。"太祖赐座给徐铉，抚慰再三。

太祖又把目光转向了张洎："是你教李煜不要投降，才使他落到今天这个结局。"太祖说着把一封文告递给张洎。张洎一看，是自己拟制的号召江南各地兵马入金陵勤王的诏书草稿。张洎赶紧跪地请死，嘴里还不停地说着："此书确实是臣所草拟。狗咬不是自己主人的人。这份文告只是其中之一，其他的还有更多。现今国已灭亡，臣若死于此，也算尽了职分了。"太祖本来想杀掉他，听了这番话语，觉得他是个忠臣，也是条汉子；又看到他神色不变的样子，不觉称赞起来："卿大有胆！朕不罪卿。从今往后也要做我的忠臣，不改昔日的诚心。"

咱也不知道张洎这小子，是本来就是这样，还是看到太祖表扬徐铉，忽然见风使舵。反正他保住了性命不说，还受到了太祖的器重。

三天以后，太祖授予李煜右千牛卫上将军，封给他一个叫做"违命侯"的爵位。违命还封侯？太祖仁慈，尽人皆知。接下去的几天里，太祖又给李煜授官，让他当了大宋朝的司空。其他江南国的大臣徐游、汤悦、徐铉、张洎、王克贞等分别被授予了新的官职。

第二十章　时光凝滞

太祖宴请李煜等江南国人士,刘鋹被邀作陪。刘鋹逗李煜:"你不是向我转达陛下的圣旨,让我交出岭南吗?怎么你自己也不交出江南?听说你会写诗,我以为你比我有文化,看来跟我一样无知!"再看李煜那张脸,当场就闪现出七个字:赤橙黄绿青蓝紫。

数日后,太祖决定:四月在西京洛阳南郊,举行盛大祭天仪式,感谢苍天佑护,向上苍汇报战果,表达感恩之心。

曹彬和曹翰

二月,曹彬等奉命回朝,远征江南国的各路主要将帅,一同回到京师。

曹彬和潘美先被太祖召去见面,两人一路同行。潘美兴奋地对曹彬说:"一会儿您就是枢密使了,潘美先给枢密大人贺喜,以后还请多多关照哇!"曹彬停住了脚步,看着潘美说:"不会的,不信你一会儿就知道了。""出征前皇上不是都说好了吗?我当时就在现场。""皇上一定会说,北汉还没有平定,等你再为朕平定了北汉,我再让你当枢密使吧。""不会吧?""先别说这事儿了,快走吧,皇上等着咱们哪。"

两人一进屋,立刻就感受到了太祖脸上那春天般的温暖。虽然才农历二月,中原河南地区,冰雪刚刚才开始融化,可两人的心里顿然间却像盛夏一样,热乎乎的。

谈了半天,太祖只是问寒问暖,压根就没提让曹彬当枢密使那档子事情。潘美抽冷子拿眼睛偷偷瞄了一眼曹彬。曹彬若无其事,仿佛没有看见一样。都站起来要走了,太祖才对曹彬说到:"本来打算授卿为枢密使,但是又怕枢相一到手,位极人臣,卿就懈怠了。眼下刘继元还在猖獗,等卿为朕取得幽、并之后,一定把枢相授给卿做。"

回来的路上,潘美五体投地地对曹彬说:"我算是对你服得透透的了。""咱们圣上珍惜爵位,爵位在他的手上,既是奖励证书,又是劝勉指示。让你拿到手之后,既自得又兴奋。拿到他的爵位,躺下睡觉不行,还得继续奋斗。不像五代以来的其他君主,爵位在他们手上,既像贬值的货币,又像是安乐椅。一旦给了你,你就可以吃喝玩乐,躺下休息了。""我也知道,咱们圣上可不像那些主子,乱发文凭,最后把自己都搞晕了,分不清谁是真正有能力、有贡献的人。"

曹彬回到家里,看到太祖派人送来的满满一屋子钱,无奈地感叹说:"枢相不当就不当了吧。人生不过如此,好官不一定就比好钱好哇!"

过了两天,太祖回过味来了。他觉得曹彬这个人不会因为当了枢密使就懈怠下去。太祖同时也怕曹彬心里有想法,最后还是决定把枢相授予曹彬。

想好了以后,太祖发布了嘉奖平定江南将士的诏令:

宣徽南院使兼义成军节度使曹彬,升任枢密使,领忠武军节度使;

山南东道节度使潘美,升任宣徽北院使;

侍卫马步军都虞侯李汉琼,原职保留,加振武节度使;

步军都虞侯刘遇,原职保留,加大同节度使;

贺州刺史、判四方馆事田钦祚,原职保留,加汾州防御使;

东上阁门使梁迥,原职保留,加汾州团练使;

西头供奉官李继隆,改任升职,为庄宅副使;

王明哪去了?王明受太祖命令,不还朝,改江南国南都南昌为洪州,就地留任知州。

丁德裕呢?被贬了。因为钱俶密报。丁德裕在常州胡作非为,贪赃枉法,还对吴越国将士蛮横无理。

还有曹翰呢?曹翰依旧在江南,还没回来。江南国已经投降,曹翰还留在江南干什么?受太祖之命,负责继续攻打仍未投降的州县,同时扫清残兵败卒和地方匪盗。

江南国的江州(今江西九江市一带)守将胡则,还有手下牙将宋德明拒不投降,凭借江州城坚固的城防,负隅顽抗。

曹翰攻围数月,损失惨重,仍然没有拿下。直到开宝九年四月,才终于攻破了城池。城破以后,城中兵民依然进行巷战。守将胡则,此时正在生病,被曹翰抓住。曹翰责问他为什么如此负隅顽抗?胡则回答:"狗吠非其主!"跟张洎回答宋太祖是一样的话语,太祖因此饶恕了张洎,曹翰却二话没说,一剑砍下了胡则的脑袋。曹翰又抓住了宋德明,把他一并处斩了。

当太祖闻听将要攻破江州城的时候,立即委命张霁出任江州知州,同时面谕张霁,赶紧前往江州,以防止曹翰杀戮。

第二十章 时光凝滞

太祖了解曹翰，当年平定西川，曹翰就是东路军的主将之一。孟昶一行被押赴京师时，曹翰就秘密上书，劝太祖在路上将孟昶一行杀掉。说是西川道途遥远，西川境内和附近形势也很复杂，万一中途生出变故，将来会有更大的麻烦。太祖后来拿出这份东西给曹翰看，说了他一句："汝好雀儿肚肠！"讲他心胸狭隘，跟鸟差不多。

张霁一路急行，终于跟曹翰一同进入了江州城。曹翰手下抢掠民家，百姓到张霁那里告状。张霁抓住几个，就地正法了。

因为江州城军民固守，使曹翰兵将受了很大损失。曹翰心里怒气正盛，又听说百姓告他的兵士抢劫，还被张霁杀了。愤怒之余，竟然无视太祖的训示，下达了屠城的号令。

江州城的结局可想而知，数万民众的尸首，像竹排、木筏一样，飘满了江面。曹翰这一怒发冲冠，给江州城谱写了一曲《满江红》。

派走张霁之后，太祖还不放心。接着又派出特别使者，急速赶往江州，再次申命曹翰：禁止杀戮。使者在鄱阳湖和长江的接口处，遭遇大风雨，不能行船，只得在港口里躲避等待。等到风停了，雨住了，江州的屠城也结束了。

曹翰接着诬陷张霁：阻挡军队入城，妨害军事行动，致使我军遭受严重损失。太祖知道他们已经没法合作，就把张霁改派到饶州（江西鄱江流域和信江下游一带地区）去做知州。

曹翰还把民间的财物一顿搜掠，又奏称要把庐山脚下东林禅寺里的五百尊铁佛像，运回河南颍州，重建佛寺，安置其中。太祖此时还不知真相，批准了曹翰的请求。曹翰就把抢来的金帛，装在十几只大号战舰上，又将这些铁佛像放在上面，以掩人耳目。可是当地人都知道，军中人也知道，就把这些铁佛像戏称为"押纲罗汉"。"纲"是古代大批量运送货物的组织，也指大批量运送的货物。《水浒传》里的"生辰纲"就是大名府的知府梁中书，运送给他的岳丈蔡京的大批量生日礼物。"押纲"就是保护押送货物的意思。人们称曹翰船上装载的铁佛像为"押纲罗汉"，意思就是曹翰把这些铁佛都当成了为自己押运黄金、玉帛之类的货物的保镖。

曹翰这次可真是没轻嘚瑟。不过太祖详细了解他疯抢财物的事情，考虑到他为平定江南立了大功，同时也考虑这次屠城，多半是兵将受损，一时愤激所致,并不简单出于残忍的反人类心态,于是就没有处罚他,隔了一段时间,还是给他稍微提拔了一下,把他从颍州团练使,改为桂州观察使,同时担任颍州通判。曹翰曾经写过两句诗,叫做:"曾因国难披金甲,耻为家贫卖宝刀。"如果拿来解说他这次在江南的整个行为,可能还是比较合适的。

曹翰和曹彬,号称两曹,宋初就有人以为他们是同宗,其实不是。曹翰是大名(今河北大名县)人,曹彬是灵寿(今河北灵寿县)人,距离虽然不远,但却不是同宗。两曹战绩都非常辉煌,但两曹为人却大相径庭。曹翰贪财、嗜杀,曹彬清谨、仁爱。

一年冬天,曹彬家的房屋出现了裂痕,子弟们想要动手重新翻修一下。曹彬却说:"我做了这么多年军官,杀人无数,作了孽了!现在正是隆冬季节,很多小生灵都在墙壁里蛰居。拆毁了房屋,它们就没有地方躲避严寒了。"就这么坚持了一冬天,入夏以后,曹彬家的房子才开始重新整修。

曹翰这次回来,抢劫大量财物不说,还"雇用"了东林寺的五百尊铁罗汉担任"保镖"。曹彬回来时,只让人给太祖先递了一张简单的小纸条,上面写着:"曹彬奉旨赴江南公干归来。"既没为自己表功,也没给自己请赏。

两曹都给宋太祖做事,都跟太祖关系密切,同在一个朝廷里做事,因为追求和性格不同,行为和评价也就跟着不同了。

李煜和钱俶的心情

春天来了,李煜朝觐太祖,看到大宋皇宫的场景,想起了自己当年的风光,一晚又没睡好,起来写了两首新词:

多少恨,昨夜梦魂中。还似旧时游上苑,车如流水马如龙,花月正春风。

人生愁恨何能免?销魂独我情何限。故园梦重归,觉来双泪垂。高楼谁与上,长记秋晴望。往事已成空,还如一梦中。

听说吴越国的国君钱俶就要到了,太祖授命皇长子赵德昭前往睢阳

(今河南商丘)迎接。赵德昭现在可不仅仅是皇长子,人家是山南西道节度使、兴元府(陕西汉中)尹,兼中书令。

钱俶来了,还带着自己的儿子镇海军节度使钱惟濬。太祖在崇德殿里接见了钱氏父子,又在长春殿设宴盛情款待。太祖让礼部把钱俶安排在礼贤宅里居住,这是特意为钱俶临时安排的,太祖在钱俶到来之前,还亲自到住地视察,看看用具是否齐备,是否够品级,上档次。钱俶父子一到,太祖又给了极其厚重的赏赐。

接下去的几天,太祖又在大明殿里召集文武群臣,陪同钱俶父子进餐、饮宴。李煜和刘鋹都参加了这次宴请。刘鋹在席间嘻嘻哈哈,李煜却在那里沉默不语。

钱俶感激不尽,当场把这次特意为太祖带来的一条镶金嵌玉的犀牛皮带呈献给太祖。

太祖把玩这条玉带,十分认真地对钱俶说:"朕也有三条好玉带。"钱俶好奇:"不知陛下能否赏光,拿出来给微臣们开开眼?"钱俶说着,拿眼睛看了看李煜和刘鋹。

"朕的玉带不在身上,而在地上。"钱俶、李煜、刘鋹还有众大臣,几乎同时都朝太祖的脚下看去。

"汴水一条,惠民河一条,五丈渠一条。"太祖说。

"哇!"

没人哭。

大家你看我,我看你,一时间赞不绝口。"咱们的皮带,只是给自己扎腰的,人家陛下的皮带,是给天下人当饭碗用的!"钱俶已经伏在地上了:"陛下心系天下,臣万不及一!"再看刘鋹和李煜,那头低得都到皮带下面去了。

太祖又亲自前往住所,看望钱氏父子。太祖还下诏,钱俶可以带剑、穿鞋上殿,下诏书不直接称呼姓名。钱俶享受到了大宋朝的最高礼遇。太祖同时下诏:封钱俶的正妃为吴越王妃。宰相们都说:从来没有封异姓王夫人的历史先例。太祖说:"用来表示特殊的恩遇嘛。从前没有,打今儿个开始,不就有了嘛。"

又过了几天,太祖请钱俶在皇宫后苑宴射,陪同的只有大宋朝分封的诸位王爷,连宰相都没有资格参加。李煜和刘鋹这回没资格跟着沾光了。把个钱俶感动得,眼泪哗哗的,一个劲儿往下淌。太祖还把赵光义、赵光美叫来,让钱俶跟他们共叙兄弟之情。钱俶说什么也不敢接受,太祖这才作罢。

太祖对钱俶的优厚礼遇,使李煜心里更觉自己孤苦。回到房中,无所事事地顺手拿起了桌上的铜镜,看着自己抑郁的表情,感觉自己忽然间又憔悴了许多,于是又顾影自怜地拿起了墨笔:

> 春花秋月何时了,往事知多少。小楼昨夜又春风,故国不堪回首月明中。　雕栏玉砌应犹在,只是朱颜改。问君能有几多愁,恰似一江春水向东流。

李煜想回家了,这怎么可能?自从四十年来的那份家国彻底毁掉之后,三千里地的山河,已经不再属于自己。李煜,哪还有什么家可言?

外面正在滴滴答答地下着小雨,这在农民看来比油还珍贵的春雨,却勾起了李煜无限的惆怅,无限的忧苦,无限的哀伤。

李煜从小生长在宫闱里,没机会出去接受狂风暴雨的洗礼。连跟别人家的孩子打架的机会,他都没有享受到过。他感受不到雄山大川的巍峨浩荡,满肚子里装的,除了亭台楼榭、人工园林、金玉小玩、琴棋书画之外,差不多就剩下锦衣玉液、帘笼床几、你恩我怨之类的生活物件和生活事件了。

虽然李煜当过君王,曾经领导过一个国家十好几年,但他不是英雄。他没有英雄蛰居时的那种抱负和胸襟,也没有英雄得意时的那种豪迈和雄壮,更没有英雄失魂落魄时的那种悲苦和苍凉。有的只是一些精微而且细腻,缠绵而又胶粘的小儿女情结。

到了这种时候,李煜只能借助周围环境的变化,把自己关在解不开的心思牢笼里,同情并玩虐自己的悲惨遭遇:

> 帘外雨潺潺,春意阑珊,罗衾不耐五更寒。梦里不知身是客,一晌贪欢。　独自莫凭栏,无限江山,别时容易见时难。流水落花春去也,天上人间。

一肚肠子愁怨难解,满胸腔子悔恨交加。

太祖事前已经决定,四月份要在西京洛阳的南郊,举行大规模的祭天活动。这之前的大祭,太祖都在东京汴梁——大宋朝的神都——国家正式的首都举行。这次选择在西京洛阳——陪都举行,主要是考虑期间要前往安陵向父亲报功,拜祭安陵,那里还有陪葬的老娘和妹妹。太祖同时也想顺路回趟洛阳,到自己从小生长的故乡去看一看。

太祖准备到洛阳去了,钱俶一再要求跟着一同前往扈从,太祖没有答应,让他把儿子留在汴梁,自己先回到吴越国去。

钱俶返程之前,太祖又在讲武殿里设宴款待。酒席宴间,太祖对钱俶说:"南北气候和饮食习惯都不同,卿来已久,可能已经很不适应了。赶紧回去吧,下次有机会咱们再相见。"钱俶痛哭流涕地向太祖保证:"微臣以后,每隔三年,一定来看望您一次。""路途遥远,行走不便,不必总来,等以后我想你的时候,会给你下诏书,到时候再来就行。"

钱俶用手帕不断擦拭着自己充满泪水的眼睛,依依不舍地登船返程了。上船之前,太祖递给他一大包东西,让他上船以后再看。

太祖站在岸边,直到看不见钱俶乘坐的轮船时,才返身向回走去。

钱俶看不见太祖了,这才打开包裹。

不打开不知道,一打开吓一跳。钱俶着实在船上紧张了好一阵子,开始还以为包裹里是太祖给他的赏赐呢,看了以后才知道,都是些大宋朝的大臣们写给太祖的奏章。全都是给太祖献计,让太祖就地扣留钱俶,要挟他把吴越国乖乖交出来。

钱俶知道,这可不是一包普通的信件,也不是大宋朝的大臣们的一些建议,而是智慧的大宋皇帝传递给自己的一份信息,这份信息乃是大宋皇帝下达给他的委婉的命令——"国家一定要统一,这个你知道。我不会强迫你,为了你能体面而有尊严地到来,该做的我都做了。剩下的,可都是你自己的事情了!"

以钱俶的聪明,能看不懂太祖的真正意思吗?不过同时,钱俶也在心里说:"大宋朝的皇爷才是真天子呀!人家的胸怀,是那么宽广;人家的用心,是那么的仁慈而又深远哪!对咱们那真是好得没边了。要是就把咱扣那儿,咱还能有什么办法吗?咱得自个自觉点,才对得住人家这份心思呀!"

揣着这份心思,钱俶回到了杭州。回去之后,把上朝时的正位空出来,每次朝会,自己只是坐在一边的一个陪坐上。群臣不解,钱俶说:"神京在北,真天子的容颜如在目前。我坐在这里,就像陛下坐在正位上一样。"

此后钱俶再给太祖进贡,都是把所有的贡品事先摆放在庭院里,焚香礼拜之后,再郑重地重新装好打包,派人送到汴梁。

洛水红霞

太祖的小儿子长大了,赵德芳满十七岁,被太祖授予贵州防御使。皇子长大了给官职,古来帝王都一样,通过做官还可以历练历练,这是太祖的另外一种用心。

太祖准备西行了,完成祭天的大典。《续资治通鉴长编》里经常会说:"上将有事于南郊。"那就是宋太祖要在都城南郊祭天了。这是家天下王朝的最大礼仪活动。

太祖父亲的坟墓正在去西京的路上,太祖要去拜扫陵寝——坟墓,这是此行的另外一个目的。本来太祖想把父亲的灵牌奉持到陵寝上去,但是礼仪规定,不能携带神主。

神主就是祖庙里的祖先灵牌,也叫牌位。每人一个牌位,按次序摆放在太庙里。动了牌位,就是神主被挪动了,可能其他的东西都会跟着被撼动,包括后世子孙的命运,甚至江山社稷。于是太祖就先到太庙里去祭拜。太庙是供奉祖先牌位的祭祀专用场所,没事儿不能总进入,神主的子孙们也不行。皇家更讲究,得在规定的时间,按照规定的程序,还得遵守固定的仪式和次序。一切都准备好了,才能正式地进去祭拜。

太庙不是坟墓,古人和今人都一样。人过世了,要埋葬起来。埋葬的地点,老百姓叫坟墓,皇帝家族叫陵寝。坟墓不跟住地在一起,这叫阴阳分界。祖庙却离住地很近,或者就在住宅里的某个房间。民间甚至有放在客厅里的,那是因为住房面积小,没办法,只能将就了。庙里供奉的是牌位,叫做神主,意思是祖先的真魂,还跟自己生活在一起。他们并没有彻底离开后世的子孙,同时也还在看视着后世的子孙,关照着后世的子孙。

宋太祖既是个大孝子,同时也是一个任性的人。大宋朝建国之初,朝臣们按照帝王的礼节,给太祖家的太庙里摆放祭品,搁了一些笾豆之类的东西放在神主的前面。太祖看到以后，就问礼官们说："这是什么东西？""笾豆。祭祀的专用礼品。"太祖看了一眼礼官，直截了当地说："摆在这里的东西，不是为了给我的祖先享用的吗？可是我的祖宗们哪个认识这种东西？"于是全给撤了，换上了祖父和父亲们在世的时候喜欢吃的物品。礼官们自然无法反对，但是祭拜完了之后，平日里还要放贡品。太祖同意礼官们在平时放上笾豆，等他来拜祭的时候，就换上点猪头肉、烤羊排、小鸡炖蘑菇之类实在的东西。

太祖告慰了太庙里的父祖们的神灵，接着就要去洛阳，祭拜父亲的真身了。

临行之前，太祖任命宰相沈义伦担任东京留守，兼大内都布置；左卫大将军王仁赡负责暂时代理三司判官，同时兼任开封府知府。

太祖亲征太原和扬州时，不都是让赵光义担任大内都布置吗？这回怎么换了"外人"？这次是祭拜父亲的坟墓，赵光义是他弟弟，也得去。去就去呗，干嘛非得先搞这么几位临时负责这些事情？国家不可一日无主，都城不可一日没有帅臣，皇宫里同样不可一日没有守卫。

一切都安排妥当，太祖一行，包括两个弟弟，两个儿子，若干个侄子，还有老宰相王溥、现任朝廷众多高级官员等，数百人众，数千兵将，浩浩荡荡向洛阳进发。

太祖一行，从汴京（今河南开封）出发，第四天到达郑州，第五天到达父亲的墓地——安陵。

安陵当时在河南巩县西南四十里处的邓封乡南訾村，现在叫做"八陵村"。直到北宋走过了自己的历史途程之后，这里共有八座陵墓，其中七位是真皇帝：太祖、太宗、真宗、仁宗、英宗、神宗、哲宗，还有太祖和太宗的父亲赵弘殷的陵墓。赵弘殷虽然没有当过皇帝，但是儿子当上皇帝以后，追封他为宣祖。在太祖、太宗的心目中，至少在太祖的心目中，父亲比后世将要当皇帝的儿孙们都重要得多。

太祖来到安陵，祭品事先都由礼官们摆好了。

太祖长跪在父母亲的陵前，想到自己当了皇帝，想到自己即将统一全国，想到很小的时候四处玩耍，饿了回家有饭吃，困了回家有地方睡觉。父亲、母亲和蔼地跟自己说话的声调，还有他们亲切的笑容，甚至走路的样子等。一时间，就像放电影一样，全都呈现在了太祖的眼前。太祖的心在抽搐,太祖的眼睛模糊了……

太祖情动深衷,不能自已,嚎哭动天,泪如泉涌。身边所有的人们,都被太祖的号啕声,感动和感染得跟着哭泣起来。

太祖是大孝子,太祖是真孝子。

自古以来,中国人对孝子贤孙都极尽敬佩。一方面是因为中国人讲究孝道;另一方面也是因为在中国人的实际社会生活中,真正的孝子贤孙,却是少之又少。

哭声惊飞了山鸟,哭声惊动了大地。

人们在太祖的哭声中,听到了一句不吉利的话语:"儿臣此生,再也不能来这里看望你们了!"

这段时间,太祖的情况似乎有些不好,总爱动情,而且一旦动情,就深陷其中。感觉心都在颤抖,连脑子也跟着发晕。

太祖哭了很久很久,才勉强收住自己的泪水。

祭祀的礼仪结束以后,太祖久久不忍离去,在陵墓的周围走来走去,看来看去。太祖站在陵墓西北方向不远的一个高坡上,四处望了望,忽然又莫名其妙地说了一句:"不久之后,我也要睡到这里来了。"在这种特殊的场合下,在这种特殊的事情进行中,太祖的这句话语,无心人并没有注意。因为他是儿子,无论是按理还是按礼,他将来都是要来到这里的。不过有心的人们却有种不祥的预感,像阴云一样笼罩在心头。

祭祀完毕之后,太祖一行离开安陵,继续西行。来之前都安排好了的,太祖一行还要到大宋朝的西京洛阳,去举行盛大的祭祀天地的仪式。太祖也想顺便看看故土,寻找一下当年的感受。

太祖可不是没正事儿的那种帝王,整日提着自己的闲身,以微服私访的名义,满天下瞎溜达。太祖生在洛阳,生在洛阳的夹马营中,从小在洛阳长大,太祖思念故土,要回去看一看。

当过不惯"阶下囚"般战俘生活的李煜,还在大宋朝的东京汴梁城里作词,哀叹自己的往昔,感叹自己"心事数径白发,生涯一片青山"的时候,宋太祖回到了生养自己的故乡洛阳。

太祖一进洛阳,老远就看到了宏伟的宫殿。心里高兴,就把河南府的知府焦继勋叫到跟前,加封为彰德军节度使。这位焦继勋可不仅仅就是个知府,人家的女儿刚刚嫁入了宋太祖家里,是皇子赵德芳的新媳妇。

第二十章 时光凝滞

这位这次升官，显然是沾了女儿的光了。

太祖还在从安陵到洛阳的路上的时候，就传谕沈义伦前来西京，把守卫皇都和皇宫的任务，暂时交给了太祖另外指定的王仁瞻等。要举行大祭了，宰相怎能不到现场？

为了使洛阳城货物运输更加方便，太祖派遣一千名兵士，凿通了从洛阳菜市桥，一直到漕河河口的一段二十五里的水渠。

郊祀的日期日渐临近，洛阳一带却大雨如注，连下了好几天。太祖下令，去洛阳的无畏三藏塔求晴，声言如果到期还不晴天，就要拆毁佛塔。就在既定日期的前一天，雨停风歇，阳光明媚。南郊祭天活动顺利完成了。

太祖正在洛阳的街上漫步走着，一位书生模样的年轻人忽然跪倒在道路中间，双手举着一捧竹简，说是给太祖献策，请求太祖亲自召见。太祖把他召进临时行宫，这位像讲课一样，拿手指当粉笔，把地面当黑板，连比划带描绘，给太祖提出了国家目前应当采取的十条治国方略。

第一，要抓紧平定北汉，进而收复幽燕。太祖听了高兴。

第二，要创造条件和机会，给予相应政策扶植，让老百姓的生活尽快富裕起来。太祖点头。

第三，要奖励孝行，让天下的儿女都能孝顺各自的父母，改变社会风俗。太祖暗自称赏。

第四，要分封宗室王侯，以拱卫中央政权。太祖没有感觉。

这位也没顾忌太祖的感受，只顾自己一个劲往下讲：

第五，是要采用更多办法，选举贤能人才，满足国家建设需要。

第六，要重整太学，为科举考试准备后续人才。

第七，要重新统一清查全国土地，按实际分给农民耕种，收取地租。

第八，要挑选善良官吏，关爱地方民众。

第九，要审慎使用刑罚，尽量避免冤假错案。

第十，要惩治奸恶，让善良的百姓不受侵害。

"行啊，这位年纪轻轻的小书生！你提出的这些策略都是我要实行和正在实行的。这位小同学心系国家，脑子想事情。真是有志不在年高，无志空活百岁呀！"太祖默默地在自己的心里说。

这位谁呀？张齐贤！曹州人，从小家里生活贫困，又赶上乱世，一家人就逃难到了洛阳。没钱,读不起书,纯粹的失学儿童。但是人家自己好强,刻苦自学,胸怀大志,时刻准备佐助英明的君主,为建设新国家展现才华,奉献心力。听说太祖爷来到了洛阳,踅摸了好几天了,终于等到了被召见的机会。

太祖心里喜欢得不得了,刚要当面表扬,却又灵机一动。"你刚才说的,其中四点我很赞同,其余六点,不太符合实际。""我讲的都是符合实际的,没有一条不是针对当前社会的实际。照搬书本,空发议论,我没养成那种不良的习惯。"张齐贤一时激动起来。太祖心说:这位有意思,将来不仅是位能臣,而且一定是位诤臣。

张齐贤还要眉飞色舞地讲下去,太祖突然像暴怒了一样大喊一声:"把他给我赶出去!"

张齐贤觉得很奇怪,没感觉到皇上真生气呀,怎么稀里糊涂就把我赶出来了。"咳,看来这位所谓的英明君主,也不是一位心胸太豁达的人呢。"怀着几缕惆怅的心情,张齐贤惘然若失地走回到自己贫寒的土屋中去了。

接下去的几天,太祖在洛阳的城里、城外,四处走了走。百姓们都知道皇上来洛阳了,高兴!须发斑白的老者们更是欣喜异常:"天下大乱这么久了,终于得见太平天子的威仪,没有枉活一生啊!"老者领头,百姓们成片跪在地上,齐声山呼万岁,声震寰宇。

回到洛阳的宫殿,群臣借着百姓"得见太平天子威仪"的说法,再次请求太祖接受"一统太平"的尊号,太祖依然不予接受。

今年年初的时候,赵光义就已经率领群臣,要给太祖加"一统太平"的尊号。太祖当时就没答应,说是"燕、晋未复,遽可谓太平乎?"太祖心里想着真正的统一,燕云十六州和山西太原还没有光复,怎么就可以急切地称颂"统一"? 怎么就可以坐享"太平"了呢?

这次太祖又没答应,群臣只得作罢。

太祖走在洛阳的街巷里,跟过去没有多少变化,差不多还像从前一样。洛阳的近郊也没多大变化。走在熟悉的路上,看着熟悉的山峦、河流,太祖的心思回到了过去。一个个熟悉的身影不断闪现出来:大小子、二牤子、三胖子、四斜楞眼睛、五锤子、六拐子,还有张黑脸、王大牙、刘老根子、李滑舌子……这一串串熟悉的姓名,在兴亡瞬间转换,世道人心难

第二十章 时光凝滞

测的几十年间里艰难活命。小时候都一起玩过,不知现在都到哪去了?

太祖来到自己出生的夹马营,看到旧房子还在,只是院子里那棵大槐树,不知什么时候让什么人砍掉了。太祖的耳畔仿佛响起了当时军营里的号角声,那是后唐的部队要开拔了。太祖又联想到后梁、后晋、后汉,还有后周。真是"千古兴亡多少事,悠悠,不尽长江滚滚流"哇!太祖感慨着政治统治的风云变幻,心里赞美着自己即将统一全国的伟大历史性功绩。

当韩令坤的名字出现在脑海里的时候,太祖的回忆又顺势转进到自己的君主、同僚和大臣们身上。

自打自己登基当上皇帝,又有多少像韩令坤一样的同伴、同僚和臣下都已经不在人世了:

世宗皇帝、慕容延钊、李处耘、韩令坤、范质、魏仁浦、张昭、吴廷祚、张令铎、何继筠、窦仪、刘温叟、王审琦、符彦卿,还有自己的父亲、母亲、妹妹、贺皇后、王皇后……

想着想着,太祖的眼睛又湿润了。人哪,无论是谁,来过了,就得走。没心没肺,不耽误活命;情深义重,也免不了死亡。

死,究竟是种什么样的东西呢?

"该回宫进膳了。"侍卫们提醒太祖。太祖的双眼,却还在直直地盯着洛水:在红色的晚霞映照下,洛水像一条血河,缓缓地向东北方向流去……

太祖这次准备到洛阳来举行大祭,起初就遭到了群臣们的强烈反对。

大家都认为郊祀应该在汴梁举行。太祖说不仅这次要到洛阳去郊祀,而且他还准备把都城迁到洛阳去。这下群臣更不同意了。起居郎李符第一个上章劝谏,提出了八点理由:第一,洛阳已经凋敝;第二,洛阳宫阙已不完备;第三,洛阳郊外还没有修建大庙;第四,洛阳官员不齐整;第五,洛阳城内百姓贫困;第六,洛阳城里军需供应一时难以跟上;第七,洛阳没建防御工事;第八,洛阳太远,文武群臣携带家小,又是盛暑天气,行动不便。八点下来,总归就是一句话:洛阳,不能去!

太祖没有理睬李符。

到了洛阳以后,太祖又提起迁都洛阳的话头,众臣又来劝阻。都指挥使李怀忠从军事的角度说了:"东京城借助汴梁的漕运,每年外面运来的粮食数百万斛,都城中有兵力数十万。如果陛下把都城迁到这里,光是粮食供济一项,恐怕一时间都很难解决。况且,国家的府库和重兵都在汴梁,汴梁的根基已经相当牢固。如果迁到这里,实在是不方便,同时也不稳妥。"说到底,也只是一句话:汴京不能离。

太祖还是没有搭理。

太祖等待宰辅们说话,可他们谁也没作声。

这次太祖把沈义伦从东京调过来,有意想让他出面说话,可是他跟曹彬两个,也跟薛居正和卢多逊一样,谁都没有作声。

赵光义说话了:"迁都来洛阳,确实不太稳妥,会带来诸多不便。""我不仅要迁都洛阳,还要进一步向西迁,将来还要把都城迁到西安去!"太祖有些急了。

赵光义跪倒在地下,叩头劝谏。太祖说:"朕要把都城迁到洛阳来,只是想像西周和西汉一样,占据山河之险。然后淘汰冗兵,减省开支。东京虽然物产丰盈,但是天地所产之物,总归是有限的。占据山河之险,节省使用资源,才能保证天下的长治久安。"赵光义也是不依不饶:"掌控和保护社稷安全,在于内修美德,而不在于占据外在的险要山川。"赵光义的这套话语是战国时期的魏国将军吴起对魏文侯的儿子魏武侯讲的。太祖经常跟他说起,今天他把这话又返还给了太祖。太祖一时被这句话语噎住了,没有直接回答。

沉默了好一会儿,赵光义起身走了。

太祖看着他的背影,转头对群臣们说:"晋王说得虽然有道理,但是不出百年,天下的民力就会凋敝,财物也会跟着匮乏。汴梁城的运输便利优势一旦失去,反倒会因为没有山河之险,直接暴露在光天化日之下。到那时,日子可就不会再像今天这么好过了。"

群臣哪有太祖那样的深谋远虑?太祖准备迁都洛阳的想法,就这样被搁置了。

太祖还没有从迁都的这通争辩中回过神来,朝臣来报:吕余庆过世了。太祖心情沉重,诏赠镇南节度使,派遣中使前往护丧,辍朝一日。

接到吕余庆过世消息的第三天,太祖就下诏,要回东京了。

车驾启程前,太祖呆滞地凝视了洛水河好半天。波光粼粼中的故园情思摇荡在太祖的心里,跟眼前的一草一木一起,渐渐消淡在身后的烟尘里。

突如其来的龙卷风

早在这次出行之前,太祖就感觉自己身体不适,这次又太动情、太劳苦了。回到汴梁以后,感觉身体更加不适。太祖为人刚强,只是自己忍着,没有告诉别人。

没过几天,太祖接到报告,说是宋州遭遇了百年来不曾遭遇的超强大龙卷风袭击。一夜之间,就有四千六百多间民房被毁,死伤人数众多。

宋州,即今天河南的商丘,后来北宋的南京,是太祖起家的根据地。当年太祖作为归德军节度使,领管的就是宋州。也就是因为这一点,才把自己建立的新王朝取名叫做宋朝。

太祖下令地方守令,抓紧整修房屋,发粮赈济灾民。

宋州被大风猛袭,太祖心里很不是滋味。太祖也信道教和佛教,尽管没有张永德对于道教、韩重赟对于佛教那么执迷,但对于中国古代异人们所讲的风水、谶纬之类的说法,心里也犯狐疑。

"要出大事!"太祖疑忌,一种不祥的预感顿时笼罩了心头。

六月底的时候,太祖得报,王全斌病卒了。

太祖刚刚把王仁瞻、王全斌还有崔彦进,重新提拔上来。自打平定四川回来,几位因为纵使部下抢劫,被太祖分别给予了不同的降级处分之后,十几年没再受到重用。就在洛阳南丘祭祀大典之后,太祖任命王全斌做了武胜军节度使。为重新启用他这件事,太祖还亲自找他谈了一次话。太祖说:"前段时间,朕因为江南还没有平定,唯恐征伐将士抢掠杀戮,所以抑制了你很多年。现在江南已经平定了,我把节度使还给你。"王全斌当时被感动得直淌眼泪。

"这才几天呀,王全斌就死了。"太祖难过地说。

七月,金风初起,太祖感觉秋风很爽,一时来了心情,就走到弟弟赵光义家去。谈话之间,赵光义问起皇帝哥哥:在洛阳时,有个张齐贤前来献策,后来大家都知道了,感觉说得都不错,您怎么把他给赶出去了?太祖笑了:"他提的建议,不是都不错,而是相当好!""那您怎么没赏赐他,反倒把他给赶走了,是因为他年少轻狂吗?""哈哈哈哈!"太祖笑出声了。

晋王一时有点摸不着头脑,怀着疑问的心思等待皇帝哥哥说下去。

"朕这次西京洛阳之行,最高兴的事情,也是最大的收获,就是得到一个张齐贤。"赵光义愈加云里雾里,"那,为什么……""为了将来,为了将来的一件大事。""什么重要的事情?我,问问不妨碍吧?""为了你!""为了我?""是的,是为了你。我不想通过我给他授官,把这个机会留给你。""留给我?"晋王有点紧张地看着自己的皇帝哥哥。"将来为兄百年之后,天下就交给你了。到时候你再启用他,他就会直接感激你。这个人的才能和品质,都没有什么大的问题,绝对可以做宰相。你自己把他提拔起来,更加方便使用。""啊?陛下怎么可以……"没等赵光义说出要说的话语,太祖已经走到院子里去了。

看到弟弟家住宅地势高,水上不去,生活用水不方便。太祖就派人给赵光义的家里专门安上了一条"自来水管道"。还指示施工官员,在赵光义家的庭院里,修建了一座很大的水池。然后再用大水轮,利用机械传递原理,把金水河里的河水,引到晋王府的蓄水池里。

被太祖任命为平海节度使的陈洪进,早已心归大宋。作为形式上的割据者,占据福建漳州和泉州已经十来年了。太祖平定江南以后,听说吴越国君钱俶都亲到东京汴梁去朝觐太祖了,自己也不甘于落后。于是就在七月底,把儿子陈颢打发到东京来,给太祖奉献地方特产。同时请求太祖允许,也要亲自来朝觐太祖。太祖下诏批准,之后又亲自召见了陈颢。

八月初,晋王来到宫中看望皇帝哥哥,顺便告诉哥哥水池已修好,送水管道也已经安装完毕。几位宰辅也来到太祖家中,他们都知道了太祖近来身体不太好,特意都来看望太祖,顺便劝太祖多多休息。赵光义看到宰相们都来了,就告别哥哥,先行回家了。

望着赵光义的背影,太祖对各位宰辅们说:"晋王龙行虎步,一副太平天子的气象。"宰相们没听懂,又不敢多问。这种事情,谁敢问?古往今来,用这种话语试探大臣心思的还少吗?不问还好,只要一问,语气和表情都会露出马脚。万一要是试探,自己这一问,不就等于把脑袋放在人家刀口下面了嘛!

太祖确实越来越感觉不舒服,起初连自己也以为是这次累着了。

第二十章 时光凝滞

宰相们要走了,太祖叫身边的中官王继隆代表自己把各位宰相送到了宫门口。

晋王说水管修好了,太祖又来了,看看水管好用不好用。当金水河水从竹筒中流进晋王府的池子里面时,一瞬间,太祖的脸上又露出了笑容。此后数日,太祖又去了一趟晋王府。

就在这一两个月之内,太祖已经三次来到晋王府看望弟弟。

也是在八月里,太祖的小弟弟兴元府尹赵光美也生病了,一时间躺在床上起不来。太祖三次前来看视,嘱咐医官用心诊治,细心看护。

多好的哥哥呀,天底下哪找去?

也是在这个月里,江南来报:一直坚守不降的江南国袁州和赣州,已经献城投降了,江南境内的敌对势力彻底清除干净。

秋已经深了,杨柳的叶子开始变黄,槭树的叶子也红彤彤的,挂了满山都是。那些对时令敏感的树叶,开始在空中翩翩起舞了,然后,又轻飘飘地落到了地上,在秋风的推动下,沙拉沙拉地抖动着,向低矮的洼处滚落下去。

再也不能去战斗

八月下旬,太祖又下命令,再度征讨北汉!

以侍卫马军都指挥使党进为总指挥;宣徽北院使潘美为监军;虎捷右厢都指挥使杨光义为副总指挥。三人共率河东道主力马步大军进讨北汉。

太祖同时任命:镇州西山巡检使兼洺州防御使郭进为忻州、代州方向进攻总指挥,负责率领附近州军,出兵配合东路主力大军,从侧翼攻击北汉。

太祖又下达进攻路线号令:

西上阁门使郝崇信与解州刺史王政忠,从汾州出发;

内衣裤副使阎彦进和泽州刺史齐超,从沁州出发;

内衣裤副使孙彦宣和蒲州刺史李守忠,从辽州出发;

引进副使齐延琛和汝州刺史穆彦璋,从石州出发;

洛苑副使侯美和洺州防御使郭进,从忻州和代州出发。

内衣裤使不是管理穿在身上的内衣和内裤的官员，而是掌管皇宫大内的仓库出纳的官员。

虽然太祖这次没有御驾亲征，但是看这阵势，是决心要把北汉彻底从地图上勾掉了。

党进率兵进发，抵达太原城下，首战击败北汉千人部队，缴获马匹千余，接着又击败千余人，生擒九十多。郭进率兵出忻州，俘获北汉民众三万六千七百多，接着又攻下了北汉的寿阳县。安守忠出辽州，焚毁北汉四十多座军寨，缴获牛、羊、人口各数千多。齐超出沁州，击败五百北汉兵，生擒三十多。

就在各路大军节节胜利，继续扩大战果的时候，高丽国遣使前来，说高丽国王王昭驾崩了，王昭的儿子王伷暂时管理国家事务。王伷遣使来到大宋入贡，同时请求太祖下达策命，承认他的新统治者地位。太祖下诏同意。高丽国使臣还没走，前任参知政事刘熙古又病卒了，诏赠左仆射。

晋州守将好不容易抓住了一位长期潜伏在大宋朝的北汉间谍，派兵押送到东京汴梁来，交给太祖处置。太祖指示赏了他一些衣物，连问都没问，就把这个家伙给放了。

太祖这是怎么了？这段时间出奇地怀旧，出奇地宽忍。

十月十九日上午，太祖起得很晚。从卧房——万岁殿缓慢地走出来，坐在东侧的厅堂里，顺手拿起前方刚刚传来的战报。忽然感觉自己的身体极度难受，站起身来想动一下，又感觉头脑眩晕起来，于是就又坐下去，过了好一会儿，才又躺回床上休息去了。

太祖这段太劳累，也太兴奋、太伤感了，是该好好休息休息了。

太医来了，忙乎了一天，也没看出究竟是什么病症。太祖告诉近臣，先不要告诉弟弟和儿子们，自己只是一时劳累，别打扰他们。小弟弟赵光美生病还没好，知道了会着急。

赵光义来了。再不告诉别人，这位弟弟也能知道。赵光义在皇宫里一直呆到晚上九点多钟。就在这天晚上，太祖还跟弟弟在自己卧房的东堂里小酌了一杯。赵光义几次起身给皇帝哥哥敬酒，太祖站起来还礼，忽然有点头晕，身体摇晃了一下。赵光义赶紧上前搀扶，太祖推开赵光义："没事，这段时间酒量明显下降，有点多了。你先回去吧，今儿个就到

第二十章　时光凝滞

这儿了。"当时房间里点燃了很多蜡烛,宦官和宫女们都在窗外看到了太祖晃动的身影。赵光义觉得皇帝哥哥似乎不会有什么太大的妨碍,于是就起身告辞了。太祖把身边的中官首领,就是宦官领头的王继隆喊进来,让他代替自己把弟弟送到了宫门口。"好生照料陛下!""微臣会尽心尽力,不劳晋王吩咐。"

"晋王回府了?""回去了,外面正在下雪,下得好大,好大。""啊,你也早些歇着去吧,我这儿没事了。"

王继隆走了以后,太祖上床休息。皇上有病了,还喝多了酒,王继隆哪敢熟睡?人虽躺在床上,却留了一只耳朵,谛听着太祖房间的动静。三更都打过了,王继隆听到了太祖的鼾声。太祖睡熟了,总是鼾声如雷,这事儿没人不知道。

"陛下这是睡着了。"王继隆心里说。刚刚躺到床上,又听到打更的声音。"已经四更天了。"王继隆心里说。顺手掖了掖被角,把自己的肩膀盖好。王继隆伸了伸耳朵,好像又听不到太祖的鼾声了。正准备起身看看去,"啪啪啪啪",忽然响起了紧张而急促的敲门声。王继隆扑棱一声,从床上翻滚下来,心说:"不好!"

赶紧把房门打开——皇后的丫鬟几乎是撞进来的:"快,皇后喊你快去!"说完这句话,丫鬟几乎变成了哑巴,再问什么都没回话了。

王继隆跑过去一看,宋皇后满脸泪痕:"皇上晏驾了!呜……"

这位不允许别人在卧榻之侧酣眠的英明君主,就在自己的酣眠声中,永远地离开了这个世界,连遗嘱都没有来得及留下。

征讨北汉的各路大军,还在不断地向朝廷传送捷报,太祖却再也不能跟他的将士们共同分享胜利的喜悦了。

我个人心里猜想,这次打北汉,宋太祖先派将士们前往,等到了一定的时候,他一定还会御驾亲征。太原不仅是他要夺回的国土,而且就在那座城下,还留着他一生中唯一一次没能获胜的记忆。他一定想去拿回这个记忆,这是他不屈不挠的性格决定的。

可惜他没有等到这一天,也永远等不到这一天了。

太祖驾崩了!在自己的卧房——万岁殿里,时间是开宝九年(976)农历十月二十日凌晨一点刚过不久的时候,得寿四十九周岁。

大雪依然在下,纷纷扬扬。一片、一片地,像洁白的地毯装点着大宋朝的万里河山。

绪余

宋皇后是深知皇帝轮换的紧要和危险性的人,前面咱们已经介绍过她的家庭出身。虽然太祖过世,使得她一时间六神无主,悲痛欲绝。但她还是忍住自己,先不能哭出声来,必须得把皇位继承人确定了以后,才能纵情痛哭。于是赶紧叫来王继隆,让他马上去找皇子赵德芳,并且一再嘱咐,中途不能跟人讲话,事不宜迟,刻不容缓。

宋皇后为什么要去找赵德芳?就算不找赵光义,太祖的长子是赵德昭哇!宋皇后入主太祖后宫是在开宝元年,其实是乾德六年的二月,来了已经九年半多了。赵德芳今年才刚满十七岁。当时赵德芳才只有八岁,是个孩子。太祖就把赵德芳交给了宋皇后,宋皇后几乎把赵德芳当成了自己的儿子,赵德芳也把宋皇后当成了自己的母亲。宋皇后希望"自己"的儿子能够继承大统,这是她跟所有宫廷中有儿子的女子们的共同心理。

王继隆也心如刀绞。

这些年他跟随在太祖身边,太祖对他太好了。太祖的作为,他都看在眼里,记在心头。一路流泪,一路紧赶,一着急,趿溜滑了个大跟头,栽倒在雪地里。就在他爬起来的这个当儿口,忽然想起了太祖前几天说过的话语:"晋王龙行虎步,一副太平天子的气象。"

这是什么意思?这不明明想让晋王接续大统吗?宋皇后不知道,我知道哇!我怎么能违背太祖生前的遗愿呢?"不行,我不能去找赵德芳,我应该先去告诉晋王。"想到这里,王继隆临时改变主意,朝向赵光义的晋王府跑去。

赵光义这一夜,心里惦记皇帝哥哥,也没太睡好。忽然听到皇帝哥哥的身边近侍半夜敲门,感觉情况不妙,一骨碌爬起来,连衣服都没穿好,就赶紧向外跑。"赶紧进宫,皇上晏驾了!呜……"赵光义脑袋"嗡"的一声,差点晕过去。

两人跌跌撞撞、慌里慌张地跑进了太祖的寝宫。烛光晃动之下,太祖的脸庞红润,比白天见面时的容色,似乎更有活力。晋王着实吓了一大跳,心说完了,王继隆传假情报,这回我也跟着死定了。这叫夺宫啊,没有不死的道理!

"咕咚"一声,赵光义跪倒在太祖的面前:"皇帝哥哥饶命,皇帝哥哥饶命!王继隆半夜找我,说是您……"

"咕咚!"赵光义还没说完,身边又是一声,宋皇后给他跪下了:"我们母子俩的性命,可都在官家您的手上了!""官家",就是皇上。宋皇后怎么了?怎么还没确定谁来接续大统,就直接管赵光义叫起"官家"来了?

这是什么时候?人家是什么出身?人家懂,太祖没有明确留下遗嘱。这个时候,谁先到,皇位就是谁的了。如果先到的没当上皇帝,那就只有先死这一种可能性了。

宋皇后以为王继隆把她想要去找赵德芳的事情告诉了赵光义,心想赵光义这下非要了她和赵德芳的命不可。

赵光义转头看了看宋皇后,满面泪水,可怜兮兮的样子。又回过头去看了看皇帝哥哥,一动不动。胆战心惊地,赵光义伸手摸了摸皇帝哥哥的手臂——已经凉了,凉得像冰一样。

赵光义这才真正回过神来,起身迈动了一下自己的"龙行虎步",镇定自若地对宋皇后说:

"皇嫂不必太悲伤,还有我在呢,没人敢夺走你的富贵生活!"

赵光义其实也没弄懂宋皇后的意思。后世很多无聊的闲人胡编乱造了一大通说法,其实都是打发沉闷的世俗生活用的。王继隆虽然跟赵光义一路步行,但却没敢在路上把事情的原委告诉赵光义。大约直到死的时候,也没有说出这段隐情。算是对得住太祖,对得住宋皇后,对得住赵德芳,也对得住赵光义了。后来赵德昭、赵德芳和赵廷美的死,都跟赵普作祟有直接重大关系,没人家王继隆什么事儿。

宋皇后自己自然也不敢说出真相,赵光义登基以后,封她为开宝皇后,后来安然地活完了自己的一生,直到宋太宗至道元年(公元995)四月过世。至道三年正月,宋太宗下诏,把这位宋皇后附葬在了太祖的陵墓边上。

天亮之前,宰辅们都来了,赵光义就在宰辅们的见证下,接续了大统,成为大宋朝的第二任皇帝。时间是开宝九年十月二十日清晨时分,地点也是在万岁殿,太祖卧房的东屋厅堂里。宰辅们见证他成了新帝王的简单礼仪完成之后,赵光义开始放声大哭起来。宋皇后这时也才放开胆气,号啕擗踊。还有王继隆以及几位还没睡醒就被找来的宰相。哭声惊动了整个皇宫,惊醒了整个汴梁城。

忙乎了一天,把太祖的遗体暂时安放在万岁殿的西阶上,发文告,传消息,遍告天下和京城家属、大小官员人等：

大宋朝的开国皇帝、赵氏家族永世不能忘记的立业祖先、普天下两三千万劳苦大众们真正善良的圣上、结束百年来割据纷争、开启国家和民族昌盛大运、奠立各种模范规章的基本格局、英雄伟岸、睿智果敢、为人类文官政治制度、为人类文明和文化发展事业建立了不朽历史功勋的、仁慈而又忠孝的伟大君主,与世长辞了!

十月二十二日,赵光义登上了皇帝宝座,更名赵昱,大赦天下。传谕北部地区正在作战部队停止攻伐。其他边境地区,同样要暂时停止一切对外作战行动。几天之后,颁布第一道诏书：

皇弟、永兴节度使兼侍中赵廷美,为开封府尹,兼中书令,封齐王；

不是叫赵光美吗？这不是二哥当皇帝了,二哥原来叫赵光义,得避讳了。

皇子、山南西道节度使、同平章事赵德昭,为永兴节度使,兼侍中,封武功郡王；

皇子、贵州防御使赵德芳,为山南西道节度使、同平章事。

宋太宗初登基,下诏依旧称皇帝哥哥的儿女为皇子、皇女。

太宗又下诏：

宰相薛居正,加左仆射；沈伦加右仆射。

不是沈义伦吗？怎么改沈伦了？现在的新皇帝原来名字里有义字,宰相也得避讳,把中间的字抠掉,就只剩下沈伦了。

参知政事卢多逊,为中书侍郎、平章事；

枢密副使楚昭辅,为枢密使；

曹彬呢？继续担任枢密使,这下同时出了两个枢密使。虽然没有明确罢免,实际上只是继续担任忠武军节度使。你瞧曹彬这命,跟枢密使或者宰相,天生没有长久粘连的缘分。赵光义救过楚昭辅的命,前面咱们说过的。宋太宗一当政,立即把他放在国防委员会主席的位置上,这

绪　余

是为了政权安定所作的考虑。

赵光义十月二十日就当上了接续了大统,怎么十月二十二日才登上宝座,发布诏令?中间那一天他干什么去了?被宦官总管王继隆领走了。

太祖过世后的第二天上午,王继隆想起来了:就在一个月前,太祖把京城里的一位最著名的石匠请到了宫里,让他在一块石碑上刻下了一段文字。之后,又命人把石碑放在了太庙的一间夹壁房里。事情做完以后,太祖曾经跟王继隆说过,将来不管谁当皇帝,都得先到那间夹壁屋里,把石碑上的文字默记在心里,然后才能登上宝座,发号施令。

赵光义起初有点疑惑,想到皇帝哥哥过世时,王继隆首先来找自己,真心拥戴自己,也就打消了疑虑。反正自己当皇帝,首先也得去太庙向祖先报告,所以就一路跟着王继隆来了。本来卢多逊和楚昭辅也要跟来的,王继隆却说:太祖在世时,只说让继位的皇帝单独去。两位听罢,也就只好站在太庙外面等着。

走在路上的时候,赵光义问王继隆:"石碑上写了什么字?""您知道的,我是一个大字不识,就别故意让我难堪了。"王继隆又接着说道:"不过皇上,啊不,是先皇说了,除了继位的国君,不能让别人知道,只能让不识字的中官领着,帮助揭开盖在上面的绸布。我倒成了合适的人选了,看来不读书也有不读书的好处。"王继隆接着说道。赵光义心里直想笑,可是时候不对,所以忍住了。

当王继隆揭开盖在石碑上的绸布的时候,三行刚劲的魏碑字,清朗地展现在赵光义的面前,赵光义立刻跪倒,心里默默地念诵着:

不得杀柴氏子孙!

不得杀士大夫与上书言事人!

子孙有违此誓者,皇天不佑!

赵光义想起了赵普要杀冯瓒时太祖的话语,也想起了太祖自己要杀雷德骧时的说法。皇帝哥哥一向慈祥的面容,忽然在自己的脑海里变样了,变得那样严正,那样凛然,凛然得似乎有些威猛,甚至凶狠了。

赵光义心里想着:这第一条是哥哥长久的心思,因为"禅得"了人家后周的政权,皇帝哥哥心里一直很内疚。皇帝哥哥的心真善啊!这条我理解。皇帝哥哥建立新国家,虽然还是依靠武将们帮助重新统一,但治理国家非得靠人家读书人不可。这些人懂得得失、兴亡,有眼光,有办法。这是第二条说的意思,我完全同意。

"这两条,我一定坚持做到,也完全能够做到,皇帝哥哥您就放心吧!"

赵光义虽然在太祖留下的誓碑前跪地做了保证,但是想着"子孙违此誓者,皇天不佑!"的话语,还是心中直打冷战。皇帝哥哥这个毒誓发得够狠,而且不是对我一个人,后世所有的子孙,谁都不能例外。要是真出了差错,上天就不再保佑咱们大宋朝了!"天作孽犹可恕,自作孽不可活。"这是咱们自己发的毒誓,上天可都看在眼里,记在心上了。

赵光义心里有些紧张了,赶紧又默念了一遍,然后站起身来,让王继隆用绸布把石碑重新盖好。走出夹壁房,把房门紧紧地锁好之后,这才去祖先们的灵牌前郑重地"禀告"说:赵光义当皇帝了!

数日后,宋太宗再下诏书:

群臣上朝,齐王赵廷美、武功郡王赵德昭,位列宰相之上。

宋太宗委命齐王赵廷美,为已经过世的皇帝哥哥的山陵使——就是陵墓建造主管,前往洛阳营造陵墓。

太祖过世不到一月,宰相薛居正上奏,根据太祖自己生前的说法,将太祖陵墓名字定为"永昌"。就在今年四月份,太祖祭祀父亲陵墓时,说起不久之后,自己也将安葬在这里,顺嘴又说就叫永昌,可保子孙和大宋朝永远昌盛的意思。薛居正是有心人,把这句话记住了。宋太宗下诏:"恭依",就是恭敬地依照皇帝哥哥的遗愿办的意思。

十一月底,宋太宗下诏:南汉末主刘鋹改封为卫国公,撤销江南国后主李煜过去的"违命侯"封号,改封为陇西郡公。

福建的陈洪进,正在赶往汴梁的路上,他要来亲自拜见太祖,半路上忽然得报,说是太祖晏驾了。赶紧返回福建,在自己统辖的漳州、泉州,发哀举丧,哭告天地,开了一场隆重的追悼大会。

杭州的钱俶听说太祖晏驾,痛哭不已。钱俶伤心得两天没有进食,废朝十一天,表达了对太祖的由衷敬佩、由衷感激,举办吴越国建国以来最盛大的追悼仪式,满朝尽着丧服,全国停止娱乐活动半月有余,表达了自己对太祖无与伦比的深情厚谊和真挚深切的怀念之情。

十二月初一日,翰林学士李昉上大行皇帝庙号为"太祖"。从此以后,"太祖皇帝""宋太祖"之类的称呼,才开始在后世流行起来。

"大行"就是最大的远行的意思。都走到另外一个世界去了,还不是大行吗？宋太宗诏"准"。同月，宋太宗改元太平兴国。

太平兴国二年（977）三月，河阳三城节度使赵普来朝，请求赶赴太祖山陵，佐助齐王赵廷美一起，为太祖皇帝修建陵寝。有诏：留京师，授太子少保。

不知出于什么原因，宋太宗没有批准赵普的请求，赵普哭了。自打听到太祖过世的消息，赵普已经哭过好几次了。赵普的老婆，就是那位被太祖尊称为嫂子的和氏夫人，哭得更惨，眼睛都红肿了好几次了。她在心里替赵普忏悔，痛惜赵普辜负了太祖的长期厚爱，只是她不便说出来。这些年，她眼见着赵普越来越不像话，可是赵普霸道，不听劝说，她也没有办法。

太平兴国二年四月十九日，太祖魂归故里，下葬永昌陵，永远安息在故乡附近的青山绿水之间。

至道三年（997）三月，宋太宗驾崩，真宗继位，也像父亲继位时一样，先到太庙的夹壁屋里，跪在太祖的誓碑前，把"不得杀柴氏子孙，不得杀士大夫与上书言事人"的话语，默念了两三遍，然后才去临朝听政。

真宗感念伯父的仁慈与宽厚，尤其感戴伯父给赵氏留下的万里河山，决意坚定执行伯父"不杀柴氏子孙、士大夫，还有上书人"的遗训，把大宋朝建设成为真正重视历史文化的仁慈、宽厚的文明国家。大中祥符五年（1012）十月，真宗给伯父太祖皇帝加尊号，尊奉伯父太祖皇帝为：启运、立极、英武、睿文、神德、圣功、至明、大孝皇帝。

……

参 照 书 目

***【宋】李焘:《续资治通鉴长编》,中华书局 1992 年 3 月版;

**【元】脱脱:《宋史》,中华书局 1977 年 11 月版;

【宋】李均:《皇朝纲目备要》,中华书局 2006 年 12 月版;

*【宋】薛居正:《旧五代史》,中华书局 1976 年 5 月版;

【宋】欧阳修:《新五代史》,中华书局 1974 年 12 月版;

*【宋】司马光:《资治通鉴》,中华书局 1958 年 6 月版;

【宋】孟元老:《东京梦华录》,中华书局 1982 年 1 月版;

*【元】脱脱:《辽史》,中华书局 1974 年 10 月版;

【宋】叶隆礼:《契丹国志》,上海古籍出版社 1985 年 6 月版;

【宋】徐自明:《宋宰辅编年录》,中华书局 1986 年 12 月版;

【宋】乐史:《太平寰宇记》,中华书局 2007 年 11 月版;

【明】陈邦瞻:《宋史纪事本末》,中华书局 1977 年 5 月版;

【明】王夫之:《宋论》,《船山全书》第 11 册,岳麓书社 1992 年 5 月版;

【清】毕源:《续资治通鉴》,中华书局 1957 年 8 月版;

**【清】吴任臣:《十国春秋》,中华书局 1983 年 12 月版;

【清】吴乘权:《纲鉴易知录》,中华书局 1960 年 5 月版;

【后晋】刘昫等:《旧唐书》,中华书局 1975 年 5 月版;

【宋】欧阳修等:《新唐书》,中华书局 1975 年 2 月版;

【南朝刘宋】范晔:《后汉书》,中华书局 1985 年 5 月版;

《宋人轶事汇编》,丁傅靖编,中华书局 1981 年 9 月版;

〔日〕竺沙雅章:《宋朝的太祖和太宗》,方建新译,浙江大学出版社 2006 年 12 月版;

《中国历史大辞典(宋史卷)》,邓广明、程应镠主编,上海辞书出版社 1984 年 12 月版;

《中国历史大辞典(历史地理卷)》,郑天挺、谭其骧主编,上海辞书出版社 1996 年 8 月版;

《中国历史年代简表》(不著编者)文物出版社1973年12月版；

《中国历史大事编年》(第三册)，张习孔、田珏主编，北京出版社1987年10月版；

*《全唐五代词注释》，孔范今主编，陕西人民出版社1998年10月版；

《简明中国历史地图集》，谭其骧主编，中国地图出版社，1991年10月版；

《中华人民共和国地图集》，总参谋部测绘局编制，星球地图出版社2004年1月版；

前面加三星号的，是本书最主要的依据；加双星号的，为本书重点参考书目；以下为参考程度渐次的书目。

跋：沿着宋太祖当年的足迹

终于写完了书稿，抑制不住激荡的心情，约好朱锦程和陈晨两位学生朋友，分别从深圳和长沙启程，于2015年6月3日赶到河南，去瞻拜宋太祖。

在洛阳的两天里，没人能够告知宋太祖出生的准确地点，只是说这条路叫"夹马营"。老人们说，这条街过去也叫"火街"，显然与宋太祖出生时"红光满室"的历史传说有关。当地人指来指去，竟然把宋太祖的出生地，指向了我们住在其中的瀍河区夹马营路132号的汉庭宾馆。

出租车带我们绕着洛阳城跑了大半圈，宋太祖家乡的"邙山"，却是茫无踪影。司机说，洛阳城的北面，都是"邙山"。眼见着茫茫的一片，都在忙着盖高楼，烟尘有些呛人。大下午了，才惘然若失地回到宾馆附近。瀍河，正从这里经过。

宋太祖小的时候，或许经常会来这条河边玩耍。如今的瀍河，却早已成了城市污水的排泄管道。

洛阳一行最深的感受，或许只是黄昏后站在洛水河畔的那一刻，夕阳照射下的洛水，泛着粼粼的波光，令我想起书中写的一个章节——落水红霞。

洛水就是洛河，洛阳本在河的南岸，现如今，沿河两岸都已经是洛阳的市区了。市民们成群结队，在洛水的岸边上，尽情地享受着休闲的生活，人们已经不必去刻意想起宋太祖。这就是第二天的全部收获。

6月5日，的士把我们直接带到了宋太祖的陵寝旁边。

宋太祖的陵寝，叫做"永昌陵"，在今天的巩义市，过去叫巩县。这是他生前自己取的名字，意思是保佑赵家的子孙和大宋朝的江山永远兴旺，永远昌盛下去。

太祖的永昌陵，就在马路边上，高大得像一座丘山，上面长满了郁郁葱葱的矮树和高草。因为还没有被开辟为旅游公园，连门也没有，只能在田垄间走到近前。这样更好，更能体现太祖是天地的儿子，他永远依偎在辽阔的天地怀抱中。这里虽然没人看管，但也没人破坏，还不收门票。

绕过田垄，没太留意路边残损的石象、石马、石人之类，径直就到了太祖的陵墓前。

就在祭拜太祖的时候，隐隐地，感觉后面好像有个人，一直在注视着我们。起身离去的时候，才看到身后不远处的一尊石像，孤单单地站立在黄澄澄的麦田里。这是当年陪葬在太祖身边的大臣。这尊石像，造得太过灵气，都快一千年了，风吹雨淋的，竟然像个活着的真人一样，眼睛似乎还一眨一眨的，连眼神都能感觉得到。

"他是曹彬，他一定是曹彬！他在欣慰地看着我们祭拜太祖。"我动情地对两位学生说。

曹彬，宋太祖最信赖、也最欣赏的武将，英勇善战，宅心仁厚。太祖让他去平定江南，除了战争必要的杀伤以外，秋毫无犯。对被俘的江南国主李煜，绝对礼数有加，仁至义尽。

曹彬，虽然也是从五代那个乱世里滚爬过来的，身上却很少沾染凶杀、嚣顽，还有欺瞒之类的恶劣习气。入宋以后，在太祖的引领和感召下，更加长进，成了一位伟大的儒将。这就叫上有所好，下有所效。也正是因为有像曹彬这样的将军，才更能体现太祖的悲悯和慈爱。

开车送我们的，是位洛阳的士司机，难得的好人。他不仅一直在等候我们，还尽量把汽车开到离我们返回时最近的地点上。我们这次在河南三地（洛阳、巩义、开封）所见到的所有河南人，都是像他一样的好人。河南怎么了？怎么遍地都是好人！难道是太祖的遗风，还没散尽不成！

带着一份说不清的怅惘，我们离开了太祖的陵寝。转身回望，真想退休以后，就在附近盖间小土房，把此生剩余的时间，全都"摆放"在这里。一面给太祖守灵、扫墓，一面写些有关中国思想文化方面的书籍。还可以跟真心来这里看望宋太祖的人们，讲讲宋太祖，说说他的理想，谈谈他的为人、处世之类的事情。

离开太祖陵寝,我们乘火车到达开封。当晚又约好一位开封的出租司机,6日一大早赶赴陈桥。

出城之前,司机先带我们到了宋太祖没当皇帝前赵家在开封的旧宅。房屋早就没了,但是那条巷子至今还在,狭窄、凌乱,好像正在改造。巷口处,立着一个很大的牌坊——双龙巷。"双龙巷"的意思,是说在这座普通的巷子里,出了两位皇帝——宋太祖和宋太宗。

出开封向北过黄河,司机把车停在桥边,我们下来歇息,观赏这座大桥。我惊异地发现,这座简单但却坚固的黄河大桥,跟我在书中所描绘的"历史上第一座长江大桥",几乎一模一样。

那座由宋太祖亲自设计的历史上真正的第一座长江大桥,被我成功地在书中"复原"了。那座桥的桥墩,是由赛龙舟用的近千条木船组合而成,桥身是木船驮着的排箫一般的竹竿。而这座黄河大桥,却是用几十条铁船驮着一连串的厚铁板连接而成。

我第一次见到这样的大桥,愈加相信自己复原的宋太祖设计、建造的长江大桥,该是多么"逼真"!心里不免欣赏起自己的想象力来。一时兴奋,竟把自己的写法,眉飞色舞地描述给出租车的司机。想不到那位姓张的司机,竟是那般好学,听得那样认真、那么着迷。我的心里愈加感觉自得了。

看完大桥,我们沿着黄河大堤赶往陈桥。

大堤两旁,林荫浓郁,凉风习习,一时间,竟然忘记了正处在盛暑的夏季。

陈桥,旧称陈桥驿,是后周时期的一个驿站,就是军队和信使等停下来休息的站点。公元960年正月初四那天早上,宋太祖就是在这里,被兵将们"黄袍加身",从一员普通的后周武将,渐渐成长为一代千古明君。

陈桥驿,现在叫陈桥村。宋太祖的"黄袍加身"处,是一个不大的纪念园。园内有一口井,说是供太祖皇帝当年饮马的。当然,太祖和将士们的生活饮水,也全靠这眼井了。园内还有一颗老树,是棵黄槐,跟我办公室边上的一样。

其实这株老树早就枯死了。大约是在边上后种了一株,种得很巧,像是从老树的根部重新生出来的一样。一匹石马,说是太祖皇帝当年的坐骑,昂首挺立在树荫的下面。马的缰绳就拴系在这株老槐树的躯干上。

从陈桥返回开封,我们又去看了开封著名的佛塔。

这座高高的佛塔,虽然是宋仁宗的时代,在五代的基础上加高、加固而成,但在宋太祖的时候就有,而且就在宋太祖扩建的开宝寺里。

宋太祖在开宝年间,下令扩建那座原有的寺院,并用自己的年号来命名——开宝寺。在此之前,宋太祖还在开封扩建了一座道观,也是使用自己的年号命名的,叫做建隆观。

太祖一生使用过三种年号:建隆,修了个道观;乾德,提出了"任宰相当用读书人"的政治原则;开宝,建了一座佛教的寺院,儒、道、释三教并重;孔、老、佛三圣兼崇。这是太祖的襟怀,也是太祖的胆气。

对俘虏和主动投诚的"降王"们,宋太祖给这些人封大官,建大宅院。还给他们的子侄、兄弟和大臣们封大官,让他们全都住在京城里。既不担心生出变故,更不担心他们联合起来造反。这是自信,这是古往今来难以匹敌的自信。依我的理解,宋太祖不是自信自己的军事力量强大,更不是自信朝廷刑罚的严酷,而是自信他自己的慈悲恻隐,足以感化这些已经战败了的"割据王者"。他的自信主要不是掌控的武力,而是心里的仁德。

尽管宋代的汴京城,早已被埋在地下六七尺的深度,我们今天所能看到的,都是为了旅游而修整的清代以后的格局。可是太祖对文化的中华民族的贡献,却早已传留世间。就像永昌陵四周的麦田一样,黄澄澄、金硕硕的。不必自己宣说,也不必人们想起,只那无边而又无际的累累,真是累累得无边而又无际了。

瞻拜完这位"重光破碎旧山河,再造清明新社稷"的睿文、神武的大宋真天子之后,我把这篇后记改写成了如上的样子。

值此《大宋真天子——一代仁君赵匡胤》即将出版之际,谨向北京大学出版社的舒岚编辑,致以深深重重的谢忱!她的信赖、督勉、把关,给了我更大的热情和信心。借此之机,也向一切关心本书写作的朋友,期待阅读本书的读者,表达由衷的感谢和敬意。

本着严格遵循历史事实,除了江南国主李煜被俘北上,本在第二天的早上,为了行文情境的需要,被作者放在了头一天的晚上之外,其他事件和情形,基本都是按照历史的"原样"和先后顺序书写的。特向读者说明。

2015年中秋后三日写成,两月后改定。